HERMES

在古希腊神话中,赫耳墨斯是宙斯和迈亚的儿子,奥林波斯神们的信使,道路与边界之神,睡眠与梦想之神,亡灵的引导者,演说者、商人、小偷、旅者和牧人的保护神……

西方传统 经典与解释　HERMES
　　　　　　　　　Classici et Commentarii

地缘政治学丛编
Library of Geopolitics
刘小枫 ● 主编

大地法的地理学
—— 空间、主权与卡尔·施米特

Spatiality, Sovereignty and Carl Schmitt
Geographies of the nomos

[英]斯蒂芬·莱格 Stephen Legg ｜ 编

张志超 ｜ 译

张培均 ｜ 校

华夏出版社

古典教育基金·蒲衣子资助项目

"地缘政治学丛编"出版说明

在一种观点看来,地缘政治学(Geopolitics)与政治地理学(Political Geography)是一门学科的两个名称,并无实质差异。[1]人们显然不能说,地缘政治学是德语学界的惯用术语,而政治地理学是英语和法语学界的惯用术语。19世纪末的德国人文地理学家拉采尔(1846—1904)是地缘政治学的创始人,而他为这门学科奠基的大著就名为《政治地理学》(*Politische Geographie*, 1897, 715页)。1925年,德国地缘政治理论家毛尔(Otto Maull, 1887—1957)出版的地缘政治学教科书也名为《政治地理学》(*Politische Geographie*, Berlin, 1956年修订版)。十年后,毛尔出版了一本同样性质的著作,名为《地缘政治学的本质》(*Das Wesen der Geopolitik*, 1936)。[2]

地缘政治学与政治地理学这两个术语似乎可以互换,其实不然。仅仅从字面上看,这两个术语也有差异:政治地理学的基本要素是历史地理学,地缘政治学的基本要素则是政治学。瑞典的契伦(1864—1922)作为地缘政治学这个术语的发明者出身于政治学专

---

[1] 皮尔赛等,《世界政治地理》,彦屈远译,台北:世界书局,1975,页7。

[2] 比较 Rainer Sprengel, *Kritik der Geopolitik. Ein deutscher Diskurs. 1914–1944*, Berlin, 1996。

业，而非像拉采尔那样出身于地理学专业。契伦凭靠拉采尔的政治地理学原理来建构现代式的国家学说仅仅表明，自18世纪以来，政治学越来越离不开对世界地理的政治史认识。

就学科性质而言，由于综合了史学、地理学、经济学、军事学、政治学，"地缘政治学"这个名称比"政治地理学"更恰切。毕竟，这门学问的重点在政治而非地理，地表不过是人世间政治冲突的场所。[①]豪斯霍弗说得有道理：费尔格里夫的《地理与世界霸权》属于"政治地理学"要著，它为理解"地缘政治学"提供了必要的知识准备。[②]换言之，政治地理学是地缘政治学属下的一个基础性子学科，没有某种政治学观念的引导，政治地理学仅仅是一堆实证知识。

拉采尔逝前一年出版了《政治地理学》的增订版（1903），这个版本添加了一个并列的书名"或诸国家及其贸易和战争的地理学"（*or die Geographie der Staaten, des Verkehres und des Krieges*）。这个副题准确解释了拉采尔所理解的"政治"现象的含义："诸国家"是复数，"贸易"和"战争"是单数。这意味着，"政治"就是诸国家之间的贸易和战争。

显然不能说，这是什么了不起的新定义。自有文明记载以来，政治共同体之间的贸易和战争就是人类的基本生存经验。不过，古代与现代的地缘政治冲突有很大差别，除了"地理大发现"带来的整全的世界地理视野之外，商业技术文明的出现是这种差别的决

[①] 比较 R. D. Sack, *Human Territoriality: Its Theory and History*, Cambridge University Press, 1986; J. Painter, *Politics, Geography and "Political Geography": A Critical Perspective*, London, 1995。

[②] 豪斯霍弗，《〈地理与世界霸权〉德译本导言》，见娄林主编，《经典与解释51：地缘政治学的历史片段》，北京：华夏出版社，2018，页63-64。

定性原因。1750年,杜尔哥(1727—1781)写下了《关于政治地理学的论著纲要》,清晰地勾勒出一幅世界地缘政治史的演进图。①事实上,拉采尔的《政治地理学》中的所有基本论题,都可以在杜尔哥的这篇纲要中找到。

拉采尔在《政治地理学》的"序言"一开始就说:他的老师李特尔(Karl Ritter,1779—1859)已经充分注意到地理学的"政治方面"。②史称李特尔为"人文地理学"的先驱人物,但我们应该知道,他因在其成名作《地球志》中探究了"黑非洲"而随即被当时的普鲁士王家军事学院聘为地理学教授。③由此看来,"人文地理学"这个名称虽然听起来颇为美丽,且如今已成为大学中的一门基础学科,但其诞生之初却是为欧洲各王国的世界性"政治占有"服务的自然科学。

作为古老的中国文明的后代,我们必须承认,古希腊人、罗马人乃至后来的日耳曼裔欧洲人,在地缘政治冲突方面的经历都远比我们的古人丰富。周代晚期七国争霸的内战状态,毕竟并未与西方式的地缘政治冲突交织在一起。20世纪40年代,在中国面临生死存亡之际,流亡陪都重庆的世界史学家也成立了一个"地缘政治学协会"(1941),还形成了一个"战国策派"。但因时势艰难,中国的政治地理学家很难有沉静的心态从世界历史的角度深入认识地缘政

---

① 杜尔哥,《政治地理学》,刘小枫编,《从普遍历史到历史主义》,北京:华夏出版社,2017,页99-118。

② Friedrich Ratzel, *Politische Geographie or die Geographie der Staaten, des Verkehres und des Krieges*, München, 1923(E. Oberhummer 审读、增订第三版),页V。

③ 迪金森,《近代地理学创建人》,葛以德等译,北京:商务印书馆,1980,页43。

治学。

"文革"时期关于"三个世界"的普及教育，也许算得上是一种地缘政治学教育，但是，且不谈相当粗陋，它实际上并不具有整全的世界历史视野。[1] 如今通过叙述"丝绸之路"的历史，我们也许可以铺展出一幅让中国史与世界史彼此交融的历史地图，毕竟，"把中国文明与西欧亚及地中海世界连接起来的通道，就是陆上和海上的丝绸之路"。[2]

然而"中西交通史"并不具有地缘政治学的视野。"丝绸之路"的历史与帝国兴衰密不可分：无论陆上还是海上的贸易通道，无不受帝国秩序掌控。何况，"'丝绸之路'根本不是什么道路，[罗马帝国和中华帝国]双方的军队无论从哪个方向都无法发动进攻"。[3] 因此，叙述"丝绸之路"的历史若不能深度反映帝国间冲突的历史，难免流于商贾之谈。

太平洋战争爆发以来，美国的政治学家一方面把德国的地缘政治学说成替德意志第三帝国服务的"侵略性学科"或"伪科学"，另一方面又通过大学教育以及传媒对国民普及地缘政治学知识。直到今天，美国知识界正是凭靠海上强国的地缘政治观纵论国际政治时局，才掌握着主导国际政治格局的话语支配权。

由于种种历史的原因，我国学界对世界地缘政治学的认识迄今

---

[1] 比较国营东光无线电器材厂工人理论组/吉林师范大学地理系73级工农兵学员编，《三个世界》，长春：吉林人民出版社，1975。

[2] 张国刚，《胡天汉月映西洋：丝路沧桑三千年》，北京：生活·读书·新知三联书店，2019。

[3] 奎斯特，《国际体系中的进攻与防御》，孙建中译，上海：上海人民出版社，2008，页36。

仍然相当局促，这与我们缺乏相关的知识储备有关。为了改变这一情形，本工作坊开设了这个系列，聚焦于19世纪末以来形成的地缘政治学文献，原典和研究性著作并重，为我国学界在新的国际政治形势下进一步开阔眼界尽绵薄之力。

刘小枫

2018年春

古典文明研究工作坊

一旦瞥向这美，他就不会再蝇营狗苟，斤斤计较，而是已然永不回头地转向这美的浩然沧海，观照它，在无怨无悔的热爱智慧中孕育许多美好甚至伟大崇高的言辞和思想。（柏拉图，《会饮》210d，刘小枫译文）

——中译者题记

目　录

概要及作者简介 …………………………………………… 1

致　　谢 …………………………………………………… 8

导论:大地法的地理学 ………………… 莱格/瓦苏德万 10

第一单元　历史的大地法地理学

一　"9·11"之后的空间占取、分配和生产 ……… 卢克 49
二　施米特在新美利坚帝国思想家中的回响 ……… 坎恩斯 76
三　施米特地缘政治学中的法、领土和大空间 …… 埃尔登 104
四　两次世界大战之间的空间混乱? …………………… 莱格 128

第二单元　分析的大地法地理学

五　殖民战争:施米特论敌对的去领土化 ………… 科尔曼 161
六　后法时代的新法? ………………………………… 罗文 187
七　施米特与空间存在论问题 ………………………… 明卡 217
八　在法与日常生活之间 ……………………………… 罗杰斯 246

第三单元　回应大地法

九　回顾纳粹知识分子 ………………………… 阿特金森 269

十	游击队空间	克莱顿	286
十一	潜在的法？	德布里克斯	301
十二	牧领权力	汉纳	313
十三	绘制施米特	赫弗南	324
十四	空中力量	侯赛因	339
十五	后殖民主义	洛索	350
十六	陆地与海洋	门迭塔	363
十七	自由海洋	斯坦伯格	376
十八	界线之外无和平	斯特克	388
十九	边界	沃恩·威廉姆斯	400
二十	秩序与场域	扎马尼安	411

索　引 ………………………………………………… 420

概要及作者简介

施米特的著作既离不开历史背景,也恰巧呼应当代语境。因20世纪30年代与纳粹的纠葛关系,施米特备受争议,他的主权、政治和法律作品为专制的决断型国家提供了辩护理由。然而,与此同时,在"9·11"之后,越来越多的学者转向施米特,并借助他的视角理解"非友即敌"的摩尼教式的世界,理解或许由于法律机制本身而处于法律之外的例外空间,并理解1989年之后单极世界的一家独霸。在众多关注下,施米特作为批判理论中最重要的新兴思想家,其作品必然会拥有大量且不断新增的读者。

本编汇集了一众熟悉施米特空间思想的地理学家、专门的施米特研究者,他们共同讨论了1950年出版的施米特作品《大地的法》。众多学者联系敌意及战争、空间的开创、福柯和阿甘本的作品,以及因反犹主义和纳粹背景而备受玷污的思想家形象的(不可)重塑等更广泛的讨论,来研究这部作品。因此,政治理论、社会法律研究、地缘政治学和批判性国际关系理论的研究者,将对本文集产生极大兴趣。

莱格(Stephen Legg)

阿特金森(David Atkinson)是赫尔大学(University of Hull)文化和历史地理学的讲师。他的研究涉及地理知识的历史,特别是法西斯主义背景时期。另外,他也研究现代意大利,重点关注北非的殖民主义地理、意大利城市的遗迹与纪念作用。他曾与人合编《地缘政治传统:一个地缘政治思考的世纪》(*Geopolitical Traditions: A Century of Geopolitical Thought*, 2000)和《文化地理学:核心概念的批判性辞典》(*Cultural Geography: A Critical Dictionary of Key Concepts*, 2005)。

克莱顿(Daniel Clayton)是圣安德鲁斯大学地理和地球科学学院的

讲师。他的研究领域包括殖民主义、热带地理学和社会主义地理学,出版有《真相之岛:温哥华岛的帝国塑造》(Islands of Truth: The Imperial Fashioning of Vancouver Island, 2000 年)一书,在《法国历史研究》(French Historical Studies)、《历史地理学杂志》(Journal of Historical Geography)和《地理空间》(L'Espace Géographique)上发表过论文。

科尔曼(Mathew Coleman)是俄亥俄州立大学地理学助理教授、跨学科法律与政策研究中心的研究员。他的研究与教学兴趣在于政治和经济地理学,特别重视批判性地缘政治学和安全政治。他目前的研究旨在探讨美国移民治安领域地方与联邦的合作关系,因为移民治安已成为反恐战争的核心问题。他在一些重要期刊上发表过文章,如《反面》(Antipode)、《政治地理学》(Political Geography)、《美国地理学家协会年鉴》(the Annals of the Association of American Geographers)、《环境与规划D:社会与空间》(Environment and Planning D: Society and Space)和《地缘政治学》(Geopolitics)。

德布里克斯(François Debrix)是 ASPECT(社会、政治、伦理和文化思想联盟)的主任和弗吉尼亚理工大学的政治学教授。他的作品有《超越生命政治学:世界政治中的理论、暴力和恐怖》(Beyond Biopolitics: Theory, Violence, and Horror in World Politics, 2011)和《重新认识维和》(Re-Envisioning Peacekeeping, 1999)。他还是《调解的规范》(Rituals of Mediation, 与 Cynthia Weber 合编, 2003 年)和《美国安全的地缘政治学》(The Geopolitics of American Insecurity, 与 Mark Lacy 合编, 2009 年)的合作主编,以及《建构世界中的语言、机构和政治》(Language, Agency, and Politics in a Constructed World, 2003)的编者。

埃尔登(Stuart Elden)是杜伦大学的政治地理学教授,《环境与规划D:社会与空间》的编辑。他从事社会(空间)理论和领土概念的研究,其出版作品包括:《描绘现在:海德格尔、福柯和空间历史计划》(Mapping the Present: Heidegger, Foucault and the Project of a Spatial History, 2001),《理解勒菲弗尔:理论与可能》(Understanding Henri Lefebvre:

Theory and the Possible,2004)、《对着数字说话：海德格尔、语言和计算的政治》(*Speaking Against Number：Heidegger，Language and the Politics of Calculation*,2006)，以及《恐怖与领土：主权的空间范围》(*Terror and Territory：The Spatial Extent of Sovereignty*,2009)。

汉纳(Matthew Hannah)是亚伯大学(Aberystwyth University)的人文地理学教授。他的研究兴趣包括：大陆的政治和社会理论，美国和德国的现代可计算领土的谱系。他的出版作品有《19世纪美国的治理术与领土的掌握》(*Governmentality and the Mastery of Territory in Nineteenth-century America*,2000)和《信息时代的黑暗领土：从20世纪80年代的西德人口普查争议中得悉》(*Dark Territory in the Information Age：Learning from the West German Census Controversies of the 1980s*,2010)。

赫弗南(Michael Heffernan)是诺丁汉大学的地理学教授。他的著作包括《欧洲的意义：地理与地缘政治》(*The Meaning of Europe：Geography and Geopolitics*,2003)和《欧洲地理想象》(*The European Geographical Imagination*,2007)。他目前正在研究第一次世界大战期间及之后的地理学历史与制图学历史等。

侯赛因(Nasser Hussain)是阿默斯特学院(Amherst College)的法律、法理学和社会思想副教授。他是《紧急状态的法理学：殖民主义与法治》(*The Jurisprudence of Emergency：Colonialism and the Rule of Law*,2003)的作者。他曾在《批判性探索》(*Critical Inquiry*)、《斯坦福法律评论》(*Stanford Law Review*)和《波士顿评论》(*Boston Review*)等期刊上发表文章。他目前即将完成一份题为《以他者名义发动的战争：殖民占领、空中力量、反叛乱》的书稿。

坎恩斯(Gerry Kearns)是弗吉尼亚理工大学公共和国际事务学院的教授与院长。他的著作涉及政治地理学与医学地理学的历史，已完成《地缘政治学与帝国：麦金德的遗产》(*Geopolitics and Empire：The Legacy of Mackinder*,2009)一书。即将出版《年轻的爱尔兰：殖民主义、暴力、民族主义》(*Young Ireland：Colonialism，Violence，Nationalism*)。他曾在《政治地理学》、《历史地理学杂志》、《新形态》(New Formations)和《美国地理学家协会年鉴》等期刊上发表文章。

莱格(Stephen Legg)是诺丁汉大学文化和历史地理学的副教授。他的研究重点是殖民时期的印度,并借鉴了后殖民主义理论、记忆理论与政治理论。他的第一本文集《殖民主义的空间:德里的城市治理术》(Spaces of Colonialism: Delhi's Urban Governmentalities, 2007),研究殖民时期的印度首都的种族秩序、惩戒性秩序、生命政治的秩序。他的其他研究文章,涉及德里的民族主义运动以及国际主义组织(如国联)对战时印度政治的影响,已在《性别、地点和文化》(Gender, Place and Culture)、《环境与规划 A 和规划 D:社会和空间》(Environment and Planning A and D: Society and Space)以及《英国地理学家协会学报》(Transactions of the Institute of British Geographers)等期刊上发表。

洛索(Julia Lossau)是柏林洪堡大学地理研究所的文化地理学助理教授。她研究文化理论与地理学的关系,尤其关注政治地理学与地缘政治学的历史、后殖民主义与记忆问题以及公共艺术和美学话语的当代形式。她的著作有《本土化的政治:通往世界不同地理学的后殖民之旅》(Die Politik der Verortung. Eine postkoloniale Reise zu einer anderen Geographie der Welt, 2002),她曾在《地理学》(Erdkunde)、《地理与文化》(Géographie et Cultures)和《文化地缘政治学》(Cultural Geographies)等期刊上发表文章。

卢克(Timothy W. Luke)是弗吉尼亚理工大学政治学专业的特聘教授,也是该校政府和国际事务的项目主席。他的专业领域包括环境和文化研究,以及比较政治、国际政治经济学、现代批判性社会与政治理论。他在《资本主义、自然、社会主义》(Capitalism Nature Socialism)、《新政治科学》(New Political Science)、《社会理论的当前视角》(Current Perspectives in Social Theory)、Telos、《批判性社会政策》(Critical Social Policy)和《快速资本主义》(Fast Capitalism)的编委会任职。他最近的著作有《校园里有枪手:弗吉尼亚理工大学的恐怖与悲剧》(There is a

Gunman on Campus: Terror and Tragedy at Virginia Tech,2008)、《博物馆政治:展览中的权力游戏》(*Museum Politics: Power Plays at the Exhibition*,2002)和《资本主义、民主和生态:从马克思出发》(*Capitalism, Democracy, and Ecology: Departing from Marx*,1999)。

门迪埃塔(Eduardo Mendieta)是纽约州立大学石溪分校的哲学系教授,也是《环境与规划 D:社会与空间》的副主编。他的研究兴趣包括伦理学史、生命哲学、欧洲哲学和批判理论,这反映在他的作品中:《全球碎片:批评理论、拉丁美洲和全球化》(*Global Fragments: Critical Theory, Latin America and Globalizations*,2007)和《超验哲学的冒险:阿佩尔的符号学和话语伦理学》(*Adventures of Transcendental Philosophy: Karl-Otto Apel's Semiotics and Discourse Ethics*,2002)。

明卡(Claudio Minca)是荷兰瓦赫宁根大学社会空间分析小组的教授和负责人,伦敦大学皇家霍洛威学院地理学教授,东京立教大学旅游学院客座教授。他目前的研究集中于三大主题:(生命)政治的空间化,现代性的旅游和旅行理论,以及后殖民地理学中现代知识、空间与景观的关系。他最近的著作是《社会资本与城市信任网络》(*Social Capital and Urban Networks of Trust*,2009)和《矛盾中的旅行:重绘旅游》(*Travels in Paradox: Remapping Tourism*,2006)。

罗杰斯(Peter Rogers)是麦考瑞大学(悉尼)基础学部的法律社会学讲师,社会科学系主任。他研究城市复兴和年轻人的社会排斥,这使他培养起对空间社会学和民主治理的浓厚兴趣。通过研究新安全挑战项目,他的这种兴趣日益浓厚,并在与科菲(Jon Coaffee)和伍德(David Murakami-Wood)合著的《城市的日常复原力》(*Everyday Resilience of the City*,2008)一书中达到极致。《围困中的城市:民主城市的安全节奏》(*Cities under Siege: The Rhythms of Security in the Democratic City*)业已付梓。

罗文(Rory Rowan)是伦敦大学皇家霍洛威学院地理系的博士生。他的研究侧重于施米特思想中政治存在论与空间概念间的关系,以及这一关系如何影响施米特的地缘政治分析和民主理论的价值与局限。他与肯尼(Eva Kenny)合著《幽灵般的抽象:敌意、主权和"反恐战争"的话语》一文,收于《文学、电影和媒体中的战争迹象 3:恐怖》(*Zeichen des Krieges in Literatur, Film und den Medien 3: Terror*, 2008)。

斯坦伯格(Philip E. Steinberg)是佛罗里达州立大学地理系的教授,也是《政治地理学》的"评论"栏目的编辑。他研究空间的治理与表现形式,这些空间延伸了国家制度的观念边界,尤其是海洋、互联网和北极。他出版的作品有《海洋的社会建设》(*The Social Construction of the Ocean*, 2001),《什么是城市? 卡特里娜飓风之后的城市反思》(*What Is a City? Rethinking the Urban after Hurricane Katrina*, 2008),以及《管理信息圈:行动中的治理、技术与文化实践》(*Managing the Infosphere: Governance, Technology, and Cultural Practice in Motion*, 2008)。

斯特克(Peter Stirk)是杜伦大学政府和国际事务学院的高级讲师。他的研究重点是军事占领的政治、政治思想与国际关系以及德国政治思想。他的著作包括《批判性理论:政治与社会》(*Critical Theory: Politics and Society*, 2000),《施米特论先发制人的战争、军事占领和世界帝国》(*Carl Schmitt, Crown Jurist of the Third Reich on Preemptive War, Military Occupation and World Empire*, 2005),《20 世纪德国政治思想》(*Twentieth-Century German Political Thought*, 2006)和《军事占领的政治》(*The Politics of Military Occupation*, 2009)。

瓦苏德万(Alexander Vasudevan)是诺丁汉大学文化与历史地理学讲师。他的研究重点是魏玛德国的文化地理,以及当代柏林的住房政治。他在《文化地理学》《环境与规划 A 和规划 D》《地缘政治学》和《地理学论坛》上发表过文章。他目前正在致力于一项图书计划,主题是探索柏林棚户区运动的历史地理学与政治地理学。

威廉姆斯(Nick Vaughan-Williams)是华威大学政治与国际研究系的国际安全问题助理教授。他是《批判性的安全研究:一种导论》(*Critical Security Studies: An Introduction*, 2010)的合著者,《边界政治:主权权力的局限》(Border Politics: The Limits of Sovereign Power, 2009)的作者,《批判性理论家与国际关系》(Critical Theorists and International Relations, 2009)以及《恐怖主义与回应政治》(Terrorism and the Politics of Response, 2008)的合作主编,也是 Routledge 出版社"干预"(Interventions)图书系列的合作主编。

扎马尼安(Thalin Zarmanian)在意大利米兰大学的社会、经济与政治科学研究生院获得了国际关系和安全研究方向的博士学位,她还拥有一个法律学位。2006 年,她在《莱顿国际法期刊》(Leiden Journal of International Law)发表了一篇关于施米特论述国内政治与国际政治秩序问题的文章。

致　谢

这本文集始于 2009 年,在美国地理学家协会的年会上,我召集了两场会议,议题为"施米特的大地法的地理学"。会议地址在拉斯维加斯,在与议题不太相称的这片土地上,出现了一系列关于《大地的法》及施米特其他作品的争论,这些争论相互关联,又富有启迪。许多学者(Atkinson、Coleman、Debrix、Kearns、Luke、Minca、Rogers、Rowan)为此供稿,但此次研讨也得益于 Simon Dalby、Phil Steinberg 和 Gerard Toal 的贡献(他们或是听众或是主持)。从选择原创论文与撰稿人,到本文集的最终形成,这确实是一场协力的冒险,但特别得益于 Mathew Coleman、Stuart Elden、Gerry Kearns、Rory Rowan 和 Matthew Hannah 诸君的投稿。

尽管我与瓦苏德万合作撰写的导言为整本文集定下了批判而尊重的基调,但是,在这种自觉而非决断主义的对话活动中,我作为本文集的编者,并不鼓励对施米特的作品采取特定的路径或视角。众多撰稿人一致认为施米特既有过失,又极其睿智,我很荣幸能够与他们一同与这位思想家对话。我希望这些见解凭借对他的 nomos[法]作品的地理学洞察,能够大有裨益,以证明冒险出版本文集是正当的。不过,将施米特对现代世界与历史世界的观点,与他的威权主义-反自由主义的潜在影响剥离开来,这仍是一项具有深远意义的挑战。

我想感谢 Routledge 出版社的 Nicola Parkin 在整理这本文集时提供的帮助,并且感谢 Nick Vaughan-Williams 和 Jenny Edkins 对我们加入"干预"图书系列的欢迎。

封面图片(Guillaume de Lisle's 1722 *Carte d' Amerique*)的使用,得

到了伦赛地图辑网站（David Rumsey Map Collection）的许可；感谢 Mike Heffernan 的建议。对《大地的法》中节选内容的引用，也得到了 Telos 出版社的 Robert Richardson 友善许可。埃尔登的文章（"Reading Schmitt Geopolitically: Nomos, Territory and Großraum"）曾发表在《激进哲学》（*Radical Philosophy*）上，经由《激进哲学》许可，此处转载的是改编后的版本。

莱格
于诺丁汉大学
2010 年 8 月

导论:大地法的地理学

莱格/瓦苏德万(Stephen Legg/Alexander Vasudevan)

[1]这是一个需要把握的时刻,就如转动的万花筒,碎片纷飞。很快,它们又会沉淀下来。在此之前,让我们重新整理我们周围的世界。①

——[英国]首相布莱尔,2001年12月2日

毫无疑问,是否使用武力的决定由行政机构做出。面对规划和部署的现实情况,法规或公约中的正式约束反行不通。②

——[英国]大法官福尔克纳勋爵,2006年4月7日

施米特的作品固然与特定的历史时期密不可分,但在当今21世纪也未过时。他在20世纪30年代与德国纳粹的瓜葛,他对主权、政治和法律的论述,以及他为专制的决断型国家提供的辩护,也许会让他声名狼藉。但另一方面,在"9·11"之后的世界,大量学者开始转向研究施米特,以理解新世纪的敌意和冲突。新世纪的特点是凭借并通过法律而设置的法律之外的例外空间的产生,以及全球性美国帝权(imperium)的更广泛争夺,这种法律地理学正是在这些争夺中获得了根据。

众多学者已经将这种分析应用于政治等级制中心的主权代表,如

---

① Cited in Mann, Nyta 'Blair returns to new world order', *BBC News Website*, 4 January 2002.

② Cited in Wintour, Patrick 'Falconer spurns campaign to give MPs vote on going to war', *The Guardian*, 8 April 2006.

开篇福尔克纳勋爵（Lord Falconer）为行政机构在具体客观情形下决定使用武力的辩护。小布什（George W. Bush）和他的顾问在一定程度上效仿施米特的学说，以划分敌友的原则警告伊朗："我们的国家和反恐斗争将高举这一信条：你们要么支持我们，要么反对我们。"①假如他们造成的后果不是如此悲惨，事情本来会很滑稽。此外还有一些例子：关塔那摩湾合法而例外的空间；②美国的缺席－在场主义（absent-presentism）的帝国否定逻辑——2003年4月，拉姆斯菲尔德（Donald Rumsfeld）坚称"我们不是帝国主义，我们也从未是过"；③小布什（2010年）在其回忆录《抉择时刻》（Decision Points）中的自传式沉思。④

[2] 其他人则在哲学家阿甘本的启发下，⑤将施米特谈论主权的作品与本雅明（Walter Benjamin）提出的"例外变成常态"的观点结合，以审视例外状态中的"小主权者"（petty sovereigns）——在机场、商场、护照办公室或互联网等空间中，"小主权者"对我们的划分、描述和威胁。⑥

然而，这些施米特式的分析可能会陷入夸张的讽刺，单纯地把问题简单化，而这正是施米特所否定的。墨菲（Chantal Mouffe）强调，⑦小布

---

① Cited in Arifa, Akbar 'Bush tells Iran: You are either with us or against us', *The Independent*, 11 January 2002.

② Hussain, N. "Beyond Norm and Exception: Guantánamo", *Critical Inquiry* 33, 2007, pp. 734-753.

③ Ferguson, N. "Hegemony or Empire?", *Foreign Affairs* 82, 2003, pp. 154-161.

④ 另见本文集第二篇。

⑤ Agamben, G. *Homo Sacer: Sovereign Power and Bare Life*, Stanford University Press, 1998; Agamben, G. *State of Exception*, University of Chicago Press, 2005.

⑥ Butler, J. *Precarious Life: The Powers of Mourning and Violence*, Verso, 2006, p. 56.

⑦ Mouffe, C. "Carl Schmitt's Warnings on the Dangers of a Unipolar World", In *The International Political Thought of Carl Schmitt: Terror, Liberal War and the Crisis of Global Order*, eds L. Odysseos and F. Petito, Routledge: London, 2007, p. 148.

什政权在"反恐战争"中敷衍地混淆了美学、道德和经济的范畴,与施米特主张基于生存论的威胁而纯粹在政治领域的敌友区分截然不同。墨菲也指出,小布什代表着施米特深恶痛绝的救世的人道-普世主义;另外,小布什倡导的世界图景并不是全球的友-敌之分(friend-enemy),而是更加模糊的支持-反对之分(with-against),是地缘政治上复杂的合纵连横之术。① 正如开篇布莱尔的话所示,面对"9.11"袭击,我们在万花筒般的混乱世界中,应抓住机会建立一个新的(什么)秩序呢? 2001年9月11日,虽然以国家为基础的主权表面上完好无损,没有任何领土边界发生变化,但是,许多人认为,空中游击队击碎的是施米特所说的 nomos[法]。

nomos[法]传统上指的是法律,或"规范人类行为的原则"。② 但施米特根据该词的希腊语词源重新诠释了 nomos[法],认为 nomos[法]指的是比法律更加具体、更具超越性的东西。就超越性而言,他将 nomos[法]描述为在所有的法律、经济和社会秩序之先。更准确地说,nomos[法]由占取、分配和生产三个过程构成。③ 但这些过程适用于并依靠土地,这就赋予每一 nomos[法]基础而具体的特性。在1950年出版的《大地的法》中,施米特利用这些概念思考全球曾是如何划分的(同上,页79)。

追溯了 nomos[法]一词的古希腊意义之后,施米特又从殖民扩张和法理学的视角,追溯了历史上对全球的地理占有、分配和生产情况。④ 这一情况借由"地球分界线"而出现,其中一条就是协调天主教国家占取土地的拉亚线。教宗亚历山大六世在1494年颁布诏书,规定

---

① Elden, S. *Terror and Territory*:*The Spatial Extent of Sovereignty*, University of Minnesota Press:Minneapolis,2009,pp. 27-31.
② Oxford English Dictionary,2009.
③ Schmitt,*Nomos of the Earth*,2003 [1950],p. 329.
④ 参见《大地的法》的目录。

了亚速尔群岛-佛得角经线以西 100 海里的两极连线,号称"教宗子午线",①该线后由西班牙和葡萄牙的《托尔德西里亚斯条约》(1494 年)划定的另一条子午线取代,后者距离佛得角以西 370 海里,并得到罗马教宗尤里乌斯二世的认可。该线以东新发现的所有区域都归葡萄牙,西班牙则占领该线以西的领域。欧洲内部用以划分占领区的这些界线,[3]后来由"友好线"(amity lines)所补充,在友好线之外,则由武力和暴力而非法律和条约支配着土地占取。这是一项历史性的举动,也是一项完全再现了施米特世界观的举动,即认为土著人及其领土是"自由空间"(见封面 de Lisle 的地图中法国、西班牙和英国诸帝国对北美的瓜分)。

全面的全球空间秩序由此开启,并由欧洲制定、管理并推行。在 1713 年至 1914 年期间,欧洲向世界其他地区输出战争,维护了欧洲国家间体系的稳定。相较最近有学者试图诠释帝国间"核心-外围"的相互依存关系,②施米特早已意识到(并对此表示赞赏)整个欧洲国家间体系实际上依附于殖民主义和帝国主义。只是随着美国在全球范围内的(非正式的)经济帝国主义,并且以门罗主义维护"空间主权",欧洲的 nomos[法]才逐渐崩溃。虽然施米特拒绝预测即将到来的 nomos[法],但他的作品正不断提供种种令人兴奋的思考当今世界的思路。

可以肯定,如卢克在本文集中所说,1989 年至 1991 年,冷战时期的两极对立格局瓦解,全球经济衰退则进一步妨碍了全球新秩序的巩固。但颇具讽刺意味的是,在试图分析此 20 年的境况时,大多数评论者仍然运用施米特在 20 世纪 20 至 30 年代写就的著作——这些著作主要论述了决断、合法性、法理学、宪政主义和例外状态等——而非借鉴他在 30 至 50 年代的著作。后者主要论述美国缺席-在场(absent-pres-

---

① 本文集封面是 Guillaume de Lisle 在 1722 年绘制的地图,上有标记。
② Hall, C. and Rose, S. O. "Introduction: Being at Home with the Empire", In *At Home with the Empire: Metropolitan Culture and the Imperial World*, eds C. Hall and S. O. Rose, Cambridge University Press, 2006, pp. 1–31.

ent)的全球主权,土地上的政治与法律的关系,以及欧洲公法的秩序性nomos[法]的日薄西山。

虽然在国际关系和国际法领域中,施米特的《大地的法》已经获得极大关注,①但学界尚没有详细分析其中复杂的地理学,而本文集认为,要理解施米特的生平背景、他对其周围世界的分析、他对全球秩序的理解及其作品中的存在论场域这些主题,复杂的地理学是关键。在总结施米特的前 nomos[法]作品及其内在的空间性之前,这篇导论将思考分阶段解读施米特的必要性与危险所在。在介绍本文集中出现的关于《大地的法》以及相关作品的主要观点之前,我们将总结地理学界内外已有的关于施米特与 nomos[法]的讨论。

解读施米特

正如需要仔细思考施米特在当代的复兴,我们也必须仔细鉴别施米特的生平。"纳粹法学家"的标签简化了对他的评价:在1921年写的《论独裁》(*Die Diktatur*)中,他明确主张用"委托独裁"处理特殊情况,以恢复或创造"常态"的局面,而非主权的、无限制的专政。② 如果说施米特在1933年加入了纳粹,[4]那他仍然坚守着国家和法学的概念,而这些概念越来越明显地遭到纳粹及其运动的破坏,他自己也备受掣肘,直到1936年被迫离职(同上,页41)。党卫军曾公开攻击施米特,揪住他的天主教背景以及以前与犹太友人的热络关系,迫使他辞去了几乎所有的

---

① Hooker, W. *Carl Schmitt's International Thought*, Cambridge University Press, 2009; Odysseos, L. and Petito, F. (eds), *The International Political Thought of Carl Schmitt: Terror, Liberal War and the Crisis of Global Order*, Routledge, 2007,[译按]中译见《施米特的国际政治思想》,郭小雨等译,北京:华夏出版社,2021。

② Müller, J. W. *A Dangerous Mind: Carl Schmitt in Post-War European Thought*, Yale University Press, 2003, p. 21.

党内职务。但在这段短暂的党务工作前后,施米特除了努力讨好纳粹官员,还出版了一批深具保守性、反自由主义和反犹主义的作品。

这就提出了一个具有更广泛意义的难题,即如何看待"纳粹知识分子",如阿特金森在本文集中的讨论。威廉姆斯认为智慧和聪明不一定会使人变得正派和公正,这颇有亚里士多德式的格言色彩;①拉什(William Rasch)认为,我们只要能从施米特的见解中获益,就不必指责他的为人。② 尼尔(Andrew Neal)认为,施米特是急需诊断的病症的代表;③皮可尼(Paul Piccone)和乌尔曼(Gary Ulmen)则反问道,为什么我们不应该向对手学习,像本雅明那样逆向解读他们?④ 事实上,令人惊讶的是,这正是20世纪的思想家和活动家采取的路线。米勒(Jan Werner Müller)追踪了施米特——通过诸如阿伦特(Hannah Arendt)和摩根索(Hans Morgenthau)等思想家、佛朗哥和萨拉沙尔政权中的法学家以及西德的宪法辩论和1968年的学生革命者——所施加的影响。

这些解读者都只针对施米特写作的某一阶段,而选择要么记住要么主动遗忘他生平中的某部分。在此我们无法充分总结他的一生。⑤ 我们重点将强调叙述其生平的方式,以及这些叙述向我们呈现的不同

---

① Williams, H. Preface. In *Carl Schmitt, Crown Jurist of the Third Reich: On Pre-Emptive War, Military Occupation, and World Empire*, ed. P. M. R. Stirk, Edwin Mellen Press: Lampeter, 2005, p. xi.

② Rasch, W. "Introduction: Carl Schmitt and the New World Order", *South Atlantic Quarterly* 104, 2005, p. 180.

③ Neal, A. W. *Exceptionalism and the Politics of Counter-Terrorism: Liberty, Security and the War on Terror*, Routledge: London, 2010, p. 136.

④ Piccone, P. and Ulmen, Introduction to Carl Schmitt, *Telos* 72, 1987, p. 4.

⑤ Balakrishnan, G. *The Enemy: An Intellectual Portrait of Carl Schmitt*, Verso: London, New York, 2000; Bendersky, J. W. *Carl Schmitt, Theorist for the Reich*, Princeton University Press: Princeton, 1983; Müller, J.-W. *A Dangerous Mind: Carl Schmitt in Post-War European Thought*, Yale University Press: New Haven, CT, 2003, pp. 14–47.

时期的施米特形象。

如上所述,施米特与纳粹的接触将永远在其著作上留下印记。另一方面,最近的学术研究也追溯了施米特著作的复杂谱系,从早期的文学表现主义的尝试作品,到魏玛时期的法理学和法律决断主义专著。①奥亚坎加斯(Mika Ojakangas)②将施米特的作品分为三个时期或阶段:决断主义(魏玛时期)、运动(纳粹时期),最后是具体秩序思维(nomos[法])。这与克尔韦根(Jean François Kervégan)提出的观点相对应。克尔韦根认为,施米特的著作呈现为前纳粹时期和后纳粹时期两个部分,之间是变化沉淀时期:③从1933年加入纳粹后他开始质疑自己的国家理论并开始考虑国际问题,到1943年转向历史且哲学地思考世界秩序。然而,与中间阶段相联系的正是施米特一生中最能引起激烈争论的话题——他与"犹太人问题"的关系。

格罗斯(Raphael Gross)将施米特的一生分为三个反犹阶段:④1933年之前的结构性阶段,表现在他的法律和政治著作中;1933年至1945年的明确阶段,表现为他与纳粹党的合作;战后重新解释和否定其激进的反犹活动的阶段。[5]目前正在筹备出版的施米特的书信和日记,⑤呈现了他与犹太人贯穿一生的友谊和智识交往,较之他在1936年组织的会议("犹太主义在法律研究中的影响")或在著作中时常流露出的反犹气质,这些书信使施米特的形象更加立体、丰富。"犹太人是破坏

---

① Müller, J. W. *A Dangerous Mind: Carl Schmitt in Post-War European Thought*, Yale University Press: New Haven, CT, 2003.

② Ojakangas, M. *A Philosophy of Concrete Life: Carl Schmitt and the Political Thought of Late Modernity*, Sophi: Jyväskylä, 2004.

③ Kervégan, J. F. "Carl Schmitt and 'World Unity'", In *The Challenge of Carl Schmitt*, ed. C. Mouffe, Verso: London, 1999, p. 55.

④ Gross, R. *Carl Schmitt and the Jews: The 'Jewish Question,' The Holocaust, and German Legal Theory*, University of Wisconsin Press, 2007.

⑤ Bendersky, J. W. "Love, Law, and War: Carl Schmitt's Angst", *Telos* 147, 2009, pp. 171–191.

国家主权和经济的替罪羊"这一观点广为流传,施米特的部分写作也与这一观点并无二致。但更为反复出现的是,施米特将犹太思想与无空间的自由实证主义相提并论,后者提出规范可以不依附于地域并适用于任何地方。施米特在 1940 年坚定地认为,犹太人(散居)的生活方式与具体的土地或大地缺乏天然关系,从而将领土概念空泛化(emptying out)。① 他一直坚持这一观点,并在 1947 年 4 月纽伦堡受审时重申,尽管他跟犹太人问题几乎无甚相干,但"我只写过一次犹太理论家无法理解这种领土理论"。② 他的作品更加明了地将两次世界大战的责任从德国身上转移到政党身上,后者破坏了允许有限战争的 nomos[法]。虽然施米特在作品中鲜有论述大屠杀,但在《大地的法》中,他的一段大胆论述似乎暗示,正是人道主义为完全的非人性提供了基础。

> 区分人与非人在 19 世纪的人类史上经历了一次更深层次的分化,即区分上等人与下等人。正如人与非人的关系一样,上等人与下等人也是敌对的双胞胎。③

以上表明施米特思想的复杂底蕴和他对纳粹党的论断,但同时也说明他的观点如何深受他持续终生的反自由主义斗争的影响,这是他痴迷于主权的背后一面。他认为,自由主义与主权是锁定的对立方,这一对立不仅体现在法律或哲学领域,而且体现在物质和政治领域。自由主义正从内部腐蚀国家主权,它对内提倡讨论而非决断,对外则提倡

---

① Carty, A. "Carl Schmitt's Critique of Liberal International Legal Order between 1933 and 1945", *Leiden Journal of International Law* 14, 2001, p. 36. 引用的是施米特的《禁止外国势力干涉的国际法大空间秩序》,埃尔登在本卷中讨论过。

② Schmitt in Bendersky, J. W. (trans.), Interrogation of Carl Schmitt by Robert Kempner (I), *Telos* 72, 1987, p. 99.

③ Schmitt, *Nomos of the Earth*, 2003 [1950], p. 104;[译注]中译参见施米特,《大地的法》,刘毅、张陈果译,上海:上海人民出版社,2017,页 75。

无土地性的普世主义,而非建立在土地基础上的领土国家。[1] 与施米特从国内法到国际法的转变相关联且与他的政党背景和反犹太主义相伴的,正是这种(灵魂)深处的反自由主义。

如下文所讨论,在《政治的神学》(1922年)和《政治的概念》(1932年)中,施米特阐述了对由于自由宪政主义而瘫痪的量化的、中立化国家的著名(臭名昭著)的批判:"也就是说,治理术,即宪法和制度对有限政府和个人权利的保障;[6]它在文化上强调妥协而非冲突,强调个人而非群体。"[2]

但从20世纪30年代中期开始,施米特还抨击了自由国际主义,后者深信跨国家的规则或规范能够决定单个主体。[3] 就像施米特反对法律实证主义的无空间的空间性(placeless spatiality)一样,他也反对1919年压制战争和政治的和平普世主义。[4] 如加利(Carlo Galli)所言:

> 普世主义就是把国际舞台看作平面的、同质的空间,在道义上和法律上都有很强的可塑性。但对施米特来说,这个空间实际上只为强国(盎格鲁-撒克逊人及其经济势力)服务,它通过在道义上剥夺对手的资格而采取政治行动。[5]

加利还认识到施米特在地理学思考中几个不同维度的转变。从

---

[1] Axtmann, R. "Humanity or Enmity? Carl Schmitt on International Politics", *International Politics*, 44, 2007, p. 541.

[2] McCormick, J. P. *Carl Schmitt's Critique of Liberalism: Against Politics as Technology*. Cambridge University Press, 1997, p. 6.

[3] Carty, A. "Carl Schmitt's Critique of Liberal International Legal Order between 1933 and 1945", *Leiden Journal of International Law*, 14(2001), p. 26.

[4] Kelly, D. *The State of the Political: Conceptions of Politics and the State in the Thought of Max Weber, Carl Schmitt and Franz Newman*. Oxford University Press, 2003, p. 196.

[5] Galli, C. "Carl Schmitt and the Global Age", Presented at Buffalo Conference on *Political Philosophy 'New Paths in Political Philosophy'*, 2008, p. 2.

某种意义上说,这是标尺式的转变,施米特意识到他的国家主权著作已经失去纳粹的认同,于是作为替代,他着手提出一种地缘政治的世界秩序图景。然而,这也标志着施米特的作品更明确地转向了空间政治。他在第一阶段通过研究国家决断、例外、主权和政治神学,强调具体的秩序,第二阶段则明确地将空间和政治放在首位。下一节将更为详细地勾勒施米特早期作品及其相关的地理学背景,然后再介绍《大地的法》与迄今学界对它的解释。

从国内主权到国际主权

关于施米特一生的更加明确的文献分类,是根据施米特最有影响力的作品来划分他的写作生涯。马拉莫(Marramao, G.)①列出《政治的神学》《政治的概念》和《大地的法》(尽管随着《宪法学说》2008年的英文版出版,这一名单可能会进一步更正)。在《政治的神学》和《政治的概念》中,施米特试图通过更霍布斯式的限制性的开篇定义,即"主权就是决定非常状态",②进一步澄清博丹的主权定义,即主权是国家的绝对而永久的权力。这种"际缘性概念"(borderline concept)表明主权者如何通过创造超越(beyond)法律或借助(through)法律而来的条件,既凭借(by)极端处境,又在(in)极端处境中,显示主权自身。

施米特认为,非常状态比规范更值得注意,但主权也创造常态。③

---

① Marramao, G. "The Exile of the nomos: For a Critical Profile of Carl Schmitt", *Cardozo Law Review* 5-6, 2000, pp. 1567-1587.

② Schmitt, *Political Theology: Four Chapters on the Concept of Sovereignty*, University of Chicago Press, 2005 [1922], p. 4; [译注]中译参见施米特, 《政治的神学》, 刘宗坤、吴增定等译, 上海: 上海人民出版社, 2015, 页 24。

③ Kelly, D. *The State of the Political: Conceptions of Politics and the State in the Thought of Max Weber, Carl Schmitt and Franz Newman*, Oxford University Press, 2003, p. 182; 以及施米特前一年论述委托专政的著作。

他认为，主权是国家的核心，但主权在形式上是神学概念世俗化的产物：决断是奇迹的翻版，主权制定王国的法律，[7]就像上帝制定自然法则。虽然施米特对宗教概念世俗化的暗示在20世纪30年代逐渐隐晦，部分原因是纳粹对一般宗教尤其天主教的怀疑，但在他的nomos[法]写作阶段，特别就他提出的神学-帝国的抑制性概念——拦阻者（katechon）来看，宗教概念世俗化的暗示更为显著。① 然而，在这一重大的理论建构中，有对如下观念的信奉：主权者在冲突局势中做出决断，并保证决断的"具体运用"。② 因为非常状态的威胁无法事先预料，所以法律的具体性是必要的；在施米特看来，决断则是绝对的纯粹性。因此，

> 一切法律均是"具体处境中的法"。统治者创造并保护整个处境，他垄断了最终决定权。确切地说，一种关注现实生活的哲学不能逃避非常状态和极端处境，反而必须在最大程度上关注它们。③

然而，这一主张超越了非常状态，确立了施米特对自由主义与规范性法律理论的地理学批判。他认为，与实证主义的、无空间的法律理论相反，所有法律观念都基于一系列的决断，从决断的"情境"（circumstance）中给法律概念补充条件，而这一条件始终是一个"……中立的规定性因素"。④

对自由主义的攻击，对情境法的信奉，都延续到了《政治的概念》

---

① Hell, J. "Katechon: Carl Schmitt's Imperial Theology and the Ruins of the Future", *The Germanic Review* 84, 2009, pp. 283-326.

② Schmitt, *Political Theology: Four Chapters on the Concept of Sovereignty*, University of Chicago Press, 2005 [1922], p. 6;[译注]中译参见施米特，《政治的神学》，刘宗坤、吴增定等译，上海：上海人民出版社，2015，页25。

③ Ibid, p. 13, p. 15;[译注]同上，页30、31。

④ Ibid, p. 30;[译注]同上，页45。

中。① 在这本文集中,施米特将政治与国家分离开来,并颠覆了许多流行的观念,认为政治实际上早于国家,是国家和民族主义形成的条件。他认为,自由社会已经渗透到国家中,与之俱来的是有关非国家(non-state)的争论,还有与宗教、文化、教育和经济等范畴的混淆。此即创建一个试图管理所有事务的总体的量化国家(quantitative state),这种国家中立化地避开一切政治性行为。由于脱离了国家概念,政治只能用自己的术语来界定,这些术语的核心目的是划分敌友。② 敌友对立可以参照其他领域的划分(如道德领域的善与恶,或审美领域的美与丑),但最终是独立而清晰的。敌人对生活方式构成了生存与公共的威胁,这种威胁不可预测,从而仍然需要对敌人性质作出主权决断。此处,施米特对自由主义中立化的攻击是赤裸的,但在这么做的过程中,他界定的政治性也是直接的。③

在当时的魏玛德国,政治恰恰不是这样。④ 虽然魏玛宪法被称赞为自由民主的重大成就,但在包括施米特在内的许多人看来,它却是"一场失败的内战和完全的政治僵局"的产物。⑤ [8]对施米特来说,自由(议会)主义和法律实证主义只是试图掩盖政治运作过程中的更深层危机。⑥ 因此,《政治的概念》既是宣言,也是分析,就像遭流放的马基雅维利创

---

① 1927 年首次出版,1932 年修订。
② Schmitt, C. *The Concept of the Political*, University of Chicago Press, 1996, p. 26.
③ Axtmann, R. "Humanity or Enmity? Carl Schmitt on International Politics", *International Politics* 44, 2007, p. 537.
④ Slomp, G. *Carl Schmitt and the Politics of Hostility*, *Violence and Terror*, Palgrave Macmillan: Basingstoke, 2009, p. 27.
⑤ Müller, J. W. *A Dangerous Mind: Carl Schmitt in Post-War European Thought*, Yale University Press, CT, 2003, p. 24.
⑥ Schmitt, C. (1925) "The Status Quo and the Peace", In *Weimar: A Jurisprudence of Crisis* (eds. A. J. Jacobson and B. Schlink), University of California Press: Berkeley, pp. 290–293.

作的《君主论》——后纽伦堡时期的施米特忧郁地如此作比。

在这个奇特的规范性的反规范主义(normative anti-normativistic)文本中,更为复杂的政治地理境况呈现出来。首先,与主权决断一样,政治是情境性的(situational),只有参与者才能判断冲突并决断敌友划分。这不是一种智性选择,而是与情境的"固有现实性"(inherent reality)和"现实可能性"(real possibilities)有关的选择。[1] 这最终演变为施米特对秩序(Ordnung)和场域(Ortung)的关注。[2]

但是,位于政治核心的不可预测的决断主义,它的可场域化(localisable)程度确定会低于例外状态吗? 例如,马拉莫认为,虽然施米特政治学的核心在空间维度,但是,人们不能把空间维度圈围(circumscribed)、封闭,或者从拓扑学上划定,而只能暂时地将它场域化(localised);就像决断和际缘性,政治性不是凭借创建或组合来运作的,而是凭借清算(settling)和划分。[3]

斯隆普(Slomp, G.)同样认为,政治性不符合稳定的场域,只有在安全受到威胁时才会存在。[4] 阿甘本探讨了政治的空间化,[5]他认为,虽然政治能够设定例外状态,[6]但例外主义本质上是不可场域化的(unlocalisable)。

然而,《政治的概念》中呈现的从属地理学,则回到了自由主义的

---

[1] Schmitt, C. *The Concept of the Political*, University of Chicago Press, 1996, pp. 27-28;[译注]中译参见施米特,《政治的概念》,刘宗坤、朱雁冰等译,上海:上海人民出版社,2015,页34。

[2] 见本文集第二十篇。

[3] Marramao, G. "The Exile of the nomos: For a Critical Profile of Carl Schmitt", in *Cardozo Law Review*, pp. 5-6, 2000, pp. 1577-1578.

[4] Slomp, G. *Carl Schmitt and the Politics of Hostility*, *Violence and Terror*, Palgrave Macmillan, 2009, p. 9

[5] Agamben, G. *Homo Sacer: Sovereign Power and Bare Life*, Stanford University Press, 1998, pp. 19-20.

[6] Agamben, G. *State of Exception*, University of Chicago Press, 2005.

标量维度(scalar dimensions),并暗示了后期施米特对全球层面的关注。贯穿全书,施米特对国联和《凡尔赛和约》几乎毫不掩饰地表达出他的愤慨。① 在魏玛德国的保守派官僚中,不满情绪极为常见,但与他们不同,施米特反对的是自由"人道主义",这种"人道主义"不区分国家,不区分朋友或敌人,而只讲人类。国联既不容许有限战争,又将道德(邪恶)和政治(敌人)混为一谈,而对施米特来说,"为人类而战"最终使暴力和战争更加可能。② 如加利对这种想象出来的平面国际空间的评论,不管怎样,这种人道主义只是掩盖了帝国主义的扩张。虽然施米特当时只是针对德国的外部势力进行评述,但他的这一洞察在他后来即20世纪30年代的文章中已扩展至涉及全球事务。

这些评述作品在各种媒体上发表,其中大部分仍没有英文版本。后面会讨论到的一些结集为《禁止外国势力干涉的国际法大空间秩序》一文。③ 其他篇章收录于1991年出版的文集《国家,大空间,法》,④[9]其中的一系列文章深入探讨了大空间(Großraum)概念的空间维度,从《国际法中欧洲秩序的革命:1890—1939》到《空间革命:从全面战争到全面和平》。综上所述,这些作品为施米特的复杂地理学想象的演变提供了有说服力的说明,为关键概念的文本历史——从早期关于主权决断例外状态的作品到战后论述 nomos[法]的性质的作品——附加了修正。⑤

---

① 参见本文集第四篇。

② Schmitt, C. *The Concept of the Political*, University of Chicago Press, 1996, p. 53.

③ Völkerrechtliche Großraumordnung mit Interventionsverbot für raumfremde Mächte:Ein Beitrag zum Reichsbegriff im Völkerrecht (Schmitt,1991[1941]).[译注]中译由方旭根据 Timothy Nunan 的 *Writings on War* 中的英译本译出,刊发在《经典与解释51:地缘政治学的历史片段》,娄林主编,北京:华夏出版社,2018。

④ Schmitt, *State, Großraum, nomos: Works from the Years 1916-1969*, 1995.

⑤ Ojakangas, M. *A Philosophy of Concrete Life: Carl Schmitt and the Political Thought of Late Modernity*, Sophi:Jyväskylä, 2004.

汉纳提供了两个关键文本的译文,这两个文本最初收录在施米特1940年出版的文集《论断与概念》中。第一篇是1932年发表的《现代帝国主义的国际法形式》,其中初露端倪的分析视角将在《大地的法》中充分展现。① 施米特提出,美国的门罗主义已超越先前帝国主义对世界的划分,世界不再由此划分为基督徒和非基督徒或文明人和野蛮人,而划分为债权国和债务国。这种形式上缺席但实际在场的门罗主义政策以前只限于南美洲,后来扩展到全世界,使美国成了新的"世界仲裁者"(arbiter of the world)。第二篇是1939年施米特发表的《大空间对抗普世主义——围绕门罗主义的国际法斗争》,表明了他对门罗主义更加批判性的谴责。他认为门罗主义已通过美元外交超出地域限制的空间,成为普遍主义的意识形态,有可能将整个世界变成战场。

克鲁舍夫斯基(Kruszewski)次年大胆地在《美国政治科学评论》(*The American Political Science Review*)上发表评论:施米特主张的空间法则(如势力范围、后方国家、邻近性或优先权)在国际法中遭到了忽视。② 另外,上文提到的文章是《大地的法》一书的重要框架,该书在战争结束前已基本完成,但直到1950年才出版(文本有删节)。③ 尽管书中他仍然指责国联的失败,并提出大空间是寻求新 nomos[法]的少数正当方案,④但是,他对大空间政治的热情有所减弱。

---

① Mouffe, C. "Carl Schmitt's Warnings on the Dangers of a Unipolar World", In *The International Political Thought of Carl Schmitt: Terror, Liberal War and the Crisis of Global Order* (eds L. Odysseos and F. Petito). Routledge: London, 2007, p. 149。Mouffe 认为该文与当今世界极为相关。

② Kruszewski, C. "International Affairs: Germany's Lebensraum", *The American Political Science Review* 34, 1940, p. 974.

③ Carty, A. "Carl Schmitt's Critique of Liberal International Legal Order between 1933 and 1945", *Leiden Journal of International Law* 14, 2001, p. 56.

④ Schmitt, *Nomos of the Earth*, 2003 [1950], p. 247, p. 354.

《大地的法》还借鉴了《陆地与海洋》的神话诗学，门迪埃塔（Eduardo Mendieta）在本文集中作了讨论。在《陆地与海洋》中，施米特含蓄地建构了他的信条：领土（和大空间）是法律和人类的始基。施米特将英国对海洋-帝国主义的拥抱，描述为"一场宏大的革命，即一场行星的空间革命"。① 在《大地的法》之前，《陆地与海洋》是施米特在地理学方面表现最明显的作品，书中宣称所有的基本秩序都是一种空间秩序，[10]并描述了非欧洲空间如何被视为"无主之地"（同上，页 37、38）。

在研究大地法的地理学以及地理学家对施米特的借鉴之前，我们必须承认，围绕《大地的法》的评论作品越来越多。其中一些研究借鉴了施米特的视角——欧洲中心主义，以考察 1950 年之后欧洲政治空间的建构，②同时，另一些研究则主要从例外主义而非 nomos[法]的视角，将欧洲看作安全空间。③

吉尔罗伊（P. Gilroy）用施米特早期关于帝国主义和人道主义的评论，反思后殖民时代的欧洲，④尽管他批评施米特对帝国或殖民主义的政治机制的忽视，但他的反思可勉强算作对《大地的法》的一种解读。帝国主义和后殖民主义的学者也参与了有关施米特作品的讨论，在阿甘本讨论例外状态之后，强调例外状态的学者远远超过了考虑 nomos[法]的学者，后者往往通过国际法而非政治经济或文化代表的视角，

---

① Schmitt, *Land and Sea*, Plutarch Press：Washington, DC, 1997 [1942], p. 28；[译注]中译参见施米特，《陆地与海洋》，林国基、周敏译，上海：华东师范大学出版社，2006，页 30。另见本卷 Steinberg 对"自由海洋"概念的回应。

② Burgess, J. P. "The New nomos of Europe", *Geopolitics* 14, 2009, pp. 135–160。

③ 例如，Huysmans, J. "The Jargon of Exception-On Schmitt, Agamben and the Absence of Political Society", *International Political Sociology* 2, 2008, pp. 165–183。

④ Gilroy, P. *After Empire：Melancholia or Convivial Culture?* Routledge, 2004, p. 21. 另见本卷中洛索的文章。

探索帝国主义传播的独特方式。① 但也有例外,如本顿(Lauren Benton)对帝国主义法律地理学的出色研究,其中包含对《大地的法》的批判性探讨,将《大地的法》视为用帝国主权理解的各种偶然经验的框架。②

如上所述,学界更多将《大地的法》用于分析当今美国的"帝国主义",或者说去中心化的、毛细血管式的而仍带有浓厚美"帝国"色彩的世界。拉什利用施米特的国内和国际阶段作品,分析"美国至上主义",③关注美国否认其征服历史与排斥固有人权的方面。④

尽管对美国例外状态的分析仍然很有分量,然而,在反恐战争中,亦有学者利用《大地的法》来理解那个纯粹例外主义世界之外的当代世界。⑤ 这些分析讨论了当代暴力对现行 nomos[法]的意义⑥或对游击队员的意义,⑦并借鉴了政治左派对施米特更加广泛的重估。如巴克莫斯(Susan Buck-Morss)重视施米特对世界强权的政治性质的

---

① Hansen, T. B. and Stepputat, F. (eds) *Sovereign Bodies: Citizens, Migrants, and States in the Postcolonial World*, Princeton University Press, 2005, Oxford; Mbembe, A. "Necropolitics", *Public Culture* 15, 2003, pp. 11–40.

② Benton, L. (2010) *A Search for Sovereignty: Law and Geography in European Empires 1400–1900*. Cambridge University Press: Cambridge.

③ 他也是《南大西洋季刊》中关于《大地的法》的大部头论文集的编者,见 Rasch, W. "Introduction: Carl Schmitt and the New World Order", *South Atlantic Quarterly*, 2005, p. 104。

④ Rasch, W. "Human Rights as Geopolitics: Carl Schmitt and the Legal Form of American Supremacy", *Cultural Critique*, 54, 2003, pp. 120–147.

⑤ Neal, A. W. *Exceptionalism and the Politics of Counter-Terrorism: Liberty, Security and the War on Terror*, Routledge, 2010.

⑥ Shapiro, K. *Carl Schmitt and the Intensification of Politics*, Rowman & Littlefield, 2008; 另见本文集第二篇和第六篇。

⑦ Schmitt, C. *Theory of the Partisan: Intermediate Commentary on the Concept of the Political*, Telos Press Publishing, 2007 [1963]; Hooker, W. *Carl Schmitt's International Thought*, Cambridge University Press, 2009; 以及本卷中克莱顿的论文。

考察；①墨菲利用施米特来反对单极世界（见本文集第六篇）；②莱文森（Levinson, B.）欣赏《大地的法》兼有保守性与进步性；③还有学者将施米特的概念与标志性的马克思主义概念联系起来，如原始（法律）累积［primitive(juridical) accumulation］④或圈地运动（enclosure）。⑤ 这些作品沿袭意大利较早的马克思主义施米特研究（Marxist Schmittiani）思路，[11]但也深受当代意大利理论家阿甘本以及与哈特（Michael Hardt）合作的奈格里（Antonio Negri）的影响。⑥

事实上，哈特和奈格里的《帝国》⑦及其后续作品《民众》⑧和《共同体》，⑨可以看作在当代语境下提出的论题，该论题根据的是对一种去领土化的反 nomos［法］的阐释。⑩ 阿甘本作品的概念光谱，反过来说，也遵循施米特早期与后期著作的轮廓及其相互抵牾。在他的《王国与

---

① Buck-Morss, S. "Sovereign Right and the Global Left", *Cultural Critique* 69, 2008, pp. 145-171.

② Mouffe, C. "Carl Schmitt's Warnings on the Dangers of a Unipolar World", In *The International Political Thought of Carl Schmitt: Terror, Liberal War and the Crisis of Global Order*, eds L. Odysseos and F. Petito, Routledge, 2007, pp. 147-153.

③ Levinson, B. "The Coming nomos; or, the Decline of Other Orders in Schmitt", *South Atlantic Quarterly*, 104, 2005, pp. 205-215.

④ Stepputat, F. "Forced Migration, Land and Sovereignty", *Government and Opposition* 43, 2008, p. 338.

⑤ Shapiro, K. *Carl Schmitt and the Intensification of Politics*, Rowman & Littlefield, 2008, p. 70.

⑥ Müller, J. W. *A Dangerous Mind: Carl Schmitt in Post-War European Thought*, Yale University Press, 2003, p. 229.

⑦ Hardt, M. and Negri, A. *Empire*, Harvard University Press, 2000.

⑧ Hardt, M. and Negri, A. *Multitude*, Penguin Books, 2004.

⑨ Hardt, M. and Negri, A. *Commonwealth*, Cambridge, 2009.

⑩ Coleman, M. and Grove, K. Biopoltics, "Biopower and the Return to Sovereignty", *Environment and Planning D: Society and Space* 27, 2009, pp. 489-507.

荣耀》中,①阿甘本甚至颠覆了施米特对政治神学的定义。在该作品中,阿甘本论及现代治理术的起源,他将这一起源追溯到围绕 oiknomia[经纶]概念而组织起来的更古老的基督教机构(Christian dispositif)。②

虽然施米特在一系列批判理论中备受推崇,但在国际关系学界没有得到普遍接受,而国际关系学也许是《大地的法》最明显的结合学科。例如,钱德勒③指责批判性国际关系理论家将施米特理想化,在修辞意义上利用施米特,并指责他们要么以世界主义要么以后结构主义的口吻,来转移针对他们的伦理立场或针对他们与自由主义问题重重的关系的批评(自由主义者也认为《大地的法》在当今无关紧要)。

另一些人则认真地参与了对《大地的法》的研究。欧迪瑟乌斯(Louiza Odysseos)和佩蒂托(Fabio Petito)在 2007 年编了一本施米特国际政治思想文集,提供了一系列持续的论证,将施米特供奉于古典现实主义学者的殿堂,并认定《大地的法》是一部国际关系史著作(见本文集第五篇)。

施米特重视 1648 年(确立了国家的多元性)和 1713 年(确立了国家间的势力均衡)这两个关键年份,并将这两个关键年份与欧洲向外输出暴力联系起来。拉什借鉴了这一点。④ 加利借鉴了施米特对冷战的评论,反思冷战没有提供任何 nomos[法];⑤资本主义和共产主义只是普遍主义"兄弟",由政治经济的矛盾而区分,却分享一个技术无限

---

① Agamben, G. *Il Regno et la Gloria*. Neri Pozza: Vincenza, 2007.

② Minca, C. "The Reign and Glory: or Reflections on the Theological Foundations of the Credit Crunch", *Environment and Planning D: Society and Space* 27, 2009, pp. 177-182.

③ Chandler, D. "The Revival of Carl Schmitt in International Relations: The Last Refuge of Critical Theorists?" *Millennium - Journal of International Studies* 37, 2008, pp. 27-48.

④ Rasch, W. "Human Rights as Geopolitics: Carl Schmitt and the Legal Form of American Supremacy", *Cultural Critique* 54, 2003, p. 128.

⑤ Galli, C. "Carl Schmitt and the Global Age". Presented at *Buffalo Conference on Political Philosophy 'New Paths in Political Philosophy'*, 2008, p. 7.

的"海军"社会。霍克的作品令人印象深刻,他将施米特两个阶段的著作联系起来,详细介绍他的主权理论、空间史理论和游击队理论,以反思施米特对国际思想的贡献。在其作品中,霍克将关于例外的主权决断比拟为空间秩序中"穿刺空间的行为"或大发现。他对《大地的法》的解读表明,欧洲内部国家形式的演变并不是一帆风顺的,而是标示出空间意识的急剧变化。① 这就凸显了讨论施米特后期作品时的关键问题:施米特的决断说和例外理论对《大地的法》有何影响?

阿拉多②补充了霍克的解读,强调施米特在《大地的法》中"抛弃"(brushed aside)了关于敌人的主权决断以支持地球的空间划分,然而,这不是建基于主权决断的例外,而是植根于地缘政治、技术和地理大发现的一种例外。③ [12]这种例外的最终表现是界定作为"自由空间"的新世界。④ 加利将施米特的国际阶段贴上公开的"后决断主义"(post-decisionist)的标签,⑤虽然后来施米特提到英国的"海洋决断"将作为欧陆前哨的海岛转变成了纯粹的海洋国家。⑥ 另外,欧洲主权国家对正当理由(justa causa)问题的处理,进一步证明了《大地的法》蕴

---

① Hooker, W. *Carl Schmitt's International Thought*, Cambridge University Press, 2009, p. 78.

② Aradau, C. "Law Transformed: Guantanamo and the 'Other' Exception", *Third World Quarterly* 28, 2007, p. 493.

③ Jameson, F. "Notes on the nomos", *South Atlantic Quarterly* 104, 2005, pp. 199-204; Ojakangas, M. *A Philosophy of Concrete Life: Carl Schmitt and the Political Thought of Late Modernity*, Sophi: Jyväskylä, 2004, p. 116.

④ 关于施米特"界限之外"详细的批判性解读,见本文集第十八篇。

⑤ Galli, C. "Carl Schmitt and the Global Age". Presented at *Buffalo Conference on Political Philosophy 'New Paths in Political Philosophy'*, 2008, p. 4;另见Hooker, W. *Carl Schmitt's International Thought*, Cambridge University Press: Cambridge, 2009, p. 90。

⑥ Schmitt, *Land and Sea*, Plutarch Press: Washington, DC, 1997 [1942], p. 50.

含的决断论思维:

谁来决断?(the great Quis judicabit?)只有运用主权才能在国内和国家间范围内解决这个问题。①

另外,斯特克表明,②施米特不愿意界定一个国家(nation)的敌人。③ 其部分原因是不受国际关系发展的牵制,但这也符合施米特的一贯主张,即只有在具体的情况下才能做出决断(尽管他乐于将外来法确定为任一民族的敌人)。

施米特的地理学

纯粹的地理学或制图学,或许在自然科学意义上还只是数学或技术上的知识和方法,具有中立性的特征。但是正如每一个地理学家所知的那样,它却直接传递了时事性的、高度政治性的运用或者说利用的可能性。这一点会在下文对西半球这一概念进行剖析时变得明朗。地理学本身的中立性未能阻却政治斗争的开场,这是一场围绕地理概念而旋即上演的政治斗争。这场斗争中,不仅霍布斯消极厌世的论调时而获得辩护,就连几何学和算术上不言自明的公理都显得有问题起来——当将其运用到政治领域,譬如当存在划分敌我的迫切必要性时。④

---

① Schmitt, *Nomos of the Earth*, 2003 [1950], p. 157; [译注]《大地的法》中文版,页134。

② Stirk, P. M. R. (ed.) *Carl Schmitt, Crown Jurist of the Third Reich: On PreEmptive War, Military Occupation, and World Empire*, Edwin Mellen Press: Lampeter, 2005, p. 94.

③ 关于敌对的空间性,参见本文集第五篇。

④ Schmitt, *Nomos of the Earth*, 2003 [1950], p. 88; [译注]《大地的法》中文版,页57。

我要感谢以麦金德为代表的地理学家们,不过,法学的思维还是明显不同于地理学。法学家对事物与土地、现实与领土的知识并非源于地理学家。①

因此,地理法学既不是法学,也不是地理学,更不是政治学。它是纳粹的权力梦想和一厢情愿的空间思维在法学领域的投射。②

施米特 nomos[法]理论的地理学前提由作者本人明确阐述,并由早期的评论家进一步说明,他们已经将施米特的作品与德国地缘政治学(Geopolitik)派区分开来,认为两者在认识论假定上完全不同。③ [13]虽然施米特在《大地的法》中承认各类地理学家的研究,但直到最近,才有人在地理学科内探讨这一作品的空间维度。

人们从地理学视角解读施米特的兴趣日益浓厚,这在很大程度上得益于阿甘本的作品。阿甘本自己的思想也来源于施米特,尤其源自作为例外状态理论家的施米特。④ 阿甘本重铸了施米特最初的概念——主权决断例外状态。探讨阿甘本思想的地理学进路,也就聚焦于这一主题。这实际上意味着例外状态进一步空间化,也意味着对绘制独特的"社会-地理学图景"的尝试,例外状态据说在这一图景中起作用。⑤

---

① Ibid, p. 37;[译注]同上,页 1。
② Gyorgy, A. "The Application of German Geopolitics: Geo-Sciences", *The American Political Science Review* 37, 1943, p. 686.
③ Ibid;最近的重新评价,见 Minca, C. "Giorgio Agamben and the New Biopolitical nomos", *Geografiska Annaler*, Series B: *Human Geography*, 88B, 2006, pp. 387–403.
④ Barnett, C. "Deconstructing Radical Democracy: Articulation, Representation and Being-with-Others", *Political Geography* 23, 2004; Pratt, G. "Abandoned Women and Spaces of Exception", *Antipode* 37, 2005.
⑤ Belcher, O., Martin, L., Secor, A., Simon, S. and Wilson, T. "Everywhere and Nowhere: The Exception and the Topological Challenge to Geography", *Antipode* 40, 2008, p. 499.

有人认为,正是在这样的点状(punctiform)场域中,才有禁令,才有赤裸的生命,才有主权权力的行使。如果说阿甘本自己的理论在2001年的"9·11"事件之前提出,那么,人们广泛认为,新的例外地理学在西方民主国家内部"逐步常态化"的趋势日益加剧,而这既是正在进行的全球反恐战争和新的生命政治安全制度的产物,也是其症状。① 在这一框架内,施米特关于主权与例外之关联的早期研究,最显著地展现在《政治的神学》(1922)和《政治的概念》(1932)中。为重新思考位于阿甘本思想核心处的复杂地理学,人们简单地采用这两部作品作为尚未明说的出发点。

然而,阿甘本的理论注解不能简化为如一些评论家理由充分地认为的"静态模型"(static geometry)。② 毕竟,阿甘本论点的核心在于他叙述的"主权悖论"的内涵。根据阿甘本的看法,该悖论取决于一个事实,即主权者同时"在司法秩序外部和内部"。③ 在阿甘本看来,例外状态"本质上不可场域化",不仅如此,他还进一步在《神圣人》的一个关键段落中提出:

> 当前研究的主要论题之一就是,例外状态作为根本性的政治结构,变得越来越明显,并最终开始变成常规。当我们这个时代试图赋予不可实现之物以某种永久的且可见的场所化(场域化)时,它的结果就是集中营。④

---

① Minca, C. "Giorgio Agamben and the New Biopolitical nomos", *Geografiska Annaler*, *Series B*:*Human Geography*, 88B, 2006, p. 388.

② Belcher, O., Martin, L., Secor, A., Simon, S. and Wilson, T. "Everywhere and Nowhere:The Exception and the Topological Challenge to Geography", *Antipode* 40, 2008, p. 499.

③ Agamben, G. *Homo Sacer*:*Sovereign Power and Bare Life*, Stanford University Press:Stanford, CA. 1998, p. 15.

④ Ibid, p. 20;[译注]中译参见阿甘本,《神圣人:至高权力与赤裸生命》,吴冠军译,北京:中央编译出版社,2016,页29。

从这一语境来看,地理学家试图绘制例外与未指定空间的确定地图——从难民营、机场到边境、警察检查站,也就不足为奇。[14] 同时,如格雷戈里(Derek Gregory)提醒我们的:

> 像关塔那摩湾这样的场所,人们不必将其视为政治现代性的典范空间……而应看作可能性(potential)空间,其实现即是政治斗争的时刻。①

换言之,此处的关键问题与其说是追溯例外状态的持续性显化(materialisations),毋宁说是关注什么条件可能赋予例外状态"作为地缘政治建构的可能性"。②

采取这一视角,有助于人们更加批判性地解析阿甘本作品中的空间本体。③ 一方面,这促使人们更多地关注例外状态的拓扑层面,即把例外状态理解为一套动态而流动的权力关系。④ 另一方面,许多学者也抓住阿甘本在《神圣人》中的论断,"我们潜在地都是 homines sacri [神圣人]",从而坚持某种例外状态的潜在性(virtuality)。这种例外状态"揭示出法-政治秩序与空间场域之间更为复杂的关系,这一关系在

---

① Gregory, D. "The Black Flag: Guantánamo Bay and the Space of Exception", *Geografiska Annaler: Series B, Human Geography* 88, 2006, p. 405.

② Debrix, F. "The nomos of Exception and the Virtuality of Political Space in Schmitt and Agamben", Paper presented at the 2009 Annual Meeting of the American Political Science Association, Toronto, 3–7 September, p. 7.

③ Minca, C. "The Reign and Glory: or Reflections on the Theological Foundations of the Credit Crunch", *Environment and Planning D: Society and Space* 27, 2009, pp. 177–182.

④ Belcher, O., Martin, L., Secor, A., Simon, S. and Wilson, T. "Everywhere and Nowhere: The Exception and the Topological Challenge to Geography", *Antipode* 40, 2008, pp. 499–503; Gregory, D. *The Colonial Present: Afghanistan, Palestine, Iraq*, Blackwell: Oxford, 2004.

空间和时间上更不固定"。① 例如,威廉姆斯和德布里克斯都挑明了在阿甘本的分析中存在的潜在空间。威廉姆斯认为,"阿甘本的分析高度暗示了一种新的大地 nomos[法]",②德布里克斯则将我们当代的地缘政治状况与"例外的 nomos[法]"密切结合。这里提及 nomos[法]尤为引人注目,它不仅指向施米特的作品,也指向《神圣人》中的章节,后者将施米特早期论述例外状态的作品与后来的《大地的法》相结合。

在那些章节中,阿甘本把主权例外状态描述为一种基本的场所化(localisation),或者用施米特的称谓来说——场域(Ortung)。施米特将"空间的秩序化"与"法律和领土秩序化的确定"(秩序和场域)统一起来,阿甘本对此是理解的。在阿甘本看来,正是场域和秩序(Ordnung)的关联构成大地 nomos[法]。这一关联也意味着划定"排除在法律之外"的空间或区域。阿甘本重新解读了施米特:

> 例外状态并不外在于 nomos[法];相反,即使在其清晰的划界中,它仍被纳入 nomos[法]之内,作为在任何意义上都至为基础的时刻。③

此外,阿甘本还认为,施米特在《大地的法》中提出的旧 nomos[法]已经崩塌,新的全球 nomos[法]轮廓现在刚刚开始形成。然而,这是一种(地理)政治体系,即,

---

① Vaughan-Williams, "The UK Border Security Continuum: Virtual Biopolitics and the Simulation of the Sovereign Ban", *Environment and Planning D: Society and Space*, 28(6), 2010, p. 1081.

② Vaughan-Williams, N. "Virtual Border (In) security", Paper presented at the 2009 annual meeting of the International Studies Association, New York, February, p. 16.

③ Agamben, G. *Homo Sacer: Sovereign Power and Bare Life*, Stanford University Press: Stanford, CA. 1998, p. 36, p. 37. [译注]中译参见阿甘本,《神圣人:至高权力与赤裸生命》,吴冠军译,北京,中央编译出版社,2016,页 56。

政治体系不再在一个确定的空间内对诸种生活形式与司法性规定进行制序,而是相反,在它的最核心处包含着一种错位的场所化……这种错位的场所化,越出政治系统本身,并将每一种生活形式和每一项规定几乎都纳入其中。①

正是在这一背景下,地理学家和其他学者深入地探讨了主权例外状态与旧的殖民统治形式的关联,[15]也探讨了主权例外状态与新的全球生命政治形式的关联。从中我们也清楚看到,支撑阿甘本的空间存在论的悖论,其本身就是复杂的地理学想象的产物,这种地理学想象正是施米特本人论述的中心。因此,本文集的主要目的之一,就是从阿甘本开始逆向思考,重新审视施米特论述主权例外论的作品与后期提出空间占取及秩序的作品如《大地的法》之间,有怎样复杂的亲缘关系,又有怎样的突变。

本文集中,地理学界内外的众多学者汇聚一堂,他们对 nomos[法]的地理学充满兴趣,并且他们都具备专业知识。他们讨论的范围非常广泛,质量不同流俗,从译文、长篇解读到短篇回应,难以笼统加以概括,但由上述引文的数量可见,他们与现有争论形成有效呼应。在导言的最后,我们只想简单地提请大家注意由撰稿人反复论述的一些 nomos[法]地理学问题。这些问题包括秩序与场域,地缘政治学与大空间,行为的空间与空间存在论,以及兼容主权、空间性和自由主义的福柯式路径。

扎马尼安探讨了《大地的法》中秩序与场域(Ordnung and Ortung)之间的核心关系。秩序与场域之关联是施米特 nomos[法]概念的核心(并且,nomos[法]作为关于社会-空间的辩证关系的独特重述,许多地理学家对此并不陌生),并使施米特能够在唯物主义和理想主义的陷阱之间游刃有余。上述辩证关系无法从根本上解决,正如施米特空间

---

① Ibid.,p.175.[译注]同上,页235。

存在论中的其他辩证关系一样(见下文)。施米特强调 nomos[法]的权力,但同时,它又总是秩序和场域的异质组合,如帝国、空中空间(aerial spaces)、大空间(Großraum)和欧洲公法。① 这种异质组合与其说是严格的行为法则,不如说是国际敌对的基本原理,它坚持国家是关键行为者,坚持制止内战,促进非歧视性战争,坚持海洋自由和管理领土变更。

施米特对大空间的世界观的倡导,源自他对美国门罗主义起源的钦羡,当时美国的门罗主义是由地域划界形成的半球秩序。从经济根源的角度,门罗主义曾经建构了美洲大陆的一致性,但它后来遭到扭曲,逐步退化成一种自由、普遍、无空间的(不)干预政策。1936年之后,为了重新获得纳粹当局的青睐和起用,施米特尝试的核心就是复活主权一致的大空间意识,这类空间以地域为限。

虽然施米特的视域与门罗主义在许多方面明显相似,但它显然不是地缘政治层面的。尽管施米特借鉴了地缘政治学家的观点,并被归为后者一类,②[16]但他们之间有着重要差异,即施米特支持以陆地为基础的主权,而拒绝海权。③ 他的陆地观既不是殖民主义的(关注人口和土地),也不是地缘政治的(关注空间和政治),而是与自由国际主义相反的大空间观(关注土地、民族和理念)。④ 然而,施米特并没有详细说明帝国(Reich)和民族(Volk)在这些大空间中的组织方式,正如当时

---

① Hooker, W. *Carl Schmitt's International Thought*, Cambridge University Press, 2009, p. 13, p. 72.

② Gyorgy, A. "The Application of German Geopolitics: Geo-Sciences", *The American Political Science Review* 37, 1943, pp. 677-686.

③ Hooker, W. *Carl Schmitt's International Thought*, Cambridge University Press, 2009, p. 9; 更多的讨论,见本文集第三篇。

④ Carty, A. "Carl Schmitt's Critique of Liberal International Legal Order between 1933 and 1945", *Leiden Journal of International Law* 14, 2001, p. 36

有人提出的评论。① 大空间世界观,作为对应单极世界的可行想象,②虽然在某些方面仍然值得讨论,但同样,其内在矛盾以及反民主的危险亦是可论证的(参本文集第六篇)。

施米特的大空间世界观令人失望,若对比他强调空间的生命力和可变性的偶然之作,这种失望会变得更为突出。事实上,在1943年发表的《禁止外国势力干涉的国际法大空间秩序》一文中,施米特主张用生命的(biological)而不是数学的方法思考国家空间。这一观点强调,运动创造空间,而非运动在空间中发生,从而得出结论:空间成为行动的空间(Der Raum wird zum Leistungsraum)。③ 这是施米特思想中持久的兴趣点。例如,在上文发表16年前,施米特抨击国联维护现状时就曾声称:

> 奇怪的是,这个时代的思想由永恒的生成、永恒的流动和无实体的运作观念主导,想在政治领域内稳定现有的事态。④

这种运动、变化和空间意识是施米特之所以能协调秩序和场域的核心。正如德拉吉奇(Draghici, S.)所言,施米特能整合"……结构上以

---

① Gyorgy, A. "The Application of German Geopolitics: Geo-Sciences", *The American Political Science Review* 37, 1943, p. 683.

② Mouffe, C. "Carl Schmitt's Warnings on the Dangers of a Unipolar World", In *The International Political Thought of Carl Schmitt: Terror, Liberal War and the Crisis of Global Order*, eds. L. Odysseos and F. Petito, Routledge, 2007, pp. 147–153.

③ Völkerrechtliche Großraumordnung mit Interventionsverbot für Raumfremde Mächte: Ein Beitrag zum Reichsbegriff im Völkerrecht. Duncker & Humblot: Berlin, 1991 [1941]. cited in Carty, A. "Carl Schmitt's Critique of Liberal International Legal Order between 1933 and 1945", *Leiden Journal of International Law* 14, 2001, p. 45.

④ Schmitt, C. "The Status Quo and the Peace", In *Weimar: A Jurisprudence of Crisis* (eds A. J. Jacobson and B. Schlink). University of California Press, 1925, p. 293.

及意识形态上的对立,将它们调和起来,从而使原本不合逻辑的经验可以容忍",①并将这种对立整合成对空间的关系性理解。

由此便涉及了施米特的空间存在论这一棘手问题,这一空间本体论的特点是彻底的不确定性。这一定程度上是由于他的研究主题——它沟通了存在论条件和基础秩序的状况。但是,如罗文在为本文集撰写的文章中明确指出的,这也是施米特所有作品中反复出现的特征。开放的不确定性与封闭的秩序之间的辩证关系,在以下际缘问题(borderline question)中扮演关键角色:建立秩序的主权决断,创建政治单元的敌人威胁,制订宪法的人民的决断,或者建构 nomos[法]的土地占取。

这与黑格尔的辩证法相去甚远,因为两部分从来没有分开,所以没有综合的时刻:例外状态与常态彼此依存,正如 nomos[法]既强大又永远处于崩溃的边缘。边界既稳定又克制,但又由跨越边界的运动所界定(本文集第十九篇),并且由(使边界变得必要的)游牧记忆所界定(本文集第十一篇),也由(围绕边界构建的)可疑神话所界定(本文集第十八篇关于"友好线"的论述)。因此,所有的秩序都需要一个局外人,而且都由局外人所造就,即使潜在的秩序或客观上可以忽略的秩序也是如此(本文集第十一篇)。

[17]在第七篇文章中,作者明卡广泛地讨论了这个存在论问题,并描述了对于全球政治中空的空间(empty space)的开放,施米特所感到的"空虚的恐惧"(horror vacui)。但明卡也凭借卡瓦莱蒂(Andrea Cavalletti)的作品,讨论了施米特的人口空间政治学,或者说"生命政治学"(biopolitics)。这一讨论受阿甘本启发,后者认为主权者总是对生命政治感兴趣。这为例外状态的正常化提供了新的思考方式,也提出了一些有趣的问题,如:施米特对于研究他公然厌恶的进程有何效用?换言之,对于研究国家通过自由主义的治理进程实现量的扩张,如上文

---

① Draghici, S. Foreword. In *Land and Sea*, ed. C. Schmitt, trans. S. Draghici, Plutarch Press: Washington, DC, 1997, pp. vii-xv. viii.

引自麦考米克《施米特对自由主义的批判》的那段话所示,施米特有何效用?

由此联系到一个更为广泛的问题,即如何比较施米特与其他反自由主义的思想家。作为反自由主义者的施米特并不缺乏同伴。① 但是,也有一些自由主义的批判性理论,可以补充施米特的思想,并可能为他的思想提供"解药"。② 其中的一位思想家就是福柯,他的理论也受益于施米特的全球视野,并试图重新思考现代主权的空间性(而不是试图从法理上弑君)。此外,还有必要将福柯描述的治理术(governmentalities)置于更具全球性的欧洲公法中,后者超越了"欧洲均衡"③和世界市场的经济地理。④

本文集的撰稿人提出了几种方案。莱格通过国联(施米特谈到了但很少给出证据)在具体情形中的运作,考察了主权权力与治理理性化的流动交汇。汉纳的回应是创新性的,他研究了福柯和施米特共同的谱系——牧领论(pastoralism)。罗杰斯则详细阐述了 nomos[法]和日常生活。在这种空间和时间的范围内,施米特和福柯有许多交汇之处,尽管施米特更关注土地和领土,但是两人都重视空间。

福柯开始提出他的生命政治学理论时反转了克劳塞维茨的观点,认为政治是战争通过另一种手段的继续。虽然在接下来的几年里,福柯为生命政治学的诞生引入了不断变化的背景,但他第一次尝试描述了金字塔式社会的崩溃,也描述了取而代之的二元结构。在敌意和必须捍卫的社会背景下,他预见性地声称:

---

① Holmes, S. *The Anatomy of Antiliberalism*, Harvard University Press, 1996.

② Neal, A. W. *Exceptionalism and the Politics of Counter-Terrorism: Liberty, Security and the War on Terror*, Routledge, 2010, p. 143.

③ Foucault, M. *Security, Territory, Population: Lectures at the Collège De France 1977-78*, Palgrave Macmillan, 2007, chapter 11.

④ Foucault, M. *The Birth of Biopolitics: Lectures at the Collège De France, 1978-79*, Palgrave Macmillan: Basingstoke, 2008, chapter three.

我们必须解释在和平之下正在进行的战争,和平本身就是一场编码战争(a coded war)。因此,我们彼此交战;一条战线贯穿整个社会,持续而永久,正是这个战场使我们所有人都站在一方或另一方。不存在中立的主体。我们都不可避免地成为某一方的对手。①

关于福柯和施米特的比较研究可能最终会提醒我们,施米特思想之丰富令人难以置信,同时,研究也会显示出[18]其运思中哲学与经验上的局限。虽然本文集的撰稿人热衷于挖掘施米特《大地的法》中的地理学可能,但他们仍敏锐地意识到施米特空间想象中的缺陷(尤其参见本文集第十三篇与十五篇),以及脱离语境解读这位有争议人物的危险。

作者们从不同方面提请读者注意:施米特使用诸如"领土"(territory)等术语时比较混乱(本文集第三篇),他没有思考他所提到的边界和圈围的日常尺度(本文集第八篇),而且他忽视了环境等地理面相(本文集第十三篇)。他否定国际主义机构,否定殖民地人民的权利,而且他不断倡导大空间的世界观,对此我们必须明确视作政治上反自由主义的感情用事。

因此,始终贯穿这些评论的是对 nomos[法]这一概念的合理怀疑。有学者质疑 nomos[法]在经验的准确性,②另有一些学者则质疑 nomos[法]本身是不是一长串殖民神话中的最新发明。③ 这一疑问由施米特充满(谴责他人的)浪漫色彩的文字引发,却吸引了许多人去阅读他的《大地的法》。施米特的文字是"有启发性",还是仅仅"令人眼花缭乱",

---

① Foucault, M. *Society Must Be Defended*: *Lectures at the Collège De France 1975-76*, Penguin: London, 2003, p. 51,转引自本文集 Rogers 的论文。

② Scheuerman, W. E. "International Law as Historical Myth", *Constellations* 11, 2004, pp. 537-550.

③ Aravamudan, S. "Carl Schmitt's The nomos of the Earth: Four Corollaries", *South Atlantic Quarterly* 104, 2005, pp. 227-236; Dean, M. "nomos and the Politics of World Order", In *Global Governmentality*: *Governing International Spaces* (eds W. Larner and W. Walters), Routledge, 2004, pp. 40-58.

尚有待观察；我们是否能从这个有目的地建构的作品整体中提取有用的见解，仍有待商榷。用云格尔（Ernst Jünger）的话来说，施米特就是要让他的作品成为一颗在自由主义思想中"……无声爆炸的地雷"。①

参考文献

Adey, P. (2009) Facing Airport Security: Affect, Biopolitics, and the Preemptive Securitisation of the Mobile Body, *Environment and Planning D: Society and Space* 27, 274–95.
Agamben, G. (1998) *Homo Sacer: Sovereign Power and Bare Life*. Stanford University Press: Stanford, CA.
—— (2005) *State of Exception*. University of Chicago Press: Chicago; London.
—— (2007) *Il Regno et la Gloria*. Neri Pozza: Vincenza.
Amoore, L. (2006) Biometric Borders: Governing Mobilities in the War on Terror, *Political Geography* 25, 336–51.
Aradau, C. (2007) Law Transformed: Guantanamo and the 'Other' Exception, *Third World Quarterly* 28, 489–501.
Aravamudan, S. (2005) Carl Schmitt's The Nomos of the Earth: Four Corollaries, *South Atlantic Quarterly* 104, 227–36.
Axtmann, R. (2007) Humanity or Enmity? Carl Schmitt on International Politics, *International Politics* 44, 531–51.
Balakrishnan, G. (2000) *The Enemy: An Intellectual Portrait of Carl Schmitt*. Verso: London; New York.
Barnett, C. (2004) Deconstructing Radical Democracy: Articulation, Representation and Being-with-Others, *Political Geography* 23, 503–28.
Belcher, O., Martin, L., Secor, A., Simon, S. and Wilson, T. (2008) Everywhere and Nowhere: The Exception and the Topological Challenge to Geography, *Antipode* 40, 499–503.
Bendersky, J. W. (1983) *Carl Schmitt, Theorist for the Reich*. Princeton University Press: Princeton, NJ.
—— (trans.) (1987) Interrogation of Carl Schmitt by Robert Kempner (I), *Telos* 72, 97–107.
—— (2009) Love, Law, and War: Carl Schmitt's Angst, *Telos* 147, 171–91.
Benton, L. (2010) *A Search for Sovereignty: Law and Geography in European Empires 1400–1900*. Cambridge University Press: Cambridge.
Buck-Morss, S. (2008) Sovereign Right and the Global Left, *Cultural Critique* 69, 145–71.

---

① Müller, J. W. *A Dangerous Mind: Carl Schmitt in Post-War European Thought*, Yale University Press, 2003, pp. 8-9.

Burgess, J. P. (2009) The New *Nomos* of Europe, *Geopolitics* 14, 135–60.
Bush, G. W. (2010) *Decision Points*. Crown Publishing Group: New York.
Butler, J. (2006) *Precarious Life: The Powers of Mourning and Violence*. Verso: London.
Carty, A. (2001) Carl Schmitt's Critique of Liberal International Legal Order between 1933 and 1945, *Leiden Journal of International Law* 14, 25–76.
Chandler, D. (2008) The Revival of Carl Schmitt in International Relations: The Last Refuge of Critical Theorists? *Millennium – Journal of International Studies* 37, 27–48.
Coleman, M. and Grove, K. (2009) Biopoltics, Biopower and the Return to Sovereignty, *Environment and Planning D: Society and Space* 27, 489–507.
Dean, M. (2004) *Nomos* and the Politics of World Order. In *Global Governmentality: Governing International Spaces* (eds W. Larner and W. Walters). Routledge: New York; London, pp. 40–58.
—— (2006) A Political Mythology of World Order Theory, *Culture & Society* 23, 1–22.
Debrix, F. (2009) The Nomos of Exception and the Virtuality of Political Space in Schmitt and Agamben, Paper presented at the 2009 Annual Meeting of the American Political Science Association, Toronto, 3–7 September.
Doty, R. (2007) States of Exception on the Mexico-US Border: Security, 'Decisions' and Civilian Border Patrols, *International Political Sociology* 1, 113–37.
Draghici, S. (1997) Foreword. In *Land and Sea* (ed. C. Schmitt, trans. S. Draghici). Plutarch Press: Washington, DC, pp. vii–xv.
Ek, R. (2006) Giorgio Agamben and the Spatialities of the Camp, *Geografiska Annaler Series B: Human Geography* 88B, 363–86.
Elden, S. (2009) *Terror and Territory: The Spatial Extent of Sovereignty*. University of Minnesota Press: Minneapolis.
Ferguson, N. (2003) Hegemony or Empire? *Foreign Affairs* 82, 154–61.
Foucault, M. (2003) *Society Must Be Defended: Lectures at the Collège De France 1975–76*. Penguin: London.
—— (2007) *Security, Territory, Population: Lectures at the Collège De France 1977–78*. Palgrave Macmillan: Basingstoke; New York.
—— (2008) *The Birth of Biopolitics: Lectures at the Collège De France, 1978–79*. Palgrave Macmillan: Basingstoke.
Jacobson, A. J. and Schlink, B. (eds) (2002) *Weimar: A Jurisprudence of Crisis*. University of California Press: Berkeley.
Galli, C. (2008) Carl Schmitt and the Global Age. Presented at *Buffalo Conference on Political Philosophy 'New Paths in Political Philosophy'*.
Gilroy, P. (2004) *After Empire: Melancholia or Convivial Culture?* Routledge: London.
Gregory, D. (2004) *The Colonial Present: Afghanistan, Palestine, Iraq*. Blackwell: Oxford.
—— (2005) Colonial Precedents and Sovereign Powers: A Response, *Progress in Human Geography* 29(3): 367–79.
—— (2006) The Black Flag: Guantánamo Bay and the Space of Exception, *Geografiska Annaler: Series B, Human Geography* 88(4): 405–27.

Gross, R. (2007) *Carl Schmitt and the Jews: The 'Jewish Question,' The Holocaust, and German Legal Theory*. University of Wisconsin Press: Madison.
Gyorgy, A. (1943) The Application of German Geopolitics: Geo-Sciences, *The American Political Science Review* 37, 677–86.
Hall, C. and Rose, S. O. (2006) Introduction: Being at Home with the Empire. In *At Home with the Empire: Metropolitan Culture and the Imperial World* (eds C. Hall and S. O. Rose). Cambridge University Press: Cambridge, pp. 1–31.
Hansen, T. B. and Stepputat, F. (eds) (2005) *Sovereign Bodies: Citizens, Migrants, and States in the Postcolonial World*. Princeton University Press: Princeton, NJ; Oxford.
Hardt, M. and Negri, A. (2000) *Empire*. Harvard University Press: Cambridge, MA.
—— (2004) *Multitude*. Penguin Books: London.
—— (2009) *Commonwealth*. Belknap Press: Cambridge, MA.
Hell, J. (2009) Katechon: Carl Schmitt's Imperial Theology and the Ruins of the Future, *The Germanic Review* 84, 283–326.
Holmes, S. (1996) *The Anatomy of Antiliberalism*. Harvard University Press: Harvard, MA.
Hooker, W. (2009) *Carl Schmitt's International Thought*. Cambridge University Press: Cambridge.
Hussain, N. (2007) Beyond Norm and Exception: Guantánamo, *Critical Inquiry* 33, 734–53.
Huysmans, J. (2008) The Jargon of Exception – On Schmitt, Agamben and the Absence of Political Society, *International Political Sociology* 2, 165–83.
Jameson, F. (2005) Notes on the Nomos, *South Atlantic Quarterly* 104, 199–204.
Kearns, G. (2006) Bare Life, Political Violence and the Territorial Structure of Britain and Ireland. In *Violent Geographies: Fear, Terror and Political Violence* (eds D. Gregory and A. Pred). Routledge: London, pp. 9–34.
Kelly, D. (2003) *The State of the Political: Conceptions of Politics and the State in the Thought of Max Weber, Carl Schmitt and Franz Newman*. Oxford University Press: Oxford.
Kervégan, J.-F. (1999) Carl Schmitt and 'World Unity'. In *The Challenge of Carl Schmitt* (ed. C. Mouffe). Verso: London, pp. 54–74.
Kruszewski, C. (1940) International Affairs: Germany's Lebensraum, *The American Political Science Review* 34, 964–75.
Landzelius, M. (2006) 'Homo Sacer' out of Left Field: Communist 'Slime' as Bare Life in 1930s and Second World War Sweden, *Geografiska Annaler Series B: Human Geography*, 88B, 453–75.
Levinson, B. (2005) The Coming Nomos; or, the Decline of Other Orders in Schmitt, *South Atlantic Quarterly* 104, 205–15.
Marramao, G. (2000) The Exile of the *Nomos*: For a Critical Profile of Carl Schmitt, *Cardozo Law Review* 5–6, 1567–87.
Mbembe, A. (2003) Necropolitics, *Public Culture* 15, 11–40.
McCormick, J. P. (1997) *Carl Schmitt's Critique of Liberalism: Against Politics as Technology*. Cambridge University Press: Cambridge.

Minca, C. (2005) The Return of the Camp, *Progress in Human Geography*, 29, 405–12.
—— (2006) Giorgio Agamben and the New Biopolitical Nomos, *Geografiska Annaler, Series B: Human Geography*, 88B, 387–403.
—— (2007) Agamben's Geographies of Modernity, *Political Geography* 26, 78–97.
—— (2009) The Reign and Glory: or Reflections on the Theological Foundations of the Credit Crunch, *Environment and Planning D: Society and Space* 27, 177–82.
Mouffe, C. (2007) Carl Schmitt's Warnings on the Dangers of a Unipolar World. In *The International Political Thought of Carl Schmitt: Terror, Liberal War and the Crisis of Global Order* (eds L. Odysseos and F. Petito). Routledge: London, pp. 147–53.
Müller, J.-W. (2003) *A Dangerous Mind: Carl Schmitt in Post-War European Thought*. Yale University Press: New Haven, CT.
Nally, D. P. (2008) 'That Coming Storm': The Irish Poor Law, Colonial Biopolitics, and the Great Irish Famine, *Annals of the Association of American Geographers* 98, 714–41.
Neal, A. W. (2010) *Exceptionalism and the Politics of Counter-Terrorism: Liberty, Security and the War on Terror*. Routledge: London.
Odysseos, L. and Petito, F. (eds) (2007) *The International Political Thought of Carl Schmitt: Terror, Liberal War and the Crisis of Global Order*. Routledge: London.
Ojakangas, M. (2004) *A Philosophy of Concrete Life: Carl Schmitt and the Political Thought of Late Modernity*. Sophi: Jyväskylä.
Paglen, T. (2006) Groom Lake and the Imperial Production of Nowhere. In *Violent Geographies: Fear, Terror and Political Violence* (eds D. Gregory and A. Pred). Routledge: London, pp. 237–54.
Piccone, P. and Ulmen, G. (1987) Introduction to Carl Schmitt, *Telos* 72, 3–14.
Pratt, G. (2005) Abandoned Women and Spaces of Exception, *Antipode* 37, 1053–78.
Rasch, W. (2003) Human Rights as Geopolitics: Carl Schmitt and the Legal Form of American Supremacy, *Cultural Critique* 54, 120–47.
—— (2005) Introduction: Carl Schmitt and the New World Order, *South Atlantic Quarterly* 104, 177–83.
Reid-Henry, S. (2007) Exceptional Sovereignty? Guantánamo Bay and the Re-colonial Present, *Antipode* 39, 627–48.
Scheuerman, W. E. (2004) International Law as Historical Myth, *Constellations* 11, 537–50.
Schmitt, C. (1925) The Status Quo and the Peace. In *Weimar: A Jurisprudence of Crisis* (eds A. J. Jacobson and B. Schlink). University of California Press: Berkeley, pp. 290–93.
—— (1988 [1940]) *Positionen Und Begriffe: im Kampf mit Weimar–Genf–Versailles: 1923–1939* (ed. C. Schmitt). Duncker & Humblot: Berlin.
—— (1991 [1941]) *Völkerrechtliche Großraumordnung mit Interventionsverbot für Raumfremde Mächte: Ein Beitrag zum Reichsbegriff im Völkerrecht*. Duncker & Humblot: Berlin.
—— (1995) *Staat, Großraum, Nomos: Arbeiten aus den Jahren 1916–1969*. Duncker & Humblot: Berlin.

—— (1996 [1932]) *The Concept of the Political*. University of Chicago Press: Chicago.
—— (1997 [1942]) *Land and Sea*. Plutarch Press: Washington, DC.
—— (2003 [1950]) *The Nomos of the Earth in the International Law of the Jus Publicum Europaeum*. Telos Press: New York.
—— (2005 [1922]) *Political Theology: Four Chapters on the Concept of Sovereignty*. University of Chicago Press: Chicago.
—— (2007 [1963]) *Theory of the Partisan: Intermediate Commentary on the Concept of the Political*. Telos Press Publishing: New York.
—— (2008 [1928]) *Constitutional Theory*. Duke University Press: Durham, NC.
Shapiro, K. (2008) *Carl Schmitt and the Intensification of Politics*. Rowman & Littlefield: Lanham, MD.
Slomp, G. (2009) *Carl Schmitt and the Politics of Hostility, Violence and Terror*. Palgrave Macmillan: Basingstoke.
Stepputat, F. (2008) Forced Migration, Land and Sovereignty, *Government and Opposition* 43, 337–57.
Stirk, P. M. R. (ed.) (2005) *Carl Schmitt, Crown Jurist of the Third Reich: On Pre-Emptive War, Military Occupation, and World Empire*. Edwin Mellen Press: Lampeter.
Vaughan-Williams, N. (2009) Virtual Border (In)security. Paper presented at the 2009 annual meeting of the International Studies Association, New York, February.
—— (2010) The UK Border Security Continuum: Virtual Biopolitics and the Simulation of the Sovereign Ban, *Environment and Planning D: Society and Space*, 28(6), 1071–83.
Williams, H. (2005) Preface. In *Carl Schmitt, Crown Jurist of the Third Reich: On Pre-Emptive War, Military Occupation, and World Empire* (ed. P. M. R. Stirk). Edwin Mellen Press: Lampeter, pp. vii–xii.

第一单元

历史的大地法地理学

一 "9·11"之后的空间占取、分配和生产
——这是最新的大地法吗？

卢克(Timothy W. Luke)

[57]本文审视了民族国家、跨国公司和非政府组织中的当代话语，这些话语倾向于追溯"失败国家"(failed states)、"脆弱国家"(fragile states)或"流氓国家"(rogue states)等危机四伏的发展，引发人们重新思考施米特对新"大地法"的呼吁。施米特的呼吁是奠基性的，因为他要求所有人将"地球，我们生活的星球，看作一个整体，并尝试说明全球的划分和秩序"。① 他认为，这种根本性的反思必不可少，因为，

> nomos[法]意味着Nahme[占取]；第二，它还意味着对所取之物的划分与分配；第三，它意味着利用、管理并使用划分的结果，即生产和消费(同上)。

施米特将这一过程视为由历史驱动，却以自然为基础的空间挑战，挑战既包含领土维度，也包含海洋维度。他极其重视nomos[法]的丰富内涵。在关于nomos[法]内涵的三重表述中，施米特断言，这一概念同时蕴含着获取、分配与制作的力量，而这些力量都基于法律-政治秩序蕴含的主动性占有、分配和生产。② 在施米特看来，"大地的秩序"一直存在，随着新大陆的发现和新的欧洲海洋帝国崛起，西方原有的秩序遭到破坏，而新兴海洋帝国的崛起又促成了现代欧洲中心主义下新的

---

① Schmitt, *Nomos of the Earth*, 2006 [1950], p.351.
② Ibid., pp.324-330.

大地 nomos[法],即以稳定的陆地和动荡不定的海洋为基础而重新划分的世界秩序,这一秩序持续到 1914 年才坍塌崩坏(同上,页 352-353)。1914 年到 1945 年的两次世界大战重塑了世界。

然而,在施米特看来,1947 年到 1991 年的东西方集团逐步萌生为富有凝聚力的大空间(Großräume),由主要国家美国或苏联主导的大集团能够建构新的大地 nomos[法],但是,在 1989 年和 1991 年的事件后,这种地缘政治秩序体系迅速瓦解。

在施米特看来,第二次世界大战之后会发生什么尚不清楚,但明显的是"大地的新 nomos[法]不可抗拒地发展"(同上,页 355),所有新旧势力都在努力寻求建立陆地与海洋、秩序与无序、稳定与混乱间更牢固的关系。他指出,[58]"占有、分配和生产,是人类历史的原始过程,是原始的三幕剧"(同上,页 351)。我们可以推测,在施米特看来,当今许多人对世界秩序的焦虑是由"无边无际或虚无"之感引起的可预见的担忧,这种感觉来自 20 世纪 90 年代出现的世界新秩序,其中,已经失败、正在失败或容易失败的情形正逐渐演变为常态而非例外。《帝国》①一书对空间与秩序更为详尽的论述,无疑不会使他信服。

考察大空间(Großräume)时,亨廷顿②在这一动荡时代写的作品惹人注意,尤其考虑到他作为公共知识分子的争议性知名度,③以及他曾公开思考文明冲突、文化冲突和军民关系。这些政治类话题至关重要,尤其在亨廷顿的想象中,许多国家的个人把自己的文明看作与他者发

---

① Hardt, M. Negri, A. *Empire*. Cambridge, MA: Harvard University Press, 2000.

② Huntington, S. P. "The Clash of Civilizations?," *Foreign Affairs*, 72, 3: 22-49, 1993; *The Clash of Civilizations and the Remaking of World Order*. New York: Simon & Schuster, 1996; *Who Are We? The Challenges to America's National Identity*. New York: Simon & Schuster, 2004.

③ Jacoby, R. *The Last Intellectuals: American Culture in the Age of Academe*. New York: Basic Books, 1987.

生冲突的原因。既然文明之间的冲突(差异、摩擦)是亨廷顿定义生活的支柱,那么,发掘这一冲突借以上演并受到支撑的秩序就至关重要。因此,从另一个角度讲,亨廷顿正是在思考"大地的 nomos[法]"。然而,他也在探究现代性的哲学、政治和实践话语,①并且追踪权力或知识的力量②如何在华盛顿的现实政治家中以非同寻常的方式运作。他对文明冲突的大部分思考遭到大量批评,③但是,他也本着公开论辩的精神,完全将自己的话语向美国及世界公众开放。

鉴于亨廷顿的分析以及 2008 年到 2010 年的经济大萧条,把主权者思考为决定援引"例外状态"以重建、保留或恢复秩序的代理人,于今大有裨益。施米特起初承认非常状态是"际缘性概念",并在讨论独裁和政治神学的著作中将这一概念作为核心。④ 在记住这一点但由此转向另一主题后,许多自由派和保守派思想传统中的人把美国这个国家视为"一个例外主义的国家",原因在于其所谓的独特的宪政共和秩序,在所谓的伊甸园大陆上对西方文明的重塑,以及在现代资本主义经济中对犹太-基督教价值观的特殊表达。为了将以上平行思路汇集起来处理 nomos[法]的地理学这一主题,本文将重新审视自 20 世纪 90 年代中期以来,美国为界定并管理来自"失败国家""流氓国家"或"脆弱国家"的负面地缘政治反弹或冲击所做的所有努力。在大空间(Großräume)相当模糊而 nomos[法]也许尚未巩固的时期,可以找到许多有用的政治时刻,来探讨这些关于例外状态和例外时代的具体论说。

最后,牢记"例外时代"这一术语是有用的。在"例外时代",整个

---

① Habermas, J. *The Philosophical Discourse of Modernity*, Cambridge, MA: MIT Press, 1987.

② Foucault, M. *Power/Knowledge: Selected Interviews & Other Writings*, New York: Pantheon, 1980.

③ Kaplan, R. D. "Looking the World in the Eye," *The Atlantic* 12, 2001.

④ Schmitt, C. *Political Theology: Four Chapters on the Concept of Sovereignty*, 1985; Schmitt, C. *The Concept of the Political*, Chicago, 1996.

当代世界经济——人们甚至可以谈论"核心破裂"(core breach),以混淆来自核能工程与世界系统社会学的术语的含义——落到今日境地。[59]近两年来金融崩溃,仅美国股市就消耗了超过11万亿美元资金,跌幅达53%,除美国以外大规模的全球股市内爆,又烧掉了超过12万亿美元资金,这是一场私人住房和商业地产价值在全球范围内的崩溃。世界各地对大规模主权债务违约和过度行为的担忧与日俱增。自"二战"以来,全球GDP首次出现真正意义上的同步萎缩。可以想象,即使是施米特也会承认,这似乎是一个例外状态的时代,由无边无际的虚无所包裹。

例外状态的分析

考察nomos[法]的地理学时,人们可以理直气壮地问:美国为应对实际存在的(或主观感知到的)恐怖主义对自己的威胁,为在世界经济日益恶化下的金融崩溃中游走,同时维护自己遵守正式法规和自由资本主义惯例的形象,是否实际上已经宣布自己处于"例外状态"?倘若审视美国如何干预失败国家和脆弱国家,分析很快就会逼近例外状态的际缘性本质。如施米特所预见,在这些情况下,权力可能会产生新的非正式的不法措施,以取代正式合法的措施。

综观美国在苏丹、阿富汗、索马里、巴基斯坦、也门和伊拉克的军事行动,人们可以看到这种权力转变,尽管美国官方将这些(国内和国外)行动视为善意之举的尝试,即尝试通过增强美国实力来遏制失败和脆弱国家的"侵略性"威胁。同样,美国政府还在问题资产救助计划(TARP)的特殊掩护下,继续干预国家的信贷市场、银行业、住房市场和工业经济,以追踪、遏制威胁全球经济的有毒资产,或补救其造成的恶果。面对这种脆弱、缺陷和失败,美国在2008年通过紧急经济稳定法案(Emergency Economic Stabilization Act),并开设了新的金融稳定办公室,在"紧急的经济状态"中,这些举措使美国自负的世界"维稳官"

的角色意识落到了实处。

施米特在《政治的概念》中提出,"政治"的概念建立于生存论意义上的策略性划分,即区分出谁是"朋友"与"敌人"。但是,自由经济与社会的紧密关联,为恐怖分子提供了所有的资源——信息、能源、物质和人,使其能够极大地破坏人们的日常生活,人们对政府安全承诺的信任也因此大为降低,甚至将其看作一纸空文。仅仅选择容忍去军事化、去政治化和去社会化的个体自由假设,与呼唤一种临时甚或持续的战争宣言自由交替,这使恐怖分子释放出破坏性力量,且这种力量被商业交易的协作道德掩盖了。如果说 nomos[法]是城邦(polis)的客观化(objectification),而且它的权力格局的枢纽是空间秩序化中结构化的陆海关系,[60]那么,领土的陆地性与海洋生活现在显然完全成了问题。

到了1950年,施米特相信,地球上的规范秩序正在经历彻底的改变。对此,他认为:

> 我们首先要意识到一个实质性的区别:人类借助技术在地球上建构工业化和技术化的世界架构,究竟是以陆地生存还是以海洋生存作为其基础。今天正在变成现实的,是天空对于海洋以及很大程度上甚至也包括对大地的侵蚀,人类把自己的星球转化成了原材料仓库和航空母舰的联合体。①

施米特相信,随着这种情况的发生,新的敌友界线将会形成。1991年后,空中力量、太空力量和网络空间的电子战,在建立地球秩序方面起到了更大作用,人们必须承认,它们在当今未确定的 nomos[法]中是空间毁坏的主要因素。

按照施米特的表述,在司法和政治行动的界面上,国家权力在围绕

---

① Schmitt, *Nomos of the Earth*, 2006 [1950], p. 49;[译注]《大地的法》中文版,页14。

主权权威的共识与强制、友好与敌对的关系中界定自己。事实上,"非常状态最清楚地揭示了国家权威的本质",因为任何机构在非常状态下实行权威,都"证明了无需在法律的基础上制定法律"。① 人们期望主权以司法方式正常运作,但是,主权权威却凭借自由裁量权界定"正常状态",进而进行决断。"要使一种法律秩序生效,就必须存在一种正常状态。"(同上)如果不存在,国家就要在正常的、司法的和功能的秩序中,决定何时何地出现例外状态,并且可以在例外状态下悬搁法律。

对于美国这类例外主义国家,例外状态并不是独裁(dictatorship),而是日渐成为极其模糊的领域,其中,在限制合法权威的决策与行动方面,制约与平衡、分权与三权分立为了能适应新情况而中止。由于在各种各样明确动员的集中运动中,例外状态作为中止区域,损伤或抹去了法律秩序的根基,而这些运动通常严格限制在"需知"(need to know)的基础上,因此,虽然私人与公共、内部与外部、常规与特殊全都各就其位,但可以遭到搁置或忽略。

既然说到落实的情景,我们就必须回顾一下美国的情况。我们现在认为,从柏林墙倒塌到双子大楼遭到袭击的若干年间,美国都相当繁荣、安宁,充满机会。那么,在此期间它的反常特质又是什么呢?在那段时间里,许多受雇于那个例外主义自由国家的善意的代理人,他们倡导全球和平,有时绕过华盛顿特区政府与非政府机构,谈到一些"失败国家"及其惨状况,这些惨状散布在地球的边缘。当然,那些年里,欧洲、亚洲和非洲都有严重的暴力冲突。20世纪80年代的阿富汗或刚果是"失败国家",我们现在可以将它们视为下列及其他国家出现更大灾难的预兆:南斯拉夫、哥伦比亚、白俄罗斯、苏丹、伊拉克、拉脱维亚、冰岛、海地、格鲁吉亚、玻利维亚、墨西哥、乌克兰。[61]现在看起来,这些地方的情况并不是当地政府崩溃和(或)经济破产各自分离的

---

① Schmitt, *Political Theology: Four Chapters on the Concept of Sovereignty*, 1985, p. 13;[译注]《政治的神学》中文版,页30。

发展,而恰恰是现代国家形式中日益普遍的失败的开始。

新的世界秩序

施米特指出,向来都存在某种大地 nomos[法]。在有人类的所有时代,大地都被占有、划分和耕作。① 施米特认识到,旧秩序在新的全球秩序取代它之前如何盛行,而由于资本主义、全球主义和信息主义的发展,一个具有多重维度和不同动机的世界新秩序逐渐形成,施米特于是在这种地缘政治秩序的上下左右寻找其他的空间形态。一方面,他意识到一个跨国交流的复杂空间正在展开。也就是说,

> 简言之,所谓的世界经济,即自由的非国家的经济空间,以穿透一切的力量,不断扩张弥散在一个表面上是纯粹国家间的政治性的国际法所界定的国家政治边境的上下左右。(同上,页235[中译本页216])

另一方面,施米特也在理论和实践层面上,尝试研究这种世界经济形成的原因,"从15、16世纪伊始的环球航行以及新大陆的发现开始",显然需要一个新的空间秩序。全新的星球空间意识所激活的,"从实践哲学层面来看,不是地球表面的区域划分,而是地球空间秩序的实际内容"(同上,页86[中译本页55])。

几乎没有这种"适用于整个地球秩序"(同上)的概念资源。在旧大地 nomos[法]中,文明即单指欧洲文明。在这个意义上,欧洲仍然是地球的中心。随着"新世界"的出现,欧洲变成了旧世界……1492年,当"新世界"真正出现时,所有关于地球中心和时代的传统概念结构都发生了变化(同上,页86-87[中译本页55-56])。在施米特看来,这些未知的、非欧洲的新空间并不是新的敌对空间,

---

① Schmitt, *Nomos of the Earth*, 2006 [1950], p. 351.

而是被当作自由空间(freies Raum),是可以任由欧洲去征服和扩张的无主土地(freies Feld)。(同上,页87[中译本页56])

矛盾的是,由于欧洲逐步扩张并占领了明显的自由空间,很快,自由空间占取就为寻找新敌人以及激起与旧敌人的冲突创造了场所。三百多年来,欧洲向自由空间的扩张和占领导致了欧洲内部的政治斗争,也导致了欧洲外部的(争论"文明"概念本身的)政治摩擦,欧洲既受到了肯定,又遭到了削弱。

有人认为,盎格鲁-撒克逊人的新世界和拉丁美洲是欧洲大家庭的一部分,但直到后来,在美国后门罗时代的孤立主义及冷战时期的两极斗争框架下,人们才把新世界和拉丁美洲看作符合资格的欧洲一员。本文集中由汉纳翻译的两篇施米特文章讨论了这些问题,即《现代帝国主义的国际法形式》(1932年)和《以大空间对抗普世主义——论围绕门罗主义的国际法斗争》(1939年)。①

[62]由于美国及其公民社会提出了"文明"问题,即,"文明"一词要么单指欧洲文明,要么等同于欧洲文明之外的其他实质有序的空间,所以,人们便可能在地缘政治中划出新的敌友界线,这一新界线具有自己的意义和特征。施米特详细解读了1885年的刚果会议,西班牙的征服新世界,1787年之后新的美利坚合众国使孤立于旧世界合法化,以及由于日本加入曾经排外的大国俱乐部而导致的欧洲公法的逐步崩溃,这些都让施米特动容地断言:"伴随着这个亚洲大国的出现,一个新的非欧洲中心的世界秩序开始浮出水面。"(同上,页191[中译本页170])

经历了两次世界大战和冷战的恐怖时代之后,文明逐步变得多元化,再加上全球经济中不同文明空间的整合,此时能否提供一种新的占

---

① [译注]这两篇文章由汉纳翻译成英文,收于本文集的英文版中,中译文参见《论断与概念》第19、35篇,此处不再收录。

有、分配和生产空间的手段?如施米特所言:

> 当老世界看到身旁一个崭新世界诞生时,辩证地来看,显然它本身就因此而遭遇挑战,即老世界不再是"旧世界"。(同上,页87[中译本页56])

施米特是否为思想家(如亨廷顿)发现"西方"(the West)与"其他地区"(the Rest)打下了基础?而且,欧洲内部诸国为争夺新世界而大打出手之后留下的一系列意识形态碎片的混合体,是否会逐渐注意到位于"西方"与"其他地区"之间的新断裂线上的那些新旧世界?

冲突与文明?

亨廷顿的"文明冲突"论是一种转移范式(Paradigm-shifting)的干预,其文章在1991年苏联解体后仅两年,就发表在《外交事务》(Foreign Affairs)上。他断言,资本主义西方与共产主义东方两大集团的意识形态对立,只是短暂的历史插曲,他设想新的斗争战线将回到类似于1452年或1491年的状态,其时统一的欧洲基督教西方遭到伊斯兰东方(阿拉伯或土耳其或波斯)以及其他文明区的威胁。因此,在21世纪,"不同文明之间的断层线将是未来的战线"。[①]

亨廷顿认为,文明是各民族可能共享的最广泛、最集中的身份认同,他描绘出七大文明,人们似乎能够将这七大文明看作大空间(Großräume):西方文明、儒家文明、[②]日本文明、伊斯兰文明、印度文

---

① Huntington, S. P. "The Clash of Civilizations?," *Foreign Affairs*, 72, 3, 1993, p. 22.

② [译注]亨廷顿在1993年发表在《外交事务》季刊的文章中使用的是"儒教文明",而在1996出版的《文明的冲突与世界秩序的重建》一书中认为中国文明不仅是儒教,而改为"中华文明",从中表现出亨廷顿对此一文明区的模棱两可的看法。

明、斯拉夫-东正教文明、拉丁美洲文明(以及也许非洲是尚未确定的第八个文明综合体的基础)。亨廷顿的文章在美国知识界具有里程碑意义。如《外交事务》的编辑们公开宣称的,从大名鼎鼎的凯南(George Kennan)在1947年化名"X"①发表关于苏联的文章以来,一直到亨廷顿的文章出现,美国历史上还没有任何其他文章能够引发如此多的讨论。

施米特在大空间理论中运用的通用范畴,亨廷顿也依样运用,他认为,"文明之间的区别在于历史、语言、文化、传统,以及最重要的,宗教"。②[63]每一个区别因素都重要,但这些因素可以凭借先前的事件、共同的语言、信仰和历史经验以及一些持久的制度性宗教力量而联系起来。鉴于源远流长的人类历史、年深日久的人类实践,亨廷顿对20世纪全球事务将如何展开提出三个中心论断:

  1. 由于种种原因,文明意识正在上升,不同文明之间的冲突将取代意识形态和其他形式的冲突,成为全球冲突的主要形式。

  2. 国家间成功的政治、安全和经济体制更有可能在文明内部发展,而非在不同文明之间发展。不同文明群体之间的冲突可能比同一文明内诸群体之间的冲突更加强烈。作为必然的结果,不同文明群体之间的暴力冲突最有可能导致全球战争。

  3. 未来世界政治的主轴将是西方与其他国家之间的斗争。试图使自己的国家成为西方一部分的非西方国家精英,因此将面临重大障碍。直接冲突的焦点将是西方与几个伊斯兰-儒教国家之间的冲突。(同上,页48)

---

  ① [译注]1947年7月,《外交事务》季刊上发表了题为"苏联行为探源"的文章。

  ② Huntington, S. P. "The Clash of Civilizations?," *Foreign Affairs*, 72, 3, 1993, p. 25.

过去15年来,在决策制定和学术讨论中,亨廷顿对文明的宏大概括发挥了相当大的影响。为了抵制西方毒化(Westoxification)和西化现象(Occidentalosis),伊斯兰社会冲突频发,但这些抵制并不总以国家形式进行。引火点与其说是意识形态上的矛盾,即在政治上"你属于哪一方"的问题,不如说是价值观、身份或社群等心理社会上的冲突,即"你是什么"的问题(同上,页26)。

与政治冲突相应的去国家化(destatalization),加上文化摩擦的再传统化(retraditionalization),超出了整齐且固定的领土秩序划分。由于"西方"和"其他地区"是指众多分散在世界各地的族群,因此,"植根于历史深处"的文化神话、传统习俗或宗教归属逐步复兴和恢复(同上,页26)。结果是,多民族、多元化、杂居和共居的族群"发觉自身与不同种族或宗教的人之间存在'我们'与'他们'的区别"(同上,页29)。虽然这些区别不完全是施米特严格意义上的"敌友"划分,但对"9·11"事件、马德里"3·11"连环爆炸案、伦敦"7·7"爆炸案、11月26日到29日的孟买恐怖袭击的潜在解释,却将这些事件看作"敌人"对"朋友"的袭击,许多观察家都将袭击产生的原因归结为大文明冲突。

在2008年到2010年的经济大衰退中,这些趋势是否仍然延续尚待观察。当今全世界正在经历的经济危机,[64]并不完全局限在一两个文明形态之中。相反,这场危机更为普遍,而且是跨文明的。这一人类共同面临的危机,或许会重新激活令人熟悉的以阶级为基础的民粹主义、民族主义或精英主义政治。在今天的世界经济崩溃中,墨西哥、日本、波兰、印度和美国的工人都在失去工作或财富,当此之际,亨廷顿的论点将受到检验。①

---

① Luttwak, E. *Turbocapitalism*: *Winners and Losers in the Global Economy*. New York: Harper Collins, 1999; Rodrik, D. *Has Globalization Gone Too Far*? Washington, DC: Institute for International Economics, 1997; Soros, G. *The Crisis of Global Capitalism*: *Open Society Endangered*, New York: Public Affairs, 1998.

颇有讽刺意味的是,1917年,威尔逊(Woodrow Wilson)总统打着"结束一切战争的战争"和"使世界安全以确保民主"的旗号,带美国加入"一战"。85年后,为了使日益民主的世界成为所谓的更加安全的自由之地,小布什总统阴谋策划并随后实际入侵了伊拉克。虽然福山之类的人①将威尔逊所处的历史时期视为孕育和平与发展的温床——康德式的永久和平、弗里德曼式的地球上无限积累(endless accumulation)的时代,但20世纪90年代和21世纪前十年的"和平"似乎是威尔逊式治国之道的对立面。也就是说,现在,一种"全球自由战争"中所有人对所有人的永久战争状态似乎已经完全制度化。② 这场战争的强度虽然相对较低,却制造了一种虚伪的和平,掏空了任何幸运力量带来的繁荣与和平。

在"后9·11威胁环境"中的美国人,虽然努力生活在自由中,但仍不能生活在绝对的安全和保障中。一方面,他们的集体安全确实面临有形威胁;另一方面,美国人不断需要由彩色编码警报、24小时7天治安、持续的监视所产生的威胁长存意识,这种意识现在已不能保证安保措施能够防范风险,有的只是对风险永存的服从与习惯。美国人可以自由地生活,却不能从"结束一切和平的和平"所造成的恐惧、焦虑、怀疑和不确定中解脱出来。无论是因为次贷危机、卡特里娜飓风、汽车工业的崩溃、企业的彻底腐败、跨国的毒品走私战争,还是因为全球银行业的崩溃,今天在美国很少有人能消除担忧而感到安全。"9·11"之后,"西方"文明防御规划的特点,充其量是将美国定位为"母国"(the homeland)并向自由本身宣战,来动员人们合理规划防恐行动,提高应对意识,并从防恐行动中完全恢复(同上)。

---

① Fukuyama,F. *State-Building:Governance and World Order in the 21st Century*,Ithaca,NY:Cornell University Press,2004.

② Paye,J. -C. *Global War on Liberty*,New York:Telos Press Publishing,2007.

2003年5月1日，总统在"林肯号"航母上宣布结束对巴格达的"主要敌对行动"，整个西方的"意愿联盟"（coalition of the willing）在伊拉克战争中只死伤了171名士兵，而美国在"持久自由行动"①中也只牺牲了110名士兵。然而，伊拉克战役结束后，对数以千计的联军士兵来说，持久自由行动在本应长久的"和平"期间显然比在"战争"初期更致命——这又是"结束一切和平的和平"的一个奇怪特点。与此同时，由奥巴马总统领导的例外主义美国，继续在巴基斯坦、叙利亚、墨西哥、伊朗和北朝鲜等地应付新的威胁。

[65]虽然自2009年1月奥巴马就任总统以来，美国的战争死亡人数只有几百人，但他已经加强搜捕阿富汗、伊拉克、也门和索马里的恐怖分子，也加强搜捕包括藏匿于巴基斯坦部落地区的本·拉登（Osama bin Laden）等人。事实上，奥巴马总统喜欢在"失败（或脆弱）国家"使用"捕食者无人机"（Predator UAVs）进行机器人打击，通过远程控制来打击恐怖主义，由此，这种战争已经成为一场新的"无人机战争"。

同时，自2008年总统大选以来，美国每月损失约60万个工作岗位，股市在2009年3月回升前又下跌20%以上。在2010年到来之际，美国每9个抵押贷款持有人中就有1个需要经济援助，以避免丧失抵押品赎回权；每31个美国成年人中就有1个在监狱、牢房或刑事拘留中；每50个美国儿童中就有1个无家可归。

显然，安全问题远未得到保障，"结束一切和平的和平"只是深陷泥潭的和平。这也许是某种"美国需要的改变"，或者这也许只是经历"结束一切和平的和平"的另一方式。无论如何，这种情势仍然是例外

---

① [译注]"9·11"事件后，美国及其联军对基地组织和庇护该组织的阿富汗塔利班政权所采取的军事行动。原名为"无限正义行动"（Operation Infinite Justice）。当年，美国国防部长声称："持久自由行动"（Operation Enduring Freedom）这个代号预示着美国这次军事行动"将不会速战速决，而要花费数年的时间"。更改后的代号既说明这场战争的持久性，同时又想表明这是美国捍卫"西方自由世界"的行动。

状态的一部分,因为国家机器所做的这一切只是在法律之内,或者说几乎不在法律之外,早先即1989年"历史终结"时对无尽和平的承诺逐渐成为泡影。

实际上,冷战结束既没有带来"历史终结",也没有带来"结束战争"的结果。相反,在"无人机战争"和"持久自由行动"的基础上,出现了这种新的"和平"类型,但它既不像和平(peace-like),更不能和平(peaceable)。它是自由的,却不能消除焦虑、担心、疑虑或恐惧。据称,并没有绝对的敌人与明显的战争同盟,也没有咄咄逼人的士兵,但是,美国将许多隐藏的敌意、地下的敌手与愤怒的群众都归为文明的威胁,要由西方正在进行的宁静、和平的"反恐战争"来粉碎。于是,今天的"和平"所需的条件,毁掉了日常生活中许多的特征。这种紧急状态以庞大的国家形态为基础,危险被认为无处不在、无时不有,而且可能来自任何人。如果这正在固化为新的大地 nomos[法],那么就没有几个热情支持者了。我们不禁要问,新的大地 anomos[非法]是否会随之而来?

从无序的自然状态到有序的社会状态,即 nomos[法]的形成,并不是离散的、一次性的或孤立的转变,相反,在施米特看来,总是统一的、恒定的、连续的转变,这种转变每天都在发生。建立一些机构来履行保证人的承诺而负责安全,或在安全事件中设计抓获隐蔽的危险分子,这是一种新特征,这种特征在日常治理内外始终与每次紧急状态交织在一起,这种状态下政府需要既能实施自由裁量的行为,又能实施必要行为。因此,福柯反转了克劳塞维茨论述战争和政治的顺序,完全可以理解。政治,无论从公共领域还是私人领域来看,都是"通过另一种手段在延续战争"。①

在20世纪末,人们普遍认为美国的未来将是财政盈余、经济持续

---

① Foucault, M. "*Society Must Be Defended*," ***Lectures at the Collége De France***, *1975-1976*, New York: Picador, p. 16.

增长、地缘政治上居于霸主地位,而现在这些可能早已一去不返。[66]在过去250年工业现代化所造就的世界中,很多地方都已经呈现出摇摇欲坠与支离破碎的态势。自1979年以来,国家私有化、领土去国有化和文化空心化的新辩证关系,正随着(很大程度上不受约束的)当代全球资本主义而浮出水面。① 在这个市场中,官方的高科技潮流与快速的资本主义信息生产,越来越多地与流通缓慢的原材料买卖共同存在,而缓慢的流通一般在非法、不道德和不正当的商品和服务中。可以说,如果没有实际的科技创新的话,也就不会出现这种共存的情况。②

私人恶行与公共美德的二元伦理,导致资本主义业务中常常出现中饱私囊的现象,这些现象既存在于"成功国家",也存在于"失败国家"。在这些国家中,由于不能总是顺应变革的浪潮,个人和社会在许多不同的生产和消费模式中挣扎求存。从俄罗斯到冰岛,从塞拉利昂到哥伦比亚,从泰国到阿富汗,从刚果到希腊,脆弱的国家和萎缩的市场构成双重威胁,正在迅速使许多国家变得更加脆弱——如果不是完全破产的话——同时市场也在萎缩衰落。

施米特指出,自由社会及其商业主义的根本倾向与去军事化和去政治化的顽固模式,正是为了确保个人自由、私有财产和商业机会,而回避政治、国家和政府。必要的时候,为维护社会秩序,政治必须要求个人准备并能够经常团结同志、朋友,与敌人作集体斗争乃至牺牲生命。安全乃至担保,总是需要暴力才能持续。然而,施米特正确地总结说:

> 彻头彻尾的个人主义者绝不会赋予个体比安排肉体生命的权利更多的东西。任何不是由自由个体本身来决定自己自由的内容和范围的个人主义,都无非是一句空话。对这样的个体而言,如果他不希

---

① Soros, G. *The Crisis of Global Capitalism: Open Society Endangered*, New York: Public Affairs, 1998.

② Agger, B. *Fast Capitalism*, Urbana: University of Illinois Press, 1989.

望去斗争,就不存在他必须与其进行生死搏斗的敌人。在私人性个体看来,强迫他与自己的意志斗争,就是使他缺少自由并向他施加压迫。①

于是,政治冲突就被自由主义者排挤、压倒或推到其他"不同领域中,即伦理与经济、文化与贸易、教育与财产"之类的领域(同上,页70)。

然而,随着苏联解体,冷战对立瓦解,世界上许多地方仅有的一点"稳定"也消失殆尽,留下的只是"没有领导、没有秩序、没有治理本身"的伪民族国家。② 从 1997 年至 1998 年的货币危机到 2008 年至 2010 年的经济大衰退,很明显,没有作为秩序基础的稳定结构浮出水面。自 1991 年以来,几乎没有什么改善,无论海地、匈牙利、洪都拉斯,还是索马里、苏丹、[67]塞尔维亚和叙利亚,或者巴基斯坦、菲律宾、波兰和巴勒斯坦,都继续表现出不同程度与不同规模的枉法。混乱,成了为资本家提供机会的奇怪转口港(entrepôt),其特点是政府能力薄弱、效率低下或缺乏保障。而当政权是非治理化的(agovernmental),③或无法在其指定的主权空间内有效地调整人们与事物的关系时,④更加黑暗的商业模式更是会大量涌现并盛行。

全球性的生产或消费系统获得劳动力和资源的便捷途径遭到剥夺,就会出现如索马里或苏丹的情况,然而由于海盗或掠夺,这些地区和人民错过了跨国商业的好处。国家经济崩溃常常导致大量违禁品流

---

① Schmitt, *The Concept of the Political*, 1996, p. 71;[译注]《政治的概念》中文版,页 88。

② Atwood, B. "From the Cold War to Chaos and Cholera (Development or Recolonization)," *New Perspectives Quarterly*, 11, 1994, p. 21.

③ Foucault, M. *The Foucault Effect: Studies in Governmentality* (eds. G. Burchell, C. Gordon, P. Miller). Chicago: University of Chicago Press, 1991.

④ Luke, T. W. "Discourses of Disintegration, Texts of Transformation: ReReading Realism," *Alternatives*, 18, 3 (September/October), 1993, 229–258.

入或流出,如亚美尼亚或阿富汗,同时还会发生跨国界的暴力事件,破坏国家稳定。无论在墨西哥、俄罗斯、尼日利亚还是泰国,腐败的资本家都会扰乱邻国公民的安定、远方富裕城市的公民社会以及合法跨国企业的平稳运作。①

因此,在自由主义发展的特定时代和地区,国家及其政治可能失去任何具体意义,任由国内和国际商品链的具体技术来确定集体生活的基调和旨趣。② 人们发现:

> 国家变成了社会:在伦理-精神方面变成了人性意识形态的人道主义的概念,另一方面则变成一个生产和流通的经济-技术体系。那种在既有战争状态中打败敌人的自明意志,则变成一种理性建构的社会理想和纲领,一种倾向和经济核算。在政治上统一的人民,一方面变成了具有共同文化趣味的"公众"(Publikum),另一方面,某些人组成企业并成为老板,某些人则成为消费群体。在精神的一极,统治和权力变成了宣传和操纵群众;在经济的一极,则变成了控制。③

由于这些去政治化、去军事化但仍高度政治化的特质,太多当代自由资本主义社会的物质文化变得千疮百孔。

---

① Luke, T. W. "Security, Sovereignty and Strategy: Reinterpreting the Lessons of Operation Desert Storm," *Crossroads: An International Socio-Political Journal*, 1991, 33 (December), 3–14.

② Walker, R. B. J. *Inside/Outside: International Relations as Political Theory*, Cambridge: Cambridge University Press, 1993; Luke, T. W. "Discourses of Disintegration, Texts of Transformation: ReReading Realism," *Alternatives*, 18, 3 (September/October): 1993, pp. 229–258.

③ Schmitt, *The Concept of the Political*, 1996, p. 72; [译注]《政治的概念》中文版,页89。

作为大空间的文明

亨廷顿质疑那些持有西方普遍主义价值观的人所抱有的幻想,他们期望:

> 全世界的人都应该接受西方的价值观、制度和文化,因为它们体现了人类最高的、最开明的、最自由的、最理性的、最现代的和最文明的思想。①

亨廷顿意识到20世纪90年代和21世纪前十年的世界格局将是"民族冲突和文明冲突",[68]他认为,"西方对西方文化普遍性的信念有三个问题:它是错误的;它是不道德的;它是危险的"。② 对亨廷顿来说,西方的理性、自由及现代文明独一无二,但它的文化独特性是一种内在的空间特殊性。在西方的文明生活中,许多事物获得了基本价值,但价值的本质"有价值,不是因为它是普遍的,而是因为它是独特的"。③

或许对很多人来说,这种说法不可思议,但亨廷顿认为,"西方文明"必须远离"其他文明",既要安分守己,又要对其他文明负责,而非推行(卡特、里根、布什、克林顿时代)那种咄咄逼人的道德-普遍主义,更非传播合法性、个人主义、多元主义、商业主义和新自由主义的福音。如果美国不抛弃冷战时期的帝国式冒险行动,那么西方文明可能无法"学会在浅滩上航行,忍受苦难,减少冒险,并捍卫自己的文化"。④ 亨

---

① Huntington, S. P. *The Clash of Civilizations and the Remaking of World Order*, New York: Simon & Schuster, 1996, p. 310. [译注]中译参见亨廷顿,《文明的冲突与世界秩序的重建》,周琪等译,北京:新华出版社,2010,页358。

② Ibid. [译注]同上。

③ Ibid., p. 311.

④ Ibid.

廷顿认为,在无尽无休的冲突中,所有的文明都是历久弥坚的系统,因为文明是真正独特的、排他的、特殊的,而不是必然的、全体的、包容的、普遍的。这种想法并不流行,但确实准确地反映了当前形势下正在形成的许多不同的张力。

亨廷顿认为,冷战给美国和整个世界带来了两种威胁:世界主义和帝国主义。美国已经沉浸在霸权主义的修辞之中,试图消除国内外文化、经济、政治或社会的差异,因而它在内在的帝国主义命令与复杂的世界主义共识之间不断徘徊:依据前者,美国必须重塑世界;依据后者,世界必须重塑美国。① 具有讽刺意味的是,亨廷顿所说的"达沃斯文化"(Davos Culture)②同时包含这两种威胁。当"达沃斯人"想要大谈真理、进步和正义时,世界主义便占上风;但是,当"达沃斯人"应对退缩和(或)抵制时,帝国主义也能发挥作用。亨廷顿于是同时疏远了美国的保守派和自由派,否定了他们各自的帝国主义和世界主义的使命,而倾向于保留(他认为的)深深植根于盎格鲁-新教的美国文化,即根深蒂固的宗教情节和共和信条。不过,人们还是不禁要问:在这样的理论框架中,是否能铸造出新的大地 nomos [法]的基础呢?

总的来说,亨廷顿的文化地图所承载的空间内容和范畴,显然非常值得怀疑。就像在地缘政治棋盘游戏战国风云(Risk)中,由于与现实有足够的关系,那些不伦不类的国家地图可以引发人们研究的好奇,亨廷顿的文明地图也不过如此。③ 然而,它们并不具备真正的实质内容,不可当真。

在亨廷顿的地图上,西方文明并不包括东正教地区或拉丁美洲,它

---

① Kennedy,P. *Preparing for the Twenty-First Century*, New York: Random House,1992.
② Huntington,S. P. *The Clash of Civilizations and the Remaking of World Order*, New York: Simon & Schuster,1996,p. 57.
③ Ibid. ,pp. 26-27.

们都曾经是、现在是或将来是威胁的一方。所以,亨廷顿切断了它们与古典的、中世纪的西方文明的联系。同样,伊斯兰文明也变得自成一体(sui generis),[69]失去了与犹太教、基督教和欧洲中世纪时期的所有联系。对于儒教文明(Confucianism)(或中国王朝曾经统治过的任何地方)来说,中华(Sinic)文明似乎是地区担当者(a place-holder)。印度教文明主要存在于次大陆,而且有些混乱。

亨廷顿也将犹太文明区和佛教文明区考虑在内,但由于它们没有占据固定的地缘政治的自治空间,他没有给予它们应有的重视。除了信奉伊斯兰教的地区,非洲只是一个准文明区(原文明区或前文明区)。大约在利比里亚到乌干达一线以南,非洲能成为一个近似文明的地区。在这条线以北,除了非洲之角、肯尼亚沿海和坦桑尼亚,非洲是伊斯兰教的。不过,在亨廷顿看来,南非共和国也不属于西方文明,而属于非洲其他文明。他将拉丁美洲文明描绘成从蒂华纳①到火地岛②的整个地区,除了马尔维纳斯群岛和古老的(法属、荷属、英属)圭亚那③是非洲、印度教和西方散落的文化。相似地,菲律宾也是中华文明、伊斯兰文明、西方文明的大杂烩。日本是一个独立的文明,但奇怪的是,格陵兰岛却属于西方文明。他将佛教文明描绘成几乎禅宗式的,覆盖蒙古国、缅甸、柬埔寨和老挝,但它并不是主要角色。让人大跌眼镜的是,他在地图上将南极洲也划归"佛教文明"。以色列信奉犹太教,但不属于西方文明,也不属于伊斯兰文明。附近的塞浦路斯是一个不为人知的地区。

亨廷顿的地图所假定的普遍物令人着迷。就像施米特的《大地的法》,一种"新的世界秩序"隐藏在古怪的地图学中,其中包含观念志、神志、民族志、礼法志。和施米特一样,亨廷顿也在驳斥普世主义,并要

---

① [译注]蒂华纳(Tijuana),墨西哥西北边境城市,位于下加利福尼亚州西北端。

② [译注]火地岛(Tierra del Fuego)位于南美洲的最南端,面积约48700平方公里,1881年智利和阿根廷划定边界,东部属阿根廷,西部属智利。

③ [译注]15世纪末起,西、荷、法、英等国反复争夺此地。

在他的文明神话中确立自己的新世界秩序。准确度和确定性并不是来自地图上的分界线,而是来自亨廷顿眼中的文化力量在地图上内拉和外推的结果。最终,对于曾经的"西方文明",或者说以西方文明统治来定义的老牌欧洲帝国,以及1920年自主独立的"其他文明",亨廷顿展示了它们如何在冷战时期转变为区域性政权,①并展示了现在的大地 nomos[法]如何是文明论的。②

亨廷顿对文明的奇怪看法影响到新的文化制图,但直到下一个十年中的美国,这一点才变得最为明显。到2020年,对以白人、新教、"西方文明"为标签的美国,他深感焦虑与恐惧,围绕着"白人空间"(white spaces),即非白人占10%以下的州,他绘制出黑人、亚裔、美洲原住民或西班牙裔人口的深色区(darkening zones)。由此,华盛顿特区、底特律大都会、内华达州克拉克县、亚利桑那州科科尼诺县和新墨西哥州莫拉县等空间显然将成为"其他文明",而"西方文明"仍然是缅因州、佛蒙特州、新罕布什尔州、西弗吉尼亚州和爱荷华州。③ 这个矛盾国家的制图非同一般,但亨廷顿的观点很简单,"……穆斯林给欧洲造成了直接的问题,墨西哥人则给美国造成了问题"。④

文明的冲突在这里昭然若揭,这也掩盖了他针对下个世纪提出的真正大问题:"我们是谁?"他给出答案的胆识和[70]连贯性令人钦佩。⑤

---

① Huntington, S. P. *The Third Wave: Democratization in the Late Twentieth Century*, Norman: University of Oklahoma Press, 1991.

② Huntington, S. P. *The Clash of Civilizations and the Remaking of World Order*, New York: Simon & Schuster, 1996.

③ Huntington, S. P. *The Clash of Civilizations and the Remaking of World Order*, New York: Simon & Schuster, 1996, p. 205.

④ Ibid., p. 204.

⑤ Huntington, S. P. *American Politics: The Promise of Disharmony*, Cambridge, MA: Belknap Press. 1981; *The Third Wave: Democratization in the Late Twentieth Century*, Norman: University of Oklahoma Press, 1991; *Who Are We? The Challenges to America's National Identity*, New York: Simon & Schuster, 2004.

不过，其动机的复杂，还有他作为世界著名的哈佛大学政府学院教授，对来自盟友和敌人的可能误解却置之不理，还是令人不安。

然而，矛盾的是，亨廷顿提出的文明冲突论中的一些概念，已由许多现实事件证实。1993年，他认为文明论的规则决定了美国国内政策和外交政策的方向；1996年，他更加明确地阐述了这些文明论的规则。也就是说，如下这些对美国来说必不可少：

> 加强政治、经济和军事一体化，协调政策，以防止其他文明国家利用它们之间的分歧；
> 把中欧的西方国家，即维谢格拉德集团国家、波罗的海各共和国、斯洛文尼亚和克罗地亚纳入欧盟和北约；
> 鼓励拉丁美洲的"西方化"，并尽可能地使拉丁美洲国家与西方紧密结合；
> 抑制伊斯兰和华人国家的常规和非常规军事力量的发展；
> 延缓日本脱离西方而顺应中国的进程；
> 承认俄罗斯是东正教的核心国家和区域大国，承认确保南部边境的安全是俄罗斯的合法利益；
> 保持西方技术和军事力量相对其他文明的优势；
> 最重要的是，认识到西方对其他文明事务的干预，可能是造成多文明世界中的不稳定和潜在全球冲突的唯一最危险的因素。①

尽管他的想法背后有不同寻常的灵感，但美国和欧洲的许多人都会赞同他提出的地缘政治谋划，而且它似乎成了21世纪趋势中的主要潮流。

---

① Huntington, S. P. *The Clash of Civilizations and the Remaking of World Order*, New York: Simon & Schuster, 1996, p. 312. [译注]中译参见亨廷顿，《文明的冲突与世界秩序的重建》，前揭，页360-361。

对(非)安全的应对

对大地 anomos[非法]的应对也表明,人们自 1941 年至 1945 年二战的大规模动员以来,已经准备好接受未知的新级别的监视、治安和管制。不幸的是,阿什克罗夫斯特和冈萨雷斯的司法部、小布什政府的《爱国者法案》所确定的示例,将美国引向了一条通往奇怪方向的新路。① 司法部长霍尔德和[71]奥巴马总统现在才慢慢地从这条道路上后退,但并非完全撤出,并且只是在某些情况下。

这种对个体自由的迷信主张用国家、城市和个人的安全的大衣来包装自由社会,认为自由就是将国家镇压重塑为风险管理,将不断的监视看作保险,将侵略性的治安维护看作集体安保。友好在这里国家化、阶级化、民族化,并最终种族化,创造出可识别的外国的、贫穷的、民族的、种族的他者——人们总是怀疑他们充满敌意,更不会期待他们友好。在追求和平的迷雾中而非军事斗争的炮火中,信任消耗殆尽。

这种反应将亨廷顿以神话色彩绘制的文明冲突,转变为自我实现的战略预言,但这些"基于他者"的神话也不能保证安全。② 在俄克拉荷马城爆炸案和华盛顿连环狙杀案发生之前,在自由资本主义社会美国,大多数公民都相信,没有人或者至少在"我们"中没有人——一个普通的美国白人或黑人,如麦克维(Timothy Mcveigh)③或穆罕默德

---

① Gill, S. "The Global Panopticon? The NeoLiberal State, Economic Life, and Democratic Surveillance," *Alternatives*, 20, 1 (January/February), 1995, 1-49

② Ó Tuathail, G. and Dalby, S. *Rethinking Geopolitics*, London: Routledge, 1998.

③ [译注]蒂莫西·麦克维,是制造俄克拉荷马爆炸案的顽凶。此次事件造成 168 人死亡, 850 人受伤。

(John Allen Muhammed)①——会"做出他们所做的事情"。但他们还是做了。

《爱国者法案》推动的反恐定性(anti-terrorist profiling)可以通过复杂的数据挖掘,将任何持有机票者、郊区拥有枪支者、普通司机或前军人变成一个即将引爆的恐怖主义的定时炸弹,但这也不能阻止新的暴力事件发生,这些暴力行动由想法相同的其他人打着"结束所有和平的和平"旗号做出。同样,自由主义原则反对国家压制,而日常生活标准背后的商业动力也要求自由主义工业实践继续发展,所以,维持国内外不平等的生活方式,也是一种结束一切和平的和平。

亨廷顿的最后一本文集《我们是谁?》,是从他的《文明的冲突》一书以及早期针对90年代动荡的评论文章自然发展出来的。他对那个历史时刻的转述很简单,即"全球性身份危机的爆发"。几乎在所有地方,人们都在问:"我们是谁?""我们属于哪里?""谁不属于我们?"②无论针对南斯拉夫还是印度,南非还是美国,亨廷顿都相信,民族认同的问题是人们正在讨论的问题。然而,2004年的书《我们是谁?》是对这场议论的又一贡献,亨廷顿再次以开阔的笔触和鲜明的论断写就。亨廷顿在这最后一部作品里直接问道:"我们是谁?"而且他是在其文明冲突难题的背景下提出这个问题的,文化纽带在世界公众日常生活中的地位已不容忽视。

至少从20世纪60年代开始,美国的地理边界以及多元文化社区成了文明的热点,"我们"(we-ness)和"他们"(they-ness)引发了亨廷顿的质疑。从公民社会、经济发展及城市生活的日常互动中,亨廷

---

① [译注]约翰·艾伦·穆罕默德,2002年10月2日到10月24日,他与17岁的同伙马尔沃在华盛顿周边地区潜伏在车内对过往行人进行"任意狙击",共造成10人死亡,3人受伤。

② Huntington, S. P. *The Clash of Civilizations and the Remaking of World Order*, New York:Simon & Schuster,1996, p. 126.

顿看到美国人已经难以回答如下问题：我们是谁？我们是如何成为我们的？哪些人聚集在一起回答这样的问题？最重要的是，相对于早期的"文明冲突"论而言，他在最后一本文集中对这些问题给出的令人不安的答案，[72]颇为讽刺地更加难以让人接受。与此相反，他认识到，不断发生的文化冲突本身的文明化影响，就是提出并推动回答这一基础问题的内在途径。亨廷顿没有提及也没有意识到他的主张会带来什么结果，他已触及知识分子以及大众与专家如何在社会中塑造个人与集体的主体性，以接受某种决定性的 nomos[法]形式。

亨廷顿的世界文明图谱虽不完美，但与施米特的新大地 nomos[法]的观点一致。因为单一的世界主权者并不存在，且东方集团与西方集团之间的霸权均衡已经蚀坏，所以，施米特预见的最终方案可能即将实现。也就是说，

> 第三种可能，如果几个大空间（Großräume）是有意义地进行区分的结果，并且保持内部的同质化，那么，几个独立的大空间（Großräume）的平衡是合理的。①

不过，施米特也指出，"只有美国才有能力做到海空共治"，而且这一情况可能会继续下去，因为"可以说，美国是更大的岛"，仍然能够"管理和保证世界其他地区的势力均衡"。② 当然，美国国防部和国土安全部正在努力承担这些任务，但目前还不清楚他们是否占了上风，因为许多国家还在继续将自己的主权与安全剥离开来。③

---

① Schmitt, *Nomos of the Earth*, 2006 [1950], p. 355.
② Ibid., p. 351.
③ Luke, T. W. "Unbundling the State: Iraq and the 'Recontainerization' of Rule, Production, and Identity," *Environment and Planning A*, 39: 1564–1581, 2007.

从 1918 年威尔逊总统"用民主维护安全"的世界,到 2008 年小布什总统的以长期"全球反恐战争"为标志的世界,人们不禁要问:"民主安全"的世界如何完成其矛盾使命？何以做到？事实上,如果严格推行结束一切和平的和平理念,或颁布相应法案,无政府生活的 anomos[非法]——因为在当代宇宙空间、信息、海洋以及陆地的占有、分配和生产关系的混乱空间中,人们能够体验到 anomos[非法]——是否会成为大地上最新的 nomos[法]呢？

参考文献

Agamben, G. (2005) *State of Exception*. Chicago: University of Chicago Press.
Agger, B. (1989) *Fast Capitalism*. Urbana: University of Illinois Press.
Atwood, B. (1994) "From the Cold War to Chaos and Cholera (Development or Recolonization)," *New Perspectives Quarterly*, 11, 4: 21–23.
Foucault, M. (1980) *Power/Knowledge: Selected Interviews & Other Writings*. New York: Pantheon.
Foucault, M. (1991) *The Foucault Effect: Studies in Governmentality* (Eds. G. Burchell, C. Gordon, P. Miller). Chicago: University of Chicago Press.
Foucault, M. (2003) *"Society Must Be Defended," Lectures at the Collége De France, 1975–1976*. New York: Picador.
Fukuyama, F. (2004) *State-Building: Governance and World Order in the 21st Century*. Ithaca, NY: Cornell University Press.
Gill, S. (1995) "The Global Panopticon? The NeoLiberal State, Economic Life, and Democratic Surveillance," *Alternatives*, 20, 1 (January/February): 1–49.
Habermas, J. (1987) *The Philosophical Discourse of Modernity*. Cambridge, MA: MIT Press.
Hardt, M. and Negri, A. (2000) *Empire*. Cambridge, MA: Harvard University Press.
Huntington, S.P. (1981) *American Politics: The Promise of Disharmony*. Cambridge, MA: Belknap Press.
Huntington, S.P. (1991) *The Third Wave: Democratization in the Late Twentieth Century*. Norman: University of Oklahoma Press.
Huntington, S.P. (1993) "The Clash of Civilizations?," *Foreign Affairs*, 72, 3: 22–49.
Huntington, S.P. (1996) *The Clash of Civilizations and the Remaking of World Order*. New York: Simon & Schuster.
Huntington, S.P. (2004) *Who Are We? The Challenges to America's National Identity*. New York: Simon & Schuster.
Jacoby, R. (1987) *The Last Intellectuals: American Culture in the Age of Academe*. New York: Basic Books.
Kaplan, R.D. (1994) "The Coming Anarchy," *The Atlantic Monthly*, 273, 2: 44–76.

Kaplan, R.D. (2001) "Looking the World in the Eye," *The Atlantic* (December) 12pp. Online. Available at www.theatlantic.com/doc/200112/kaplan.

Kennedy, P. (1992) *Preparing for the Twenty-First Century*. New York: Random House.

Luke, T.W. (1991) "Security, Sovereignty and Strategy: Reinterpreting the Lessons of Operation Desert Storm," *Crossroads: An International Socio-Political Journal*, 33 (December), 3–14.

Luke, T.W. (1993) "Discourses of Disintegration, Texts of Transformation: Re-Reading Realism," *Alternatives*, 18, 3 (September/October): 229–258.

Luke, T.W. (2007) "Unbundling the State: Iraq and the 'Recontainerization' of Rule, Production, and Identity," *Environment and Planning A*, 39: 1564–1581.

Luttwak, E. (1999) *Turbocapitalism: Winners and Losers in the Global Economy*. New York: Harper Collins.

Ó Tuathail, G. and Dalby, S. (1998) *Rethinking Geopolitics*. London: Routledge.

Paye, J.-C. (2007) *Global War on Liberty*. New York: Telos Press Publishing.

Rodrik, D. (1997) *Has Globalization Gone Too Far?* Washington, DC: Institute for International Economics.

Schmitt, C. (1985) *Political Theology: Four Chapters on the Concept of Sovereignty*. Cambridge, MA: MIT Press.

Schmitt, C. (1996) *The Concept of the Political*. Chicago: University of Chicago Press.

Schmitt, C. (2006 [1950]) *The Nomos of the Earth in the International Law of Jus Publicum Europaeum*. New York: Telos Press.

Schmitt, C. (2011 [1932]) "Forms of Modern Imperialism in International Law." (Trans. M. Hannah; Chapter 2 in this volume.)

Schmitt, C. (2011 [1939]) *Großraum* versus Universalism: The International Legal Struggle over the Monroe Doctrine. (Trans. M. Hannah, Chapter 3 in this volume.)

Soros, G. (1998) *The Crisis of Global Capitalism: Open Society Endangered*. New York: Public Affairs.

Walker, R.B.J. (1993) *Inside/Outside: International Relations as Political Theory*. Cambridge: Cambridge University Press.

X [Kennan, G. F.] (1947) "The Sources of Soviet Conduct," *Foreign Affairs*, XV (July): 575–576.

二 施米特在新美利坚帝国思想家中的回响

坎恩斯(Gerry Kearns)

[74]马克·吐温(Mark Twain)写道:"历史从来不会重演,万花筒式的现代,往往似乎由古代传说的碎片建构而成。"①然而,广为流传的版本更为简洁:"历史永远不会重复,但有时会押韵。"卡普兰(Robert Kaplan)写道,21世纪的危险可能来自美国方面"利用民主化的民粹主义运动"进行自我本位的领导,并建立国外秩序。② 此时,我听到了施米特的论调。这种"异教徒式"(pagan)的以自我为本位的领导方式,一定会随时准备为达到目的而抛开道德,因此,

[美国-]墨西哥战争[1846—1848年]可能是非正义的,因为它纯粹是为了侵占领土……但这是一场值得打的战争:美国获得了得克萨斯和整个西南地区,包括加利福尼亚。(同上,页130)

2006年4月,小布什在为拉姆斯菲尔德(Donald Rumsfeld)辩护时,以十足的施米特式的论调描述了自己的治理风格,"我听到了这些声音,我读了头版头条,我知道这些猜测。但我是决定者,我决定什么是

---

① Twain, M. and Warner, C. D, *The Gilded Age: A Tale of Today*, George Routledge & Sons, 1874 [1873], Volume III, p. 76.

② Kaplan, R. D. *Warrior Politics: Why Leadership Demands a Pagan Ethos*, Random House, 2002, p. 4.

最好的"。① 2001 年 1 月上任的布什,他的阅读清单包括伊斯特兰(Terry Eastland)的《行政部门的能量:强势总统的理由》一书,在伊斯特兰的主张以及布什的实践中——他是一个拥有几乎无限权力与统一行政体(unitary executive)的总统——我听到了更多施米特的论调。②

2004 年 4 月,小布什将联合国决议搁置一边,一边支持巴勒斯坦建国,一边仍向以色列总理沙龙(Ariel Sharon)保证:

> 鉴于巴以现实状况的变化以及约旦河西岸地区已经存在大型犹太定居点,以巴边界最终全部恢复到 1949 年双方停火线是不现实的。③

我从中也听到了相似的论调。听到刘易斯(Bernard Lewis)④谈论"文明的嫉妒"(civilizational jealousy)时,施米特的论调又一次萦绕我耳际。刘易斯说伊斯兰世界憎恨西方在技术、财富和军力方面超过阿拉伯国家,并描述了基本上由宗教定义的两个全球集团之间的"文明冲突",以及作为基督教世界的宿敌的伊斯兰世界。借鉴刘易斯颇具煽动力的话语之后,[75]亨廷顿⑤的国际关系名著《文明的冲突》转向研究美国内部的分裂问题,他哀叹墨西哥天主教徒移民削弱了美国白人

---

① Henry, E. and Starr, B. (2006) Bush: "I'm the Decider" on Rumsfeld. Defense Secretary: Changes in Military Meet Resistance, *CNN News* April 18. Accessed on March 22, 2009 at www.cnn.com/2006/POLITICS/04/18/rumsfeld/index.html.

② Dean, M. "Nomos: Word and Myth". In *The International Thought of Carl Schmitt*, eds. L. Odysseos and F. Petito, Routledge, 2008[2007], pp. 242-258.

③ Anon. Bush Letter to Sharon Recognizes "Facts on the Ground", *Foundation for Middle East Peace*, Settlement Report 14:3, 2004, May–June.

④ Lewis, B. "The Roots of Muslim Rage", *Atlantic Monthly* 266:3, 1990, pp. 47-60.

⑤ Huntington, S. *The Clash of Civilizations and the Remaking of World Order*, Simon & Schuster, 1997.

新教徒(WASP)的主导地位,此时我又听到了施米特的论调。①

"9·11"恐怖袭击一周后,美国国会通过了一项使用武力的授权:

> 授权总统对任何他确认曾计划、授权、参与、帮助"9·11"恐怖袭击或窝藏这些组织和个人的国家、组织、个人,采取所有必要、适当的武力打击,以防止这些国家、组织或个人今后对美国实施任何国际恐怖主义行为。②

为了在这种不确定与不具体的授权下获得不受约束的战争权力,小布什政府向其众议院法学家尤(John Yoo)征求法律意见。尤帮忙列出的一些条款,显然容易与施米特的思想合拍。其中一些意见已由媒体曝光,现在我们知道了尤的草案:

> 包括断言总统可以在美国境内使用国家军队来打击被认定为恐怖分子的人,并在没有获得搜查令的情况下进行突击检查……还有,总统可以单方面废除外国条约,可以拒绝接受国会意见而处理涉嫌恐怖主义的被拘留者,并进行无证的监听计划。③

"9·11"事件后仅仅十天,小布什就向恐怖主义宣战,并告诫他的美国同胞,"我们已经找到我们的使命和时机",④这同样奏出了施米特式的论调。袭击发生后仅五天,他还谈到"这场反恐十字军

---

① Huntington, S. *Who are We? The Challenges to America's National Identity*, Simon & Schuster: New York. 2004.

② Anon. The Authorization for the Use of Military Force Against Terrorists, Pub. L. 107-40, 115 Stat., enacted September 18, 2001.

③ Lewis, N. A. "Bush Administration Memos Claimed Vast Powers", *International Herald Tribune* 3 March, 2009.

④ Bush, G. W. Address to a Joint Session of Congress and the American, People, 20 September 2001.

战争"。① 几年后,记者在采访中问他就如何应对"9·11"事件是否咨询过他的父亲——前总统老布什(George H. W. Bush),小布什记不起任何细节,但随后补充道:"你知道,就力量而言,他不是可以求助的父亲。有一位更高的父亲,我向他呼求。"②在这一神学政治的论调中,我也听到了施米特的声音。

施米特的作品似乎在向我们这个时代说话。在日常新闻中,我们也听到了他描述国家、主权和国际关系的余音。我们也许会得出如下结论:他的作品囊括了政治中不可回避的层面,包括我们必须再次引以为鉴的惨痛教训。然而,我想说的是,对于国家、主权和国际关系而言,人们已经且能够建构多种多样的方式,施米特[76]支持其中的某些方式——他的探究路径是规范性的(normative)。

不仅如此,他还卷入了同时代的政治波澜,发现同时代人在处理民族、国家和外交事务时,有很多需要批评之处,但偶尔也有值得称赞之处。今天,我们发现有人与施米特的价值观相同,并提倡与他相似的政策。政治家、战略家和知识分子似乎都在呼应施米特,他们渴望达到类似的目的,这导致他们看待事物的方式与施米特基本相同。施米特必然会强烈反对以这种视角解读自己的作品。然而,施特劳斯是一位友善的批评家,谈到施米特对政治的分析时,他指出:

> 施米特明确主张,一个人是喜好政治还是厌恶政治无关紧要,而他这种立场的意图"既不是好战或军国主义的,也不是帝国主义的,更不是和平主义的"。施米特只想了解事实。③

---

① Bush, G. Remarks by the President; White House Lawn, September 16, 2001.
② Woods, R. *The Conservative Revolution in the Weimar Republic*, Palgrave Macmillan: London, 1997, p. 421.
③ Strauss, L. "Notes on Carl Schmitt, *The Concept of the Political*", trans. J. H. Lomax, In C. Schmitt, *The Concept of the Political*, University of Chicago Press, 2007[1932], p. 108.

我想罗列一些对施米特地缘政治主张的错误解读。我会先简要介绍施米特写作地缘政治作品的背景,之后从五个方面来讨论这些作品。首先,我将考察施米特对大地 nomos[法]非同一般的描述;然后,我将转向讨论民族国家,并概述施米特对自由主义的批判;再次,转向他描述且实际上倡导的同一性(identity)概念;随后,转向对武力的思考(武力是施米特认为自由主义者极力避免的现实);最后,我会将这些主题与施米特的政治神学基调联系起来。

地缘政治学的正当理由

施米特的核心关切回应了其所处时代的政治事件,巴拉克里什南(Gopal Balakrishnan)追溯了施米特的写作历程。① 第一次世界大战失败后,德国受君主制复辟与社会主义革命左右。施米特是将社会主义视为洪水猛兽的保守派一员,他认为,对财产、稳定和道德来说,威权主义是更安全的选择,而非大众民主。②

在 20 世纪 20 年代的德国,主要的政治力量有:第一,威权主义的保守主义,他们希望通过军队和公务员制度组织国家,由从地主和职业阶层招募的精英指挥,并在很大程度上满足工业公司的需求;第二,自由主义的中产阶级;第三,革命的无产阶级,他们试图没收私有财产并建立苏维埃式社会主义;最后,激进的民族主义煽动民粹主义和种族主义的愤怒,以弥补军事失败后被迫签订的条款带来的耻辱。

施米特认同第一种,蔑视第二种的模糊思维,厌恶第三种,当第四种成为德国的主导力量时,他加入了第四种。因此,在海德格尔的催促

---

① Balakrishnan, G. *The Enemy: An Intellectual Portrait of Carl Schmitt*. Verso, 2000.

② Woods, R. *The Conservative Revolution in the Weimar Republic*, Palgrave Macmillan: London, 1997.

下,施米特于1933年5月1日加入纳粹党,大约是在希特勒以所谓的《授权法案》(Enabling Act)有效地中止公民自由之后的五个星期,而施米特很早就热切支持该法案。①

施米特因其忠诚而获得了学术声誉和政治奖励,但纳粹党内的思想家却不信任他,也不相信那些在权力崛起过程中没有做出基础工作的其他人。尽管他公开支持知识界和职业生活中的反犹清洗运动,[77]但在1936年,施米特还是被迫辞去了党内职位。② 在很大程度上,施米特责怪他的前犹太学生,他们流亡到德国境外,对前导师表示失望,声称施米特转向纳粹主义不仅晚,而且不真诚。③

"二战"结束后,施米特遭到美军关押,在长达约十四个月的关押期间,他们调查施米特对发动侵略战争所负的责任,最后决定放弃对他的任何指控。施米特拒绝去纳粹化,与其他许多纳粹学者不同,他再没有担任任何政府要职,而是回到了自己的家乡绍尔兰地区。他宣称这是生命后40年的内部流放,并将自己所住的房子命名为圣卡西亚诺(San Casciano),既让人想起马基雅维利在美第奇家族统治下度过自己内部流放生涯的地方,也让人想起公元3世纪遭到自己学生处决的殉道者。④

施米特在其著作中为自己提出的多种政策选择作了详细的辩护,几乎所有这些政策都有明显和直接的政治收益,而本文回应巴拉克里什南分析的一种方式就是,考察地缘政治论据在施米特这些辩护中的地位。施米特的早期作品大部分涉及他眼中的自由主义问题,从中反

---

① Bendersky, J. W. *Carl Schmitt: Theorist for the Reich*, Princeton University Press, 1983, pp. 203-204.

② Schwab, G. *The Challenge of the Exception: An Introduction to the Political Ideas of Carl Schmitt between 1921 and 1936*, Greenwood Press, 1989 [1970].

③ Bendersky, J. W. *Carl Schmitt: Theorist for the Reich*, Princeton University Press, 1983, p. 225.

④ Hoelzl, M. and Ward, G. Editors' Introduction, In C. Schmitt, *Political Theology II: The Myth of the Closure of Any Political Theology*, Polity, p. 2.

映了他对大众民主的蔑视,也证明了精英统治是合理的。早期著作中包含的两类观点,在后来的国际政治作品中反复出现:首先,施米特认为,对于理解社会、宗教或法律来说,个人主义是错误的前提,因为人类"在这个世界上并非离群索居",①而总是与他人为伴。

通过早期著作中的第二个强有力的主题,施米特的社群主义(communitarian)观点得到进一步发展,成为威权主义政府的辩护理由。他主张,只有政体成员之间存在实质性的平等,民主才能发挥作用,因为根据施米特的说法,"民主首先要求同质性(Homogenität),其次——如果有必要的话——要求消除或根除异质性"。② 这至少需要阐明和塑造一种综合的神话,他认为这种神话必须是"民族神话",有一个"共同的精神敌人"。③ 在20世纪20年代,这个敌人通常被施米特认定为共产主义,而在30年代后半期,这个敌人更多指犹太民族。施米特急于制服内部敌人,以避免内战,从而也避免"危及国家生存"的"自我解放""削弱共同对外一致性"。④ 反个人主义与咄咄逼人的民族主义是他后来地缘政治著作中的重要主题。

---

① Schmitt, C. "The Visibility of the Church: A Scholastic Consideration", trans. G. L. Ulmen, In C. Schmitt, *Roman Catholicism and Political Form*, Greenwood Press, 1996[1917], p. 51. [译注]中译参见《政治的神学》,刘宗坤、吴增定等译,上海:上海人民出版社,2017,页7。

② Schmitt, C. "Preface to the Second Edition: On the Contradiction between Parliamentarism and Democracy" (trans. E. Kennedy), In C. Schmitt, *The Crisis of Parliamentary Democracy*, MIT Press, 1985 [1926], p. 9. [译注]中译参见施米特,《合法性与正当性》,冯克利、李秋零、朱雁冰译,上海:上海人民出版社,2015,页15。据英文适当作了改动。

③ Schmitt, C. *The Crisis of Parliamentary Democracy*, second edition (trans. E. Kennedy; first edition, 1923), MIT Press, 1985 [1926b], p. 75. [译注]中译参见施米特,《合法性与正当性》,前揭,页85。

④ Schmitt, C. *The Concept of the Political*, second edition, University of Chicago Press, 2007 [1932], p. 32. [译注]中译参见施米特,《政治的概念》,刘宗坤、朱雁冰等译,上海:上海人民出版社,2015,页38。

"一战"后德国在协约国面前受到羞辱，激起了施米特的愤怒。施米特收集了20世纪20年代到30年代写的一些文章，并于1940年结集出版，给这本集子命名为《论断与概念：在与魏玛、日内瓦、凡尔赛的斗争中》。[78]当然，魏玛民国是德国主权与凡尔赛和平协议妥协的产物，由总部设在日内瓦的国联监督。施米特认为魏玛民国是德意志民主的屈辱。他早期的地缘政治作品显然在论证德国应采取反抗这些协议的政策，并为之呼吁。这些作品的核心论点是，国联建立在形式和实质之间的虚伪断裂之上。在形式上，国联宣称自身建立在国家平等、消除战争的基础上，并遵循其他国家不得干涉主权国家内部事务这一原则。但施米特观察到，国联有一个明确的文明尺度，来区分能够自治的民族和"无能形成一个具有现代国家特征的机构"①的民族，后面这些民族如果正在走向自治，则被列入保护国（protectorates），要么就被列为殖民地，而这些是暂时没有任何希望的地方。

但是，除了恼火国联的虚伪之外，施米特还对"全球的联邦政府"的威胁感到不安，这个联邦政府建立在"个人主义和普世主义"两极基础上。② 施米特认为，国家权利由于这两者而遭到肢解。个人，通过"所谓的少数人权利"（同前）得到国联的保护而反对他们的政府，与此同时，国家将失去免遭惩罚地发动战争的权利，因为国联为自己保留着裁决战争理由的权利，从而使自由世界联合起来反对非正义。由此，施米特提出，借助歧视性的战争概念，并通过将国家分为无辜的受害者和非正义的侵略者，"整个国际法的秩序陷入错乱失常，但[国联]并没有创造新的秩序出来"（同前，页44-45）。

---

① Schmitt, C. *The Leviathan in the State Theory of Thomas Hobbes*: *Meaning and Failure of a Political Symbol*, trans. G. Schwab and E. Hilfstein, University of Chicago Press, 2008 [1938a], p. 47. [译注]中译参见施米特，《霍布斯国家学说中的利维坦》，应星，朱雁冰译，上海：华东师范大学出版社，2008，页85。

② Schmitt, C. *War/Non-War* (trans. S. Draghici), Plutarch Press, 2004 [1938b], p.15.

由于1933年7月纳粹德国剥夺犹太人的国籍,施米特正试图为德国无视因对待犹太人的方式而招致的抱怨辩护。另外,他也支持德国保留在行使"自由民族自我决断的意志"时发动战争的权利(同前,页5)。

在捍卫德国的民族自主权和自我决断权时,施米特声称,他所要求的并没有超过美国已经为自己争取到的。《论断与概念》中的两篇文章非常值得注意,一篇是1933年的《现代帝国主义的国际法形式》,另一篇是1939年的《大空间对抗普世主义》,施米特在文中分析了门罗主义(1823年),这成为他替德国帝国主义辩护的核心。他认为,门罗主义不过是美国的遮羞布,目的是为其在经济和军事上推行帝国主义政策提供方便。美国单方面决定了何时以及如何援引不干涉原则,即外部势力不得干涉西半球事务。此外,他还指出,尽管美国最终选择待在国联之外,但是,美国曾迫使国联将美国根据不干涉原则而要求的基本权利纳入国联公约。

[79]施米特认为,门罗主义是对国联声称的普世主义的致命一击。他提出,事实上,德国在其欧洲领域的扩张并不比美国在其美洲领域的扩张更多。1939年3月,德国入侵捷克斯洛伐克,几周后,施米特在基尔发表演讲为之辩护,认为这是德国在其大空间内行使正当权力,他说,这不过是门罗主义原则在欧洲的应用而已。① 几周后,4月28日,希特勒以同样精确的措辞为入侵辩护,引发了施米特5月15日的媚俗言论,即他的元首现在已经"开辟了恢复真正的和原初的门罗主义的道路"。②

我想简要介绍的最后一个辩解主题,涉及施米特反驳指控德国在两次世界大战中都是应受谴责的侵略者。施米特讨论了18、19世纪发

---

① Bendersky, J. W. *Carl Schmitt: Theorist for the Reich*, Princeton University Press, 1983, p. 252.

② Schmitt, C. "Großraum versus Universalism: The International Legal Struggle over the Monroe Doctrine". [译注]中译参见施米特,《论断与概念》,朱雁冰译,上海:上海人民出版社,2016,页402。

生在欧洲的有限战争(the bracketing of war),他的这一讨论部分是基于如下主张,即由于交战双方没有为自己企求全面战争的正义性,这种战争在性质上是有限的,"典型的18世纪内阁战争便是有意识地基本上限制在局部的战争"。① 但这一讨论也是替欧洲文明的"伟大成就"②即有限战争辩护。他提出,第一次世界大战是以有限冲突开始的,但绝对敌意"从战争中发展而来",③产生于两种战争逻辑的冲突,即德国军队具有大陆有限战争的传统,而英国早就"远离了欧洲大陆……没有经历过大陆国家的窘境",④后者从未接受过有限战争的概念是因为:

> 海战则相反,是建立在这样一种观念之上的,即敌人的贸易和经济应该成为攻击的目标。在这种战争中,敌人就不仅仅是参与战斗的对手,而且也包括敌国的国民,最终也包括那些与帝国有贸易往来和经济联系的中立国。⑤

全面战争,自以为正义的战争,这些都是海上强国而不是陆地强国

---

① Schmitt, C. "Total Enemy, Total War and Total State". In C. Schmitt, *Four Articles 1931—1938*, trans. S. Draghici, Plutarch Press, 1999 [1937], p. 29. [译注]所谓内阁战争,指由国家元首未经人民代议机构认可而进行的战争。参见施米特,《论断与概念》,前揭,页313。

② Schmitt, C. *The Nomos of the Earth in International Law of the Jus Publicum Europaeum*, trans. G. L. Ulmen, Telos Press, 2003, p. 140. [译注]中译参见《大地的法》,刘毅、张陈果译,上海:上海人民出版社,2017,页117。

③ Schmitt, C. "Total Enemy, Total War and Total State". In C. Schmitt, *Four Articles 1931—1938*, trans. S. Draghici, Plutarch Press, 1999 [1937], p. 35. [译注]中译参见施米特,《论断与概念》,前揭,页317。

④ Schmitt, C. *Hamlet or Hecuba: The Irruption of Time into Play*, trans. S. Draghici, Plutarch Press, 2006 [1956], p. 55. [译注]中译参见施米特,《哈姆雷特或赫库芭》,王青译,上海:上海人民出版社,2015,页94。

⑤ Schmitt, C. *Land and Sea*, trans S. Draghici, Plutarch Press, 1997 [1954], p. 47. [译注]中译参见《陆地与海洋》,林国基译,上海:上海三联书店,2018,页55。

的毛病。"二战"结束后,布尔什维克进行了同样的全面战争,开始了"革命的具有阶级敌对性的世界内战"。①

在第二次世界大战的准备阶段和战争期间,施米特为德国提出了同样的主张。他认为,正是国联的普世主义原则,通过声称战争是非法的,邀请国际社会联合起来对付那些在其(势力)范围内进行传统的有限战争的国家,从而使每场[80]战争都可能"变成一场国际性内战,并随之达到一种比肤浅的宣传对民族整体所提出一切指责更可怕、更具毁灭性的整体"。②

本德斯基(Bendersky, J.)认为,施米特没有信奉纳粹意识形态,1936年之后,"为了不再找麻烦,[施米特]再也没碰过国内政治和政党政治,转而研究国际关系,很快淡出人们的视线",③很明显,我不同意这一观点。施米特的地缘政治作品并非无涉意识形态和政治,而是生长自他的民族主义、对大众民主的敌意以及对自由主义的蔑视。根基和等级的主题,是施米特的有机社群主义国家观的一部分,这种国家观同样贯穿于他的地缘政治著作中。对于施米特提出 nomos[法]概念的神话学观点并以此为德国扩张及排斥犹太人辩护,迪恩(Mitchell Dean)作了详细阐述。④ 我已经勾勒了施米特地缘政治著作的政治背景,并断言这些著作明确地卷入了政治争论,明显地成为某些保守主义、民族主义和法西斯主义政策的辩护理由。我现在想说明,施

---

① Schmitt, C. *Theory of the Partisan: Intermediate Commentary on the Concept of the Political*, trans. G. L. Ulmen, Telos, 2007 [1975], p. 95. [译注]中译参见施米特,《政治的概念》,前揭,页227.

② Schmitt, C. "Neutrality According to International Law and National Totality". In C. Schmitt, *Four Articles 1931–1938*, trans. S. Draghici, Plutarch Press, 1999 [1937], pp. 44–45. [译注]中译参见施米特,《论断与概念》,前揭,页346.

③ Bendersky, J. W. *Carl Schmitt: Theorist for the Reich*, Princeton University Press, 1983, p. 242.

④ Dean, M. "Nomos: Word and Myth". In *The International Thought of Carl Schmitt*, eds. L. Odysseos and F. Petito, Routledge, 2007, pp. 242–258.

米特如何使他的核心地缘政治概念承载其沉重的政治立场。我将依次讨论陆地与海洋的对立、自由国家的性质、对武力的颂扬。最后，我还将讨论全球冲突的神学意义。

陆地与海洋

施米特将土地被纳入政体的领土扩张过程描述为大地的 nomos［法］。在罗马时代，领土扩张由帝国实现，关键是帝国之间、帝国与臣民之间以及帝国与游牧部落之间的关系，这些游牧部落存在于帝国领地的边缘。随着中世纪基督教的发展，世界被划分为基督教的欧洲，位于欧洲东南部边界之外的伊斯兰敌人，以及 1492 年后向传教和贸易开放的美洲。

教宗是 nomos［法］的参照点，他允许在欧洲外部以十字军东征、正义战争和传教的名义，肆意使用暴力。在欧洲内部，教宗则限制了天主教王公之间彼此冲突的规模。但随着宗教改革的进行，教宗失去了精神上的垄断地位，欧洲内部的冲突堕落为无限制的正义战争，因为宗教战争中的每一方都要打到最后。

1648 年《威斯特伐利亚和约》的签订，标志着新阶段的开始，从此每个欧洲国家的君主自行决定臣民的宗教信仰，而不再凭借战争强迫其他国家。在欧洲之外，欧洲人与亚洲政体建立了贸易关系，非洲地区遭到掠夺或成为保护领地，美洲新大陆则成为欧洲帝国彼此默许去占领的殖民地。欧洲内部的有限战争则与在美洲共同的帝国主义结合起来，这一结合由英国对海洋的宰制维系，［81］使海洋完全向商业开放。这一阶段的欧洲国际法即欧洲公法（Jus Publicum Europaeum），它以 1713 年的《乌得勒支条约》为标志，逐渐呈现出法典化的趋势。虽然一直持续到"一战"结束，但早在 1823 年，伴随着门罗主义的提出及美国宣布西半球成为殖民禁区，美洲向更进一步的欧洲殖民主义关闭，欧洲公法就已经开始出现问题。美国由此宣布并建立了巨大的势力范围，即大空间(Großraum)。然而,美国仍然与欧洲保持着半独立关系(semi-detached),既宣称自己是孤立的,又干涉国际条约或做出自己单方面的安排,其表现从1884年承认比利时公司控制刚果,到20世纪初通过呼吁实行"门户开放"政策,企图在中国实行自己的帝国主义。这种不确定性一直有效地持续到冷战时期,当时美国大空间和苏联大空间都在向对方延伸与扩张。

施米特的论述包括三个规范性维度。首先,他颂扬欧洲内部的有限战争是一项"伟大的进步",这一进步的基础是由英国海军确保的自由海洋,欧洲大陆的区域国家(flächenstaaten)与不列颠海洋帝国达成的合作和均衡,以及美洲的所谓"自由土地"的吸引。[1] 据此,无论在1823年之后的美洲,还是在1885年之后的非洲,任何人若试图制止欧洲国家在那里获得自由土地的尝试,都可以看作对欧洲内部均衡的严重威胁。对德国这种后起的殖民者来说,他们坚持认为,只有在海外实行殖民主义和帝国主义,才能使欧洲的战争受到限制并保护"伟大的进步"。这就意味着德国自己的殖民野心不仅正当,而且是欧洲和平所必需,实际上还是列强彼此协作使欧洲和平化的一部分。

其次,美国实行了独特的帝国主义方案,从1823年宣布欧洲的禁区,到要求开放中国,再到将其安全区延伸到远海,并一座岛接着一座岛地跨越太平洋,这一切开启了一种新的全球大空间的nomos[法]。施米特从1939年开始认为,商业、战争和政治的现代条件使国家形式已然过时,一个民族只有效法美国才能生存。因此,德国人要想生存,就必须在中欧和东欧发展自己的大空间。[2]

最后,施米特充分利用了陆地国家与海洋国家的区别。在某个层

---

[1] Schmitt, C. *The Nomos of the Earth in International Law of the Jus Publicum Europaeum*, trans. G. L. Ulmen, Telos Press, 2003, p. 140. [译注]中译参见《大地的法》,前揭,页117。

[2] Kennedy, E. *Constitutional Failure: Carl Schmitt in Weimar*, Duke University Press, 2004, p. 26.

面上,施米特继承黑格尔,将海权与陆权作了有利的对比,因为黑格尔在《法哲学原理》中曾提出:

> 追求利润要通过冒险,于是工业在追求利润的同时也提高自身而超出营利之上。它不再固定在泥块上和有限范围的市民生活上,也不再贪图这种生活的享受和欲望,用以代替这些的是流动性、危险和毁灭等因素。①

施米特走得比黑格尔更远,在他看来,资产阶级贪恋安全是可鄙的,海洋的危险相似于生死存亡、战争与和平的危险,这种危险正是政治概念本身的基础。② [82]施米特在1942年的作品《陆地与海洋:世界史的考察》中阐述了这些论点。在《陆地与海洋》中,施米特认为,英国作为海洋大国的时代(即利维坦时代)已经接近尾声,而格罗斯(Raphael Gross)认识到,很大程度上施米特将此归因于犹太人在利维坦的腐化堕落削弱了英国的实力。施米特认为,利维坦的时代将由"帝国"(Reich),即以陆地为基础的德国大空间所取代。③

施米特进一步认为,正是英国这种海洋国家引入了全面战争的概念。尽管在许多地方,他将全面战争的做法追溯到宗教意义上许可的正义战争,但在《大地的法》中,他将欧洲诸国之间受到限制的陆战与无法无天的海战作了对比:前者保护平民,禁止掠夺;陆战中双方士兵面临的死亡危险是对等的,而在海上,劫掠战利品和捕获品是无限制

---

① Hegel, G. W. F. *Philosophy of Right*, (trans. S. W. Dyde), Batloche Books, 2001 [1820], p. 190. [译注]中译参见黑格尔,《法哲学原理》,范扬、张企泰译,北京:商务印书馆,2019,页280。

② Kennedy, E. *Constitutional Failure: Carl Schmitt in Weimar*, Duke University Press, 2004, p. 103.

③ Gross, R. *Carl Schmitt and the Jews: The "Jewish Question," the Holocaust, and German Legal Theory*, University of Wisconsin Press, 2007 [2001], pp. 161-162.

的,对港口居民的封锁或轰炸在形式上也缺乏限制。工业实力不对称的空中轰炸,及采用发射式火力的全面战争,正是最接近海洋国家的战争模式。① 因此,施米特认为,全面战争是由海上强国英国开创的,长期以来,唯有英国是能够进行全面战争的国家。只有通过战争,才能确保利维坦时代的终结,因为,

> 只有在战争中,新的 nomos[法]才会出现……有些人相信自己正在经历世界的毁灭。实际上我们所经历的只是迄今为止的陆地与海洋关系的终结。②

施米特对比了陆地国家和海洋国家,认为德国是正在崛起的陆地国家。但是,除了推崇海洋国家的冒险,他也指责海洋国家在欧洲释放了全面战争的幽灵,从而使欧洲公法的伟大进步付之东流。欧洲国家在世界大战中肆无忌惮的暴力,应归咎于那些阻止德国获取殖民地的海上强国:美国树立了发展大空间的榜样,而英国吹响了全面战争的号角,也应承担相应责任。nomos[法]的空间变化让德国卷入一场对其生存至关重要的战争,而在这场战争中,德国却也步了他人后尘。陆地国家和海洋国家就像"漂流的能指"(floating signifiers),因为尽管两者中的每一个都有相当明显且无可争议的东西可说,但事实上,两者通常在使用武力的模式上相对:一种比另一种更不道德。两者也通常属于一个系列,其中之一被视作未来浪潮或进步方向。

---

① Schmitt, *Nomos of the Earth*, 2003 [1974], p. 312-320.
② Meier, H. *Carl Schmitt and Leo Strauss: The Hidden Dialogue* (trans. J. H. Lomax), University of Chicago Press: Chicago. 1995 [1988], p. 71;引自 *Land and Sea* trans. S. Draghici; first edition 1942, Plutarch Press, 1997, [1954], p. 59. [译注]中译参见施米特,《陆地与海洋》,前揭,页68。据英文作了改动。

自由主义与国家

施米特论述了国际竞争会消灭某些民族,因此他极为强调国家要组织起来,应对其[83]国际挑战者。在《政治的神学》中,施米特列出他批判浪漫主义者的众多观点中的一个,他声称这些人"拥有一个原创的观念:永恒的对话(das ewige Gespräch)"。① 尽管在早期著作中,施米特非常关注文学和艺术话题,但肯尼迪(Ellen Kennedy)指出,施米特逐渐开始转向批评唯美主义者,认为他们拒绝了属于真正伦理生活的一部分的决断。②

施米特针对他所说的政治浪漫主义,认为在政治中必须以绝对的斩钉截铁作出决断。③ 这些决断不受规则和法律的约束,相反,施米特认为,主权的本质就在于选择何时悬置法律,何时算是例外状态,以及如何决定例外状态。在施米特看来,自由主义是政治决断的障碍。以社会或宗教的划分而组建的政党,挑起了政策的分歧。事实上,如果民主是一种表达人民意愿的制度,那么施米特确信自由主义与民主背道而驰。

再次,施米特认为国家的失败与犹太民族及其思想的影响相关。④ 施米特利用一个典型的反犹形象,说犹太民族是迁徙与无根的,与普遍主义而非民族主义存在天然的亲缘关系。事实上,他认为犹太人持有思想自由理念,因此是削弱公共权威的民族,公共权威必须建立

---

① Schmitt, C. *Political Theology: Four Chapters on the Concept of Sovereignty*, University of Chicago Press: Chicago, 2005 [1934], p. 53. [译注]中译参见施米特,《政治的神学》,前揭,页64。

② Kennedy, E. *Constitutional Failure: Carl Schmitt in Weimar*, Duke University Press, 2004, p. 47.

③ Strong, T. B. "Foreword: Dimensions of the New Debate around Carl Schmitt", 2007, p. xiii.

④ Kennedy, E. *Constitutional Failure: Carl Schmitt in Weimar*, Duke University Press, 2004, pp. 179–180.

在真理和权威之上,而非建立在多元主义和意见之上。

施米特将单纯的意见看作权威的腐蚀剂,并将自由主义视为一种价值相对主义,认为它使人们忘记绝对价值的神学基础和神话基础,而只有绝对价值才能命令人们服从并作出最终决断。① 莱代(Dominique Leydet)写道,施米特认为自由主义国家不过是"异质群体之间妥协的集合"。② 他认为,在现代大众传媒和公众对议会事务感兴趣的条件下,议员并非无利害关切的理性争议者,而是利益集团的代表,并以此身份而担负其责任。

议会制度的状况今天处于危机之中,因为现代大众民主的发展已使公开辩论变成了空洞的形式。③

施米特赞扬马克思主义者和无政府主义者,因他们认识到了资产阶级议会中政党平衡与人民真正利益之间的差距,这种差距可能使少数人成为普遍利益的代表。抛开议会主义的形式,真正的政治家可能会接受独裁和暴力,而不是代表和喋喋不休。

正如托洛茨基在提醒民主派的考茨基时正确所说的那样,相对真理的意识绝不可能赋予人们运用暴力并流血牺牲的勇气。④

施米特认为人民的同一性植根于精神上的民族(Volk)意识,而非

---

① Bielefeldt, H. "Carl Schmitt's Critique of Liberalism: Systematic Reconstruction and Countercriticism". In *Law as Politics: Carl Schmitt's Critique of Liberalism*, Ed. D. Dyzenhaus, Duke University Press, p. 25.

② Leydet, D. "Pluralism and the Crisis of Parliamentary Democracy". In *Law as Politics: Carl Schmitt's Critique of Liberalism* (Ed. D. Dyzenhaus), Duke University Press, 1998, p. 109.

③ Schmitt, C. *The Crisis of Parliamentary Democracy*, MIT Press, 1985[1926b] p. 6. [译注]中译参见施米特,《合法性与正当性》,前揭,页 12。

④ Ibid, p. 64。[译注]同上,页 73。

二 施米特在新美利坚帝国思想家中的回响 93

阶层的经济利益。因此,虽然施米特反对社会主义和无政府主义的政治运动,但他赞同二者对现代代议制的批评,并且开始更倾向公投选出的领袖。这样的领袖拥有民众认可的合法性,但又能摆脱正式法律的合法性约束,从而可以[84]引导人民更清楚地了解他们的真正利益。只有决断的领袖才能将国家规范、政治运动及人民的同一性等领域统一起来。①

施米特对代表的不信任其实不算保守主义,因为他的这种不信任并非基于对历史先例的重视。它只是一种威权主义形式,设法以行政部门在危险时期所要求的权力集中,来证成统治是一种永久的例外状态或一种持续的战争状态。施米特并不认为价值多元化或中立化有任何积极意义,也就是说,非歧视甚至可能要求更多。②

哈贝马斯③将自己的程序民主阐释与施米特的实质民主阐释相比较,对施米特作了最好的回应。对施米特来说,民主必须体现他认为业已存在的国家意志,哈贝马斯则认为,正是凭借民主程序,人们才能发现他们的共同利益。

莱代提出一个重要观点:即使没有绝对严格地应用规范,规范也会发生效用,因为立法只有在符合普遍利益的情况下才可以成立,因此这在一定程度上限制了最恶劣的宗派主义(sectarianism)。④ 正如梅林(Reinhard Mehring)所言,认识到宽容这一公共美德的多数派

---

① Kennedy, E. *Constitutional Failure: Carl Schmitt in Weimar*, Duke University Press, 2004, pp. 21-22.

② Bielefeldt, H. "Carl Schmitt's Critique of Liberalism: Systematic Reconstruction and Countercriticism". In *Law as Politics: Carl Schmitt's Critique of Liberalism*, Ed. D. Dyzenhaus, Duke University Press, p. 1998, p. 29.

③ Jürgen Habermas, "On the Relation between the Nation, the Rule of Law, and Democracy" (trans. C. Cronin). In J. Habermas, *The Inclusion of the Other*, MIT Press, 1998 [1996], pp. 129-153.

④ Leydet, D. "Pluralism and the Crisis of Parliamentary Democracy". In *Law as Politics: Carl Schmitt's Critique of Liberalism* (Ed. D. Dyzenhaus), Duke University Press, 1998, p. 124.

希望避免表现得专制,因而会选择照顾少数派的权利,即使他们不需要这样做。此外,在这样的行动中,多数派也延续了自由主义的美德。而施米特认为,一旦包含在不完善的制度中,这些美德就会褪色并烟消云散。①

比勒费尔特(Heiner Bielefeldt)②进一步认为,例外状态不一定如施米特所预期的那样缺乏法律。例外状态不会完全没有先例,行政部门可以利用类似的案例证明其采取的措施是正当的。更为有效的是,也许我们可以主张,例外措施不当享有全面的豁免权,应该在事件发生后对例外措施进行更严肃的审查,执行部门的行为也应服从并经得起事后检查。施米特倾向于独裁制度,但为了使它看起来是不可避免的选择,他把自由主义贬低成了荒唐的漫画。

暴力、死亡和同一性

在施米特看来,政治就是为民族生存而斗争,

> 如果一个民族害怕生活于政治世界所带来的考验和风险中,那么,另一个民族就会站出来,通过保护它免受外敌入侵并进而接管政治统治来担负起这种考验。③

---

① Mehring, R. "Liberalism as a 'Metaphysical System': The Methodological Structure of Carl Schmitt's Critique of Political Rationalism". In *Law as Politics: Carl Schmitt's Critique of Liberalism* (Ed. D. Dyzenhaus), Duke University Press, 1998, p. 148.

② Bielefeldt, H. "Carl Schmitt's Critique of Liberalism: Systematic Reconstruction and Countercriticism". In *Law as Politics: Carl Schmitt's Critique of Liberalism*, Ed. D. Dyzenhaus, Duke University Press, 1998, p. 32.

③ Schmitt, C. *The Concept of the Political*, second edition, University of Chicago Press, 2007 [1932], p. 49. [译注]中译参见施米特,《政治的概念》,前揭,页61。

施米特对暴力的倡导并不局限于单纯的战术意义。哈贝马斯提出民主参与可以塑造同一性,施米特则认为,只有通过暴力才能显示出一个民族的内在同一性。他断言,"只以死亡为对立面的生命不复是生命,而是软弱和无助",相当于"放弃斗争"。① 换句话说,一个人要真正地活着,[85] 就必须与他人斗争,一个民族要生存,也必须与其他民族斗争。这种较量赋予生命以目的,赋予同一性以意义,因为如斯特朗(T. B. Strong)所说,"施米特……认为……只有当死亡和冲突的现实一直存在,民族才会维护自己的同一性"。②

根据施米特的观点,民族值得拥有的唯一权利就是为生存而斗争;而唯一重要的原则是,民族能够为生存而牺牲,或者说为生存而杀人。领袖能够有效地识别民族的敌人,从而向民族展示其独特性;敌人造成了生存威胁,是危及"自己的生存方式"③的人。

1934 年 6 月 30 日至 7 月 2 日,希特勒下令暗杀罗姆(Ernest Röhm)和其他 250 至 1000 名政治敌人。作为总理的希特勒走进帝国议会(Reichstag),宣布了其中 74 个暗杀决定并为自己辩护,他宣称:

> 如果有人责备我,并问我为什么不诉诸正规的司法法庭,那么我只能说:在这个时候,我对德国人民的命运负责,因此我成为德国人民的最高法官。④

---

① Schmitt, C. *The Age of Neutralizations and Depoliticizations*, trans M. Konzett and J. P. McCormick, In C. Schmitt, *The Concept of the Political*, University of Chicago Press, 1996 [1929], p. 95. [译注]中译参见施米特,《政治的概念》,前揭,页 137。

② Strong, T. B. "Foreword: Dimensions of the New Debate around Carl Schmitt", 2007, p. xv.

③ Schmitt, C. *The Concept of the Political*, second edition, University of Chicago Press, 2007 [1932], p. 49. [译注]中译参见施米特,《政治的概念》,前揭,页 58。

④ Shirer, W. L. *The Rise and Fall of the Third Reich: A History of Nazi Germany*, Simon & Schuster: New York, 1990 [1960], p. 226.

在德国的主要法学家中,施米特独自为希特勒的行为辩护。① 戴岑豪斯评论说,施米特在1934年出版了题为《宪法的守护者》的著作,赞扬希特勒

> 做到了施米特所要求于领袖的一切。希特勒区分了朋友和敌人,暗杀行动证明了这一点;他果断地确立了自己是所有权利的最高来源与所有法律的最高审判官,并废除了魏玛民国的自由主义和议会制的"虚构"。最重要的是,他通过个人把德意志民族表现为一个实质上同质(homogeneous)的统一体,造就了施米特最珍视的民主同一性。②

希特勒把德国从自由主义或普世理想的虚假超越,带向了民族(Volk)意识的真实内在。③

对施米特来说,正当(legitimacy)比合法(legality)更重要,正当性的基础是通过识别国家敌人来阐明国家意志。由于敌人与己方意识形态的指导原则相抵牾,你自己会知道敌人。施米特认同纳粹政权的反犹主义。他对比了纳粹的"正义国家"(just state)与自由主义或者说"犹太宪政国家"。④ 正义国家建立在民族意识正当性的基础上,世界主义则是基于虚假的普世主义的合法性。

---

① Kennedy, E. *Constitutional Failure: Carl Schmitt in Weimar*, Duke University Press, 2004, p. 24.

② Dyzenhaus, D. "Introduction: Why Carl Schmitt?" In *Law as Politics: Carl Schmitt's Critique of Liberalism* (Ed. D. Dyzenhaus), Duke University Press: Durham, NC, 1998, p. 3.

③ Strong, T. B. "Foreword: Dimensions of the New Debate around Carl Schmitt", 2007, p. xxx.

④ Gross, R. *Carl Schmitt and the Jews: The "Jewish Question," the Holocaust, and German Legal Theory*, University of Wisconsin Press, 2007 [2001], p. 34.

施米特支持德国采取措施使犹太人明显成为德国内部的外来存在,德国人会因这些措施回想起自己独特的民族身份,那是犹太人不能享有的身份。根据施米特 1933 年的著作,民族意识为清除公共生活中的"非雅利安人的异质因素"(同上,页 32)提供了理由。[86] 施米特认为,新的时代需要一个整体国家,他的意思是,在这样一个社会中,敌友之分在各个生活领域占据重要地位。因此,虽然各个领域是基于不同形式的对立(宗教上的信仰与异端、经济领域的利与害、审美领域的美与丑等),但是,

> 宗教、道德、经济、种族或其他领域的任何对立,当其尖锐到足以有效地把人类按照敌友划分成阵营时,便转化成了政治对立。①

确定出德意志人和非德意志人的宗教、艺术等形式,将使国家占据所有的生活领域,从而通过整体国家创造出社会的统一体。施米特对希特勒时期的发展表示支持。

施米特的德意志民族价值观是宗教和威权主义的结合。他认为人类在本质上是堕落、邪恶或危险的,而无政府乌托邦中的人民反而认为人类是可以信任的,因此,他是一个否定无政府乌托邦乐观主义的威权主义者。他认为天主教提供了良好的榜样和惯例,建立了服从和权威。相比之下,新教借助个人良知,自由主义借助基本权利,二者都破坏了权威和同质性(homogeneity)。

希特勒承诺了权威,又承诺了同质性。施米特认识到,领袖的做法可以恢复德国的民族(Volk)意识,并在没有现代主义-个人主义干扰的情况下付诸行动。希特勒号召德国人狂热地实现民族复兴,发动对外侵略,这样一个人正是施米特定义的政治层面所需要的政治家。施

---

① Schmitt, C. *The Concept of the Political*, second edition, University of Chicago Press, 2007 [1932], p. 37. [译注]中译参见施米特,《政治的概念》,前揭,页 45。

米特的遗作《语汇》以这样的希望结尾:

> 随着每个新出生的孩子,新的世界诞生了。上帝希望,每个新生的孩子都是一个侵略者!①

这种观点认为,国家政体建立于假定的内部同质性和所宣称的外部强权之上。它把侵略说成救赎,把合作贬斥为受制于命运,并且把合法性斥之为虚假的普世主义。这种观点声称是对事物实际情况的现实描述,但其规范性维度显而易见。声称只有那些你愿意以夺走别人生命来获取的东西才会赋予生命意义,这仅仅是断言。这种断言不仅邪恶,而且明显错误。施米特把夺取他人生命与冒着生命危险的自我牺牲相提并论。人们将自己的生命以各种方式奉献给各种事业。在许多情况下,由忠于某种价值观而决定自己的生活方式,并不涉及甘冒生命危险或夺取他人生命。夺取他人生命这一举动本身并不能保证目的之纯粹,对那些道德败坏与贪婪成性的黑帮分子来说,这事儿再容易不过。

政治的神学

宗教对施米特非常重要。戈特弗里德(Paul Gottfried)描写了施米特如何挚爱德国南部天主教地区的拉丁语文化,[87]他指出,施米特的几个叔叔都是神父,而且他最早的作品约有一半在天主教杂志上发表。② 施米特的政治著作既凭靠圣经,也借助教宗权威。因此,在关于朋友和敌人的论述中,他觉得有必要援引"登山宝训",耶稣在那里说:

> 你们听见有话说,"当爱你的邻舍,恨你的仇敌"。只是我告

---

① Strong, T. B. "Foreword: Dimensions of the New Debate around Carl Schmitt", 2007, p. xxxi.

② Gottfried, P. *Thinkers of Our Time: Carl Schmitt*, Claridge Press: London, 1990, pp. 7-9.

诉你们：要爱你们的仇敌，为那逼迫你们的祷告。①

施米特的回应是，这里仅指私人领域的敌人，公敌则完全是另一回事（如教宗对十字军东征的应允），②因为基督徒一直在保卫欧洲，对抗他们的公敌——萨拉森人，即一般的穆斯林。施米特指出，正义战争概念来源于将抵制基督教的人看作永久敌人。因此，传教战争不仅得到教宗的许可，并且，根据施米特的解读，还因基督的传教命令成为神圣，此命令即，"所以，你们要去，使万民作我的门徒，奉父、子、圣灵的名给他们施洗"。（《马太福音》28:19）

但施米特最喜欢的圣经训令来自《创世记》，他发现在《创世记》中，由于不顺从上帝而带有原罪，人类被应允过争斗的生活。在撒旦的诱惑下，人类因亚当的罪而堕落，施米特由此确信，人类陷入了一个永无休止的争斗世界，因为圣经中上帝承诺：

> 我又要叫你和女人彼此为仇。你的后裔和女人的后裔也彼此为仇。女人的后裔要伤你的头，你要伤他的脚跟。（《创世记》3:15）

然而，这是针对蛇说的，除非施米特想把外国势力看作魔鬼的后代，否则很难看出这一观念能够适用于国际关系。但是，在《政治的概念》中，他津津乐道地引用了克伦威尔（Oliver Cromwell）的一段话，后者对英国清教徒同胞说：

> "西班牙人是你们的敌人"，他们的"仇恨是上帝放在他们心中的"。他们是"天生的敌人，是上帝定下的敌人"。任何认为西班牙

---

① 《马太福音》5:43-44，[译注]本文集圣经段落均转引自中文和合本。
② Schmitt, C. *The Concept of the Political*, second edition, University of Chicago Press, 2007 [1932], p.29. [译注]中译参见施米特，《政治的概念》，前揭，页31。

人是"偶然才成为的敌人"的人,便是"不熟悉圣经和上帝的事",因为上帝曾经说"我要让你的后裔和女人的后裔也彼此为仇"。①

宗教之所以对施米特重要,部分是因为,他认为大多数政治概念都是宗教概念的世俗化。但是,这种世俗化趋势也恰恰是他想要抵制的。施米特认为,犹太人对上帝的看法是超越宇宙的,所以律法可以成为上帝话语的无中介领域而单独存在。对天主教徒来说,上帝也是无所不在的,但是在地上,教宗是上帝的代表,因此,教宗的指令就给法律和社会提供了可上溯到神的权柄的等级制基础。②

他希望尽可能地用启示录的真理使社会返魅(re-enchant)。这样一来,基于坚定信念的基督教国家就可能推迟末日的到来,成为敌基督者的抑制者,或者说拦阻者(Katechon)。虽然施米特赞扬欧洲公法时期的有限战争,但很清楚,欧洲的共同基础是[88]基督教国家(Christendom)与基督教王公们在共同信仰的基础上可以培养出对彼此的尊重。在欧洲之外,曾经只有正义战争,就是基督教的脚跟踩在异教徒的头上。只有所有国家皈依,才能结束传教的战争。

有上帝站在施米特一边,施米特于是提出一种地缘政治学,它证成了基于自身的例外主义感的政治实践:对民族同质性的呼唤,治理的威权主义形式,把暴力作为救赎,拒绝作为骗局的国际法,以及对正当的永久敌人进行宗教制裁意义上的十字军东征——这一切都是合理的。这些目标得到广泛认同,因此我们一次又一次地发现,人们恰恰正在以施米特所倡导的方式使用国家权力。但是,在我看来,这只是复述了他的信念,而非证明他的分析正确。

---

① Schmitt, C. *The Concept of the Political*, second edition, (trans. G. Schwab; first edition, 1928), University of Chicago Press, 2007 [1932], p. 68. [译注]中译参见施米特,《政治的概念》前揭,页84。

② Gross, R. *Carl Schmitt and the Jews: The "Jewish Question," the Holocaust, and German Legal Theory*, University of Wisconsin Press, 2007 [2001], p. 97.

参考文献

Anon. (2001) The Authorization for the Use of Military Force Against Terrorists (Pub.L. 107–40, 115 Stat., enacted September 18, 2001. Accessed on March 22, 2009 at http://frwebgate.access.gpo.gov/cgi-bin/getdoc/cgi?dbname=107 cong public laws& docid=f:publ040.107.

—— (2004) Bush Letter to Sharon Recognizes "Facts on the Ground" *Foundation for Middle East Peace. Settlement Report 14:3* May-June. Accessed on March 22, 2009 at www.fmep.org/reports/archive/vol.-14/no.-3/bush-letter-to-sharon-recognizes-facts-on-the-ground.

Balakrishnan, G. (2000) *The Enemy: An Intellectual Portrait of Carl Schmitt*. Verso: London.

Bendersky, J. W. (1983) *Carl Schmitt: Theorist for the Reich*. Princeton University Press: Princeton, NJ.

Bielefeldt, H. (1998) Carl Schmitt's Critique of Liberalism: Systematic Reconstruction and Countercriticism. In *Law as Politics: Carl Schmitt's Critique of Liberalism* (Ed. D. Dyzenhaus). Duke University Press: Durham, NC, pp. 23–36.

Bush, G. W. (2001a) Address to a Joint Session of Congress and the American People, 20 September 2001. Accessed on March 21, 2009 at www.dhs.gov/xnews/speeches/speech 0016.shtm.

—— (2001b) Remarks by the President; White House Lawn, September 16, 2001. Accessed on March 21, 2009 at http://avalon.law.yale.edu/sept11/president 015.asp.

Dean, J. W. (2008 [2007]) *Broken Government: How Republican Rule Destroyed the Legislative, Executive, and Judicial Branches*. Penguin: New York.

Dean, M. (2007) *Nomos*: Word and Myth. In *The International Thought of Carl Schmitt* (Eds. L. Odysseos and F. Petito). Routledge: New York, pp. 242–258.

Dyzenhaus, D. (1998) Introduction: Why Carl Schmitt? In *Law as Politics: Carl Schmitt's Critique of Liberalism* (Ed. D. Dyzenhaus). Duke University Press: Durham, NC, pp. 1–20.

Eastland, T. (1992) *Energy in the Executive: The Case for the Strong Presidency*. Free Press: New York.

Gottfried, P. (1990) *Thinkers of Our Time: Carl Schmitt*. Claridge Press: London.

Gross, R. (2007 [2001]) *Carl Schmitt and the Jews: The "Jewish Question," the Holocaust, and German Legal Theory*. University of Wisconsin Press: Madison, WI.

Habermas, J. (1998 [1996]) On the Relation between the Nation, the Rule of Law, and Democracy (trans. C. Cronin). In J. Habermas, *The Inclusion of the Other*. MIT Press: Cambridge MA, pp. 129–153.

Hegel, G. W. F. (2001 [1820]) *Philosophy of Right* (trans. S. W. Dyde). Batloche Books: Kitchener, Ontario.

Henry, E. and Starr, B. (2006) Bush: "I'm the Decider" on Rumsfeld. Defense Secretary: Changes in Military Meet Resistance, *CNN News* April 18. Accessed on March 22, 2009 at www.cnn.com/2006/POLITICS/04/18/rumsfeld/index.html.

Hoelzl, M. and Ward, G. (2008) Editors' Introduction. In C. Schmitt, *Political Theology II: The Myth of the Closure of Any Political Theology*. Polity: Cambridge, pp. 1–29.
Huntington, S. (1997) *The Clash of Civilizations and the Remaking of World Order*. Simon & Schuster: New York.
—— (2004) *Who are We? The Challenges to America's National Identity*. Simon & Schuster: New York.
Kaplan, R. D. (2002) *Warrior Politics: Why Leadership Demands a Pagan Ethos*. Random House: New York.
Kennedy, E. (2004) *Constitutional Failure: Carl Schmitt in Weimar*. Duke University Press: Durham, NC.
Lewis, B. (1990) The Roots of Muslim Rage *Atlantic Monthly* 266:3, 47–60.
Lewis, N. A. (2009) Bush Administration Memos Claimed Vast Powers, *International Herald Tribune* 3 March. Accessed on March 22, 2009 at http://iht.com/articles/2009/03/03/america/terror.php.
Leydet, D. (1998) Pluralism and the Crisis of Parliamentary Democracy. In *Law as Politics: Carl Schmitt's Critique of Liberalism* (Ed. D. Dyzenhaus). Duke University Press: Durham, NC, pp. 109–130.
Mehring, R. (1998) Liberalism as a "Metaphysical System": The Methodological Structure of Carl Schmitt's Critique of Political Rationalism. In *Law as Politics: Carl Schmitt's Critique of Liberalism* (Ed. D. Dyzenhaus). Duke University Press: Durham, NC, pp. 131–158.
Meier, H. (1995 [1988]) *Carl Schmitt and Leo Strauss: The Hidden Dialogue* (trans. J. H. Lomax). University of Chicago Press: Chicago.
Schmitt, C. (1940) *Positionen und Begriffe: im Kampf mit Weimar–Genf–Versailles*. Hanseaticsner Verlaganstal: Hamburg.
—— (1985 [1926a]) Preface to the Second Edition (1926): On the Contradiction between Parliamentarism and Democracy (trans. E. Kennedy). In C. Schmitt, *The Crisis of Parliamentary Democracy*. MIT Press: Cambridge, MA, pp. 1–17.
—— (1985 [1926b]) *The Crisis of Parliamentary Democracy* second edition (trans. E. Kennedy; first edition, 1923). MIT Press: Cambridge, MA.
—— (1996 [1917]) The Visibility of the Church: A Scholastic Consideration (trans. G. L. Ulmen). In C. Schmitt, *Roman Catholicism and Political Form*. Greenwood Press: Westport, CT.
—— (1996 [1929]) The Age of Neutralizations and Depoliticizations (trans. M. Konzett and J. P. McCormick). In C. Schmitt, *The Concept of the Political*. University of Chicago Press: Chicago, pp. 80–96.
—— (1997 [1954]) *Land and Sea* (trans. S. Draghici; first edition 1942). Plutarch Press: Washington, DC.
—— (1999 [1937]) Total Enemy, Total War and Total State. In C. Schmitt, *Four Articles 1931–1938* (trans. S. Draghici). Plutarch Press: Washington, DC, pp. 28–36.
—— (1999 [1938c]) Neutrality According to International Law and National Totality. In C. Schmitt, *Four Articles 1931–1938* (trans. S. Draghici). Plutarch Press: Washington, DC, pp. 37–45.
—— (2003 [1974]) *The* Nomos *of the Earth in International Law of the* Jus Publicum Europaeum, second edition (trans. G. L. Ulmen; first edition, 1950). Telos Press: New York.

—— (2004 [1938b]) *War/Non-War* (trans. S. Draghici). Plutarch Press: Corvallis, OR.

—— (2005 [1934]) *Political Theology: Four Chapters on the Concept of Sovereignty* second edition (trans. G. Schwab; first edition, 1922). University of Chicago Press: Chicago.

—— (2006 [1956]) *Hamlet or Hecuba: The Irruption of Time into Play* (trans. S. Draghici). Plutarch Press: Corvallis, OR.

—— (2007 [1932]) *The Concept of the Political* second edition (trans. G. Schwab; first edition, 1928). University of Chicago Press: Chicago.

—— (2007 [1975]) *Theory of the Partisan: Intermediate Commentary on the Concept of the Political*, second edition (trans. G. L. Ulmen; first edition, 1963). Telos: New York.

—— (2008 [1938a]) *The Leviathan in the State Theory of Thomas Hobbes: Meaning and Failure of a Political Symbol* (trans. G. Schwab and E. Hilfstein). University of Chicago Press: Chicago.

—— (2011 [1939]) *Großraum* versus Universalism: The International Legal Struggle over the Monroe Doctrine (trans. M. Hannah), Chapter 3 in this volume.

Schwab, G. (1989 [1970]) *The Challenge of the Exception: An Introduction to the Political Ideas of Carl Schmitt between 1921 and 1936*. Greenwood Press: Westport, CT.

Shirer, W. L. (1990 [1960]) *The Rise and Fall of the Third Reich: A History of Nazi Germany*. Simon & Schuster: New York.

Strauss, L. (2007 [1932]) Notes on Carl Schmitt, *The Concept of the Political* (trans. J. H. Lomax). In C. Schmitt, *The Concept of the Political*. University of Chicago Press: Chicago, pp. 97–122.

Strong, T. B. (2007) Foreword: Dimensions of the New Debate around Carl Schmitt. In C. Schmitt, *The Concept of the Political*. University of Chicago Press: Chicago, pp. ix–xxxi.

Twain, M. and Warner, C. D. (1874 [1873]) *The Gilded Age: A Tale of Today, Volume III*. George Routledge & Sons: London.

Woods, R. (1997) *The Conservative Revolution in the Weimar Republic*. Palgrave Macmillan: London.

Woodward, B. (2004) *Plan of Attack*. Simon & Schuster: New York.

三 施米特地缘政治学中的法、领土和大空间[*]

埃尔登(Stuart Elden)

[91]随着2003年《大地的法》英译本的出版,对英语国家的读者来说,施米特的一系列相当不同的思想变得易于理解了。他早期的作品已经影响了关于政治、政治事物(the political)、敌友划分、民主问题和主权决断的争论,[①]而现在,他的国际政治思想也变得可以利用。《莱顿国际法期刊》上刊发了2004年的一次专题研讨,这次研讨会议还出版了一本关于施米特的"国际政治思想"的论文集,其中,有学者认为《大地的法》堪称国际关系学中"缺失的经典"。[②]

在最近的一部作品中,霍克(William Hooker)将施米特描述为"20世纪最深刻、最多产的国际秩序理论家之一",认为《大地的法》在"国际关系学的必读经典"中可以占有一席之地。[③] 我们从另一部作品得

---

[*] 本文先前刊登在 Radical Philosophy, 161, May/June 2010, pp.18-28。

[①] 参见 Dyzenhaus, D. (ed.) Law as Politics: Carl Schmitt's Critique of Liberalism, Duke University Press, 1998; Mouffe, C. (ed.) The Challenge of Carl Schmitt, London, 1999。

[②] Odysseos, L. and Petito, F. "Introduction: The International Political Thought of Carl Schmitt", in L. Odysseos and F. Petito (eds.), The International Political Thought of Carl Schmitt: Terror, Liberal War and the Crisis of Global Order, Routledge, 2007, p.2.

[③] Hooker, W. Carl Schmitt's International Thought: Order and Orientation, Cambridge University Press, 2009, p.3.

知,施米特的作品"涉及复杂的政治领土理论"。① 霍克还表示,施米特的"空间概念在塑造政治秩序的可能性方面所起重要作用的大胆设想",使他有资格成为一名地理学家。②

学界对施米特的兴趣,在某种程度上与阿甘本的援引相关,后者的思想在很大程度上借鉴了施米特,尤其在"例外空间"(space of exception)方面。施米特的思想也影响了哈特和奈格里在《帝国》中对全球秩序的思考。施米特显然可以帮助我们理解恐怖主义、"反恐战争"、安全方面的反应、后冷战世界、欧盟以及全球化。③

但是,如果从地缘政治的角度解读施米特,那么人们就应该保持审慎,如同从政治角度解读他时要很小心一样。不应忘记施米特与纳粹的牵连,也不应认为这只是政治投机,或与他的国际政治作品无关。正如尼古拉斯(Mark Neocleous)在15年前所说,施米特是一个"保守的革命者、法西斯主义者和左派的敌人",把他"变成辩论对手……是一种危险的政治手段"。④ 如我曾对海德格尔的论述,只有透过详细的文本、背景和政治解读,人们才能采用他的见解。⑤

针对施米特转变为地缘政治理论家这一争论,我将从三个方面论述。首先,我认为[92]不能孤立地读解《大地的法》,而必须联系该书

---

① Shapiro, K. *Carl Schmitt and the Intensification of Politics*, Rowman & Littlefield, 2008, p. 68.

② Hooker, W. *Carl Schmitt's International Thought: Order and Orientation*, Cambridge University Press, 2009, p. 196.

③ 另见 Rasch, W. (ed.), "World Orders: Confronting Carl Schmitt's The Nomos of the Earth", *South Atlantic Quarterly*, 104, 2005, pp. 177-392; Slomp, G. *Carl Schmitt and the Politics of Hostility*, *Violence and Terror*, Palgrave, 2009。

④ Neocleous, M. (1996) "Friend or Enemy? Reading Schmitt Politically", *Radical Philosophy*, 79: 13-23. Müller, J.-W. (2003) *A Dangerous Mind: Carl Schmitt in Post-War European Thought*, New Haven, CT: Yale University Press.

⑤ Elden, S. *Speaking against Number: Heidegger, Language and the Politics of Calculation*, Edinburgh University Press, 2006.

的时代背景以及施米特的早期作品。第二,我会审视施米特对领土概念的论述。领土概念当然是任何严格的国际政治或地缘政治理论的核心概念之一,而我会接着第一点,将领土概念与大空间(Großraum)概念联系起来。第三,我会简要考察施米特对全球秩序的理解,以及在他眼中全球秩序的演变。我的论点是,施米特关于领土、世界和全球秩序的作品,既是政治上的妥协,也是智识上的受限,就他在国际关系学或政治地理学方面的价值来说,这一点非常重要。然而,我并不是一味地否定施米特,而是想说明他的作品为什么会妥协,又如何受到限制。①

《大地的法》:重新定位施米特

直到最近,至少在英语学界的讨论中,施米特最具影响力的两部作品是《政治的神学》和《政治的概念》。这两本文集虽然是他加入纳粹之前的作品,同时也是他智识发展阶段的作品,却深入地批评了当时的魏玛民国。多年以后,施米特出版了直接反思这些研究的作品,即《游击队理论——"政治的概念"附识》(1963年)和《政治的神学续篇——关于终结所有政治神学的传说》(1970年)。虽然后来这两部作品使他早期的思想更加明朗,但没有人会仅凭它们去了解他对政治神学或政治概念的看法。然而,当我们阅读《大地的法》时,却有一种这样去做的危险。

《大地的法》出版于1950年,当时正处于"二战"后德国去纳粹化的时期。然而,这并非施米特第一次写这类主题。与《游击队理论》和《政治的神学续篇》一样,我们应将《大地的法》看作施米特对早期论题的战后反思,以及某种程度上为自己的开脱。施米特本人喜欢把《大地的法》看作他战后创作的关键时刻和开端。米勒(J.-W. Müller)曾讲

---

① Kalyvas, A. and Scheuerman, W. E. "Schmitt's Nomos of the Earth", *Constellations: An International Journal of Critical and Democratic Theory*, 11, 2004, pp. 492-550.

到一件事,说施米特要求把这本文集作为他的政治作品集的首卷。①我们可能无法接受他的这一决定。

长期以来,施米特一直批评《凡尔赛和约》,但在1938年左右,他转向了国际问题。这一年并非无关紧要。这与他在纳粹党内的处境有关,毕竟,国际政治的讨论在党内较少受到监督;另外,也与世界舞台上发生的事件有关。② 希特勒早在1936年就公然撕毁《凡尔赛和约》,重新占领莱茵兰非军事区,但希特勒的扩张意愿变得更加昭彰却是在1938年。同年3月,希特勒吞并(Anschluß)奥地利——这也是《凡尔赛和约》所禁止的;9月,希特勒通过慕尼黑会议从捷克斯洛伐克手中得到苏台德地区。施米特的关键作品是《禁止外国势力干涉的国际法大空间秩序:国际法中的帝国概念》,[93]出版于1939年。这本文集源自1939年4月1日即德国入侵捷克斯洛伐克两周后施米特在基尔发表的演讲。③

准确翻译该书的标题并非易事,容易遗漏两个关键词。Reich[帝国]一词,众所周知,在1939年只可能有一个内涵。Großraum[大空间]则留下了更多讨论余地。从字面上看,它的意思是"巨大的空间"(great space),但有"势力范围"(sphere of influence)的含义,那么"地缘政治空间"(geopolitical space)可能更接近其本意。施米特使用这一术语,意在准确表达超越单一国家(即特定领土)的区域或地区这一含

---

① Schmitt, *Nomos of the Earth*, 2003 [1950], p. 87; Müller, J. -W. *A Dangerous Mind: Carl Schmitt in Post-War European Thought*, New Haven, Yale University Press, 2003.

② Bendersky, J. W. *Carl Schmitt: Theorist for the Reich*, Princeton University Press, 1983, pp. 250 – 251; Balakrishnan, G. *The Enemy: An Intellectual Portrait of Carl Schmitt*, Verso, 2000, p. 226.

③ Schmitt, *Völkerrechtliche Großraumordnung mit Interventionsverbot für raumfremde Mächte: Ein Beitrag zum Reichsbegriff im Völkerrecht*, 1988 [1940], p. 317.

义,以此来理解更大规模的空间秩序、复合体或布局。①

乌尔曼(Ulmen)指出,这个术语首先出现在经济思想中,以解释如何将天然气和电力等关键的公用事业,整合为大规模的空间经济(Großraumwirtschaft)的一部分,而非小空间或小规模组织(Kleinraum)的一部分,来向社会提供服务。② 然而,在进一步讨论大空间之前,值得注意的是文章德语标题中的另一个词:raumfremde[外国]。该词结合了德语中Raum[空间]和fremde[异乡]两个词,听起来相当不伦不类,但其实只意指"外部的"或"区域外的"。施米特尤为关注特定势力范围——大空间——之外的国家,认为这些国家没有权力干涉大空间内部。

在更广泛的国际政治经济意义上,施米特认为,门罗主义是大空间概念的经典案例,美国宣布整个美洲是欧洲大国的禁区,尤其在殖民和势力范围层面。第二次世界大战结束后,东欧也发生了类似的情况。这不是普遍主义的世界,而是相互竞争的世界,即不是统一的或单极的

---

① Ibid. ,pp. 11-12;这方面的英文文献并不多,参见: Bendersky, *Carl Schmitt:Theorist for the Reich*, 1983, pp. 250-262; Kervégan, "Carl Schmitt and 'World Unity'", in C. Mouffe (ed.), *The Challenge of Carl Schmitt*, 1999, pp. 54-74; Luoma-aho, "Geopolitics and Grosspolitics: From Carl Schmitt to E. H. Carr and James Burnham", in L. Odysseos and F. Petito (eds), *The International Political Thought of Carl Schmitt: Terror, Liberal War and the Crisis of Global Order*, London: Routledge, 2007, pp. 36-55; Hooker, *Carl Schmitt's International Thought: Order and Orientation*, Cambridge University Press, 2009, pp. 126-155;到目前为止最好的是Stirk, "Carl Schmitt's Völkerrechtliche Grossraumordnung", *History of Political Thought*, 20, 1999, pp. 357-374. 德语文献参见: Michiels, H. *Die Großraumtheorie von Carl Schmitt*, Munich: Grin, 2004 ; Voigt, R. (ed.) *Großraum-Denken: Carl Schmitt's Kategorie der Großraumordnung*, Stuttgart: Franz Steiner, 2008.

② Ulmen, G. L. "Translator's Introduction", in Schmitt, C. *The Nomos of the Earth in the International Law of the Jus Publicum Europaeum*, trans. G. L. Ulmen, Telos Press, 2003, p. 23;另参见 Schmitt, C. *Völkerrechtliche Großraumordnung mit Interventions verbot für raumfremde Mächte: Ein Beitrag zum Reichsbegriff im Völkerrecht*, Duncker & Humblot, 1991 [1941], p. 12.

世界,而是所谓的多极世界。① 可是在 20 世纪 30 年代,施米特对空间和空间政治的分析不是单纯为了分析而分析;相反,寻找其合法框架是他为政权服务之所需。20 世纪 20 年代他分析莱茵河地区时就已然如此。②

在 20 世纪 30 年代,施米特并没有简单地分析这些地区的存在问题,而是积极地为一个目标奋斗:建立由德国主导的"大中欧"(Mitteleuropa)空间。"大中欧"的意思是"中部的"(middle)欧洲或"中心的"(central)欧洲:一个超过德国边界的地区,德国将在其中保持战略主导地位。"大中欧"虽然实际上包括讲德语的民族,并因此与民族(Volk)的概念相关,但并不明确依赖种族主义话语中的血与土(Blut und Boden)要素。相反,该论点的基础是对陆地法的法理学说明,这一说明部分源自洛克对耕种的论述:增加土地的价值,就有了正当的所有权。就此而言,它更接近[94]关于"无主之地"的论证,无主土地应该由没有(或没有足够)土地的人来填充。③ 虽然施米特只偶尔使用"生存空间"(Lebensraum)一词,但此时他几乎没有批评纳粹向东方扩张的政治行径,有时还明确赞同。④

《苏德互不侵犯条约》在波兰划定的分界线,就是一种大空间式的区域划分(同前,页 47),其关键内容是中东欧为德国的势力范围,其他世界大国不得介入。后来施米特宣称,第二次世界大战是一场空间秩序的战争(Raumordnungskrieg)。⑤ 在施米特看来,大空间不能被简化

---

① Schmitt, C. *Positionen und Begriffe*: *im Kampf mit Weimar-Genf-Versailles*, 1923–1939, (1988 [1940]), pp. 295–302.

② Ibid., pp. 26–33, 97–108.

③ Grimm, H. *Volk ohne Raum*, Albert Langen. 1926.

④ Schmitt, C. *Völkerrechtliche Großraumordnung mit Interventions verbot für raumfremde Mächte: Ein Beitrag zum Reichsbegriff im Völkerrecht*, Berlin: Duncker & Humblot, 1991[1941], p. 323, pp. 42–48.

⑤ Schmitt, C. *Staat, Großraum, Nomos: Arbeiten aus den Jahren 1916–1969*, edited by G. Maschke, Berlin: Duncker & Humblot, 1995, p. 433.

为帝国(Reich),但它将由帝国主导。① 如果这意味着施米特的立场与明确的吞并政策还有些距离,那也不会带来什么安慰。希特勒将夺取的部分土地并入更大的帝国,并对其中一些国家采取占领的方式,但对另外一些国家却只将其控制,同时使其保留名义上的独立。乌克兰总督辖区(Reichskommissariat Ukraine)②和东方总督辖区(Reichskommissariat Ostland)③的建立,就是多样化占领政策的表现。同样,对施米特来说,帝国(Reich)也不只是领土上受限的单纯国家,它行使的权力超越任何名义上的边界。④ 本德斯基指出,当时的新闻报道表明,至少在施米特的敌人看来,施米特就是在阐述纳粹主张。⑤

事实上,1939年4月下旬,希特勒开始阐述由德国主导的欧洲门罗主义的想法,以回应罗斯福总统要求他放弃扩张领土的野心。希特勒宣称,这是欧洲的事情,与美国无关。施米特显然收到了警告,让他不要试图宣告他自己先前关于这些主张的阐述。⑥ 施米特默从了,而且,在对待纳粹外交政策的态度上,施米特明显地随波逐流。他在

---

① Schmitt, C. *Völkerrechtliche Großraumordnung mit Interventions verbot für raumfremde Mächte: Ein Beitrag zum Reichsbegriff im Völkerrecht*, Berlin: Duncker & Humblot, 1991[1941], p. 49, p. 67.

② [译注]乌克兰总督辖区坐落在苏联所辖乌克兰地区,是大日耳曼国的殖民地。它北临莫斯科总督辖区和东方总督辖区,西接波兰总督府,在南方与罗马尼亚王国和德占克里木接壤,东南方向紧邻高加索总督辖区。

③ [译注]东方总督辖区是大日耳曼国在东欧的殖民地,包含白俄罗斯以及前波罗的海诸国地区。其向西与大日耳曼国和波兰总督府接壤,向南紧邻乌克兰总督辖区,向东与莫斯科总督辖区接壤,北临波罗的海。

④ Balakrishnan, G. *The Enemy: An Intellectual Portrait of Carl Schmitt*, Verso, 2000, p. 237.

⑤ Bendersky, J. W. *Carl Schmitt: Theorist for the Reich*, Princeton University Press, 1983, pp. 258.

⑥ Ibid., pp. 258-259;见 Gruchmann, L. *Nationalsozialistische Grossraumordnung: Die Konstruktion einer deutscher Monroe-Doctrin*, Deutsche Verlags-Anstalt, 1962。

1941年为《禁止外国势力干涉的国际法大空间秩序》最后一版增加了一篇文章,里面非常明确地表达了他的支持。①

有人认为,施米特在1942年开始写作《大地的法》,并在1945年完成,②开始写作的时间恰恰是在巴巴罗萨行动③(施米特认为这是一场灾难)④和美国人参战之后。这些事件意味着"二战"形势已经明显地出现逆转,德国战败只是时间问题。施米特曾在1942年声称美国的参战并不是决定性的,但1943年时他已承认美国似乎不可阻挡的力量。⑤ 对于1942年及之后施米特是否会采取隐晦的纳粹立场,我们知之甚少。事实上,《大地的法》的写作和出版背景有力地否认了这一点,如扎马尼安指出的,"整本文集中没有提到纳粹对欧洲的占领,更不用说恐怖的大屠杀"。⑥ 但是,需要强调的是,施米特在战后创作的关于国际政治的作品,[95]仍然带有他在纳粹德国背景下所论问题的

---

① Schmitt, C. *Völkerrechtliche Großraumordnung mit Interventions verbot für raumfremde Mächte: Ein Beitrag zum Reichsbegriff im Völkerrecht*, Duncker & Humblot, 1991 [1941], pp. 64-73.

② Ulmen, G. L. "Translator's Note and Acknowledgements", in *The Nomos of the Earth in the International Law of the Jus Publicum Europaeum*, trans. G. L. Ulmen, Telos Press, 2003, p. 35.

③ [译注]巴巴罗萨行动一般指巴巴罗萨计划。巴巴罗萨计划是纳粹德国在第二次世界大战中发起的侵苏行动的代号,发生于1941年6月22日至1942年1月的苏联及东欧地区。

④ Balakrishnan认为这是施米特另一本文集《陆地与海洋》的潜台词。参见 Balakrishnan, G. *The Enemy: An Intellectual Portrait of Carl Schmitt*, Verso, 2000, p. 240。

⑤ Schmitt, C. *Staat, Großraum, Nomos: Arbeiten aus den Jahren 1916-1969*, edited by G. Maschke, Duncker & Humblot, 1995, p. 431, p. 447.

⑥ Zarmanian, T. "Carl Schmitt and the Problem of Legal Order: From Domestic to International", *Leiden Journal of International Law*, 19, p. 55;关于小的例外情况,见 Schmitt, C. *Der Nomos der Erde* (1997 [1950]), pp. 214-216, p. 221, n. 1关于阿比西尼亚和《慕尼黑协定》的论述。

印记。

事实上,尽管《大地的法》明显地摆脱了《禁止外国势力干涉的国际法大空间秩序》的政治基调,但是两部作品有许多类似的提议。

施米特提出,对洛克来说,"政治权力的本质,首先是对土地的管辖权"。他通过援引洛克来强化这一观点,大意是"政府只对土地拥有直接的管辖权"。①他的另一个关键的思想来源,是康德所论最高所有权(Obereigentum)与土地统治权(Landesherrschaft)之间的区别,康德将二者与拉丁术语 dominium[所有权]和 imperium[统治权]联系起来。第一组术语激活私有财产,第二组术语激活公共财产。② 个人可以拥有土地,国家则控制领土。施米特提醒我们,希腊语中的 nemein,即 nomos 的词源,既有"划分"的意思,也有"放牧"的意思。阿伦特同样注意到"nomos 这个词中法律与围墙"的关系,强调法律与边界线或区域的关系,并指出"希腊意指法律的词 nomos 源于 nemein,意思是分配、拥有(所分配的东西)和定居"。③ 因此,法律直接与土地相关。如施米特所言:

> 法是将大地的地基和地面以特定方式加以划分和定位的标

---

① Schmitt, *Nomos of the Earth*, 2003 [1950], p. 47;见 Locke, J. *Two Treatises of Government*, edited by P. Laslett, Cambridge: Cambridge University Press, third edition. 1988, p. 349。

② Schmitt, *Nomos of the Earth*, 2003 [1950], p. 46, p. 199;其中涉及国家和殖民领土,参见 Kant, I. *The Philosophy of Law: An Explosition of the Fundamental Principles of Jurisprudence as the Science of Right*, trans. W. Hastie, Edinburgh: T&T Clark. 1887 [1796], p. 182,施米特在这里对公与私的划分,与他在《政治的概念》中对公敌(polemios)与私敌(ekhthros)的著名区分相类似。

③ Arendt, H. *The Human Condition*, University of Chicago Press. 1958, p. 63, n. 62. [译注]中译参见阿伦特,《人的境况》,王寅丽译,上海:上海人民出版社,2009,页 58。

准,以及由此产生的政治、经济和宗教秩序的基本架构。标准、规则和建构在此构成了一个空间上具体的统一体。①

施米特论领土

在1938年以前的著作中,施米特对领土的论述相对较少。他似乎认为,领土与国家的关联至关重要,而且是理所当然的。他在《政治的概念》中说:

> 国家的概念以政治的概念为前提。按照现代语言的用法,国家是在封闭的疆域内(territorialer Geschlossenheit),一个有组织的民族拥有的政治状态。这只是一般性转写(Umschreibung),而不是国家概念的确定(Begriffsbestimmung)。②

人们通常将这段话简化而只提首句,但这段表述很重要,其中需要强调两点:首先,领土划定内在于施米特对国家的理解中;然而,第二,这还不够充分。这只是一种转述或周旋,一种分析性[96]判断和术语阐释,而不是施米特认为必要的、超越于此的综合研究。在《政治的神学》中,他提出了另一个广为引用的论点,人们也同样经常将其简化而只提首句:

> 现代国家理论的所有核心概念都是世俗化的神学概念。这不仅由于它们是在历史发展中从神学转移到国家理论的,

---

① Schmitt, *Nomos of the Earth*, 2003 [1950], p. 70;乌尔曼的翻译掩盖了形象化语言的外延,将 Grund und Boden der Erde 简单地译为 land。[译注]中译参见《大地的法》中文版,页37。

② Schmitt, *The Concept of the Political*, 1996, p. 19;[译注]中译参见《政治的概念》中文版,页21。

比如，全能的上帝变成了全能的立法者，也是由于它们的系统结构，若对这些概念进行社会学考察，就必须对这种结构有所认识。①

这里提出的主张有两个方面。第一部分——"不仅"，当然重要，值得研究，但第二部分——"而且"，则更具挑战性。政治理论把主权者放在特殊位置上，就像神学把上帝放在特殊位置上一样，这一点是完全肯定的。但是，在国家理论概念的系统结构中，是什么援引自神学，只是这一援引在世俗化的过程中被掩盖了？问题的关键不在于企图恢复神学，而在于注意到神学在世俗化的过程中改变了什么。领土概念在多大程度上也是如此？

施米特在《大地的法》中的分析涵盖相当漫长的历史时期。他提出，现代领土政治的出现，部分是由于占取新世界以及由此对世界产生的不同理解。在这之前，有可以理解为大空间（Großräume）的诸帝国（Reiche），但是它们缺乏任何形式的秩序，因为当时地球并非一个整体，"缺少一种整体的、囊括全球的空间秩序"。② 如他在该书第二部分的开篇所说：

> 大地，此前从未真正以球体（Globus）的形态（Gestalt）登场过，它不只被神秘化，而且很少成为科学研究的事实对象和施以实际测量的空间。然而，全新的、此前不可想象的问题出现了：在新的国际法空间秩序之下，整个地球（Erdenballes）即将以全新的形态呈现。新的地球空间形态（globale Raumbild）要求有新的地球空间秩序。这个局面的出现和15、16世纪伊始的环球航行以及新大陆

---

① Schmitt, *Politische Theologie*, 2009 [1922], p. 43; *Political Theology*, 1985, p. 36；[译注]中译参见《政治的神学》中文版，页49。

② Schmitt, *Nomos of the Earth*, 2003 [1950], p. 55. [译注]中译参见《大地的法》中文版，页20。

的发现休戚相关。①

此处涉及一些问题。施米特认为,直到 15 世纪末的环球航行,地球才真正作为一个球体登场。当然,即使古希腊人也知道地球是[97]球体,但直到 16 世纪初麦哲伦完成环球航行,才证明了这一点。另一方面,人类开发了一些科学技术,用于测绘和勘察新发现的陆地与海洋,这是他在上述引文中提出的可测量概念的基础。② 诸如 1494 年的《托尔德西里亚斯条约》等决定,早已预示了新的地球空间形态,该条约建议在大西洋上从南极到北极划一条线,以划分葡萄牙和西班牙对新世界的所有权。③ 施米特所说的 globale Raumbild,从字面上看,就是"地球空间形态";他形容"地球"(earth)的词是"作为球的地球"(earth-as-ball)。在这些方面,他让人想起海德格尔的战前讲座《形而上学导论》中惯用的语言,尽管这些讲座直到 1953 年才出版。④ 在整个《大地的法》中,施米特概述了这种理解方式,其中政治理论与新兴国际法为这种理解的兴起提供了基础。

施米特认为,场域(Ortung)和秩序(Ordnung)之间存在一种原初关系。⑤ 因此,政治秩序总是一种地缘政治的秩序。对国际关系学来说,

---

① Schmitt, *Nomos of the Earth*, 2003 [1950], p. 86;[译注]中译参见《大地的法》中文版,页 55。

② Schmitt, "Nomos-Nahme-Name", in S. Behn (ed.), *Der beständige Aufbruch: Festschrift für Erich Przywara*, 1955, p. 97; Schmitt, *Nomos of the Earth*, 2003 [1950], p. 341.

③ Schmitt, *Nomos of the Earth*, 2003 [1950], pp. 88-89.[译注]中译参见《大地的法》中文版,页 57–59。

④ Elden, S. *Speaking Against Number: Heidegger, Language and the Politics of Calculation*, Edinburgh: Edinburgh University Press, 2006, pp. 103-104.

⑤ Schmitt, *Völkerrechtliche Großraumordnung mit Interventions verbot für raumfremde Mächte: Ein Beitrag zum Reichsbegriff im Völkerrecht*, 1991a [1941], p. 81.

这似乎有价值,因为众所周知,国际关系学容易忽视问题的空间层面。但这充其量也只是肤浅的价值。施米特倾向于认为,所有时代都有特定的领土与空间秩序感,只是形式不同而已,他并不追踪这些范畴本身的出现。施米特在大多数论述中都认为,占取新世界与紧随宗教改革而来的欧洲宗教战争是基础,关于空间与政治之关联的独特的现代政治-法律解读在此基础上才得以出现。

但是,施米特的论述不够详细且缺乏具体文本支撑,着实令人沮丧。事实上,鉴于他对神学世俗化的主张,令人吃惊的是,他很少关注划分世俗权力与现世权力的神学争论。同样令人吃惊的是,他也很少关注现世权力的理论家们如何开始谈论与普遍主义热望相对立的空间上受到限制和圈围的政治统治。这种空间范围既是后来人们理解的主权思想的对象,也是其条件。就法律理论家施米特而言,令人惊讶的是,他也没有注意到重新发现与解释罗马法对政治理论的影响,尤其对14世纪领土与管辖权关系的影响。他从更为人熟知的16、17世纪的维多利亚、格劳秀斯和普芬道夫等人那里探究真相,而非回到巴托鲁斯(Bartolus)和巴尔杜斯(Baldus de Ubaldis)。[①] 鉴于他关注国际法以及坚实陆地与自由海洋这两种空间秩序的关系,这么做情有可原,但这也掩盖了国家与其领土的现代关系的出现。施米特认为,

> 如果只是从一种孤立的主权性的领土国家的角度来审视这个过程,那么情况就很清楚:国家领土是主权者的舞台;每一次领土变更[98]都不过是某个主权者黯然退出,而另一个主权者粉墨登场。[②]

---

① 巴尔杜斯从未被提及;对巴托鲁斯的一次实质性提及是误导性的,见 Schmitt, *Nomos of the Earth*, 2003 [1950], p. 64[, pp. 33-34]。

② Schmitt, *Der Nomos der Erde*, 1997 [1950]:166; *Nomos of the Earth*, 2003 [1950]:194。[译注]中译参见《大地的法》中文版,页174。

对施米特来说,复杂之处在国际层面。他的表述极为简单,很多内容暧昧难明,英文译本更是如此。他对领土的理解过于静态,而且似乎不顾史实。对施米特来说,领土仍然是族群控制下的有边界的空间。这是一个准韦伯式的定义,它可能提供了需要分析的术语,但本身并不是一种理论。① 从施米特的时代开始,吉尔克(Otto Gierke)、卡莱尔兄弟(Carlyle brothers)的作品,甚至他的纳粹同道布鲁纳(Otto Brunner)的作品,对于更恰当的历史概念探究而言则更具参考价值。②

也许最耐人寻味的是,施米特使用一系列德语词汇来表述他的"领土"概念。例如,他谈到"新兴领土秩序(Flächenordnung)的国家",③后来解释说,这样的国家"摆脱了领地、教会与教派等内部纷争,空间上独立自足,不容外界渗透"。④

territoriale[领土的]通常作为形容词使用。像韦伯一样,施米特也使用 Gebiet [疆域]一词,他经常在国家疆域(Staatsgebiet)这一短语中使用。在上一段我们看到 Flächenordnung[新兴领土秩序]的使用。他有时还使用较早的 Landeshoheit[领土主权]一词,这是《威斯特伐利亚

---

① 施米特在早期对独裁的分析中(Schmitt, C. [1921] *Die Diktatur van den Anfängen des modernen Souveränitätsgedankens, bis zum proletarischen Klassenkampf*, Munich; Duncker & Humblot: 190)用与韦伯类似的术语描述"紧急状态",即为"一块确定的领土(ein bestimmtes Gebiet)建立一个违宪的局面"。

② Gierke, O. *Das Deutsche Genossenschaftsrecht*, Weidmannsche Buchhandlung, four volumes, 1868–1913. Carlyle, R. W. and Carlyle, A. J. *A History of Mediæval Political Theory in the West*, Edinburgh: William Blackwell & Sons, six volumes. 1903–1936; Brunner, O. *Land und Herrschaft: Grundfragen der territorialen Verfassungsgeschichte Südostdeutschlands im Mittelalter*, Zweite Auflage, 1942 [1939]。

③ Schmitt, *Nomos of the Earth*, 2003 [1950], p. 126. [译注]中译参见《大地的法》中文版,页 100。

④ Schmitt, *Nomos of the Earth*, 2003 [1950], p. 129. [译注]中译参见《大地的法》中文版,页 103,据英文有改动。

条约》中 jus territorialis[领土权]的德语翻译。①

以上表明,对他来说,至少有四个词语的意思接近于英语中的"领土"(territory)。在历史和政治上,这些概念和词汇及其与表现划分地区和权力的早期词语之间的关系,还需要很多说明。但令人沮丧的是,施米特对术语的使用很多变,因此,援引他所说的内容时有足够的理由抱有谨慎,尤其在通过翻译传达时。霍克(W. Hooker)认为:

> 领土(territory)就像施米特思想的基础,试图不靠领土来定位真正的政治,这种想法看上去荒谬且异想天开。②

但是,由于这些术语在英语翻译中的干瘪化,施米特所暗示的关联完全不清楚。他提到的 Raum、Boden、Land、Feld、Fläche、Gelände、Gebiet、Bezirk[空间、土地、陆地、国土、区域、地区、疆域与辖区],③不是简单的术语上的细微差别,也不是能任意替换的术语,但他从来没有阐明它们之间的差异,也没有说明它们的概念历史。有时为了达到强烈的修辞效果,他还把不同的术语并用。例如,他在1939年曾提出,法学理论的一种空间理论(Raumtheorie)概念实际上意味着与具体的空间概念相对立的东西,它无差别地把陆地、土地、领土和国家疆域视为空置的扁平区域意义上的"空间",拥有其附加纵深和线性边界。④

而施米特想把领土的概念,更明确地说是大空间(Großraum)概念,

---

① Gagliardo 在1980年卓有成效地分析了 Landeshoheit[领土主权]一词,该词的含义对神圣罗马帝国的政治具有根本的重要性。

② Hooker, W. *Carl Schmitt's International Thought: Order and Orientation*, Cambridge University Press, 2009, p. 101.

③ Schmitt, *Völkerrechtliche Großraumordnung*, p. 76.

④ Ibid., p. 16. [译注]中译参见《经典与解释51·地缘政治学的历史片段》,方旭译,页89。

从"空的、中立的、数学-自然科学的概念"中拯救出来。① 这种[99]关于空间和领土的论述已经在其他地方出现。虽然在施米特看来,这是因为"空的、中立的、数学-自然科学的概念"忽视了精神与民族意义上的空间,②但他的其他解释则更强烈地认为,这一空间概念与国家及资本主义的计算策略串通一气。

新的世界秩序?

如果说施米特提到的转变催生了"现代"空间秩序,那么他很清楚,20世纪又出现了另一种转变。这是《大地的法》中的核心主张,即一种新的空间-政治秩序正在形成,并且有必要进行解读。"大空间"(Großraum)与"领土"的概念正是在该书中分离开来的。施米特宣称,在大空间内,主导大国施加影响,但不效法以前寻求吞并对方土地的殖民方式。施米特认为,第一步是主导大国并不寻求吞并被控制国的领土,而是将被控制国纳入自己的空间势力范围,即纳入自己的空间领域(spatiale Bereich)或区域,施米特称之为控制国的 Raumhoheit,即控制国的空间优势。

被控制国领土主权的外部形式没有变化,但是其主权的实质内容因控制国之经济大空间的保障措施而改变。这就是现代版的国际法干涉条约。政治控制与统治建立在干涉的基础上,同时确保被控制国领土现状不变。控制国有权保护被控制国政府的独立性或私有产权,维护秩序与安全,捍卫政府的正当性或合法性,或者出于其他理由,随意干涉被控制国的事

---

① Ibid., p.14, p.75, p.76, p.79. [译注]中译参见《经典与解释51·地缘政治学的历史片段》,方旭译,页149、153。
② Ibid., p.77. [译注]中译参见《经典与解释51·地缘政治学的历史片段》,方旭译,页152。

务。其干涉通过军事据点、海军基地、加油站、军事占领地和租界,以及其他对内对外的形式得以实施。干涉权以条约和协定的形式为被控制国所承认,因而从纯粹法律意义上讲,也可以说根本不存在干预之事。①

因此,施米特认为,在如何理解国家控制空间方面存在断裂。一方面是维护现有领土的划分、边界的确定与定居地的稳固。在 1950 年《联合国宪章》签订只过了五年时,这似乎说得通。《联合国宪章》是以往欧洲划定边界尝试的顶点,例如 20 年前的《洛迦诺条约》已经开始尝试这种划分。但另一方面,施米特表示,虽然在外部界限的意义上,这种空间是确定的,但其内部却被掏空。就内部而言,国家在其边界内拥有主权[100]——中世纪晚期的国王就是其王国之内的皇帝(Rex est imperator in regno suo)这样的观念已经解体。国家经过斗争才从教宗手中夺取权力的情况,在实践和思想上都已经不复存在。即使看起来"领土现状"(territorial status quo)得以维持,至少在经济上,主权不值一提。

施米特提出,现代早期斗争的焦点是 cuius regio, eius religio[谁的地盘,谁的宗教]②原则的颁布,这是 1555 年的奥格斯堡会议提出的宗教自由原则。而世俗意义上的对应原则是 cuius regio, eius economica[谁的地盘,谁的经济]。主权国家的基本层面那时不仅能够决定"诸如独立、公共秩序、合法性和正当性等概念",还能够自由"决定自己的财产与经济制度"。③

---

① Schmitt, *Nomos of the Earth*, p. 252. [译注]中译参见《大地的法》中文版,页 223。

② Schmitt, *Politische Theologie II*, 1970, p. 107; *Nomos of the Earth*, 2003 [1950], p. 128; *Political Theology II*, 2008, p. 114.

③ Schmitt, *Der Nomos der Erde*, 1997[1950], p. 226; *Nomos of the Earth*, 2003[1950], pp. 252–253.

但在今天,这一原则已经被颠覆为 cuius economica, eius regio [谁的经济,谁的地盘],①地区控制交到经济权力手中。从上述基本意义上说,经济权力不再是大多数国家的选项。宗教斗争曾催生了现代政治,经济是一种政治制度的关键决定因素,而现在由于经济被预先决定,政治变得越来越少。② 如施米特所言:

> 领土主权转变成适于社会经济事务的空洞空间。由边界线所构成的外部领土状况是有保障的,但不包括其实质内容,即构成领土之整体性的社会经济内容。经济权力的空间决定了国际法畛域。③

如果说个人拥有土地而国家控制领土是真的,那么,主导大空间的则是帝国。在战争刚刚结束的时期,这可能会让美国和苏联的相对势力范围变得更易理解。事实上,在该书众多看似结论性的陈述中,施米特提到1945年8月8日的《伦敦协定》(*Londoner Statut*)是某一特殊时刻,当时"东方和西方终于走在了一起,(战争的)罪刑化进程从此开始起步"。④ 这个协定的内容是什么?为什么这个日子重要?该协定设立了纽伦堡国际战争罪军事法庭;同一天,苏联对日本宣战,出兵中国东北。

---

① Schmitt, *Glossarium*: *Aufzeichnungen der Jahre 1947–1951*, 1991, p. 179; *Der Nomos der Erde*, 1997[1950], p. 285; *Nomos of the Earth*, 2003[1950], p. 308.
② 作为宗教问题的 oikonomia 概念,见 Agamben, G. *Le règne et la gloire*: *Pour une généalogie théologique del' économie et du gouvernement*, trans. by J. Gayraud and M. Rueff, Seuil, 2008。
③ Schmitt, *Nomos of the Earth*, 2003[1950], p. 252. [译注]中译参见《大地的法》中文版,页233。
④ 施米特还将捷克斯洛伐克最终沦为"东部大空间"(Schmitt, *Der Nomos der Erde*, 1997[1950], p. 221 n. 1; 2003[1950], p. 248 n. 10),归咎于雅尔塔盟国的两次世界大战之间的政治。Schmitt, *Der Nomos der Erde*, 1997[1950], p. 255; 2003[1950], p. 280. [译注]中译参见《大地的法》中文版,页262。

但是,如果说,这一具有自身规则和执行力的竞争性大空间的想法有助于解读更加全球化的后冷战时期,那么,人们就需要更加彻底地审视它。如我在其他地方详细论述的,对于《联合国宪章》中使用的术语"领土完整"(territorial integrity),人们更普遍地将其分割开来理解:将领土保存(territorial preservation)视为不可谈判的;将领土主权(territorial sovereignty)视为完全偶然的。① 比如 2001 年和 2003 年以美国为首的干预行动,[101]将伊拉克和阿富汗的主权作为干预对象,原因是两国没有遵循特定的行为准则,随后,政体本身却被不惜一切代价地保留。特别是,即使两国主权因被占领而遭到严重损害,质疑两国的空间构成(spatial constitution)仍完全不可能。在伴随"人道主义干预"这一观念的科索沃和塞拉利昂事件中,类似的情况也同样出现。

事实上,强调所要轰炸地区的领土完整,长期以来都是布莱尔(Tony Blair)的修辞套路。然而对于《大地的法》中的施米特来说,这类事情为何能发生,结果如何,以及我们在何种程度上觉得这些事该去拥抱或批评,人们并没有清楚的意识。

施米特把"诸大空间组成的多样性秩序与一统化世界形成的普遍性空间秩序"视为"世界政治的主要矛盾",仿佛这两者就是仅有的可能。② 今天的种种施米特式的解读也建立在类似的基础上。与单极世界相比,美国、欧洲和俄罗斯大空间各占不同区域是否真的更受欢迎?③

---

① Elden, S. *Terror and Territory: The Spatial Extent of Sovereignty*, Minneapolis: University of Minnesota Press, 2009.
② Schmitt, *Der Nomos der Erde*, 1997[1950], p. 220;2003[1950], p. 247.
③ Mouffe, C. "Schmitt's Vision of a Multipolar World", *South Atlantic Quarterly*, 104, 2005, pp. 245-251.

总结

施米特比大多数国际关系理论家更具地缘政治眼光和意识。毫无疑问,他对领土的描述——在历史上、概念上和政治上——比大多数关于国际秩序的论述所描述的都要多。但这些论述绝非主要挑战。他明确承认地理学家对他的影响,特别提到麦金德(Halford Mackinder),后者曾提出关于全球控制问题的陆心说。[1] 施米特借鉴了拉采尔——1901年《生存空间》一文的作者,这一点也很重要。[2] 如果说施米特对麦金德或拉采尔的借鉴在某种程度上影响了现代政治地理学,或者说他的作品为国际关系学迫切需要的政治空间意识提供了基础,那么,这其实是一种倒退。[3] 如果这些主题值得关注——也确实值得关注——那么,让这些学科之间进行对话可能是更好的开端。

如果再向外寻找,其他学科的理论家如列斐伏尔和福柯也可以提供更多启发。福柯,尤其他出版的系列讲座作品,以关于领土的历史与观念层面的分析方式,提供了更多想法;列斐伏尔则使人们从政治和经济方面对这类问题有更深入的理解。[4] 但领土概念的历史仍有待梳

---

[1] Schmitt, *Der Nomos der Erde*, 1997 [1950], p. 5; 2003 [1950], p. 37. 最近的研究参见 Kearns, G. *Geopolitics and Empire: The Legacy of Halford Mackinder*, Oxford University Press, 2009。

[2] 明确提及之处(Schmitt, *Der Nomos der Erde*, 1997 [1950], p. 56, 258; 2003 [1950], p. 88, 283) 相当不显眼,另参见 Schmitt, *Völkerrechtliche Großraumordnung*, 1991 [1941], p. 76, 78。

[3] 参见例如 Hooker, W. *Carl Schmitt's International Thought: Order and Orientation*, Cambridge University Press, 2009, pp. 69–101。

[4] Elden, S. "Governmentality, Calculation, Territory", *Environment and Planning D: Society and Space*, 25, 2007, pp. 562–580; Brenner, N. and Elden, S. "Henri Lefebvre on State, Space, Territory", International Political Sociology, 3, 2009, pp. 353–377.

理。对于本文提到的施米特作品,我们需要多加审视的是,他使用了更广泛的词汇,不是简单的德语词 Terrorium,而是一系列复杂的术语,包括 Gebiet、Land 以及从 Fläche 衍生出来的词汇。

概念在多大程度上超出了实践,这是值得商榷的。在这方面,我们还应该记住,施米特的作品通常将"领土"概念归入更广泛的"大空间"概念,然而,我们缺乏简单的英语词汇与之对应。如果说"大空间"概念在战后作品《大地的法》中有些模糊,[102]那么我们必须牢记这个术语的脉络。甚至在他后来的作品中,"大空间"概念仍然是世界秩序的主导概念。然而,我们从施米特所得的收获似乎微乎其微。事实上,施米特看似与国际关系如此相应,原因在于他重复并预示了该学科的许多陈词滥调,并赋予其虚假的可信度,例如关于威斯特伐利亚体系与今天学界对它的质疑。

最根本的是,我们必须记住,施米特不仅提供了某种近似地缘政治空间理论的东西,而且他曾经是德国大空间的热情倡导者。他怎样试图掩盖大空间观念形成的鲜明政治背景,《大地的法》就在多大程度上是一个深刻的反动文本。人们必须始终政治地解读施米特,而且,如果人们借鉴施米特的视角洞察国际关系或政治地理学,那么,人们还必须在地缘政治意义上解读施米特。地缘政治是具备特定内涵的术语。在过去几十年里,人们已经试图将具有帝国内涵的"地缘政治学"(geopolitics)重新解释为"批判性地缘政治学"(critical geopolitics)。

但是,正如需要审慎地、历史地以及政治地解读地缘政治学家如麦金德、拉采尔、契伦、豪斯霍夫等人,以便认识其作品的局限,了解其政治立场,对待施米特也应如此。霍克指出,经常有人把施米特描述为"一个神秘的、还原的、对当前的辩论没有什么可贡献的纳粹分子",另一些人则认为"对施米特的援引是危险的、诱人的和破坏性的",霍克宣称这两者都不可能正确。① 然而,两种观点完全有可能都正确。虽

---

① Hooker, W. *Carl Schmitt's International Thought: Order and Orientation*, Cambridge University Press, 2009, p. 2.

然施米特的作品确实没有什么贡献,但正是因为他看起来有价值,所以他才如此危险。诱惑之处在于,他似乎超越了他的处境和政治观点,但其实却深深地扎根其中。因此,将施米特神圣化为具有当代意义的地缘政治理论家,在智识上和政治上都是严重的错误。

参考文献

Agamben, G. (2008) *Le règne et la gloire: Pour une généalogie théologique de l'économie et du gouvernement*, trans. by J. Gayraud and M. Rueff, Paris: Seuil.

Arendt, H. (1958) *The Human Condition*, Chicago: University of Chicago Press.

Balakrishnan, G. (2000) *The Enemy: An Intellectual Portrait of Carl Schmitt*, London: Verso.

Bendersky, J.W. (1983) *Carl Schmitt: Theorist for the Reich*, Princeton, NJ: Princeton University Press.

Brenner, N. and Elden, S. (2009) 'Henri Lefebvre on State, Space, Territory', *International Political Sociology*, 3: 353–77.

Brunner, O. (1942 [1939]) *Land und Herrschaft: Grundfragen der territorialen Verfassungsgeschichte Südostdeutschlands im Mittelalter*, Wien: Zweite Auflage.

Carlyle, R.W. and Carlyle, A.J. (1903–36) *A History of Mediæval Political Theory in the West*, Edinburgh: William Blackwell & Sons, six volumes.

Dyzenhaus, D. (ed.) (1998) *Law as Politics: Carl Schmitt's Critique of Liberalism*, Durham, NC: Duke University Press.

Elden, S. (2006) *Speaking Against Number: Heidegger, Language and the Politics of Calculation*, Edinburgh: Edinburgh University Press.

Elden, S. (2007) 'Governmentality, Calculation, Territory', *Environment and Planning D: Society and Space*, 25: 562–80.

Elden, S. (2009) *Terror and Territory: The Spatial Extent of Sovereignty*, Minneapolis: University of Minnesota Press.

Gagliardo, J.G. (1980) *Reich and Nation: The Holy Roman Empire as Idea and Reality*, Bloomington: Indiana University Press.

Gierke, O. (1868–1913) *Das Deutsche Genossenschaftsrecht*, Berlin: Weidmannsche Buchhandlung, four volumes.

Grimm, H. (1926) *Volk ohne Raum*, Munich: Albert Langen.

Gruchmann, L. (1962) *Nationalsozialistische Grossraumordnung: Die Konstruktion einer deutscher Monroe-Doctrin*, Stuttgart: Deutsche Verlags-Anstalt.

Heidegger, M. (1983) *Einführung in die Metaphysik: Gesamtausgabe Band 40*, Frankfurt am Main: Vittorio Klostermann.

Hoelzl, M. and Ward, G. (2008) 'Editors' Introduction', in Schmitt, *Political Theology II*, pp. 1–29.

Hooker, W. (2009) *Carl Schmitt's International Thought: Order and Orientation*, Cambridge: Cambridge University Press.

Kalyvas, A. and Scheuerman, W.E. (2004) 'Schmitt's Nomos of the Earth', *Constellations: An International Journal of Critical and Democratic Theory*, 11: 492–550.
Kant, I. (1887 [1796]) *The Philosophy of Law: An Explosition of the Fundamental Principles of Jurisprudence as the Science of Right*, trans. W. Hastie, Edinburgh: T&T Clark.
Kearns, G. (2009) *Geopolitics and Empire: The Legacy of Halford Mackinder*, Oxford: Oxford University Press.
Kervégan, J.-F. (1999) 'Carl Schmitt and "World Unity"', in C. Mouffe (ed.), *The Challenge of Carl Schmitt*, pp. 54–74.
Locke, J. (1988) *Two Treatises of Government*, edited by P. Laslett, Cambridge: Cambridge University Press, third edition.
Luoma-aho, M. (2007) 'Geopolitics and Grosspolitics: From Carl Schmitt to E.H. Carr and James Burnham', in L. Odysseos and F. Petito (eds), *The International Political Thought of Carl Schmitt: Terror, Liberal War and the Crisis of Global Order*, London: Routledge, pp. 36–55.
Meyer, H.C. (1955) *Mitteleuropa in German Thought and Action 1815–1945*, The Hague: Martinus Nijhoff.
Michiels, H. (2004) *Die Großraumtheorie von Carl Schmitt*, Munich: Grin.
Mouffe, C. (ed.) (1999) *The Challenge of Carl Schmitt*, London: Verso.
Mouffe, C. (2005) 'Schmitt's Vision of a Multipolar World', *South Atlantic Quarterly*, 104: 245–51.
Müller, J.-W. (2003) *A Dangerous Mind: Carl Schmitt in Post-War European Thought*, New Haven, CT: Yale University Press.
Naumann, F. (1915) *Mitteleuropa*, Berlin: Georg Reimer.
Neocleous, M. (1996) 'Friend or Enemy? Reading Schmitt Politically', *Radical Philosophy*, 79: 13–23.
Neocleous, M. (2009) 'The Fascist Moment: Security, Exclusion, Extermination', *Studies in Social Justice*, 3: 23–37.
Odysseos, L. and Petito, F. (eds) (2006) 'The International Theory of Carl Schmitt', *Leiden Journal of International Law*, 19: 1–103.
Odysseos, L. and Petito, F. (2007) 'Introduction: The International Political Thought of Carl Schmitt', in L. Odysseos and F. Petito (eds), *The International Political Thought of Carl Schmitt: Terror, Liberal War and the Crisis of Global Order*, London: Routledge, pp. 1–17.
Rasch, W. (ed.) (2005) 'World Orders: Confronting Carl Schmitt's The Nomos of the Earth', *South Atlantic Quarterly*, 104: 177–392.
Schmitt, C. (1921) *Die Diktatur von den Anfängen des modernen Souveränitätsgedankens, bis zum proletarischen Klassenkampf*, Munich: Duncker & Humblot.
Schmitt, C. (1942) *Land und Meer: Eine weltgeschichtliche Betrachtung*, Leipzig: Philipp Reclam.
Schmitt, C. (1955) 'Nomos–Nahme–Name', in S. Behn (ed.), *Der beständige Aufbruch: Festschrift für Erich Przywara*, Nürnberg: Glock und Lutz, pp. 92–105.
Schmitt, C. (1970) *Politische Theologie II: Die Legende von der Erledigung jeder Politischen Theologie*, Berlin: Duncker & Humblot.
Schmitt, C. (1985) *Political Theology: Four Chapters on the Concept of Sovereignty*,

trans. George Schwab, Cambridge: MIT Press.
Schmitt, C. (1988 [1940]) *Positionen und Begriffe: im Kampf mit Weimar–Genf–Versailles, 1923–1939*, Berlin: Duncker & Humblot.
Schmitt, C. (1991a [1941]) *Völkerrechtliche Großraumordnung mit Interventionsverbot für raumfremde Mächte: Ein Beitrag zum Reichsbegriff im Völkerrecht*, Berlin: Duncker & Humblot.
Schmitt, C. (1991b) *Glossarium: Aufzeichnungen der Jahre 1947–1951*, edited by Eberhard Freiherr von Medem, Berlin: Duncker & Humblot.
Schmitt, C. (1995) *Staat, Großraum, Nomos: Arbeiten aus den Jahren 1916–1969*, edited by G. Maschke, Berlin: Duncker & Humblot.
Schmitt, C. (1996) *The Concept of the Political*, trans. George Schwab, Chicago: University of Chicago Press.
Schmitt, C. (1997 [1950]) *Der Nomos der Erde im Völkerrecht des Jus Publicum Europaeum*, Berlin: Duncker & Humblot, Vierte Auflage.
Schmitt, C. (2002 [1932]) *Der Begriff des Politischen: Text von 1932 mit einem Vorwort und drei Corollarien*, Berlin: Duncker & Humblot, Siebente Auflage.
Schmitt, C. (2003 [1950]) *The Nomos of the Earth in the International Law of the Jus Publicum Europaeum*, trans. G.L. Ulmen, New York: Telos Press.
Schmitt, C. (2006 [1963]) *Theorie des Partisanen: Zwischenbemerkung zum Begriff des Politischen*, Berlin: Duncker & Humblot, Sechste Auflage.
Schmitt, C. (2007) *Theory of the Partisan: Intermediate Commentary on the Concept of the Political*, trans. G.L. Ulmen, New York: Telos Press.
Schmitt, C. (2008) *Political Theology II: The Myth of the Closure of any Political Theology*, trans. M. Hoelzl and G. Ward, Cambridge: Polity.
Schmitt, C. (2009 [1922]) *Politische Theologie: Vier Kapitel zur Lehre von der Souveränität*, Berlin: Duncker & Humblot, Neunte Auflage.
Shapiro, K. (2008) *Carl Schmitt and the Intensification of Politics*, Lanham: Rowman & Littlefield.
Slomp, G. (2009) *Carl Schmitt and the Politics of Hostility, Violence and Terror*, London: Palgrave.
Stirk, P. (ed.) (1994) *Mitteleuropa: History and Prospects*, Edinburgh: Edinburgh University Press.
Stirk, P. (1999) 'Carl Schmitt's *Völkerrechtliche Grossraumordnung*', *History of Political Thought*, 20: 357–74.
Ulmen, G.L. (2003a) 'Translator's Introduction', in Schmitt, C. *The Nomos of the Earth in the International Law of the Jus Publicum Europaeum*, trans. G.L. Ulmen, New York: Telos Press.
Ulmen, G.L. (2003b) 'Translator's Note and Acknowledgements', in Schmitt, C. *The Nomos of the Earth in the International Law of the Jus Publicum Europaeum*, trans. G.L. Ulmen, New York: Telos Press.
Voigt, R. (ed.) (2008) *Großraum-Denken: Carl Schmitt's Kategorie der Großraumordnung*, Stuttgart: Franz Steiner.
Zarmanian, T. (2006) 'Carl Schmitt and the Problem of Legal Order: From Domestic to International', *Leiden Journal of International Law*, 19: 41–67.

四 两次世界大战之间的空间混乱？
——帝国主义、国际主义与国联

莱格（Stephen Legg）

[106]解读施米特需要了解多个时期的背景：他写作时的背景，他的作品被人传播和翻译时的背景，以及我们现在阅读和应用其理论时的背景。不同的学者以不同的方式将施米特语境化，如通过他的思想传记，①他持续进行的理论斗争，②以及当时德国所处的国际关系格局。③ 本文将寻求另一种路径来讨论和质疑施米特关于 nomos［法］的著作，并非聚焦于与施米特有关的人物、概念或解释，而是考察他对某种制度的论述，进而洞察其思想。

施米特在多部作品中反复提到国联，可见他对国联义愤填膺，这种情绪在《大地的法》中达到极点。在施米特眼里，国联标志着欧洲世界秩序的衰落，美国经济帝国主义与全球干预主义的崛起，以及天下已陷入"空间混乱"。④ 因此，国联在施米特的作品中具有提喻（synecdo-

---

① Balakrishnan, G. *The Enemy: An Intellectual Portrait of Carl Schmitt*, Verso, New York, 2000.

② Slomp, G. *Carl Schmitt and the Politics of Hostility, Violence and Terror*, Palgrave Macmillan: Basingstoke, 2009.

③ Stirk, P. M. R. *Carl Schmitt, Crown Jurist of the Third Reich: On Pre-Emptive War, Military Occupation, and World Empire*. Edwin Mellen Press: Lampeter, 2005.

④ Schmitt, Nomos of the Earth, 2003 [1950], p. 257. [译注]《大地的法》中文版，页238。

chical)的地位。对他来说,国联意味着给予小国平等地位,并与大国平起平坐,意味着扼杀国际政治(以前允许通过有限战争处理敌友关系),也意味着将美国的霸权包藏在伦理-人道主义干预的假面之下,并通过维持1919年的"现状",使欧洲帝国主义的权力体系陷入僵化。

作为研究殖民主义的学者,我最感兴趣的是施米特在《大地的法》中论述的殖民主义。施米特从法理学和政治学上对欧洲塑造的世界秩序作了说明。具体而言,首先,从15世纪末西班牙和葡萄牙的殖民占取开始,这一世界秩序初见端倪;其次,通过法兰西帝国和英帝国在全球扩展;再次,到1884—1885年柏林会议解决"争夺非洲"的问题时,这一世界秩序开始动摇;最终,在1919年的巴黎和会期间,这一世界秩序退出历史舞台。在马克思主义的政治经济学、福柯式的生命政治学以及后殖民文化主义的解释之外,施米特为解释帝国主义的今昔提供了另一种思路。[1] 然而,由于他着眼于精英立法,以及坚持自己的政治主张,因而他对资本主义、工业化、民主化缺乏细致了解。[2] 另外,尽管他致力于研究具体的情况,但他对国际法的实际运作也缺乏细致了解。

[107]施米特的疏忽在很大程度上可能是由于他的怀旧。与其他右派评论家不同,施米特并不是怀念异质的、田园牧歌般的过去与环境,[3]而是对欧洲探险与地理大发现时代产生了一种"后殖民主义的感伤"(postcolonial melancholy),[4]他在这种感伤中把反殖民的民族主义

---

[1] Buck-Morss, S. "Sovereign Right and the Global Left", *Cultural Critique* 69, 145-171, 2008.

[2] Hallward, P. "Beyond Salvage", *South Atlantic Quarterly* 104, 237-244, 2005.

[3] Legg, S. "Contesting and Surviving Memory: Space, Nation and Nostalgia in *Les Lieux De Mémoire*". *Environment and Planning D: Society and Space* 23, 481-504, 2005.

[4] Gilroy, P. *Postcolonial Melancholia*, Columbia University Press: New York, 2006.

的崛起与人(Man)自身的让位联系在一起。① 这种挽歌式的论调贯穿于施米特在20世纪20至30年代的写作,他在这一时期创作了关于决断主义、例外状态、主权论及政治的概念等论题的一系列早期作品。这一论调还一直延续到他在20世纪40至50年代的作品,这些作品主要涉及政治的空间维度、nomos[法]和海陆关系等论题,②在所有这些作品中,施米特都谴责了国联。

本文将分三部分。第一部分将考察殖民主义和nomos[法],联系东方主义和帝国主义的历史来主要探讨施米特的作品。第二部分将考察国际主义和nomos[法],考察的主要根据是国联与美国的全球门罗主义。最后一部分会考察国联的实际运作情况,以表明对国联治理世界的某种更为福柯式的理解为我们提供了支点,使我们可以据以领会施米特的世界观。

殖民主义和 nomos[法]

要深入考察施米特早期作品与《大地的法》的关联,路径之一就是去思考当施米特的关切从国内领域转向国际领域时,他对主权和政治的理解因之发生了何种变化?欧洲是否成了全球的主权者,能够决定哪个国家或民族是友是敌?这些决定是否将东方与西方划分开来?就此而言,我们能否把施米特的敌友划分,与萨义德(Edward Said)在《东方主义》③中漫谈式地绘制的西方、东方及世界其他地区的区分,进行有效的比较讨论?有证据表明这种讨论是可行的。在《大地的法》中,

---

① Levinson, B. "The Coming Nomos; or, the Decline of Other Orders in Schmitt", *South Atlantic Quarterly* 104, 2005, p. 206.

② Galli, C. "Carl Schmitt and the Global Age". Presented at Buffalo Conference on Political Philosophy "New Paths in Political Philosophy", 2008.

③ Said, E. *Orientalism: Western Conceptions of the Orient*, Routledge & Kegan Paul: London, 1978.

四 两次世界大战之间的空间混乱？　**131**

施米特广泛关注欧洲在地球上划分区域的友好线(amity lines)，在这些区域中，"所有协约，和平也罢，友谊也罢，都只对欧洲即界线这一边的旧世界起作用"。① 世界的其余部分不一定是敌人，而是不受约束的可任意占取的自由空间。然而，施米特确实引用了霍布斯的公理，homo homini lupus[人对人是狼]，以表明界限之外的土地及居于其上的人们都处在某种自然状态之中。

然而，我们可以在不同层面否定朋友(自己)与敌人(他者)的关联。在反思关于列维纳斯和施米特的类似问题时，博特维尼克(A. Botwinick)考察了一个问题：是否有必要决定他人为敌友，或者是否有必要将他人细分为敌友。② 然而，朋友-敌人、自我-他者的两分，最终遭到博特维尼克的否定，他认为这两组区分在理论上互不相容。由于首先，施米特将所有其他二分法都从属于政治二分法，[108]其次，他的 nomos[法]的复杂空间性避开了西方与东方的地缘政治二元论(下文将会解释)，所以，对于萨义德和施米特所用的分组，也可以给予同样的批评。

在《政治的概念》中，施米特认为，政治总是可以归结为划分敌友，这种划分独立于道德(善恶)、美学(美丑)和经济(有利与无利)上的划分。虽然这些划分可以相互关联、相互借鉴，但政治划分不能追溯到或基于任何其他区分。

> 政治敌人不一定非要在道德方面是邪恶的，或在审美方面是丑陋的；他也不一定非要以经济竞争者的面目出现，甚至与政治敌人拥有商业来往会更加有利。然而政治敌人毕竟是外人，非我族类；他的本性足以使他在生存论上与我迥异。所以在极端情况下，

---

① Schmitt, *Nomos of the Earth*, 2003 [1950], p. 92. [译注]《大地的法》中文版，页62，据英文有改动。

② Botwinick, A. "Same/Other Versus Friend/Enemy: Levinas Contra Schmitt", *Telos*, 2005, 46—63.

我就可能与他发生冲突。①

施米特致力于分析在具体情境中做出的具体决定,这意味着他的敌友政治概念不能由先前的规范(在时间中)或中立的第三方(在空间中)来评判。与此相反,萨义德的自我-他人区分,是在言说(discourse)中产生的,由时间和空间上有着遥远起源的种种毛细血管机制所界定,并在同等程度上基于政治和文化。然而,诸多广义的文化假设和决定还是散布于施米特的政治概念中。他认为:

> 每一个宗教、道德、经济、伦理或其他对立面,如果足够强大,能够根据朋友与敌人有效地将人类分组,就会转变为政治对立面。(同前,页37)

同样,如何评估一个群体构成的威胁,必定也必然影响到对该群体地位的决断:"因此,文化和部分审美的表征,先于基础的政治时刻。"②斯隆普强调,(不同于那些现实主义者毫不含糊地声称自己与两次世界大战之间的乌托邦自由主义者作斗争)施米特并没有描述世界的本来面目,而是在描述他认为世界及其政治应然的样子。③然而,虽然我们可以看到政治区分是模糊的,文化区分亦如此,但当施米特在《大地的法》中阐述自己对殖民主义和帝国主义的地理学想象时,任何比较萨义德与施米特的二分法的尝试,都变得完全不成立。

> 新的地球空间形态要求有新的地球空间秩序。这个局面的出

---

① Schmitt, *The Concept of the Political*, 1996, p. 27. [译注]《政治的概念》中文版,页31。

② Pan, D. and Berman, R. A. "Introduction: Culture and Politics in Carl Schmitt", *Telos*, 2008, p. 4.

③ Slomp, G. *Carl Schmitt and the Politics of Hostility*, *Violence and Terror*, Palgrave Macmillan: Basingstoke, 2009. p. 6.

现与15、16世纪伊始的环球航行以及新大陆的发现休戚相关。由此开始的,是欧洲的现代国际法时期,这个时期一直持续到20世纪。①

[109]欧洲殖民事业的开始是施米特研究的核心,尽管施米特一开始就强调新大陆是自由空间,而不是敌人的空间。施米特把英国人在其宪法规定的国土之外占取土地,作为构建戒严状态与例外状态的一个显著实例,这种状态与"自由真空领域"相类似。② 单纯的欧洲宗主国视角,使施米特把众多殖民地混同为一块广袤的空地,或者将殖民地划分为众多类别的"坚实陆地"(1:国家领土;2:殖民地;3:保护领地;4:欧洲对其拥有治外法权的异国;5:未占领的开放土地)。然而,施米特给予更多关注的是陆地与海洋的关系。与《大地的法》一样,《陆地与海洋》基本上写于20世纪40年代,50年代出版,书中更为详细地论述了殖民主义历史,研究了陆海诸大国的竞争,一个帝国如何能够扮演另一个帝国的拦阻者(katechon)的角色,技术革新对推动探险所起的作用,以及最核心的问题,即英国为使全球海洋自由而施加的霸权统治。

从早期的海盗、私掠者和"海盗式资本家"的行动,到皇家特许的探险家,到最终成为海上霸主,英国人实现了一场空间革命,将海洋置于岛国人民集体生存的核心地位。在施米特看来,当时的大英帝国几乎没有领土,而是一个由基地和交通线组成的帝国。18世纪的工业革命把英国"由一条鱼变成了一台机器",③这台机器足以在整个19世纪保持其霸主地位。

帝国主义就这样走出了作为欧洲共识的友好线而在线外运作。诸

---

① Schmitt, *Nomos of the Earth*, 2003 [1950], p.86. [译注]《大地的法》中文版,页55。
② Ibid., p.98. [译注]同上,页69。
③ Schmitt, *Land and Sea*, 1997 [1954], p.53.

帝国的基础曾是对(被视为)废弃或自由的土地的占取,①自由帝国主义则是通过享有受监管的自由海洋和臣民而运作。贸易不仅仅包含商品或资本,也伴有敌意和暴力;欧洲人之间在欧洲之外的冲突,一边向外输出竞争和冲突,一边向内输入和平和稳定。② 然而,这正是第二种类型的全球帝国主义统治下的情况。甚至在《论断与概念》这部早期作品中,施米特就已经确定了三种现代形式的帝国主义。第一种形式的帝国主义围绕基督教与非基督教之分来运作,导致了对外国法学的相互豁免和欧洲人在"异域"(exotic lands)的治外法权;③这种帝国主义在19、20世纪世俗化,变成了区分文明、半文明和不文明民族的第二种形式的帝国主义,形成了(帝国的)殖民地和(国联的)保护国;最后就是美式帝国主义,它用债权国与债务国之分,并用一整套全新的概念、制度和方法,来扩张其殖民地并谈论各种文明。施米特形容说,这一全新的概念、制度、方法与美国的发展如影随形,它就是门罗主义。

国际主义和 nomos[法]

[110]在一篇早期关于 nomos[法]和美国的帝国主义的解释文章中,乌尔曼表明,在施米特看来,门罗主义通过划定新的全球分治,继承了拉亚线(rayas)和友好线的传统。④ 1823年12月,门罗总统的讲话划

---

① Stepputat, F. "Forced Migration, Land and Sovereignty", *Government and Opposition* 43, 2008, p. 338, 称之为法理上的原始积累。
② Galli, C. "Carl Schmitt and the Global Age", presented at Buffalo Conference on Political Philosophy "New Paths in Political Philosophy", 2008.
③ 施米特仍有提及,参见 Schmitt, *Nomos of the Earth*, 2003 [1950], p. 184. [译注]《大地的法》中文版,页163。
④ Ulmen, G. "American Imperialism and International Law: Carl Schmitt on the US in World Affairs", *Telos* 72, 1987, p. 49; Schmitt, *Nomos of the Earth*, 2003 [1950], p. 286. [译注]《大地的法》中文版,页268。

出一条半球线,使新世界(New World)获得独立的秩序,并在美国本土周围建立了大空间(Großraum),该秩序一直持续到1917年。在1939年的《以大空间对抗普世秩序》一文中,施米特认为门罗主义通过三个简单的原则运行:美洲国家的独立;美洲空间的非殖民化;美洲以外的大国不得干涉美洲事务,或者美国不干涉美洲以外的空间。对施米特来说,门罗主义代表了有限制与有边界的空间占取的一种理想方式,空间内的一种权力分配,以及由此而来的一种规范空间的产生,而这些正是nomos[法]的三个关键功能。①

在施米特看来,上述这种纯粹性在19世纪为不可抗拒的"美元外交"所玷污,并随着美国参加1914年到1918年的战争进一步遭到损害。② 门罗主义开始屈从于自由资本主义与经济帝国主义的意志,但在施米特看来,美国罔顾空间的存在而将全球转变为抽象世界和资本市场,这与门罗主义的孤立主义明显矛盾。③ 后来,施米特认识到这种全球性的门罗主义带来的外交后果,并强调美国在全球的影响力正日益增长。古巴从西班牙获得自由的条件,就是在宪法上承认:当自身受到来自国内与国外的威胁时,美国都有权干预,并强行帮助古巴实现所谓的自由。

在美洲大空间内,虽然各国的领土现状(territorial status)没有改变,但它们都处于控制国的"空间主权"(spatial sovereignty)范围内。

> 被控制国的领土主权的外部形式没有变化,但是其主权的实质内容已因控制国之经济大空间的保障措施而改变。④

---

① Schmitt, *Nomos of the Earth*, 2003 [1950], p. 324.
② [译注]中译参见《论断与概念》中"以大空间对抗普世主义——论围绕门罗主义的国际法斗争"一章。
③ Smith, N. *The Endgame of Globalization*, Routledge: London, 2005, p. 49.
④ Schmitt, *Nomos of the Earth*, 2003 [1950], p. 252. [译注]《大地的法》中文版,页233。

但美国的兴趣不止于西半球。美国在1884年承认了"国际刚果协会",而从欧洲公法的角度来看,该协会并不是一个国家。美国还利用其不在场的帝国在场,鼓励刚果盆地中立,却没有参加为之而召开的1884—1885年的柏林会议。①

到20世纪30年代,美国已开始自行决定其不干预世界其他地区的立场何时适用或何时不适用,而任何国家则不得要求美国采取行动。② 对施米特来说,这一现象具有世界历史意义。作为全球霸主,美国并没有将世界分为朋友和敌人,而是将帝国控制的权力转变为定义的权力:Caesar dominus et supra grammaticam[皇帝也是语法的主宰]。什么是和平?何时是战争?什么是干预?

[111]美国的帝国主义可以自由地在任何地区做出这类决定,而在领土上它除了美国本土并不需要别的土地,与此同时,欧洲则越来越深地陷入殖民主义的空间混乱。19世纪的欧洲自由主义国家,未能在"地理激进"(geography militant)时代明确地占有殖民空间,③导致了科学发现和探险、制图调查、象征性占领、条约和国家间协商等方面的混乱局面。1884—1885年的柏林会议试图为"争夺非洲"制定秩序,但在施米特看来:

> 从根本上讲,一切都已陷入不可抑制的混乱:利益与势力范围的保护界线(Verteilungslinien)乱了,友好界线(Freundschaftlinien)也失效了,与此同时,一种无视所有领土界线的欧洲中心主义的全球自由经济,已经越过并毁掉这些友好线。迷茫和混乱之中,由欧

---

① Ibid. , p. 217. [译注]同前,页198。

② [译注]中译参见《论断与概念》中"现代帝国主义的国际法形式"一章。

③ Driver, F. *Geography Militant*: *Cultures of Exploration in the Age of Empire*, Blackwell: Oxford, 1999.

洲制定的旧的大地法最终走向瓦解。①

欧洲公法瓦解的原因,除了欧洲混乱的地理占取、美国干预主义-孤立主义的兴起之外,施米特提出的第三个原因是普遍主义国际法的传播。新的国际法不是由某个机构或机构的集合去占取世界并赋予世界秩序,而是"无空间的"。② 普遍主义国际法承认那些主权形式与欧洲前辈几乎没有共同之处的国家,因此,所签署的条约进一步限制了有限战争的可能,区域性的大空间不仅在美洲出现,也在东亚出现,并得到普遍认可。③

但是,这并不表明普遍主义-自由主义的国际法是软弱的,远非如此。在施米特看来,这种法律可能比殖民统治更具压迫性,④它的危险产生于自由主义国际法与全球经济的无空间性保持一致,而这对盎格鲁-撒克逊人组成的美国和英国最为有利:普遍主义-自由主义的国际法发明出一套伦理-人道主义话语,从而掩盖了英美的经济帝国主义与领土殖民主义;施米特最为警惕的是,在国联的策划下,自由主义国际法不仅为惩罚"一战"后战败的德国提供了样板,而且给出了正当理由。

尽管《凡尔赛和约》与由此产生的国联明显影响了施米特的写作,但是,现有文献并没有对此作深入探究。卡蒂(A. Carty)虽然综合评论了施米特论述自由主义国际法律秩序的作品,但他也承认,自己没有涉及《凡尔赛和约》与施米特对和约的抵制。⑤ 然而,加利(C. Galli)关注

---

① Schmitt, *Nomos of the Earth*, 2003 [1950], p. 226. [译注]参《大地的法》中文版,页207,根据英译有所改动。

② Ibid., p. 233. [译注]同前,页214。

③ Aravamudan, S. "Carl Schmitt's The Nomos of the Earth: Four Corollaries", *South Atlantic Quarterly* 104, 2005, pp. 227–236.

④ Scheurman, W. E. *Carl Schmitt: The End of Law*, Lanham, MD. 1999, p. 143.

⑤ Carty, A. "Carl Schmitt's Critique of Liberal International Legal Order between 1933 and 1945", *Leiden Journal of International Law* 14, 2001, p. 29.

到"日内瓦国联的普遍主义",并认为它是施米特在1925年确立的第一个论战目标。① 对施米特来说,它代表着最糟糕的个人主义、自由主义、规范主义以及从国家内部和外部消除"政治性"的东西的做法。

[112]普遍主义就是把国际舞台表现为一个平坦的、同质的空间,它在道德上和法律上都有延展性。但对施米特来说,这个空间实际上是为那些掌权者(盎格鲁-撒克逊人及其经济潜力)服务的,他们通过在道德上剥夺敌人的资格而采取政治行动。②

对施米特来说,威尔逊总统体现了美元外交与自由主义-国际主义的结合。他认为威尔逊利用了一战,把它说成是为了人类自由而战,然后他就可以据此推动人权、全球自决以及重新分配欧洲及其殖民地了。③ 掩盖在人道主义面纱之下的,是美国的地缘政治和经济目标,这让施米特非常恼火。正是因为国联似乎对这一点视而不见,才推动他二十年来不断与国联斗争,不断谴责自由主义-国际主义的这一制度表现。

施米特对国联的憎恨

《大地的法》一书将国联章节置于非常鲜明的位置:前面的章节描

---

① Galli, C. "Carl Schmitt and the Global Age", presented at Buffalo Conference on Political Philosophy "New Paths in Political Philosophy", 2008. 另见 Scheurman, W. E. *Carl Schmitt*: *The End of Law*, Lanham, MD. 1999, p. 143; Axtmann, R. "Humanity or Enmity? Carl Schmitt on International Politics", *International Politics* 44, 2007, pp. 531–551.

② Galli, C. "Carl Schmitt and the Global Age", presented at Buffalo Conference on Political Philosophy "New Paths in Political Philosophy", 2008.

③ Axtmann, R. "Humanity or Enmity ? Carl Schmitt on International Politics", *International Politics* 44, 2007, pp. 534; Smith, N. *American Empire*: *Roosevelt's Geographer and the Prelude to Globalization*, University of California Press, 2007.

述欧洲公法的崩溃,后面一个章节描述战争意义的危险转变、美国的影响及西半球和现代式的毁灭手段。这种编排绝不是偶然的,目的是将国联置于两类谴责性叙事的交叉火力之下:欧洲影响力及欧洲世界稳定性的衰落;新的无限战争形式的出现。然而,这也是施米特在整个写作生涯中既笃信不疑又一直致力于达到的结论。在《政治的神学》中,施米特讨论了主权者有能力决定例外状态,并详细介绍了1919年魏玛宪法第48条如何有效剥夺德国的完全主权。① 受凡尔赛会议影响的魏玛宪法规定,帝国总统只能在议会的控制下宣布例外状态,但议会可以要求中止例外状态。在施米特看来,这种自由主义的宪政国家,以否定德国国家地位的方式划分了权限控制。如施米特后来所评论的:

> 一个民族只有在屈从于整套外来词语,屈从于外来的关于何谓法,尤其何谓国际法的观念(Vortellung)的时候,它才真正战败了。这时,除了缴出武器以外,它还缴出了自己的法律。②

《凡尔赛和约》签订六年后,德国的状况没有得到改善,施米特(1925年)由此质疑国联支持的1919年出现的现状(status quo)。现状这一术语,一方面源自与某些政治提案相关的当代用法,另一方面也源自诸如安全、条约不可侵犯和边界具有神圣性等政治理念。然而,对于诸多像施米特那样认为条约极不平等的人来说,[113]现状意味着恶劣的羞辱和压迫被永久化。就以协约国借助1919年《凡尔赛和约》占领莱茵兰地区为例,现状包括协约国可在此地维持军事防备、征用房屋、驱逐德国人,以及德国的去军事化。尤其是最后这条还通过国际法

---

① Schmitt, *Political Theology: Four Chapters on the Concept of Sovereignty*, 2005 [1922], p. 11 [译注]《政治的神学》中文版,页29。

② Schmitt, "Forms of Modern Imperialism in International Law", trans. M. G. Hannah, 1932. [译注] 中译参见《论断与概念》的"现代帝国主义的国际法形式"一章,页233,据英文有改动。

瓜分了德国的国家领土。这实际上是由国联策划的一场国际占领。国联还保留了对德国宪法事务作更广泛调查的权利,并规划了德国东部边界的"领土断裂",日耳曼民族各部与帝国的分离,支付战争赔款,以及协约国对德国银行、铁路和飞机制造的控制。因此,莱茵兰地区只是一个遭到欺凌的国家中的一个尤其忍辱负重的部分。

这种现状有利于英国人,因为英国人可以在此条件下从事商业、维持帝国;也适合法国,因为施米特认为法国向来谋求欧洲的军事和政治统治地位。施米特对《凡尔赛和约》的质疑,暗示了他将在20世纪30年代论述的主题,他把这种对现状的强调与一个快速变化、技术进步、理性思考的外部世界作了比较,这一外部世界强调永恒变化、流动与无形体(substanceless);也暗示施米特后期将更深层次地关注崩溃的欧洲公法。他认为,渴望和平与正义,却无法找到充分的法律原则与之相匹配,这虽然可以暂时稳定眼前的局面,但必定会导致新的冲突。正如神圣同盟与拿破仑帝国在19世纪曾被形容为"和平"的仲裁者,同样,现状与国联如今也要联手给自己披上同一件大氅。施米特指责国联是战争与和平的中间状态——合法但不可忍,在这种状态下,政治上的强者不仅剥夺弱者的生命,还剥夺他们的权利与荣誉。

施米特在其1932年发表的《现代帝国主义的国际法形式》一文中,概述了帝国关系的三个历史阶段(分别为围绕基督教、文明、债权的帝国主义)。但贯穿于这一讨论的是对国联不确定立场的谴责:它虽然不是一个赤裸裸的帝国主义组织,却保留了文明与非文明区分的残余,因它把托管地("……1914—1918年战争的胜利方把从前土耳其各地区及德国殖民地视作战利品")划分为那些较能自我管理的地区和那些不大能自我管理的地区("……一种在自觉意识上贫乏得可怜的地区")。①

施米特谴责道,日内瓦国联是以文明为界划分人类的最妥协的例子,也是19世纪欧洲帝国主义的典型代表。虽然国联继承了已逝帝国

---

① Ibid. [译注]同上,页214。

时代的某些残余,但它似乎对美国一直在尝试用新的方式确保其势力范围熟视无睹。正是美国推动建立了国联,尽管18个"美洲国家"(来自西半球大空间)可以在国联处理欧洲事务时投票表决,但美国自己当时并没有加入。最令施米特恼怒的是,国联章程第 21 条竟然[114]承认门罗主义,从而使国联自动放弃了干预"美洲事务"的任何可能。这实际上使国联"赖以立足的那条美洲腿是瘫痪的,而美国人却可全权参与决定欧洲事务"。①

在施米特看来,通过其干预主义的孤立与不在场的在场,美国已掌控国际法,而国联却没有。因此,门罗主义并不是施米特所鄙视之物,相反,他钦佩其独创性,并希望位于中欧的德国也能有类似的东西。

> 我作为德国人在就美帝国主义作如是陈述时只可能有一种感觉:犹如一个衣衫褴褛的乞丐谈论别人的财富和珍宝。②

随着纳粹上台在即,施米特于 1932 年出版了 1927 年的《政治的概念》一书的修订版。在修订版中,他拿之前用来描述政治的敌友之分,或隐或显地阐述了一系列反对国联的论点。施米特一贯坚持,政治不能由预定的规范或中立的第三方来评判,这使他与萨义德的世界观拉开距离,由此也使他谴责国联及其普遍主义的国际法。

只有"实际的参与者"才有资格判断具体的情况并解决冲突。③ 因此,政治事物不是知识的、抽象的或教育的概念,而是对两次世界大战之间的乌托邦主义者或理想主义者的猛烈抨击。④ 如果理想主义的中

---

① Ibid. [译注]同上,页 227。
② Ibid. [译注]同上,页 232。
③ Schmitt, *The Concept of the Political*, 1996, p. 27. [译注]《政治的概念》中文版,页 31。
④ Carr, E. H. *The Twenty Years' Crisis 1919-1939: An Introduction to the Study of International Relations*, Macmillan Press & Papermac: London, 1993 [1939]。

立观念在世界范围内盛行,那么战争的数量可能减少,但战争的惨烈程度将会加剧。与施米特《大地的法》中哀伤而克制的基调相比,这些早期作品充满了反民主的情绪(如《政治的神学》中的看法,即宪政民主取消了国家主权)。

在施米特看来,和平主义的全球将意味着一个没有战争的世界,这个世界将没有朋友与敌人之分,因而也就没有政治,它使世界失去了有意义的对立面,也失去了值得为之实行杀戮的任何东西。如此,和平主义政治能量的唯一形式就将是和平主义者对非和平主义者的战争,是反对战争的战争。国联当然不愿意也不可能做到这一点,所以做了一些施米特认为更悖谬的事情——以人道的名义为战争辩护。施米特认为,这将使战争变得空前惨烈和不人道,因为道德范畴与政治范畴已变得模糊不清。这使对手不再是政治敌人,而成了必须予以消灭的不道德的怪物,不再仅仅是被打败,然后被迫退回自己的疆界内;也就是说,人类不可能有作为人的敌人了。①

施米特的具体控诉是,帝国主义甚至并没有将人道主义用于和平,而是用于获利与统治:

> "人类"这个概念尤其是帝国主义用以扩张的得力的意识形态工具,而在其伦理-人道主义形态中,它则成为经济帝国主义的特殊工具。②

为了不给自己批评的对象留下任何可以曲解他的马脚,施米特紧接着讨论了没有君主联盟要反对的国联是毫无意义的,并抨击了去政治化的乌托邦理想,[115]对施米特来说,这种理想必然导致国

---

① Schmitt,*The Concept of the Political*,1996, p. 35. [译注]《政治的概念》中文版,页 42-43。

② Ibid. ,p. 54. [译注]同上,页 66。

家的消亡。① 由于国联没有超越国家边界,而只是国家间组织,因此,它是一个"充满矛盾的"国际组织。它既没有废除战争,也没有废除国家。

> 它制造了新的战争可能性,不但允许战争发生,认可联盟战争,而且通过把某些战争正当化以及授权某些战争而扫清了走向战争的许多障碍。②

接着,施米特改变策略,概述了他对自由主义-个人主义的批判,在他看来,自由主义-个人主义使社会和国家丧失划分敌友的能力,并始终重视两个异质领域:伦理(包括智力和教育)和经济(贸易和财产)。因此,自由主义取消政治的企图,导致政治性的敌对概念转化为智力讨论和经济竞争(见表4.1)。③

最重要的是,施米特立即按照这种方式的类型学——其中,自由主义使国家和政治屈从于法律、道德和经济——认为《凡尔赛和约》的精神框架恰好对应于这种伦理感召和经济计算的两极结构。在伦理上,德国被迫承认对所有战争伤害和损失负有责任。这就奠定了从法理和道德上作价值评判的基础,这种评判避免使用"吞并"(annexation)这样的政治概念。于是,由于德国承认自己的非正义行径,阿尔萨斯和洛林被"割让"(ceded)给法国,波兰和丹麦的割让恰好迎合了民族主义的意识形态要求;另外,德国殖民地以人道为由遭到没收。在经济上,赔偿(reparations)条款导致了对政治战败者的无限经济剥削。因为经济权力的优势地位是(was)好战的,并会通过经济和技术上的非政治手段向世界强加些条件以确保其霸权,所以,这种伦理与经济两极结构不

---

① Ibid., p.66. [译注]同上,页67。
② Ibid. p.70. [译注]《政治的概念》中文版,页68。
③ Ibid., p.70-72. [译注]同上,页68-69。

能使世界去政治化。① 国联,位于我们不得不认定的英美经济主导地位的对立一极,也有其可支配的制裁、保护与国际监管的可能手段,② 相当于施米特所说的"现代式消灭手段"。

表4.1 施米特分析自由主义的影响

自由主义=	伦理	经济
政治→	道德感染力	物质主义现实
斗争→	讨论	竞争
国家→	人道	生产—交易
人民→	公众	消费者—雇佣者
政府→	宣传	控制

[116]卡蒂认为,施米特一面不断批评国联,一面也开始阐述另一种国际秩序图景。③ 这在《禁止外国势力干涉的国际法大空间秩序》一文中有所勾勒,他详细阐述了"大空间"区域的国际法愿景,其中包括禁止外部势力干预空间内部。④ 这将创造一个众多大空间集团分立的世界,尽管帝国(Reich)或地区霸主的角色此时尚模糊不清。⑤ 而在他

---

① Ibid.,p.78.[译注]同上,页95-96。

② Ibid.,p.79.[译注]同上,页96。

③ Carty,A. "Carl Schmitt's Critique of Liberal International Legal Order between 1933 and 1945", *Leiden Journal of International Law* 14,2001,p.34.

④ Stirk,P. M. R. *Carl Schmitt,Crown Jurist of the Third Reich:On Pre-Emptive War,Military Occupation,and World Empire*, Edwin Mellen Press:Lampeter,2005,p.71.

⑤ 对施米特理论的批判性接受,见Stirk,"John H. Herz and the International Law of the Third Reich", *International Relations* 22,2008,p.434。

1939年论述"大空间与普世主义"的文章中,①我们明显看出,这种国际图景允许德国有自己的门罗主义。但该文采用这种新的世界观,也是为了利于施米特自己继续攻击国联,他在文中已经用过去式称呼这个机构。据他说,国联

> 因其普世主义的结构与建立欧洲大空间内部独立秩序的客观必然性之间存在着的失调关系,已经走向灭亡。②

结合他在《政治的概念》中关于普世主义具有暴力可能的评论,以及他对大空间的新兴趣,施米特就未来的国际间共存提出两项可供选择的方案。一项是国联的方案,另一项是明确支持德国主导欧洲,作为避免国际冲突的措施。施米特的选择和结论是:

1. 一种明确的、建立在外空间国家不干涉原则之上的空间秩序。
2. 一种将整个地球变成进行干涉的战场、阻碍有活力的民族的任何自然增长的普世主义意识形态。

当我们援引门罗主义的时候,我们并不是简单地模仿一个美国榜样,我们只是揭示一个国际法的大空间原则的健康内核,并为了我们欧洲大空间而将其适当地加以发展。(同前)

施米特的《大地的法》主要写于20世纪40年代,运思于纽伦堡监禁期间,出版于50年代,不出所料,该书较少提及欧洲大空间。在探讨了nomos[法]这个词、欧洲的帝国扩张及由此产生的欧洲公法之后,施米特转而开始探讨由于美国新取得的地位与国际法的出现而导致的新

---

① [译注]中译参见《论断与概念》中"以大空间对抗普世主义——论围绕门罗主义的国际法斗争"一章。

② Schmitt, "Großraum versus Universalism: The International Legal Struggle over the Monroe Doctrine", 1939.

大地法诸问题。该讨论成了"日内瓦国联和大地空间秩序问题"一节的前言。① 施米特在书中前面部分已明确指出,国际法的作用不是保护"现状"(status quo),而是保护法(nomos),[117]保护拥有统一性和方向的空间结构。②

如果不允许大国之间的战争拥有一个自由空间,战争就可能成为全面战争,并催逼一个新的空间秩序。另外,由于没有区分有意义的战争与破坏性的战争,国联比无政府状态更加糟糕。更糟糕的是,国联不像以前的nomos[法]那样牢牢扎根于欧洲,因而丧失了具体的空间结构。

> 早期的欧洲会议都宣称,欧洲国家间国际法的基础是统一性欧洲中心主义的空间基础,欧洲各国在共同磋商和决议的基础上,发展出关于重要领土变更的方法和形式,并赋予均衡理念以积极的意义。③

另外,施米特指责凡尔赛会议认可美国的门罗主义和日本在远东的利益,却没有讨论苏联的缺席、欧洲的帝国属地或海洋自由等诸问题。④ 以往的欧洲会议决定世界及其他地区的秩序,而凡尔赛会议却反常地颠倒这一关系,让世界其他地区决定欧洲秩序。至于日内瓦国联未能阻止意大利入侵埃塞俄比亚,施米特认为这一事件表明了国际主义秩序中残留的帝国主义元素。

> 多么不同凡响的国联!在埃塞俄比亚事件中,可能传统欧洲国家法上的区别对待又在下意识地发挥作用,发生在非欧洲土地上的战争事实上被排除在其秩序之外,非洲事实上显然被

---

① Schmitt, *Nomos of the Earth*, 2003 [1950], p. 240-258.
② Ibid., p. 186. [译注]《大地的法》中文版,页165,据英文有改动。
③ Ibid., p. 190. [译注]同上,页170。
④ Ibid., p. 240. [译注]同上,页221。

视为殖民地土地。①

这种既想成为欧洲秩序又想成为国际秩序的愿望,破坏了任何建立国联根本法的尝试。

由于在空间秩序的基本问题上缺乏决断,所以国联未能在保持领土现状的方面发展出一种一以贯之的原则。②

如前所述,施米特也指责门罗主义不适当的普遍化,但他尤为严厉地指责国联,因为它从一开始就主动屈服。随着 1939 年"二战"爆发,国联实际上已经停止运行,施米特在此后的著作中实质上也没有特别提及。如更广泛的文献所论,国联及其所产生与所依赖的国际"乌托邦"自由主义思想,一起被扔进了历史的垃圾堆。

国联治理术?

本文的目的不是反驳施米特的抨击并为国联辩护,也不是为国联的成就辩护。国联的核心目标是防止战争,但不可否认,国联的这一目标以灾难性的失败告终。然而,施米特的观点基于以下两个理由可能遭到质疑:第一,也是最肯定无疑的,人们可以质疑施米特对国联的解读;第二,也是更富有成效的,人们可以质疑施米特的评论角度。通过听取他的意见并审视国联实际干预的具体情形,人们有可能得出批判性的见解,不仅看透施米特的哲学逻辑,[118]还能明白其世界观的缺陷。而这不可避免地会促使人们去回溯其政治活动及其理论对当今读者的价值。

首先,施米特对国联的刻画是,它开创了一个令人质疑的空间混乱

---

① Ibid. ,p. 243.[译注]同上,页 223,据英文有改动。
② Ibid. ,p. 244-245.[译注]同上,页 225。

的时代。事实上,这一质疑在1932年的文章中已经有所暗示,文中他提出国联已经在一定程度上假定了帝国的等级制度,而在《大地的法》中,他讨论了国联对埃塞俄比亚的处理。然而,这些评论都没有考察国联本身做出决定的方式,这些决定是国联针对其成员国的身份或自由权而做出的。

施米特在1932年文章中的批评针对的是托管地,那时国联对托管地的处理正引起越来越多的评论。① 安杰和格罗沃季②都批评了国联对托管地的划分——国联按照开发程度(也包括种族)将托管地分为三类:A. 奥斯曼阿拉伯地区;B. 非洲和太平洋岛地区;C. 西南非洲和德国太平洋殖民地。但除此之外,世界还进一步被划分为几个空间类别,国联创建了一个新的全球地图,其中包括成员、非成员以及国联成员的托管地与附属地。后者是没有以成员资格直接发言的殖民地,但由其殖民统治者代表他们签约而加入国联。因此,可以说国联保留了一个从帝国时代继承下来的空间秩序,并以国际法的话语体系重新表述了它。事实上,自由主义国际关系学者齐默恩(Alfred Zimmern)认为,国联是大英第三帝国(Third British Empire)扭转乾坤的力量(deus ex machina)。③

然而,国联仍缺乏根据来自国际社会的威胁,或者根据某些明确且一致的种族区别及宪法区别,来决定敌友的能力。例如,印度由于在战争中牺牲了大量人员,所以签署了《凡尔赛和约》,又由于签署了该和约而获得了国联成员国的地位。尽管印度本身不是自治国家——在这种

---

① Callahan, M. D. *Mandates and Empire: The League of Nations and Africa, 1914-1931*. Sussex Academic Press: Brighton, 1999.

② Anghie, A. *Imperialism, Sovereignty and the Making of International Law*, Cambridge University Press, 2004; Grovogui, S. N. Z. *Sovereigns, Quasi-Sovereigns and Africans*, University of Minnesota Press: Minneapolis; London. 1996.

③ Zimmern, A. *The Third British Empire: Being a Course of Lectures Delivered at Columbia University*, New York Oxford University Press, 1927, p. 75.

情况下，它本应作为附属国（dependency）出席——事情还是这样发生了。[1]

解读施米特更具挑战性的方法，是探究他选择关注的国联活动。施米特将国联视为策划"占领"德国的机构，认为它未能阻止军备竞赛和战争，并且使盎格鲁-撒克逊的经济帝国主义进一步蔓延全世界。但是，国联也还有其他的关切，包括那些所谓的"技术性工作"，人们逐渐承认它在这方面取得了一些成功。[2] 国联卫生组织成功地传播了公共卫生价值观，通报了流行病信息和统计数字，鼓励人员交流，并向政府提供技术援助。国联与国际劳工局合作，协助确保更加公平的工作条件，另外，国联的社会问题科则开展了反对毒品贸易、反对淫秽出版物以及反对贩卖妇女儿童的运动。尽管并非没有冲突，但国联还是采取了以上举措，勇敢地去从事成员国往往不愿意费力投入的一些事。

国联通过施米特[119]曾经批判的"空洞规范主义"开展这些行动——即通过建议、咨询和管理，而不是审查、取缔或分裂。国联欲绘制这样的关系图谱，需要超越国家间的成员关系分类，或超越全球分治的拉亚线、友好线和门罗线。国联必须绘制出信息流通[3]或流动委员会的地图，[4]这与美国凭借不在场的在场——正如欧洲帝国的殖民等级制度——干预全球的空间逻辑相同。

---

[1]　Schmidt, K. J. *India's Role in the League of Nations, 1919–1939*, Florida State University: Unpublished doctoral thesis. 1994.

[2]　Weindling, P. (ed.) *International Health Organisations and Movements, 1918–39*, Cambridge University Press, 1995.

[3]　Manderson, L. "Wireless Wars in the Eastern Area: Epidemiological Surveillance, Disease Prevention and the Work of the Eastern Bureau of the League of Nations Headquarters", in *International Health Organisations and Movements, 1918–39* (ed. P. Weindling), Cambridge University Press, pp. 109–133.

[4]　Legg, S. "Of Scales, Networks and Assemblages: The League of Nations Apparatus and the Scalar Sovereignty of the Government of India", *Transactions of the Institute of British Geographers* NS 34, pp. 234–253.

国联的这些实践有助于重估国联在战争之外的成就,这一重估工作正在进行。① 除此之外,这些也有助于质疑施米特对国联的谴责,质疑其更广泛的世界观的全面性。在对国联的态度上,齐默恩与施米特截然相反,我们可以通过比较两人,进一步阐明上述论点。齐默恩的《国联与法治:1918—1935 年》一书,实际上与施米特的《大地的法》在结构上颇为相似。该书首先分析战前的国际法的出现,还有这种国际法唯一的关注点——战争("只不过是大臣们为了方便而起的装饰性名字"②),由此对国联既作了批判又予以肯定。在其他一些问题上,齐默恩和施米特实际上趋于一致,例如:国联是威尔逊总统的"改进和扩大的门罗主义";大国和小国的对等地位削弱了国联;国际法提供了精神(或政治神学)之所需;国联可能为强权政治提供新的危险舞台。③

然而,齐默恩实际上对国联抱有极大信心,坚信从政治角度来看它是重要的,并坚信它的主要权能是在责任政治与和谐利益领域促进合作(同前,页 289)。这一观点中最重要的是,齐默恩提醒人们注意国联的"技术性工作"。在他看来,全面总结国联的"技术性工作"是不可能的,因为这需要的不是关注权力中心,而是关注这一工作在延伸到的各个国家所造成的影响和取得的成果(同前,页 325)。但这些成果确实与"国联的理论"关联,该理论即,可以利用"专家"在国际事务中发挥作用。这些人可以利用知识库并发扬公共精神,把"非政治"的技术人员团结在一起。

因此,在某种意义和某种程度上可以说,国联正在成为没有国

---

① Pedersen, S. "The Meaning of the Mandates System: An Argument", *Geschichte und Gesellschaft* 32, 2006, pp. 560–582.

② Zimmern, A. *The League of Nations and the Rule of Law, 1918–1935*, Macmillan: London, 1945 [1936], p. 99.

③ Ibid., p. 216, p. 294 p. 100, p. 291.

家的治理中心,正在成为知识和权力的汇合之处。[1]

这种发展超出了技术性工作,以至于影响了旧式外交在国联的主导地位,尽管传统与国家政治的影响不能立即推翻。[2] 取而代之的是,新的与旧的方式已经融入一些适当领域并相互渗透:"旧外交的方式已经流传到日内瓦国联,反过来日内瓦国联又影响到大臣们。"[3]

[120]从某种意义上说,齐默恩对国联与和平的希望,带来一种政治上的天真信念,即权力政治在国际领域中隶属于责任政治的体系架构,他也为此遭到严厉的批评。最著名的是,卡尔把齐默恩列为两次世界大战之间自由主义-乌托邦主义者的代表,他谴责乌托邦主义者将行动建立在高尚的理想上,而非从大地(或"自由"海洋)上的政治发展现实出发。[4]

虽然卡尔比施米特更加猛烈地批评强权政治对国际关系的影响,但他们的作品具有惊人的相似性。[5] 对于政治的性质,卡尔坚持认为,政治舞台上冲突几乎不断,所有法律体系都建立在政治决断以及

---

[1] Ibid. ,p. 319,强调为原文所加。

[2] Dunbabin,J. "The League of Nations' Place",*the International System History* 78,1993,pp. 421-442.

[3] Zimmern,A. *The League of Nations and the Rule of Law*,*1918-1935*,Macmillan:London,1945 [1936],p. 494.

[4] Carr,E. H. *The Twenty Years' Crisis 1919-1939*:*An Introduction to the Study of International Relations*,Macmillan Press & Papermac:London,1993 [1939];Wilson,P. "Introduction:The Twenty Years' Crisis and the Category of' Idealism' in International Relations",in *Thinkers of the Twenty Years' Crisis* (eds D. Long and P. Wilson). Clarendon Press:Oxford,1995. pp. 1-24.

[5] E. H. Carr(1993[1939]),pp. 186-187;Luoma-aho,M. "Geopolitics and Grosspolitics:From Carl Schmitt to E. H. Carr and James Burnham",in *The International Political Thought of Carl Schmitt*:*Terror*,*Liberal War and the Crisis of Global Order* (eds L. Odysseos and F. Petito). Routledge,London,pp. 36-55. 2007,其结论是卡尔很可能知道施米特的研究。

谁拥有制定或取消法律的权威这一基础上。与施米特一样,卡尔也反对解决安全问题的先验方案,因为法律不是抽象的概念,而是取决于政治利益。国联在入侵埃塞俄比亚的问题上对意大利的处理,国联对德国的肢解与裁军,以及国联在"条约必须遵守"(Pacta sunt servanda)这一承诺下的维持现状之举,暴露出国联本身已经被权力关系完全渗透。① 卡尔提出的应对策略,即呼吁由类似于大空间政治所主导的国际关系,在这种关系中,先前的国家单元将在有效的中心权威下形成。②

然而,虽然齐默恩不仅关注国联的技术性工作,还关注由技术性工作引发的"国联的理论",但他绝不是信奉乌托邦主义的道德家。这不仅因为齐默恩是"谨慎的理想主义者",③还因为他从国联成立之初就积极地参与国联的工作,先在伦敦的英国外交部工作,后来又在国联担任副主任,并在日内瓦担任暑期学校教师。④ 在参与国联工作的过程中,他明显感受到国联与旧主权大国和新国际外交之间尴尬的三角关系。这使他明确意识到,需要由该领域的专家审查新的知识-权力的运作形态,也向他打开了合作与责任的领域——作为国际治理的领域。用福柯的话语来说,这些就等同于:国际政府中生命权力(bio-power)与主权权力(sovereign-power)交汇;通过流动的"专家"形成政治权力的

---

① [译注] 中译参见《论断与概念》中"以大空间对抗普世主义——论围绕门罗主义的国际法斗争"一章。

② Carr, E. H. *The Twenty Years' Crisis 1919–1939: An Introduction to the Study of International Relations*, Macmillan Press & Papermac: London, 1993 [1939], p. 231.

③ Rich, P. "Alfred Zimmern's Cautious Idealism: The League of Nations, International Education, and the Commonwealth", *Thinkers of the Twenty Years' Crisis* (eds D. Long and P. Wilson). Clarendon Press: Oxford, pp. 1995, pp. 79–99.

④ Markwell, D. J. "Sir Alfred Zimmern Revisited: Fifty Years", on *Review of International Studies* 12, 1986, pp. 279–292.

毛细血管(capillary)与循环逻辑；①通过所实施的行为并通过监视、武力或观察来发挥作用与功能。

由于施米特和福柯的主权观如此不同，使用福柯的术语会得出一个不同的国联。如巴德尔(A. B. Barder)和德布里克斯(F. Debrix)所言，施米特的主权观是集中化的，并与威权主义决策者的个人人格联系在一起，福柯则侧重于分散的、多元的主权，这种主权通过治理术分布于整个社会。齐默恩评论［121］大革命之后的欧美民主说：

> 主权人民取代主权君主。他的权力、他的荣耀以及他所谓的"权利"都被夺走，分割为成千上万的碎片，分布在大众这些无冕主权者中。②

福柯仅仅从司法制度领域抽出对主权的考量，"由下"考察主权，施米特则始终单单"自上"关注法、国家和主权。③ 事实上，"治理术"正是施米特在理论和实践中批判的概念，④而他将土地占取看作 nomos［法］的创始时刻，则表明他以非福柯式的方法将 nomos 与某种单一主权起源相连。⑤

然而，在其他方面，施米特和福柯互相弥补了彼此作品中的不足。施米特描述了"基督教共和国"的崩溃，福柯则详细描述了现代早期牧

---

① Mitchell, T. *Rule of Experts: Egypt, Techno-Politics, Modernity*, University of California Press: Berkeley; London, 2002.

② Zimmern, A. "India and the World Situation", in *India Analysed Volume I: International* (eds F. M. Houlston and B. P. L. Bedi), Victor Gollancz: London, 1933, p. 25.

③ Barder, A. B. and Debrix, F. "Agonal Sovereignty: Rethinking War and Politics with Schmitt, Arendt, and Foucault", *Philosophy and Social Criticism*, Forthcoming, p. 9.

④ McCormick, J. P. *Carl Schmitt's Critique of Liberalism: Against Politics as Technology*, Cambridge University Press: Cambridge. 1997, p. 6.

⑤ Bosteels, B. "The Obscure Subject: Sovereignty and Geopolitics in Carl Schmitt's *The Nomos of the Earth*", *South Atlantic Quarterly* 104, 2005, p. 300.

领权力的危机与教宗-帝国契约的崩溃,并认为这一崩溃对于建构"欧洲平衡"绝对必要。① 施米特的《大地的法》勾勒了国际秩序与占取,而占取构筑了福柯描述的欧洲的治理术,但是两人都对权力"在何处"以及"如何"运作感兴趣。②

曼考斯基研究了福柯和施米特的相似之处:福柯批判自由主义治理术的谱系,详细描述了在政治中引入经济的做法;施米特则谴责自由主义宪政民主国家的定量而非定质状态,③谈到去政治化让政治变成了经济。另一方面,曼考斯基也比较了两者的不同:对福柯来说,政治是国家干预的领域,而对施米特来说,政治则是决断的领域。如果国家概念预设了政治的概念,那么,是否国家概念必然也预设了福柯详述的治理实践的理性化与政治的经济化?④

尽管施米特坚持站在相反立场,但他并没有研究具体情况,而是研究它们的法律陈述(legal representation),避开了生活、场所和抵抗。就此而言,施米特在其著作中不断地将"国联"换成"日内瓦"或"凡尔赛",很能说明问题。对他来说,国联基本上是在法国或瑞士做出决

---

① Foucault, M. *Security, Territory, Population*: *Lectures at the Collège De France 1977-78*, Palgrave Macmillan: Basingstoke; New York. 2007, p. 297.

② Dean, M. "Nomos and the Politics of World Order", in *Global Governmentality*: *Governing International Spaces* (eds W. Larner and W. Walters), Routledge: New York; London, 2004, pp. 40-58.

③ Deuber-Mankowsky, A. "Nothing Is Political, Everything Can Be Politicized: On the Concept of the Political in Michel Foucault and Carl Schmitt", *Telos*, 2008, pp. 135-161;另见 Crombez, T. "'The Sovereign Disappears in the Voting Booth': Carl Schmitt and Martin Heidegger on Sovereignty and (Perhaps) Governmentality", in *Anti Democratic Thought* (ed. E. Kofnel), Imprint-Academic: Exeter, 2008, pp. 101-121.

④ Schmitt, *The Concept of the Political*, 1996[1927], p. 19; Deuber-Mankowsky, A. "Nothing Is Political, Everything Can Be Politicized: On the Concept of the Political in Michel Foucault and Carl Schmitt", *Telos*, 2008, p. 149.

定,但实际上,国联的治理术发生在每一个市政厅、集市、工厂、罂粟田或地下酒吧,在这些地方,组织方式因来自日内瓦的消息、谣言、宣传或国家义务而逐步改变。

因此,阅读施米特的作品,我们需要对许多内容保持批判意识。正如他的政治定义本身是政治性的,[1]他对国联的谴责也不仅是个人的,还是政治的。施米特的nomos[法]观点建基于欧洲中心主义和欧洲公法的立场,因此他很少考虑nomos[法]在本土的运作,也很少考虑它压迫的人以及那些抵抗它的人。[2] 这些缺点表明,若能探究法与治理、抵抗和地区的瓦状叠合关系,于施米特探究nomos[法]的路径将是有益的。这种与种种治理术的结合,也会促使我们[122]考虑诸治理术的全球与国际运作,[3]并有助于将国际法与其他形式的主权权力并重,重新纳入一种福柯式的分析。[4]

在我看来,这种结合路径并不是为了恢复国联。施米特的批评非常精辟,确实突出了国联的摇摆不定与不作为,国联对帝国意志的迎合,以及国联如何可疑地挪用人道主义话语。但是,关注国联的诸治理术将开辟不同的地理空间,通过这样的空间,来自日内瓦的建议、审查、创新和制裁,将通过流动的毛细血管的形式,越过纯粹量的主权(scalar sovereignties)和全球的线性分界线——虽然从施米特的法学角度来看,这些流动的毛细血管形式只是世纪末的(fin de siecle)欧洲以及世界空间混乱的一部分。

---

[1] Axtmann, R. "Humanity or Enmity? Carl Schmitt on International Politics", *International Politics* 44, 2007, p. 537.

[2] Aravamudan, S. "Carl Schmitt's *The Nomos of the Earth*: Four Corollaries", *South Atlantic Quarterly* 104, 2005, pp. 227—236.

[3] Larner, W. and Walters, W. *Global Governmentality: Governing International Spaces*, Routledge: London; New York, 2004.

[4] Golder, B. and Fitzpatrick, P. *Foucault's Law*, Routledge: London, 2008.

参考文献

Anghie, A. (2004) *Imperialism, Sovereignty and the Making of International Law.* Cambridge University Press: Cambridge.

Aravamudan, S. (2005) Carl Schmitt's The Nomos of the Earth: Four Corollaries *South Atlantic Quarterly* 104, 227–36.

Axtmann, R. (2007) Humanity or Enmity? Carl Schmitt on International Politics *International Politics* 44, 531–51.

Balakrishnan, G. (2000) *The Enemy: An Intellectual Portrait of Carl Schmitt.* Verso: London; New York.

Barder, A. B. and Debrix, F. (Forthcoming) Agonal Sovereignty: Rethinking War and Politics with Schmitt, Arendt, and Foucault *Philosophy and Social Criticism.*

Bosteels, B. (2005) The Obscure Subject: Sovereignty and Geopolitics in Carl Schmitt's The Nomos of the Earth *South Atlantic Quarterly* 104, 295–305.

Botwinick, A. (2005) Same/Other Versus Friend/Enemy: Levinas Contra Schmitt *Telos* 2005, 46–63.

Buck-Morss, S. (2008) Sovereign Right and the Global Left *Cultural Critique* 69, 145–71.

Callahan, M. D. (1999) *Mandates and Empire: The League of Nations and Africa, 1914–1931.* Sussex Academic Press: Brighton; Portland.

Carr, E. H. (1993 [1939]) *The Twenty Years' Crisis 1919–1939: An Introduction to the Study of International Relations.* Macmillan Press & Papermac: London.

Carty, A. (2001) Carl Schmitt's Critique of Liberal International Legal Order between 1933 and 1945 *Leiden Journal of International Law* 14, 25–76.

Crombez, T. (2008) 'The Sovereign Disappears in the Voting Booth': Carl Schmitt and Martin Heidegger on Sovereignty and (Perhaps) Governmentality. In *Anti-Democratic Thought* (ed. E. Kofnel). Imprint-Academic: Exeter, pp. 101–21.

Dean, M. (2004) *Nomos* and the Politics of World Order. In *Global Governmentality: Governing International Spaces* (eds W. Larner and W. Walters). Routledge: New York; London, pp. 40–58.

Deuber-Mankowsky, A. (2008) Nothing Is Political, Everything Can Be Politicized: On the Concept of the Political in Michel Foucault and Carl Schmitt *Telos* 2008, 135–61.

Driver, F. (1999) *Geography Militant: Cultures of Exploration in the Age of Empire.* Blackwell: Oxford.

Dunbabin, J. (1993) The League of Nations' Place in the International System *History* 78, 421–42.

Foucault, M. (2007) *Security, Territory, Population: Lectures at the Collège De France 1977–78.* Palgrave Macmillan: Basingstoke; New York.

Galli, C. (2008) Carl Schmitt and the Global Age. Presented at Buffalo Conference on Political Philosophy 'New Paths in Political Philosophy'.

Gilroy, P. (2006) *Postcolonial Melancholia*. Columbia University Press: New York.
Golder, B. and Fitzpatrick, P. (2008) *Foucault's Law*. Routledge: London.
Grovogui, S. N. Z. (1996) *Sovereigns, Quasi-Sovereigns and Africans*. University of Minnesota Press: Minneapolis; London.
Hallward, P. (2005) Beyond Salvage *South Atlantic Quarterly* 104, 237–44.
Larner, W. and Walters, W. (2004) *Global Governmentality: Governing International Spaces*. Routledge: London; New York.
Legg, S. (2005) Contesting and Surviving Memory: Space, Nation and Nostalgia in *Les Lieux De Mémoire*. *Environment and Planning D: Society and Space* 23, 481–504.
—— (2009) Of Scales, Networks and Assemblages: The League of Nations Apparatus and the Scalar Sovereignty of the Government of India *Transactions of the Institute of British Geographers NS* 34, 234–53.
Levinson, B. (2005) The Coming Nomos; or, the Decline of Other Orders in Schmitt *South Atlantic Quarterly* 104, 205–15.
Luoma-aho, M. (2007) Geopolitics and Grosspolitics: From Carl Schmitt to E. H. Carr and James Burnham. In *The International Political Thought of Carl Schmitt: Terror, Liberal War and the Crisis of Global Order* (eds L. Odysseos and F. Petito). Routledge, London, pp. 36–55.
Manderson, L. (1995) Wireless Wars in the Eastern Area: Epidemiological Surveillance, Disease Prevention and the Work of the Eastern Bureau of the League of Nations Headquarters. In *International Health Organisations and Movements, 1918–39* (ed. P. Weindling). Cambridge University Press: Cambridge, pp. 109–33.
Markwell, D. J. (1986) Sir Alfred Zimmern Revisited: Fifty Years On *Review of International Studies* 12, 279–92.
McCormick, J. P. (1997) *Carl Schmitt's Critique of Liberalism: Against Politics as Technology*. Cambridge University Press: Cambridge.
Mitchell, T. (2002) *Rule of Experts: Egypt, Techno-Politics, Modernity*. University of California Press: Berkeley; London.
Pan, D. and Berman, R. A. (2008) Introduction: Culture and Politics in Carl Schmitt *Telos* 2008, 3–6.
Pedersen, S. (2006) The Meaning of the Mandates System: An Argument *Geschichte und Gesellschaft* 32, 560–82.
—— (2008) Back to the League of Nations *The American Historical Review* 112, 1091–1117.
Rich, P. (1995) Alfred Zimmern's Cautious Idealism: The League of Nations, International Education, and the Commonwealth. In *Thinkers of the Twenty Years' Crisis* (eds D. Long and P. Wilson). Clarendon Press: Oxford, pp. 79–99.
Said, E. (1978) *Orientalism: Western Conceptions of the Orient*. Routledge & Kegan Paul: London.
Scheurman, W. E. (1999) *Carl Schmitt: The End of Law*. Rowman & Littlefield: Lanham, MD.
Schmidt, K. J. (1994) *India's Role in the League of Nations, 1919–1939*. Florida State University: Unpublished doctoral thesis.
Schmitt, C. (1925) The Status Quo and the Peace. In *Weimar: A Jurisprudence of Crisis* (eds A. J. Jacobson and B. Schlink). University of California Press: Berkeley, pp. 290–93.

—— (1996 [1927]) *The Concept of the Political*. University of Chicago Press: Chicago.
—— (1996 [1932]) *The Concept of the Political*. University of Chicago Press: Chicago.
—— (1997 [1954]) *Land and Sea*. Plutarch Press: Washington, DC.
—— (2003 [1950]) *The Nomos of the Earth in the International Law of the Jus Publicum Europaeum*. Telos Press: New York.
—— (2005 [1922]) *Political Theology: Four Chapters on the Concept of Sovereignty*. University of Chicago Press: Chicago.
—— (2011 [1932]) Forms of Modern Imperialism in International Law (Trans. M. G. Hannah, Chapter 2 in this volume).
—— (2011 [1939]) *Großraum* versus Universalism: The International Legal Struggle over the Monroe Doctrine (Trans. M. G. Hannah, Chapter 3 in this volume).
Slomp, G. (2009) *Carl Schmitt and the Politics of Hostility, Violence and Terror*. Palgrave Macmillan: Basingstoke.
Smith, N. (2003) *American Empire: Roosevelt's Geographer and the Prelude to Globalization*. University of California Press: Berkeley; Los Angeles; London.
—— (2005) *The Endgame of Globalization*. Routledge: London.
Stepputat, F. (2008) Forced Migration, Land and Sovereignty *Government and Opposition* 43, 337–57.
Stirk, P. M. R. (2005) *Carl Schmitt, Crown Jurist of the Third Reich: On Pre-Emptive War, Military Occupation, and World Empire*. Edwin Mellen Press: Lampeter.
—— (2008) John H. Herz and the International Law of the Third Reich *International Relations* 22, 427–40.
Ulmen, G. (1987) American Imperialism and International Law: Carl Schmitt on the US in World Affairs *Telos* 72, 43–73.
Weindling, P. (ed.) (1995) *International Health Organisations and Movements, 1918–39*. Cambridge University Press: Cambridge.
Wilson, P. (1995) Introduction: The Twenty Years' Crisis and the Category of 'Idealism' in International Relations. In *Thinkers of the Twenty Years' Crisis* (eds D. Long and P. Wilson). Clarendon Press: Oxford, pp. 1–24.
Zimmern, A. (1927) *The Third British Empire: Being a Course of Lectures Delivered at Columbia University*. New York Oxford University Press: London.
—— (1933) India and the World Situation. In *India Analysed Volume I: International* (eds F. M. Houlston and B. P. L. Bedi). Victor Gollancz: London, pp. 13–29.
—— (1945 [1936]) *The League of Nations and the Rule of Law, 1918–1935*. Macmillan: London.

第二单元

分析的大地法地理学

五 殖民战争:施米特论敌对的去领土化

科尔曼(Mathew Coleman)

[127]世界历史处于开放和运动的状态……对于共存于地球上的人民、帝国与国家来说,对于所有类型的掌权者和权力机构来说,每一个新的时代和新的纪元,都要以一种新的空间分配、新的圈围和新的大地空间秩序为基础。①

学界通常认为,施米特是提出有关国家间关系的强硬的权力政治模型的知识分子先驱,虽然这类权力政治模型1945年以后才在社会科学和行为科学中发展起来。施米特的现实主义立场部分反映了他在魏玛时期与摩根索的关联,后者被誉为芝加哥大学的国际关系学之父。

此外,还有一个事实,施米特论述主权、战争、(永存的)冲突的作品,尤其流传甚广的以敌友关系形式呈现的作品,从直觉上看是一种原现实主义(proto-realism)。因此,例如威廉姆斯(M. Williams)就将施米特的敌友关系[主张]以及维护主权决断,概括为一种非自由主义的现实政治(realpolitik),这种现实政治重点阐释"民族与国家在既定的敌意背景中的神话化统一"。② 钱德勒(D. Chandler)反对各种后结构主义的施米特解读,他同样将施米特描述为正宗的"一种国际关系的地

---

① Schmitt, *Nomos of the Earth*, 2003[1950], pp. 78-79. [译注]《大地的法》中文版,页46。

② Williams, M. *The Realist Tradition and the Limits of International Relations*, Cambridge University Press, 2005, p. 93.

缘政治框架的[地道的]创始理论家"。①

布尔查德(C. Burchard)还认为,如果施米特呈现的政治——即政治是大规模公共现象(公敌[hostis],而非私敌[inimicus])——并不特定于国家,那么,它仍然适合于"威斯特伐利亚式"的政治解读,即政治是国家通过纷争建构的异质多元世界(pluriverse)。② 由于施米特强调自1648年以来一直制约国家间政治的规则和制度,因此还有学者认为他是一位"制度上的现实主义者"。③ 与此同时,批判国际关系学的学者警告"超现实主义地"(hyper-realist)接纳施米特的危险,④但他们也将国家间战争的现实主义"危险存在论"(dangerous ontology)部分溯源至施米特的敌友区分。⑤

但是,施米特笔下的敌意是否必然是国家-领土性的? 在施米特的作品中,是否像著名评论家沃林(Richard Wolin)所说,国家是"基本的、不可打破的、存在论上的客观事实"?⑥ 我在此认为,施米特的作品中存在

---

① Chandler, D. "The Revival of Carl Schmitt in International Relations: The Last Refuge of Critical Theorists," *Millennium* 37, 2008, p. 37.

② Burchard, C. "Interlinking the Domestic with the International: Carl Schmitton Democracy and International Relations," *Leiden Journal of International Law*, 2006, p. 19.

③ Zarmanian, T. "Carl Schmitt and the Problem of Legal Order: From Domesticto International," *Leiden Journal of International Law* 19, 2006, pp. 41-67.

④ Odysseos, L. and F. Petito, "Vagaries of Interpretation: A Rejoinder to David Chandler's Reductionist Reading of Carl Schmitt," *Millennium - Journal of International Studies* 37, 2008, pp. 463-475.

⑤ Huysmans, J. "Security! What Do You Mean? From Concept to Thick Signifier," *European Journal of International Relations* 4, 1998, pp. 226-255; Odysseos, L. "Crossing the Line? Carl Schmitt and the 'Spaceless Universalism' of Cosmopolitanism in the War on Terror", in *International Political Thought of Carl Schmitt*, L. Odysseos and F. Petito (Eds.), London: Routledge, 2007, pp. 124-143.

⑥ Wolin, R. "Carl Schmitt, the Conservative Revolutionary Habitus and theAesthetics of Horror," *Political Theory* 20, 1992, pp. 424-447.

一条更为丰富的思想脉络,这一思想脉络为敌友[划分]与国家权力和国家间冲突的原现实主义之间的关联所取代,[128]而这一关联是成问题的。我们从《大地的法》最新的英译本得到的东西有,例如,对敌意没有特定的空间性这一重要主题的延伸讨论,这一主题贯穿于整个这部作品。

事实上,我希望在本文完成的是,凭借《大地的法》,包括施米特的其他文本,质疑人们对施米特的某种解读,即认为他致力于地缘政治的国家存在论,或者说得好听点,他是将地缘政治的敌意投射到国家-领土空间的各个竞争集团上的思想家,而且这种敌意在具体的国家间政治中不可避免。我认为,施米特破除了"现代地缘政治想象",①因为他扰乱了典型的地缘政治学内容与我们可以发现这些内容的地方。

具体而言,施米特没有在任何地方明确表达支撑现实主义国际关系学(和政治地理学)的逻辑,即"内部=政治,外部=武力"。② 事实上,对施米特来说,用撞球模型来表示政治事物,即用来表示国家如何将权力投射到其和平边界之外的抽象国际空间,是误入歧途——国内层面的诸种做法实际上是在交战。

那么,在施米特看来,什么是地缘政治? 施米特界定的地缘政治,并不是外交政策实践领域的国家行动,而是一种内爆的国内与国外两极并存[状态],其中没有必要区分国家范围内的"在场的和平统一体"与没有国家的"原初的统一体缺席"。③ 对施米特来说,地缘政治渗透到所有地方和社会关系中,甚至渗透到那些由于"归化"(domestication)而通常被看作例外的地方。事实上,施米特坚持认为,人们不应狭隘地将政治事物理解为成问题的国家间外交政策,这让人想起坎

---

① Agnew, J. A. *Geopolitics*: *Revisioning World Politics*, London: Routledge, 2003.

② Agnew, J. A. and S. Corbridge, *Mastering Space*, London: Routledge, 1995, p. 86.

③ Ashley, R. K. "The Geopolitics of Geopolitical Space: Toward a Critical Social Theory of International Politics," *Alternatives* 12, 1987, pp. 403-434.

贝尔(D. Campbell)①的地缘政治探察,他以融合的公共和外交政策实践为视角,使治理的具体空间策略不再有意义,即不再与"国内"或"国际"相关。这是施米特提出的地理学上的挑战。

然而,施米特并不反对国家。这表现在下面几个方面。首先,施米特对地缘政治学的看法,强调国家本身如何取消其权威和正当性所依赖的内部/外部的领土性,又如何作为制度化的暴力中心继续发挥作用(尽管是在法律中立和官僚主义中立的掩护下)。换句话说,施米特对地缘政治学的讨论,向我们提供了自相矛盾、相互抵触的国家呈现方式,国家既是颠覆的场所,也是重新占取新目标的场所。这标志着与其他超越国家领土性问题的政治想象方式明显决裂。因为施米特将大约从19世纪末开始的国家与治国术(statecraft)的变革,理解为我们所谓地缘政治的去领土化的核心,所以,他得以避免一种"全球主义"的政治重构,在这种重构中,国家在严格意义上与国家的领土性关联,并表现为某种历史的人造物。②

[129]其次,值得注意的是,一种完全没有问题的国家解释曾经在施米特的作品中出现。事实上,施米特的研究,其核心线索也许是对"古典"冲突时代的一声保守主义哀叹,其时,战争在国家与拥有战争权(jus belli)的领土主权间展开。例如,在《游击队理论》中,施米特在冷战时期批判的20世纪游击战的"无空间普遍主义",③就以曾经的国

---

① Campbell, D. *Writing Security: United States Foreign Policy and the Politics of Identity*, University of Minnesota Press, 1992.

② Walker, R. B. J. "After the Future: Enclosures, Connections, Politics", in *Reframing the International*, R. Falk, L. E. J. Ruiz, and R. B. J. Walker (Eds.), London: Routledge, 2002, pp. 3–25.

③ Odysseos, L. "Crossing the Line? Carl Schmitt and the 'Spaceless Universalism' of Cosmopolitanism in the War on Terror" in *International Political Thought of Carl Schmitt*, L. Odysseos and F. Petito (Eds.), London: Routledge, 2007, pp. 124–143.

家间冲突的领土秩序领域为对照,在这种冲突中,国家军队与国家军队交战,并且在交战过程中,各主权[国家]通过领土妥协达成和平是可能的。在此意义上,我们可以说,在施米特看来,现代地缘政治想象曾经是对国际政治的有效描述,但现在已经不适用。

最后,我们应该补充一点,尤其在魏玛时期的学术研究中,施米特毫不含糊地颂扬强大且集中的国家权威的优点。他关于"量的总体国家"的见解很有启发。例如在施米特的《合法性与正当性》(*Legality and Legitimacy*)中,后者描述的是某种境况:国家在相互竞争的社会利益之间四分五裂,并且变成治理策略的某种干涉主义的、向内且拙劣的分裂局面。我将在下文回顾,施米特将"量的总体国家"理解为明显的自由主义问题。然而,如肖伊尔曼(W. E. Scheuerman)就有说服力地指出,目前要注意的关键是,施米特利用"量的总体国家"的无序与分裂特质,来捍卫极端保守的、基于国家的威权主义。① 事实上,在《政治的神学》中,正是通过对"量的总体国家"的批判,施米特既承认博丹的主权概念,即主权是不受约束的权力,可制定法律并严格要求人们服从,也提出了声名不佳的国家正当性定义,即主权者能够决定法外权力的性质和范围。

毋庸讳言,由于施米特在20世纪30年代对纳粹政权的顺从,其作品的地缘政治面相确实令人担忧。② 不过,作为第三帝国的"桂冠法学家",③施米特关注国家地缘政治实践的空间内爆(spatial implosion),以及他主张"国内敌人"构成的危险,可以说更加令人震惊。无论如何,施米特对地缘政治实践的重新解释超越了国家领土的虚构,不应将

---

① Scheuerman, W. E. *Carl Schmitt: The End of Law*, Lanham, MD: Rowman & Littlefield, 1999, pp. 85–112.

② Kennedy, E. *Constitutional Failure: Carl Schmitt in Weimar*, Durham, NC: Duke University Press, 2004, pp. 11–37.

③ Bendersky, J. W. *Carl Schmitt: Theorist for the Reich*, NJ: Princeton University Press, 1983.

其与对国家的进步论批判相混淆。

在下文第一节,我将检查施米特在《大地的法》中概述的法和暴力的文明制图学。我认为,施米特诉诸文明是有问题的,因为他把阿甘本所说的"法律的效力"(没有法律的法律的效力[force of law without law])锚定在欧洲以外的世界。

其次,我将回顾施米特在《大地的法》中对殖民战争的评论。我认为,在施米特论述敌意的"何地"(where)与地缘政治实践时,殖民战争可反映他的矛盾心理。我提出殖民战争问题,意在超越施米特对过去几个世纪以来国家-主权-法律三足鼎立的有据可查的哀叹,避免将此错认为施米特所描绘的当今地缘政治的东西。

[130]在第三节中,为了在《大地的法》的"国际主义"论点与他早期论述"国内"法律的作品之间找到联系,我将回顾施米特关于量的总体国家、自由主义地缘政治学的作品。

在本文的最后,我将简要梳理把施米特与摩根索关联起来的文献。我的结论是,如果说有一条实质性的线索将二人关联起来,那么,摩根索对地缘政治学的描绘,远远比不上施米特更具煽动性。

施米特的元制图学

我想首先质疑施米特的欧洲公法的"全球图景"(global diagram),在《大地的法》中,他将此描述为"在固定大陆的内部区分为欧洲国家的土地(即原初意义上的国家领土)与海外占领的土地(即殖民土地)"。① 这一区分为施米特的下述论断提供了依据,即在16—19世纪,欧洲内部的战争受到限制,这一成就与欧洲大国在殖民地的(地缘政治的)自由竞争密切相关——这种解释让人想起麦金德的叙述方

---

① Schmitt, *Nomos of the Earth*, 2003[1950], p.184.[译注]《大地的法》中文版,页156。

式,在20世纪初,他曾谈及后哥伦布时代"世界成为封闭体系"(world as closed system)①以前欧洲大国在地缘战略上的回旋空间。②

我们如何解释位于《大地的法》的核心的这一简单制图？人们可能会将其看作令人不适的地缘政治真相。如拉什(W. Rasch)在评论《大地的法》时问道:

> 如果……用文明与不文明的区别描述旧欧洲与其殖民地的关系时,我们对这种区别感到恐惧是理所当然的……那么,为什么我们今天在打击我们最新的敌人时,还要坚持使用那些区别?③

拉什认为,我们不可回避命名(以及问题化)敌意乃是战争中的结构性原则,虽然这一点值得称赞,但我更愿意将施米特的土地地理学看作阿甘本在《例外状态》(*The State of Exception*)一书中提出的"法律的效力"(没有法律的法律的效力)的元制图学省略(metacartographical elision)。阿甘本的意思是:

> 这是一个法律张力的场域,其中[某项规范]有效的最小值重合于真实适用的最大值,反之亦然。④

---

① [译注]在1904年发表的题为《历史的地理枢纽》的演讲中,麦金德将人类历史划分为三个阶段:前哥伦布时代、哥伦布时代和后哥伦布时代。三者分别对应于欧亚大陆主导的亚洲时代,地理大发现以来海洋世界主导的欧洲时代,以及1900年之后大陆强国与海洋强国争夺世界统治权的新时代。

② Kearns, G. *Geopolitics and Empire*, Oxford University Press. 2009, pp. 127–161.

③ Rasch, W. "Lines in the Sand: Enmity as a Structuring Principle," *The South Atlantic Quarterly* 104, 2005, p. 259.

④ Agamben, G. *The State of Exception*, University of Chicago Press, 2005, p. 36.

阿甘本认为,施米特的著作通过考察例外状态,为讨论"法的外在刻入法内"(同上,页33)开辟了道路,我们可以认为,这就是紧急状态下对法律的悬置。在阿甘本看来,例外状态或多或少是一个事实问题,往往被认为是一种暂时的政治决断,位于仍然具有象征意义的法律领域之外。阿甘本对例外状态持有不同的看法:由于例外状态位于政治事物与法律事物之间的界槛(threshold)上,作为主权权力的建构时刻的例外状态,就意味着取消民主[131](即宪政、司法的)治理形式与独裁的(即违宪、法外的)治理形式的严格区分。

但是,阿甘本指责道,如果说施米特为这种问题打开了一扇门,那他又立刻将门关上了。这是由于施米特混淆了例外状态与独裁,其结果是,主权权力在字面意义上就是主权身体,例外状态成为丰富的主权权力的简写。例如,施米特的宪政独裁或委员独裁概念描述了为了维护宪法而悬置宪法;对暂时悬置的法律状态而言,具有最低限度法律支持的主权暴力是一种防范手段。在讨论违宪独裁或主权独裁时,施米特采取了类似的补救策略。对施米特来说,主权独裁描述了主权者对武力的运用,如果这与既有宪法相抵牾,主权者仍然支持新出现的原法(proto-legal)的秩序。

在上述两种情况中,法律规范与其具体应用——阿甘本所说的"没有法律的法律的效力"——之间的断裂得以弥合。换言之,在施米特的作品中,暴力始终位于法律的轨道上。施米特在1958年为《合法性与正当性》写的后记,就很好地证明了这点。为了捍卫20年前对官僚-宪法国家的旧批判,即官僚-宪法国家是对自由流动的、离散的、非个人的法律体系的大众"盲从"模式,施米特写道,他在书中呼吁总统决断论的做法

> 是一种绝望的尝试,以保障魏玛宪法的最后希望——总统制——免受一种拒绝提出宪法的朋友和敌人问题的法学形式的

影响。①

如阿甘本所评论,施米特认同例外状态和独裁的结果是,从与法律无关的暴力深渊前退后一步——或者说,把不从事实出发的暴力幽灵拴在法理的锚上。换言之,施米特使暴力从法律角度变得可理解,反之亦然。正是这种例外状态的可理解性,最终解释了阿甘本和施米特之间的断层。

差异在于,对施米特来说,例外状态主要是地形学的(topographical):这是法律与暴力(例外状态)之间的边界问题,在法律仍有效用的前提下,权威从法律领域向暴力领域暂时转移。据此,施米特认为,法律和暴力是对生性(relative)概念:两者以独特的同一性而相区分;然而,由于主权者在任何特定情况下都能够兼跨法律和暴力并最终变革两者的组合,因此两者又成为彼此的参照框架。

相比之下,对阿甘本来说,例外状态是拓扑学的(topological)。与施米特的对生性解释不同,阿甘本认为,法律和暴力是关系性(relational)概念,也就是说,两者在构成层面不可能互相脱离。这意味着,由于法律和暴力是彼此不同的锚点,两者的同一性不再有意义,因此没有一个稳定的单纯法律领域可以为主权暴力辩护。那么,对阿甘本来说例外状态是拓扑学的,这意味着某种非符号性的空洞位于主权权威的核心——无论在何处,主权权威一直是没有法律的法律的效力——或者说暴力与法律只有名义上的关系。如阿甘本针对[132]施米特所言:

> [例外状态]不是独裁[无论宪政的或非宪政的、委员的或主权的],而是一个缺乏法律的空间,一个无法地带,在其中所有的法律决定——首先是公与私的区分[本身]——都

---

① Schmitt, C. *Legality and Legitimacy*, Duke University Press, 2004[1932], p. 95.

失去效力。①

正是在《大地的法》中,施米特通过对欧洲土地与殖民土地的区分,使暴力从法律的角度变得可以理解了。新世界是"可以肆意使用暴力的法外区域",②施米特指出,在那里的确是 homo homini lupus[人对人是狼]。相反,在旧世界,尽管有许多凶残的战争,但存在秩序与场域,它源自欧洲文明实践的结构化空间——这里人对人不是狼。

事实上,在施米特看来,欧洲内部的暴力是"有限度的"(bracketed),也就是说,是理性的、人道的、非歧视性的。这些暴力只是家族的恩怨,而不是真正的战争,顾及了共同的文明要求,并最终防止了发生总体战争,即在政治和法律上设想歼灭敌人并彻底破坏国家间秩序。相反,在欧洲的友好线之外,人们不能指望这种保证或可理解性,因为欧洲的友好线为"严酷的实力较量区"以及"相互毁灭的悲惨混乱"划出了"自由空间"。③

这种东方主义的比喻,有效地使施米特把欧洲公法身体(body)中法律与暴力之间"不相符的两端"减到最低限度。事实上,由于施米特可能把没有法律参照的暴力输出到无法的非欧洲世界,他为法律和暴力问题提供了某种空间上的解决方案。其结果是极有问题的内外之分,是文明的欧洲大陆秩序的形象与非欧洲的暴力之分。

相比之下,根据阿甘本将法律和暴力视为拓扑学关系的启发,料想施米特的这种制图是不可能成立的。结果将会揭露一种欧洲中心主义的、文明的经验的虚构,在这一虚构中,暴力由于一套压倒性的规范而遭到限制——或者,将会绘制出某个无固定位置(placeless)的灾难

---

① Agamben, G. *The State of Exception*, University of Chicago Press, 2005, pp. 50-51.

② Schmitt, *Nomos of the Earth*, 2003[1950], p.98[译注]参见《大地的法》中文版,页64。

③ Ibid., p.99.[译注]同上,页70。

[区],其中法律与暴力在哪儿都没有关联,也就是说,尽管[名义上]宣布暴力合法或与法律相关,但是,暴力在哪儿都是暴力。

殖民战争

虽然施米特对欧洲秩序的解读大有问题,但是如果我们结合他对昔日欧洲公法及其战争形式(guerre en forme)解体的讲述,做出我们自己的限定,那么,关于战争是什么与战争在哪里发生,施米特的见解蕴含着一些不同寻常的看法,他对新大地 nomos[法]的解释是极有见地的。施米特的制图学省略使他能够阐明:第一,内战——或者说领土上的"无序的"或"熵的"战争——对更一般的战争的重要性日益凸显;第二,法律的核心地位,尤其在内战中。这种对内战和法律的关注最终意味着,阿甘本对施米特的批判具体到后者作品中的某个论点。

一方面,上文也提到,由于施米特[133]将决断主义和紧急状况作为宪法保障加以辩护,所以,他将法律与暴力区分开来。在这里,与法律缺乏一定关系的暴力,无论多么微弱,几乎不可能存在。

另一方面,对于法律与暴力间的关系,施米特并非时时处处都是一位地形学思想家。施米特从防御性的宪法策略,即一个仍然起作用的法律领域的角度,使例外状态的暴力变得可以理解。如果一般来说他凭此为独裁与(或)决断主义的申辩确实起了作用,那么,我认为,他在讨论19世纪晚期以来的自由主义地缘政治学时,一直明确地追求从拓扑学上解读法律和暴力。事实上,用阿甘本的话说,正是基于"无差别的地带,其间,[法律]内与外并非相互排除,而是相互混染",[1]施米特才在《大地的法》以及魏玛时期的其他作品中,提出了冲突的防不胜防和非人道性质。

---

[1] Agamben, G. *The State of Exception*, University of Chicago Press, 2005, p. 23.

从前一个论点来看,施米特仅以象征的法律关系,阻碍了对暴力的国家实践(state practices)的解读,并提出了欧洲中心论的例外主义。从后一个论点来看,这也是我特别感兴趣的,施米特促使我们考虑一种法律的地缘政治学,其中法律被整合进暴力,反之亦然,以至于暴力单纯是暴力,而非由一些相邻的或参照的法律领地来证明正当。换言之,施米特关注内战以及法律对于内战的核心地位,这暗示了围绕"没有法律的法律的效力"构建的某种地缘政治学的相关性,也就是说,暗示了以法律为名义的暴力,这种法律并非法律实证主义者倡导的"纯粹"意义上的法律。

那么,我想要说明的是,从施米特为威权主义辩护的角度看,阿甘本对施米特的批判虽然有效,但并没有完全触及施米特对自由主义地缘政治学的批判。这也表明,施米特在将法律与暴力的关系理论化时,并不是一以贯之的,从这一意义上说,他在互相冲突的地形学解释与拓扑学解释之间游走,两者的相互关联取决于他是在捍卫威权主义还是在批评自由宪政主义。

在《大地的法》中,法律的战争性质(warring qualities)是首要的,因为施米特将nomos[法]定义为"根基性的资格"——即主动地占有、分配、生产——而非自由浮动的(free-floating)法规或立法。这反映了施米特对法律实证主义持续终生的批判,因为实证主义将法律固守为建构的制度,仿佛法律是一个社会学外的事实,而非基于冲突或建构行为。

如施米特在《政治的神学》中所解释,法律是"情境性的"(situational),因此,法律在成为"法学的"(juridical)之前实际上是"社会学的"(sociological):autoritas, no veritas facit legem[权威而非真理造就法律]。[1] 从许多方面来讲,法律的这种构成性表述呼应了福柯的强调,

---

[1] Schmitt, C. *Political Theology*, Chicago University Press, 2005[1934], p. 33.

他在《必须保卫社会》(Society Must be Defended)中有言,"法律诞生于真正的战斗、胜利、屠杀和征服","法律诞生于燃烧的城镇和被蹂躏的田野。"①

因此,施米特和福柯都认为,人们既不能认为法律凌驾于社会学斗争之上,也不能认为法律即政治驯化的时刻。然而,在论述法律的政治构成时,二人之间存在差异。福柯批判的对象——[134]在大多数关于王权的"罗马历史"中明显正当的主权权利,以及遵从的法律义务——正是施米特哀悼的欧洲公法的内容。此外,与福柯不同,施米特严格地将"法即政治"这一论点阶段化:对福柯来说,这种提示是哲学性的;而对施米特来说,正是在19世纪末的治国术行为中,我们才具体地理解了战争与法律的真正紧密关系,并因此理解了法律是一种与法律本身无关的暴力法令。

如《大地的法》与《游击队理论》所勾勒的那样,欧洲公法的解体首次使战争与法律混合,并带来战争从正当敌人(justus hostis)到类似"正义战争"形式的转变,在前一情况下,国家间战争不能被解释为正当或不正当,在后一情况下,正当性和归罪问题变得至高无上。施米特把这种转变总结为欧洲战争突变为所谓的"殖民战争"。

施米特对殖民战争机制的讨论很有意思,因为这为重新思考我在开篇描述的主流施米特解读——即从国家-领土角度解读施米特——提供了良好基础。施米特所说的殖民战争,指的是法律战争,或者说使战争成为法律问题以及与此密切相关的一种转变,即从他所谓的"实际"敌意转变为"绝对"敌意。

首先,使战争成为法律对象或法律问题。在施米特看来,1884—1885年的刚果会议,标志着欧洲大国瓜分了非洲大陆,也标志着"古典"(classic)帝国时代的诞生,这次会议导致欧洲领土和殖民地领土的

---

① Foucault, M. *Society Must be Defended*, New York: Picador, 2003, pp. 50-51.

去差异化,即把二者同样地作为抽象的土地平等的法律对象。其结果是,欧洲国家不再被理解为由一种共同空间的、文明的秩序所联合,而是被理解为国际法的国家共同体当中的成员,并因此受制于国家间冲突上的总体制约。

其次,从"实际"敌意到"绝对"敌意的转变。施米特将这一转变理解为战争合法化的一部分。在施米特看来,柏林会议之后,战争的司法化(juridicalization)标志着现代歧视性的"正义战争"概念的诞生,根据这一概念,

> 战争正义与否有其意义之所在,即敌手不是被当作正当敌人,而是被当作罪犯来对待……所采取的行动等同于国家警察打击盗匪。①

"社会危害控制"或"制止那些危害社会的行为"都不是战争。对施米特而言,这意味着,与欧洲公法不同,战争将不再通过主权平等的"人格国家"之间的领土得失来解决。相反,战争将呈现出"总体的"特征,其终极目标是绝对消灭敌人。而且,如施米特在《大地的法》以及《游击队理论》中所论述的那样,"总体战争"(total war)最终意味着国家间战争由一种内战形式取代,在这种内战形式中,战争与和平、战斗人员与非战斗人员、军事权力与警察权力、国内政策与外交政策、国家间事务与国家内事务的区别,都被抹平了。这些战争,用上文的话来说,在领土上是无组织和无秩序的,或者说是熵的。

施米特在魏玛时期对自由主义地缘政治学的研究

[135]熟悉施米特早期思想的人可能会认识到,在《大地的法》

---

① Schmitt, *Nomos of the Earth*, 2003[1950], p. 124. [译注]《大地的法》中文版,页97—98。

中讨论殖民战争时,施米特重复了他主要在两次世界大战之间对自由主义的批判。与他对敌友划分的相关思考相比,他在政治地理学与国际关系学中对自由主义的批判曾遭学界忽视。在早期的作品中,施米特将自由主义看作"内部"与"外部"的双重策略,认为它旨在解除强大的国家权威。简要地讨论施米特对自由主义的评价,将有助于澄清他的论点,并能够将其与他后来反对"新"大地法的理由联系起来。

施米特在魏玛时期对自由主义多方面的抨击,采取的形式既包含哲学批评,也包含对治国术变革的更接地气的观察。如在《政治的概念》中,这一点体现于施米特对国联的分析,他认为国联将国家去政治化,并将公民社会政治化;在《议会民主制的危机》(Crisis of Parliamentary Democracy)中,这一点体现于施米特对议会制的批评,他认为议会制是一种对话政治而非决断主义的政治;在《政治的神学》中,这一点体现于施米特批判法律规范主义和程序主义;在《霍布斯国家学说中的利维坦》(The Leviathan in the State Theory of Thomas Hobbes)中,这一点体现于施米特批评霍布斯,他认为霍布斯把公开认信(public confession)和私人信仰割裂,导致国家权威经由斯宾诺莎而遭到架空;在《合法性与正当性》中,这一点体现于施米特批判官僚制和法律的价值中立。在这些文本中,施米特对自由主义的抨击大致集中在两个要点上。

首先,施米特声称,自由主义错误地将政治正当性认定为合法性问题,或者说,自由主义通过宪法制衡,来限制主权权力压制私人目标追求。在施米特看来,合法性指的是一种遵从法律的中立化权力,而正当性则是一种更有意义的建构性权力,这一权力来自某个在存在论意义上认同的时刻。其次,施米特认为,自由主义者误解了政治秩序的问题。如同施米特对政治正当性的批判,他认为,政治秩序依赖的不是程序与法律,而是对主权者的存在论意义上的认同,主权者准客观地凌驾于人民之上,其姿态既是防御性的,又是进攻性的。

施米特对自由主义的批判,是基于日常充斥着动荡与暴力的魏玛民国。例如,在《政治的神学》和《合法性与正当性》中,施米特明确指出,自由主义对法律和立法审议的依赖,在面临内乱或突如其来的内战时必然会崩溃。出现这种情况有两个原因:一方面,自由主义禁止主权者在法律边缘单方面行动;另一方面,自由主义的权力可分性"把所有的政治活动都变成[在媒体和议会中]进行对话的阶段",[1]并在这一过程中实质上延续了无序状态。按照施米特的看法,其结果是自由主义——依靠法理和对话的治理——削弱了主权者实际的威权主义力量,而主权者原本能够以公共安全的名义果断地采取行动。

然而,施米特并不是批判自由主义明显无法处理[136]冲突。施米特理解自由主义与公共无序之间的密切关联:自由主义把公民变成自主的、无关联的主体,意味着它自己促成了公共法律和秩序的消解。但是,施米特仍然无意于盘点自由主义治理的那些非它所要的后果。明确地说,他的主张是,自由主义有意将公共领域推向危机:自由主义革命——宪法制衡,曾公开承诺的双向的私有化与多元化,以及自由市场化——是一项技术,

> [这项技术]抽掉了意义世界,并可能建立了更新奇和更严厉的统治模式……一种过于量化和抽象的力量,销蚀着人类生存之具体和质的特性。[2]

其结果就是施米特所说的"国家与社会的合一",[3]这意味着,国家在应对各种琐碎的冲突和分歧时支离破碎,从而失去其一致性和超越

---

[1] Schmitt, C. *Political Theology*, Chicago University Press, 2005[1934], p. 59. [译注]《政治的神学》中文版,页68。

[2] McCormick, J. P. *Carl Schmitt's Critique of Liberalism*, Cambridge University Press, 1997, p. 18.

[3] Schmitt, C. *The Concept of the Political*, Rutgers University Press, 1976[1932], p. 22. [译注]《政治的概念》中文版,页26。

性。施米特将此讥讽为"量的总体国家"的形成,在这种情况中,"每件事务至少潜在地都具有政治性,而基于国家的关系,它再也无法主张自己的具体的'政治特性'。"①

对施米特来说,由自由主义所引发、并因"量的总体国家"而长久持续的内部动荡与分裂,具有极其重要的地缘战略意义。例如,在《政治的概念》中,施米特毫不含糊地认为,两次世界大战之间自由主义的变革尝试,把"国家和疆域之内的彻底和平"②——他将其想象为"领土完整""不受外国干涉"以及"国内和平"③——转变成一个没有边界和不设防的领土单元,这一单元由于文化战争和经济战争而支离破碎,顾名思义,这使公众"在特定情况下决定谁是敌人以及……作战"的集体能力受到威胁。④

换言之,自由主义尽管宣称和平,但它实际上导致经济改革后的、宪政化的国家很可能为不怎么倾向和平的国家所消灭,或者稍好一点,为设计自由化方案的人所控制。施米特尤其关注国联方案,这一方案试图将国家决策能力与国际法挂钩。如乌尔曼所说,在施米特看来,在国内/国家层面推行的地缘战略法律改革,是更广泛的"世界法律革命"的一部分,其特点是,将个别国家的权威交给集中的全球立法机构,并随之交给美国监护下的全球贸易网络。⑤

以上只是简略地描述了施米特对自由主义是一种地缘政治技术的解释,但我们还是可以从中看出,施米特式的评论者如何以及为何把自

---

① Ibid., p. 22. [译注]同上,页26。
② Ibid., p. 46. [译注]同上,页54。
③ Ibid., p. 47. [译注]同上,页55。
④ Ibid., p. 45. [译注]同上,页54。
⑤ Ulmen, G. L. "American Imperialism and International Law: Carl Schmitt onthe US in World Affairs," *Telos* 72, 1987, pp. 43-71. 另见 Schmitt, C. "The Legal World Revolution", *Telos* 72, 1987, pp. 73-89.

由主义称为一种秘密的"摆脱政治的政治"①或一种"隐蔽的"(invisibilised)政治。② 事实上,施米特强调的要点是,自由主义伪装成法律革命,实际上却是一种无中介的战争形式或暴力形式,[137]这种战争或暴力由划分敌友或者说由上文提到的"没有法律的法律的效力"所驱动;对施米特来说,自由主义就是在法律的薄薄的幌子下,暗中推进敌人对(已经解体的)国家的攻击。

我们可以进一步指出,这是施米特为我们提供的明确的地理学批判。一方面,自由主义把由认同和归属构成的国家主义模式去领土化了。在这种情况下,施米特发现的是私人冲突,即与经济、文化、宗教等有关的冲突。另一方面,作为这种最终离心式发展的对应物,自由主义在下述意义上又是向心的:通过支配一切的、干预主义的国际组织和全球法律契约,使新近被掏空的国家成为应受责备(负有责任)的空间。在后来的《大地的法》中,施米特非常精辟地总结了这种发展:

> 领土主权转变成社会经济事务的空洞空间。由边界线所构成的外部领土状况是有保障的,但不包括其实质内容,即构成领土之整体性的社会经济内容。③

因此,对施米特来说,自由主义是一套全球性的、本质上去领土化的地缘政治技术,其运作是通过将国内和国际空间折叠为一个相互关联的地缘政治实践领域。自由主义改革利用新的国家武器,由内而外、由外而内地发挥作用。其结局是,公共政策与外交政策的舞台及事务变得可以互换。或者,基于施米特将新的大地 nomos[法]描述为"无空

---

① Dyzenhaus, D. *Law as Politics*, Duke University Press, 1998.
② Rasch, W. *Sovereignty and its Discontents*, Birbeck Law Press, 2004.
③ Schmitt, *Nomos of the Earth*, 2003[1950], p. 252. [译注]《大地的法》中文版,页 233。

间概念的普遍国际法",①我们可以更加理由充分地说:国内与国外,公共政策与外交政策,成了单一的地缘政治竞争领域中无法辨别的组成部分,这种地缘政治竞争由无所不在的敌友对立(以自由主义的法律为幌子)造就。

因此,无论施米特在魏玛时期的作品,还是《大地的法》中对殖民战争的解释,两者的共同点是,尝试思考超越国家领土形式的敌意。事实上,在施米特对自由主义地缘政治学以及后来对殖民战争问题的论述中,我们发现,施米特必然反对将地缘政治实践和敌意,与国家间权力政治的无政府畛域隔离开来。相反,在施米特对两者的评述中,我们都能发现某种类似于"去领土化"的敌意地理学的意味,这一意味由一种紧张关系所框定——作为全球机构干预和纠正的司法对象的国家,与作为不再从生存论意义上象征文化和经济空间的国家。

这种解读会引发政治地理学家的共鸣,但是,如我在本文开篇指出的,这种解读也与众多研究施米特的学者相左,他们将敌意视作严格意义上的国家-领土[之间的对立]现象——或者说,他们将施米特的敌意本体论解读为国家本体论。遗憾的是,这会导致施米特通过 nomos[法]的视角对敌意作出的启发性解读失去其锋芒,此处的 nomos 即作为制宪权(constituting power)和占有、分配和生产的空间化斗争的法。换言之,虽然政治事物,即敌友对立,肯定是施米特作品中不可或缺的部分,但是,这种对立可以发生在任何地方,它是众多占有、分配和生产背后的推动性时刻。

施米特与摩根索

[138]总之,施米特对20世纪的地缘政治学作了去领土化解释,为了做一个对比研究,我想简要地梳理施米特在国际关系学中的影响,尤

---

① Schmitt, *Nomos of the Earth*, 2003[1950], p.230[译注]《大地的法》中文版,页211。

其施米特对摩根索的思想影响,人们通常认为后者是"二战"后美国国际关系学的鼻祖。① 根据摩根索自己的回忆录,两人有过一次唯一的接触,这发生在施米特于1932年重新出版《政治的概念》(原版于1927年出版)②之前。③ 施米特再版时对原文所作的明显而重要的修改借鉴自摩根索的作品,虽然他并未公开承认这一点。本研究总体上强调施米特与摩根索的"隐匿对话",也强调他们共同的国际政治研究方法。④ 尽管摩根索在冷战时期评价施米特是"世上最邪恶的人",⑤但是,这两位思想家确实有着惊人的相似之处。

例如,肖伊尔曼认为,尽管施米特是"战争的现实主义者",而摩根索是"和平的现实主义者",但是,两人都批判自由主义、怀念欧洲公法,并认同冲突视角下的政治。⑥ 但更重要的是两人的差异。事实上,

---

① Honig, J. W. "Totalitarianism and Realism: Hans Morgenthau's German-Years", in *The Roots of Realism*, B. Frankel (Ed.), London: Frank Cass, 1996, pp. 283-313; Koskenniemi, M. "Carl Schmitt, Hans Morgenthau, and the Image of Law in International Relations", in *The Role of Law in International Politics*, M. Byers (Ed.), Oxford: Oxford University Press, 2000, pp. 17-34; Frei, C. *Hans J. Morgenthau – An Intellectual Biography*, Baton Rouge: Louisiana State University Press, 2001.

② [译注]本文作者错写为1921年。

③ Morgenthau, H. J. "An Intellectual Autobiography," *Society* 15, 1978, pp. 63-68.

④ Scheuerman, W. E. *Carl Schmitt: The End of Law*, Lanham, MD: Rowman & Littlefield, 1999, pp. 225-251.

⑤ Morgenthau, H. J. "An Intellectual Autobiography," *Society* 15, 1978, p. 68.

⑥ Scheuerman, W. E. "Carl Schmitt and Hans Morgenthau: Realism and Beyond", in *Realism Reconsidered*, M. C. Williams (Ed.) Oxford: Oxford University Press, 2010, pp. 62-92; cf. Brown, C. "The Twilight of International Morality? Hans J Morgenthau andchmitt on the End of the Jus Publicum Europaeum", in *Realism Reconsidered*, M. C. Williams (Ed.), Oxford: Oxford University Press, 2010, pp. 62-92.

正是由于摩根索的存在,我们才能分离出某种有关国家敌意的本体论,以此将对地缘政治的界定限定于外交政策实践和代表的领域。

摩根索对国家间政治的现实政治(realpolitik)描述——尽管那被誉为他在芝加哥大学(1943年至1971年摩根索在那里工作)创立和培养的美国冷战观——大量借鉴了施米特早期即魏玛时期对自由主义的质疑,以及他对敌友概念的发展。在摩根索"二战"之后的作品中,他的"施米特化"痕迹一般都遭掩盖,但是这一痕迹极为明显地表现在他的第一篇重要的博士后论文中,这篇文章在法国发表,名为《"政治"的概念》,①只比施米特的《政治的概念》修订本晚一年。人们经常将这篇短文误列入摩根索的正式作品,但此文其实是摩根索作为学者的成长历程的重要部分。

在《"政治"的概念》中,摩根索详细讨论了国际冲突中法律的适用问题,并明确论述了施米特从划分敌友的角度对政治的分析。摩根索立论的基础是,国际社会并不完全是法律争端和法律解决(différends juridiques)的领域,而是由不同程度的政治冲突或利益冲突(les différends politiques)组成的不均衡形势,这些冲突最后充其量只能由法律部分且暂时地调解。如上所述,摩根索淡化了施米特对自由主义的尖锐批评,因此,他为国家间可行的司法争端机制敞开了大门。但毋庸置疑,摩根索赞同施米特[139]的批判,即法律实证主义是"纯法学"。

事实上,在摩根索看来,由于自由主义的实证主义者将国际社会作为具有司法可能的抽象领域,认为国际社会可以通过法律制度和协议进行治理,因此,他们普遍低估了社会学视角下的国际政治(la politique interétatique)。为应对这一疏忽,摩根索提出了后来所谓的现实主义的政治概念,在这篇早期文章中,他简单地称之为政治生活的物质理论(la notion matérielle du politique)。

---

① Morgenthau, H. J. *La Notion du "Politique" et la Théorie des Différends Internationaux*, Paris: Recueil Sirey, 1933.

在《"政治"的概念》中,摩根索的现实主义政治概念主要体现为四个核心命题。首先,该文是摩根索在"二战"之后将国家间政治理论化的演练作品,他在其中主张,社会学的现实由权力意志(la volonté de puissance)界定,即由权力维持(maintenir la puissance)、权力增强(augmenter la puissance)和权力肯定(manifester la puissance)三个方面界定。

其次,在详细讨论施米特的敌友划分的基础上,摩根索宣称,社会学现实根本上与对立的社会群体的形成有关:政治的朋友(amis politiques)与政治的敌人(ennemis politiques)。[1] 然而,这并不是对施米特的直接挪用。摩根索批评施米特的敌友划分定义是形而上学的猜测。此外,他还批判施米特对政治的呈现,即由于所谓的敌友区分的首要性和自主性,政治在某种程度区别于宗教、道德、美学、经济、文化等。事实上,摩根索用"政治的"这个形容词对"朋友"和"敌人"进行了限定,即政治的朋友和政治的敌人,其目的在于:第一,将政治事物建立在物质利益与物质目标的基础上;第二,强调政治是群体间的竞争,这种竞争演变为尤为激烈的社会学与心理学的敌意形式,并且这种竞争在经济、宗教、道德等任何生活领域都能找到其根源。换言之,摩根索肯定施米特把政治聚焦为敌意,与此同时,也批评施米特从生存论意义上界定政治事物。

第三,摩根索主张,社会学现实涉及国家生活、国家间关系以及外交政策的实施。事实上,摩根索注意到,尽管政治的朋友和政治的敌人的形成可能既与国内尺度相关,也与国际尺度相关,但国内(l'étatique)和国际(l'interétatique, l'étrangère)仍然是两个不同的政治领域,后者的意义远大于前者。

最后,摩根索认为,法律维持现状的姿态与国际领域中社会学现实

---

[1] Morgenthau, H. J. *La Notion du "Politique" et la Théorie des Différends Internationaux*, Paris: Recueil Sirey, 1933, pp. 44–61.

的变动不居性之间存在固有的脱节。他认为,国与国之间总会有不可裁定的对立诉求——尤其是敌友划分的紧张表现——这种对立会挑战静态的法律秩序,使后者变得不切实际。

《"政治"的概念》中的鲜明反差是施米特名字的缺席,尽管摩根索在其战后的主要作品中重拾了那里的若干主题,例如他的权威著作《国家间政治》(*Politics Among Nations*,1948),[140]这部巨著至今仍在重印,是现实主义国际关系课堂里的重头戏。例如,在《国家间政治》一书中,摩根索基于法律主义无法理解权力政治,专门批评了法律主义对世界政治采取的方法,并提出一种政治的概念,即政治是竞争族群之间敌对的"权力冲动"(powerdrives)。然而,如果说摩根索大致受施米特启发,将政治界定为不能通过法律缓解的、特别激烈的"敌友"冲突形式,并且这种政治界定方法仍然是摩根索在战后写作的基本特征,那么,摩根索与施米特在政治事物的空间性问题上则有重大的分歧。

摩根索与施米特的关键区别是摩根索讨论的"国家权力的本质"。① 摩根索为了解释外交政策是怎样相对连贯的,一开始就指出,权力作为"人(man)对其他人(men)的思想与行动的权力",是一个"只要人类在社会中相互接触,就会发现"的问题,也就是说,权力在所有层面的社会组织中普遍存在。然而,摩根索指出,由于"控制个人权力冲动的行为规则和制度设计",多数人在国内层面受到限制,只有极少数人可以不受限制地行使权力。

摩根索特别指出,"法律、伦理、风俗、众多的社会机构和安排,如竞争性考试、竞选、体育、社会俱乐部和兄弟会"(同上,页73-75),都是使政治平和化的原因,因此如他所说,"大多数人无法满足他们在国家社会中的权力欲望"。摩根索暗示,这导致受挫的权力冲动聚集在一

---

① Morgenthau, H. J. *Politics Among Nations*, Alfred A. Knopf, 1948, pp. 73-121.

起,并向外朝向由国家间关系构成的世界。作为基于外交政策的力量投射,这种对权力的"补偿性认同"主要是一种中产阶级和工人阶级现象:

> 由于在国内无法充分满足自己的权力欲望,人民将这些未满足的愿望投射到国际舞台上。在那里,他们在认同国家权力冲动的过程中找到替代的满足感……仿佛我们所有人,不是作为个人,而是作为集体,作为同一个国家的成员,拥有和控制着如此巨大的权力。我们的代表在国际舞台上掌握的权力变成我们自己的权力,我们在国家社会中经历的挫折也因代为享受国家的权力而得到补偿。(同上,页74)

这标志着摩根索在地缘政治学上与施米特的显著差异。魏玛保守主义者施米特认为,地缘政治是一种国内和国际领域的去领土化现象,而对摩根索来说,国内领域可以与国际领域有意地区分开来。摩根索的确承认,权力斗争在国际与国内两个层面都会发生,[141]但他也认为,由于社会凝聚、分等级的政治和法律组织、技术发展、文化统一性以及外部入侵的威胁,政治事物在国家疆界内部大打折扣。

(摩根索以美国为例,明确指出地理上的相互关联问题,以及由布尔什维克主义与核战争带来的威胁,以此作为全球的不安全模式,该模式致力于将冲突从国内引向外部。)因此,在摩根索看来,我们可做的是将国外地缘政治领域与国内政治领域隔离开来,从而使"国内的政治秩序……比国际秩序更加稳定,并在较小程度上受到暴力变化的影响"(同上,页21)。

要点在于,如果摩根索经常不承认的智识债主就是施米特,那么,这并不是说在具体地从国家-领土层面描绘世界政治时,摩根索在效法施米特,也不是说施米特轻易就成了政治现实主义——作为国家-领土层面的敌意——的先驱。事实上,就20世纪地缘政治的地理学想象而言,施米特与摩根索追求的东西截然不同。关键的不同在于,对摩根索来说,法律和暴力可以限定于国家内与国家间的空间,各自分开;而在施米特那里,我们看到的是总体上更为复杂的地理学想象。

参考文献

Agamben, G. (2005) *The State of Exception*, Chicago: University of Chicago Press.
Agnew, J. A. (2003) *Geopolitics: Revisioning World Politics*, London: Routledge.
Agnew, J. A. and S. Corbridge (1995) *Mastering Space*, London: Routledge.
Ashley, R. K. (1987) "The Geopolitics of Geopolitical Space: Toward a Critical Social Theory of International Politics," *Alternatives* 12: 403–434.
Bendersky, J. W. (1983) *Carl Schmitt: Theorist for the Reich*, Princeton, NJ: Princeton University Press.
Brown, C. (2010) "The Twilight of International Morality? Hans J Morgenthau and Carl Schmitt on the End of the *Jus Publicum Europaeum*" in *Realism Reconsidered*, M. C. Williams (Ed.), Oxford: Oxford University Press, 62–92.
Burchard, C. (2006) "Interlinking the Domestic with the International: Carl Schmitt on Democracy and International Relations," *Leiden Journal of International Law* 19: 9–40.
Campbell, D. (1992) *Writing Security: United States Foreign Policy and the Politics of Identity*, Minneapolis: University of Minnesota Press.
Chandler, D. (2008) "The Revival of Carl Schmitt in International Relations: The Last Refuge of Critical Theorists," *Millennium* 37: 27–48.
Dyzenhaus, D. (1998) *Law as Politics*, Durham, NC: Duke University Press.
Foucault, M. (2003) *Society Must be Defended*, New York: Picador.
Frei, C. (2001) *Hans J. Morgenthau – An Intellectual Biography*, Baton Rouge: Louisiana State University Press.
Honig, J. W. (1996) "Totalitarianism and Realism: Hans Morgenthau's German Years" in *The Roots of Realism*, B. Frankel (Ed.), London: Frank Cass, 283–313.
Huysmans, J. (1998) "Security! What Do You Mean? From Concept to Thick Signifier," *European Journal of International Relations* 4: 226–255.
Kearns, G. (2009) *Geopolitics and Empire*, Oxford: Oxford University Press.
Kennedy, E. (2004) *Constitutional Failure: Carl Schmitt in Weimar*, Durham, NC: Duke University Press.
Koskenniemi, M. (2000) "Carl Schmitt, Hans Morgenthau, and the Image of Law in International Relations" in *The Role of Law in International Politics*, M. Byers (Ed.), Oxford: Oxford University Press, 17–34.
McCormick, J. P. (1997) *Carl Schmitt's Critique of Liberalism*, Cambridge: Cambridge University Press.
Morgenthau, H. J. (1933) *La Notion du "Politique" et la Théorie des Différends Internationaux*, Paris: Recueil Sirey.
Morgenthau, H. J. (1948) *Politics Among Nations*, New York: Alfred A. Knopf.
Morgenthau, H. J. (1978) "An Intellectual Autobiography," *Society* 15: 63–68.

Odysseos, L. (2002) "Dangerous Ontologies: The Ethos of Survival and Ethical Theorizing in International Relations," *Review of International Studies* 28: 403–418.
Odysseos, L. (2007) "Crossing the Line? Carl Schmitt and the 'Spaceless Universalism' of Cosmopolitanism in the War on Terror" in *International Political Thought of Carl Schmitt*, L. Odysseos and F. Petito (Eds.), London: Routledge, 124–143.
Odysseos, L. and F. Petito (2008) "Vagaries of Interpretation: A Rejoinder to David Chandler's Reductionist Reading of Carl Schmitt," *Millennium – Journal of International Studies* 37: 463–475.
Rasch, W. (2004) *Sovereignty and its Discontents*, Portland, OR: Birbeck Law Press.
Rasch, W. (2005) "Lines in the Sand: Enmity as a Structuring Principle," *The South Atlantic Quarterly* 104: 253–262.
Scheuerman, W. E. (1999) *Carl Schmitt: The End of Law*, Lanham, MD: Rowman & Littlefield.
Scheuerman, W. E. (2010) "Carl Schmitt and Hans Morgenthau: Realism and Beyond" in *Realism Reconsidered*, M. C. Williams (Ed.) Oxford: Oxford University Press, 62–92.
Schmitt, C. (1976 [1932]) *The Concept of the Political*, New Brunswick, NJ: Rutgers University Press.
Schmitt, C. (1985 [1923]) *The Crisis of Parliamentary Democracy*, Cambridge: MIT Press.
Schmitt, C. (1987) The Legal World Revolution, *Telos* 72: 73–89.
Schmitt, C. (2003 [1950]) *The Nomos of the Earth*, New York: Telos Press.
Schmitt, C. (2004 [1932]) *Legality and Legitimacy*, Durham, NC: Duke University Press.
Schmitt, C. (2005 [1934]) *Political Theology*, Chicago: Chicago University Press.
Schmitt, C. (2007 [1975]) *Theory of the Partisan*, New York: Telos Press.
Schmitt, C. (2008 [1938]) *The Leviathan in the State Theory of Thomas Hobbes*, Westport, CT: Greenwood Press.
Ulmen, G. L. (1987) "American Imperialism and International Law: Carl Schmitt on the US in World Affairs," *Telos* 72: 43–71.
Walker, R. B. J. (2002) "After the Future: Enclosures, Connections, Politics" in *Reframing the International*, R. Falk, L. E. J. Ruiz, and R. B. J. Walker (Eds.), London: Routledge, 3–25.
Williams, M. (2005) *The Realist Tradition and the Limits of International Relations*, Cambridge: Cambridge University Press.
Wolin, R. (1992) "Carl Schmitt, the Conservative Revolutionary Habitus and the Aesthetics of Horror," *Political Theory* 20: 424–447.
Zarmanian, T. (2006) "Carl Schmitt and the Problem of Legal Order: From Domestic to International," *Leiden Journal of International Law* 19: 41–67.

六　后法时代的新法?
——多极性、空间和制宪权

罗文(Rory Rowan)

导论

　　[143]米勒曾指出,对施米特而言,"明晰是指光与影的恰当分布"。① 这似乎恰如其分地描述了施米特的作品,可以说,施米特的见解之敏锐超乎寻常,却又隐藏在云山雾罩般的论述中,揭示与隐藏不分伯仲。如米勒所言,施米特的写作"任意地将水晶般清晰的界定及划分,与图像、隐喻及神话混合在一起"(同上,页9)。如果说富于美感与析理透彻相互交融是施米特作品引人人胜的部分原因,那么,这也是其危险诱惑力量的源头。

　　《大地的法》并不是例外,而是彰显了这一特点,在哲学分析、政治论战与神话引喻的交织里,该书将施米特的思想带进虽然不确定却极富暗示性的领域,似乎既深陷于申辩者的自相矛盾,又孕育着对世界历史的洞察。尽管《大地的法》涉入扑朔迷离的水域,但该书仍然沿袭了施米特早期作品中常见的"奥德赛"氛围,在其中,秩序在不定的本体论海洋上漂泊,试图返回有根据的正当性的坚实土地。如果说这种秩

---

① Müller, J. W. *A Dangerous Mind: Carl Schmitt in Post-War European Thought*, Yale University Press, 2003, p. 9. 正如米勒所指出的,施米特引用了歌德的话,而歌德又引用了哈曼的话。

序的"根基"(ground)隐含在《政治的神学》所描绘的"毫无根基"的主权决断中，或者隐含在《政治的概念》所论述的敌友对立中，那么在《大地的法》中，秩序的"根基"则完全与地缘政治的空间秩序等同。在"确定性的标志"行将分崩离析时，一种地缘政治构想，即牢固地把秩序锚定于空间中，或许更有吸引力，然而，我们应当坚决避开这种极端保守的塞壬歌声(Siren Call)。

但是，一些批判性左派思想家从施米特书中采纳的，正是多极的全球秩序锚定于若干"大空间"的构想。墨菲(Chantal Mouffe)、佩蒂托(Fabio Petito)和佐罗(Danilo Zolo)是其中几位代表，他们直接采用施米特的地缘政治思想，呼吁建立新的多极大地秩序。我认为，对新的多极世界秩序的这些呼吁，在空间与政治秩序的关系方面照搬了最糟糕的施米特的理解，并且，就包含一系列大规模空间单元的政治多元主义而言，他们采用了施米特的退步理解。

然而，在我看来，这些多极论点建立在对《大地的法》的误读之上，因为它们忽略了根基性的制宪权(constituent power)概念——施米特将其定位[144]为本文集的核心。我认为，我们若回到施米特哲学论述的概念核心，即制宪权(constituentpower)与宪定权(constituted power)之间的基本张力，就有可能发展出一种替代解读，即在与空间生产的关系中来定位制宪权。这种解读能够以激进民主论的视角，重新阐明空间与政治的关联，从而抵制"大空间"地缘政治学带来眼花缭乱的诱惑。

多极性

《大地的法》强有力地批判了自由主义意识形态、"人道主义战争"和美国的帝国主义。施米特分析了强国如何玩世不恭地利用自由主义国际法的"伪普遍主义"(pseudo-universalism)和"人道主义战争"理论，并以人类的名义追求自身的特殊利益，这种分析在"反恐战争"之后的今天,似乎特别有预见性。因此,许多反对美国霸权的左派学者与后结构主义批评家被施米特的作品吸引,并敏锐地强调自由主义的盲点(blindspots),这当然不足为奇。由于这些论点在其他地方已有广泛讨论,本文无需赘述;确切地说,我想重点关注一些理论家,他们利用《大地的法》中不同且颇有争议的一面,即施米特呼吁建立一种新的多极世界秩序,以对抗自由主义霸权和美国的统治。

在利用施米特的 nomos[法]理论为建基于若干大空间(Großraum)的多极世界秩序提出规范性建议方面,墨菲、佩蒂托和佐罗等人远远超出施米特作品的其他读者。① 在我看来,由于可能重复了《大地的法》中极端保守的地缘政治想象,这种对施米特思想的挪用充满危险。另一方面,这些多极解读没有看到该书最重要的一面,即其与激进民主政治相关的方面,那就是施米特勾勒出的制宪权与空间生产的关系。

紧跟施米特在《大地的法》中的分析,墨菲、佩蒂托和佐罗认为,自由主义意识形态、市场经济和美国军力的霸权,产生了不公正、不稳定且暴力化的单极世界(非)秩序。这种力量组合肯定是霸权主义的,但是否可以理解为它建构起了如单极世界秩序那般的一致性,则值得怀疑。虽然美国无疑仍然是全球唯一的超级大国,拥有地球上不成比例的大量财富、尖端武器和科技专长,但这种实力地位受到了以下因素的制约:危险的经济负债,进行所谓的"21世纪战争"(多个战场上的国家建设与不对称的游击冲突)时常规部队的局限,以及其他国家相对实

---

① 典型且更加尝试性的研究,另见 Rasch, W. *Sovereignty & Its Discontents*, London: Birkbeck University Press, 2004; Rasch, W. "Lines in the sand: enmity as a structuring principle", *South Atlantic Quarterly*, 104, 2005, pp. 253-262; Odysseos, L. and Petito, F. "Introduction: the international political thought of Carl Schmitt", in Odysseos, L. and Petito, F. (eds) *The International Political Thought of Carl Schmitt: Terror, Liberal War and the Crisis of Global Order*, Routledge。

力的增强,尤其像中国这样的新兴大国和债权国。①

然而,暂且撇开这些担忧,并公开承认抵制自由主义意识形态、[145]市场经济和美国军力的霸权是崇高的目标,我的忧虑仍在于针对单极世界所提出的替代方案。当墨菲、佩蒂托和佐罗将替代单极性的问题与施米特寻求新大地法混为一谈时,一个基本问题就出现在他们的论点中。显然,我们可以在某种形式的多元主义中找到替代单极性的方案,但是,如果仍旧局限于施米特的框架内,人们就会摒弃理解多元主义的众多可能,且必然从传统的"大空间"地缘政治学框架中构想多极世界秩序。如墨菲所言:

> 我将用施米特的见解来论证,我们现在生活在一个单极世界中,美国的霸权没有受到挑战,这是我们目前困境的根源,唯一的出路在于建立一种多极世界秩序。②

同样,佐罗断言,要避免美国主导的单极虚无主义,除了施米特的"大空间视角","别无选择"。③ 在我看来,这种"大空间"多极性假定

---

① Arrighi, G. "Hegemony unravelling 2", *New Left Review*, 33, 2005, pp. 83—116; Gowan, P. *The Global Gamble: Washington's Faustian Bid for Global Dominance*, London: Verso, 1999; Harvey, D. *The New Imperialism*, Oxford University Press, 2005; Wallenstein, I. *The Decline of American Power: The US in a Chaotic World*, New Press, 2003. 这些文献都令人信服地主张,尽管美国表面上是全球霸主,但其霸权的长期稳定建立在摇摇欲坠的经济、意识形态和军事基础之上。

② Mouffe, C. "Carl Schmitt's warning on the dangers of a unipolar world", in Odysseos, L. and Petito, F. (eds) *The International Political Thought of Carl Schmitt: Terror, Liberal War and the Crisis of Global Order*, London: Routledge. 2007, p. 147.

③ Zolo, D. "The re-emerging notion of empire and the influence of Carl Schmitt's thought", in Odysseos, L. and Petito, F. (eds) *The International Political Thought of Carl Schmitt: Terror, Liberal War and the Crisis of Global Order*, London: Routledge. 2007, p. 162.

了对空间与政治间关联的某种理解,而这种理解严重限制了多元主义的构想,从而限制了政治可能性的开放。这些思想家忽视了当今世界复杂现实中的政治潜能,在单极性与多极性之间强加了一个伪命题,并将这一伪命题归为两害相权取其轻(the lesser evil)的逻辑。尽管墨菲、佩蒂托和佐罗的目的是建立一个更少暴力和更少不义的全球秩序,但通过响应施米特建立多极的新大地 nomos[法]的号召,他们重复了施米特极端保守的地缘政治想象,提出了极其倒退的空间政治理解。

这些多极想象中暗含着某种空间与政治的关系,为了理解这种关系对多元主义的限制,重要的是剖析这种关系的本质,什么催生了这种进路,以及如何提出一种兼容激进民主阐释的替代解读。墨菲、佩蒂托和佐罗提出的多极 nomos[法]都会承认多元主义,然而,首先必须指出,他们构想多元主义的方式彼此不同。佩蒂托和佐罗都提到独特的"文化和宗教"认同,并认为多极性会为"各文明的对话"奠定基础。尽管佩蒂托给这个短语显著地加上了引号,但是他显然意识到,"文明"是备受争议的本质化范畴。[①]

似乎两位学者都将他们呼吁的这些"文化"或"文明"同一性,理解为或多或少植根在特定的区域空间。毋庸置疑,佐罗的思想更加粗糙,他直接提到拉丁美洲、中国与统一的欧洲是未来的"多极",能够抵消

---

① Petito, P. "Against world unity: Carl Schmitt and the western-centric and liberal global order", Odysseos, L. and Petito, F. (eds) *The International Political Thought of Carl Schmitt: Terror, Liberal War and the Crisis of Global Order*, London: Routledge. 2007, p. 180; Zolo, D. "The re-emerging notion of empire and the influence of Carl Schmitt's thought", Odysseos, L. and Petito, F. (eds) *The International Political Thought of Carl Schmitt: Terror, Liberal War and the Crisis of Global Order*, London: Routledge, 2007, p. 162.

作为另一极的美国。① 事实上,佐罗呼吁欧洲重新发现其"文化同一性,即其地中海渊源",并与"一般意义上的阿拉伯-伊斯兰文化"[146]开展对话。这似乎源于一种特别倒退的理解——以文化为根基的政治与以区域地理为根基的文化(同上)。

墨菲基于相关的主体性概念与一种对霸权动力学的理解,提出的论点更为复杂。墨菲论述的盲点在于,虽然据称"社会制度"正是发生霸权争斗的焦点,但是基本的制度架构(大概还有地缘政治架构)不能遭到质疑。她又认为,"一个民主社会不能把那些质疑其基本制度的人当作正当对手"。② 针对这一明显的矛盾,她提出必须有某个更加基本的"共同的象征空间"——这一空间能够为正当的霸权争斗设定限制——试图以此支撑自己的立场(同上,页121)。

然而,在这种逻辑中,从某种程度上说,正是基本制度架构不受质疑,"共同的象征空间"才能成立。因此,相对于佩蒂托和佐罗提出的概念,尽管墨菲的政治主体性概念要精微许多,但是在她那里,某些制度、原则和大概的政治主体立场必然保持不变。此外,她赞同卡恰里(Massimo Cacciari)的看法,并引用他的话,大意是说,多极世界秩序意味着:

> 基于地区多极性和文化同一性理念,努力建立一个国际法律体系,多极之间在承认充分自治的情况下相互联合。(同上,页117)

这有可能使她的立场陷入新区域本质主义(neo-regional essential-

---

① Zolo, D. "The re-emerging notion of empire and the influence of Carl Schmitt's thought", Odysseos, L. and Petito, F. (eds) *The International Political Thought of Carl Schmitt: Terror, Liberal War and the Crisis of Global Order*, London: Routledge, 2007, p. 162.

② Mouffe, C. *On the Political*, London: Routledge, 2005, p. 120.

ism），与佐罗一样。因此，虽然多极中各级的内部秩序可能依赖于多个较小强国（smaller powers）之间的霸权（以及所谓的民主）动力学，或者直接依赖于稳定与统一的"文化和宗教"认同，但三位学者都提出了一种"大空间"世界秩序，将分离的政治主体性划归不同的地区极与"文化"极。

空间、政治与主体性之关联的这种倒退概念，潜藏在墨菲、佩蒂托和佐罗对多极世界秩序的呼吁中，这种秩序直接采用自《大地的法》中的大空间（Großraum）概念。施米特设想的大空间（英文是 Big Space）是一种新的大规模领土主权单元，能够取代国家，在他看来，在20世纪，由于伪普遍主义的万国法与美帝国强权，国家的作用已经退化。

在施米特看来，门罗主义为大空间权力提供了有效的模型，由此美国单方面授予自己对整个"西半球"——当然包括其邻国——的最终主权。施米特提出，在冷战两极格局如他所预言的那样迅速崩溃之后，以若干"大空间"之间的势力均衡为特征的新大地 nomos[法]，将提供最稳定的全球秩序形式。施米特的主张多极的读者通过呼吁"复兴新区域主义的大空间理念"——用佐罗的话说——完全将自己置于极端保守的地缘政治学传统之中，而施米特本人明显是这一传统的一分子。①

此类"大空间"地缘政治学，或者如洛马霍（Mika Luomaaho）所称的"大政治学"（grosspolitics），[147]有漫长而有争议的历史，从麦金德（施米特在《大地的法》的前言中提到自己受其影响）、拉采尔，经豪斯霍弗与英国国际关系学派，直到当代的亨廷顿和杜金（Alexander Du-

---

① Zolo, D. "The re-emerging notion of empire and the influence of Carl Schmitt's thought", in Odysseos, L. and Petito, F. (eds) *The International Political Thought of Carl Schmitt: Terror, Liberal War and the Crisis of Global Order*, London: Routledge. 2007, p. 160.

gin)等,都是其中的著名人物。① 近期施米特的读者提出的多极设想,表现出这种"大空间"思想的典型病症:采用伪客观的"上帝视角",以及把某种政治同一性的概念附着于空间载体之中。② 然而,是什么促使左翼批评家支持这种倒退的地缘政治想象?答案在于他们如何解读施米特关于政治的概念及其对差异、秩序与空间之关系造成的影响。

对于倡导多极的施米特的读者来说,政治的概念,或者说敌友区别的永存性,意味着无序和战争是不可避免的事实,这些事实直接源自本体论上的差异。或者说,这些读者发展出一种现实主义,凭借施米特的"政治人类学",即将人理解为一种"'危险的'动态生物",③这种现实主义筛选出了这种差异的本体论。因为存在差异,所以战争不可避免,这些学者将这种差异本体论看作公理。拉什就直言不讳地指出,"战

① Luoma-aho, M. "Geopolitics and grosspolitics: from Carl Schmitt to E. H. Carr and James Burnham", in Odysseos, L. and Petito, F. (eds) *The International Political Thought of Carl Schmitt: Terror, Liberal War and the Crisis of Global Order*, Routledg, 2007, p. 36. 有关施米特对杜金的影响的更多信息,请参见 Ingram, A. "Alexander Dugin: geopolitics and neo-fascism in post-Soviet Russia", *Political Geography*, 20, 2001, pp. 1029–1051, 以及杜金的欧亚政党网站:http://evrazia.info. 该网站还包含法国重要的新权利思想家德伯努瓦(Alain De Benoist)在莫斯科的演讲,他倡导类似于施米特的多极世界秩序愿景。他的作品最近还与墨菲、佩蒂托和佐罗的名字一起出现在 de Benoist, A. "Global terrorism and the state of permanent exception: the significance of Carl Schmitt's thought today", 见同上书。

② 例如,见奥图赛尔(Gearóid Ó Tuathail) 的开创性的 *Critical Geopolitics: The Politics of Writing Global Space*, London: Routledge, 1996。

③ Schmitt, C. *The Concept of the Political*, University of Chicago Press, p. 61. 墨菲同样认为,政治必须建立在"人类学基础上,这一基础承认人类社会性的矛盾特质"。Mouffe, C. *On the Political*, Routledge, 2005, p. 3。[译注]《政治的概念》中文版,页74。

争总是有的"。① 依照这种观点,由于战争产生于人类生存的本体论境况,无法被克服,所以,值得期待的最好办法就是管理战争。

如佩蒂托所言,多元世界秩序的目标"不是在地球上创造天堂,而是首先防止地球成为地狱"。② 继施米特之后,倡导多极的学者认为,单极世界秩序由于不能提供区分战争与和平、战斗人员与非战斗人员的依据,所以不能限制战争。也就是说,当世界由单一超级大国主导时,战争与和平就会消解成为一种全球军事治安制度,主导大国只会为了自身利益而行动。

另一方面,有人认为,多极性为区分若干大国和若干独立空间提供了基础,从而使区分战斗人员与非战斗人员、战争地带和平地带成为可能。若干相对平等的大国的存在,将使大家共同承认,存在着战争与和平两种截然不同的境况,从而有助于遏制战争。

此外,大国间的势力均衡将会制约任一大国发动战争的能力,并就发动战争与建立和平达成一致。这种多极逻辑的核心论点是:虽然本体论上的差异使战争不可避免,但是,在多元秩序中体现这种差异是遏制战争的唯一途径。或者换句话说,由于差异是一种本体论境况,所以政治事物不可消除,但承认这种对立和差异可以使政治事物的影响得到限制或纾解。

在我看来,这种从承认政治事物到纾解政治事物的微妙转变,是墨菲、佩蒂托和佐罗支持多极大地 nomos[法] 的关键。[148]虽然这些学者认为,多元主义的地缘政治学容许"政治事物的回归"——用墨菲的话说——但是,他们的内在目的是,在一种去政治化的秩序中驯化(do-

---

① Rasch, W. "Lines in the sand: enmity as a structuring principle", *South Atlantic Quarterly*, 104, 2, 2005, p. 253.

② Petito, P. "Against world unity: Carl Schmitt and the western-centric and liberal global order", in Odysseos, L. and Petito, F. (eds) *The International Political Thought of Carl Schmitt: Terror, Liberal War and the Crisis of Global Order*, Routledg, 2007, p. 180.

mesticate)政治事物。① 事实上,限制政治事物的影响与遏制战争,是他们提出的新区域大空间秩序的主要成就与目标。因此,与其说墨菲、佩蒂托和佐罗是政治事物的理论家,不如说他们是去政治化的理论家。

然而,我想在此强调的要点是,这些学者将这种去政治化理解为直接建立在多极地缘政治学的基础上,这一基础是他们从施米特的作品中汲取的。事实上,他们正是将多极地缘政治布局本身看作促进一种去政治化秩序的构建。对这些新施米特主义者来说,多极性根本上是一种方法,这种方法由于建立在一种必然有限的多元主义的基础上,从而可限制政治事物的范围。

虽然代表多极大地 nomos[法]的论点明确主张,应容许差异的表达与政治对立,但其隐含的主张则是,要将这些差异固着于某些空间当中。因此,由于将某些主体固着在某些空间中,差异的相互作用失效,政治事物的表达也受到限制。因为多极地缘政治想象假定,只有有限的大政治单元才能够共存,所以这种想象蕴含着去政治化与限制多元主义。因此,在我看来,一种大空间秩序的首要目的不是承认多元主义,而是限制多元主义。尽管墨菲将施米特的政治事物与海德格尔的存在论作了类比,但是,这些学者提议的以多极 nomos[法]为基础的多元主义,显然是基于一套固有的差异而不是基于向差异本身开放,即基于作为差异的差异(upon difference qua difference)。②

因此,墨菲、佩蒂托和佐罗呼吁的多极大地 nomos[法],通过将一系列"恰当的"政治主体(political subjects)确定在一定数量的"恰当地方"(proper places),要求建立一种去政治化的空间秩序。虽然人们可以反驳说,这三位学者没有傻到真的提出固定数量的极(poles),因而在"多少"的问题上也没有下定论,但是,这都不是重点。问题不在于数量,也不在于有多少的元才合适;问题源于他们把某个"恰当的"主

---

① Mouffe, C. *The Return of the Political*, London: Verso, 1993.
② Mouffe, C. *On the Political*, Routledge, 2005, pp. 8-9.

体附着于其"恰当的"地方的逻辑,而无关数量。我认为,这种关于"恰当"的逻辑依赖于某种对空间的理解,由于这种理解可能造成严重后果,所以我们必须提出质疑,首先是质疑他们如何理解空间与政治之间的关系,其次是质疑由此产生的政治可能。

若干大空间的全球划分提供了一个拦阻者(Katechon),这是施米特所用的术语,指的是用来限制政治事物的破坏力的架构。[1] 因此,空间划分被理解为秩序的基础。另外,由于为秩序奠定基础的空间是稳定与客观的,因此是外政治的(extra-political)。事实上,正是空间的外政治特性,才使空间担当起秩序的去政治化工具:空间提供了一个客观给定的平台,在这个平台上,人们可以得出区别,并且将区别固着于这个平台,[149]不必担心基础自身会改变。

将主体固着于外政治的分割空间,终结了重新阐释空间划分的新可能,因此也就不能阐明正当的政治主体的"恰当"数量与性质。因此,通过把秩序建基于外政治的空间,秩序的基础因之而去政治化,并免受质疑。在我看来,这些多极秩序的想象,与巴迪欧(Alain Badiou)的"情势状态"(state of the situation)、德勒兹(Giles Deleuze)的"秩序之

---

[1] 施米特著名的 Katechon 一词取自圣保罗的《帖撒罗尼迦后书》,在他的末世论历史哲学中起着至关重要的作用,其与他的地缘政治学的关系值得深入分析。限于篇幅,这个词与施米特国际秩序思想的关系,见 Hooker, W. *Carl Schmitt's International Thought*, Cambridge University Press, 2009。另见 Agamben, *The Time That Remains*: *A Commentary on the Letter to theRomans*, 2005; Koskenniemi, *The Gentle Civilizer of Nations*: *The Rise and Fall ofInternational Law*, 1870–1960, 2001; Meier, *The Lesson of Carl Schmitt*: *Four Chapters on the Distinction BetweenPolitical Theology and Political Philosophy*, 1995; Ojakangas, *Concrete Life*: *Carl Schmitt and the Political Thought of LateModernity*, 2006; Prozorov, "The appropriation of abandonment: Giorgio Agamben on the stateof nature and the political", *Continental Philosophy Review*, 2009; Taubes, *The Political Theology of Paul*, 2004. 对 Katechon 在施米特哲学中的作用,这些学者都提出更概况的见解,但他们基本上都没有充分讨论其与空间概念的关系。

图"(diagram of order)及朗西埃(Jacques Ranciere)的"感性的分配"(distribution of the sensible)等各种恰当的政治描述,有强烈的共鸣。所有这些描述都认为,正是由于政治事物的不恰当——即政治事物的出现扰乱了既定的恰当主体和地方的安排——才导致主导力量试图遏制这种不恰当。①

墨菲、佩蒂托和佐罗的多极地缘政治学中所隐含的这种有关空间与政治之关联的概念,严重地影响了政治想象的方式。多极的"大政治学"必然认为,政治权力要掌握在少数人手中。这种大空间模式不仅将正当的政治主体性固着于一定数量的"大空间",而且使得空间内部的政治关系充满争议,以至于加剧了这种"恰当"制度的内在困境。如果要将广阔的区域凝聚为统一的政治主体,那么,似乎必须有等级地安排大空间的内部关系。这种统一可以通过多种方式得到保证,包括代表的制度化程序、霸权的意识形态(也可理解为"文化"认同)、镇压力量或者所有这些方式的组合。

墨菲在解决这个问题上想得最深,她主张每一"地区极"都以霸权的方式组织内部。长期以来墨菲都坚持霸权与民主之间的理论立场,但是,即使我们承认政治本身以及民主必须在霸权动力学中运作,霸权的本质中也没有必然民主的东西。这些思想家对文化、宗教和"文明"范畴的呼吁,使某种意识到自己可能的霸权基础的民主多元主义——如墨菲所想象的——变得几乎不可能。因此,这种多极性可以带来的稳定,其代价是剥夺许多人的权力,甚至糟糕到依赖大规模的暴力镇压来维系稳定。

这种多极秩序想象不仅使政治主体的性质变得无可争辩,也使政治空间的基本组织模式难以置疑。毋庸讳言,这种安排严重限制了多

---

① 例如,参见 Badiou, A. *Being and Event*, London: Continuum, 2005; Deleuze, G. *Foucault*, University of Minnesota Press, 1988; Ranciere, J. *Disagreement: Politics & Philosophy*, Minneapolis: University of Minnesota Press, 1999.

元政治的构想方式,使民主的激进化变得完全不可能。在一个由若干"大空间"单元限定了主体性的体系中,人们把自己建构为"人民"的力量,以及人们对自己的生活与共同体的空间组织的控制力量,都将遭到大大削弱。

墨菲和佐罗认为,多极地缘政治是避免单极毁灭的"唯一"替代选择,然而,以多极地缘政治来限制多元主义并无任何必要。我们可以设想另一种理解[150]空间与政治之关系的方案,即由自我建构的共同体(self-constituting communities)来决定政治主体性建构与政治空间组织。事实上,我相信,人们在《大地的法》中能够找到资源建立一种激进民主的空间政治。在我看来,墨菲、佩蒂托和佐罗对《大地的法》的解读,即强调空间是建构秩序的基础,极其有限且"片面"。

毫无疑问,这种地缘政治想象在施米特的大空间理论中扮演着关键角色。大空间理论显然旨在于国家[概念消解]之后建立新的权威基础,但它也只是施米特描绘的空间与政治之更复杂关系的一个要素,空间与政治之关联还可以有不同的解读。① 以我的理解,制宪权与空间的关系才是《大地的法》的核心。施米特不仅声称所有规范的制度秩序都建立在基本的空间秩序上,他还进一步认为,这种空间秩序建立在制宪权的例外行为上,他称之为"土地占取"。

施米特的主张多极的读者多半忽视了他论证中的这一核心要素,而强调多极性的制度价值及空间在秩序中的基础作用。由于忽视制宪权与空间的关系,这些理论家错过了(如我所理解的)一个重要机会,即没有从施米特的作品中抽取激进民主的空间政治理论。

---

① 施米特的地缘政治想象的另一个极其保守的方面,可惜我在这里没有篇幅论述,就是他在《陆地与海洋》(1942)、《大地的法》(1950)和《游击队理论》(1963)中反复强调的"元素的"陆地空间和海洋空间的庸俗区分。在最近的 Daniel Heller-Roazen 的 *The Enemy of All* (2009) 中,作者对这种陆地与海洋的区分作了精彩的解构,不仅给这种区分带来麻烦,而且显示出施米特在提出这种区分时显得多么摇摆不定。

我相信,通过回到《大地的法》的"地缘哲学"(geophilosophical)核心,我们有可能在施米特的思想中挖掘出对空间与政治之关联的另一种解读。① 然而,为了充分理解这个"地缘哲学"核心,我们必须回到施米特整个作品的基本概念结构中,并找到贯穿其中的制宪权与宪定权之间的张力。

创基断裂

据我的阅读,《大地的法》展现了一种基本的张力,这种张力构造了施米特的整个思想。纵观他的作品,一方面,施米特反复将不确定性呈现为一个存在论条件;另一方面,他又不断尝试把秩序建立在某种形式的真实合法性上,以结束这种不确定性。在我看来,施米特的全部作品都具有这种张力,一方面是那些敞开了存在论的不确定性场域的事件,它们揭示出秩序缺乏坚实基础,另一方面是依情况去尝试建立这种基础。

然而,不应把这种摇摆看作施米特思想中的矛盾或弱点。恰恰相反,这构成了其作品富有创造力的内核,并激活了他提出的所有核心概念:无根据的主权决断建立秩序;统一的政治体面临生存论意义上的敌人威胁;人民对宪法的毫无根据的"存在论意义上的总体决断";土地占取行为建立起新的大地 nomos[法]。如扎马尼安所论述:

> [151]施米特的理论步骤是……把多元性、冲突和混乱假定为存在论上的给定,然后开始控制加利所谓的"现代性的悲剧":一方面,在中世纪基督教统一体崩溃之后,一个终极的、无争议的正当性基础不再可能;另一方面,这种正当性对任何秩序都不可

---

① Kervégan, J.-F. "Carl Schmitt and 'world unity'", in Mouffe, C.(ed) *The Challenge of Carl Schmitt*, London: Verso, 1999, p.64.

或缺。①

在加利看来,对施米特来说,秩序缺乏坚实的神学基础,意味着"现代政治的标志是,在构建秩序的必要性与坚实地建立秩序的不可能性之间,存在着原始的、悲剧性的、非辩证的矛盾"。② 对施米特而言,"任何单一主体、政治制度、理性思维,都无法解决这一矛盾:一开始就存在无序,而无序是不能克服的"(同上)。由于施米特赋予不确定性以本体论上的首要地位,所以施米特思想的核心并不是人们常说的对秩序的威权主义坚持,而是秩序与无序之间的必要张力。

举一个众所周知的例子:在《政治的神学》中,施米特认为主权是一个"际缘性概念"(Grenzbegriff),这一概念处于边缘位置,既在法律之内,又在法律之外。③ 如阿甘本的著名论述所主张的,对施米特来说,"主权的悖论存在于如下事实中:主权者既在司法秩序之外,同时又在司法秩序之内"。④ 因此,在施米特的作品中,主权这一核心范畴既不属于秩序领域,也不属于无序领域,而是标志着两者之间的张力。

至关重要的是要认识到,这种张力并非简单地建构了施米特作品中两组对立思想的关系,而是构成了他每一个核心概念的内部结

---

① Zarmanian, T. "Carl Schmitt and the problem of legal order: from domestic to international", *Leiden Journal of International Law*, 19, 2006, p. 48.

② Galli, C. "The critic of liberalism: Carl Schmitt's antiliberalism: its theoretical and historical sources and its philosophical and political meaning", *Cardozo Law Review*, 21, 2000, p. 1606.

③ Schmitt, *Political Theology: Four Chapters on the Concept of Sovereignty*, 2005[1922], p. 5. [译注]《政治的神学》中文版,页24。

④ Agamben, G. *Homo Sacer*, Stanford University Press, 1998, p. 15. [译注]中译参见阿甘本,《神圣人:至高权力与赤裸生命》,吴冠军译,北京:中央编译出版社,2016,页21。

构。因此,就主权的例子而言,制度秩序的规范与创立该秩序的决断的例外行为,都包含在主权这个单一概念中。"主权"虽然作为一个附加术语出现,但并未扮演"更高第三者"的角色来辩证地解决这一张力。

相反,主权这一概念表明,规范与例外、制度秩序与创基行为、秩序与无序处于永久的张力中,这种张力抵制一切辩证的解决方案。因此,如奥亚坎加斯所言,施米特的核心概念既维持着二元术语之间"不可逾越的鸿沟",同时又维持着其"不可分离的团结"。① 奥亚坎加斯将这一概念结构置于施米特思想的核心,称之为"创基断裂"(founding rupture)。② 他用这一悖论性的表述证明,对施米特来说,所建构秩序的规范与创立该秩序的制宪权的例外行为总是相辅相成的。③

在奥亚坎加斯的分析中,秩序建立在一个事件之上,这个事件同时导致现有事态的断裂,或者说,与加利的观点相呼应,产生秩序的行为源自无序。事实上,依照奥亚坎加斯的解读,正因为不确定性或无序是一个本体论处境,所以才会存在行动的自由[152]与变革的可能。无

---

① Ojakangas, M. *Concrete Life: Carl Schmitt and the Political Thought of Late Modernity*, Bern: Peter Lang, 2006, pp. 209-210.

② 奥亚坎加斯有力地证明,施米特思想的"形而上学核心"在于对绝对内在概念的抵抗。在奥亚坎加斯看来,"创基断裂"对施米特来说至关重要,因为它标志着一个绝对自我内在的秩序不可能摆脱"外部",因此可确保对偶然性(contingency)的必要开放。

③ 鉴于上文提到的阿甘本在《神圣人》中对"主权悖论"的分析,许多人会对"创基断裂"的结构感到熟悉。然而,奥亚坎加斯的这一表述的好处是,将这一概念结构从阿甘本对主权的论述中抽取出来,可避免阿甘本的夸张做法——把主权与赤裸生命的暴力产生混为一谈——并使这一表述得到更广泛的应用。"创基断裂"结构的形式主义本身使人们可以各种方式重新想象宪定权和制宪权的关系。在我看来,它允许我们想象类似于主权的民主主体性的形式,而这些形式似乎已被阿甘本的暴力主权与赤裸生命之间的生命政治二元论排除了。

序的首要地位确保所有的秩序都是依情况而定的(contingent)。另外，由于所有建立秩序的新尝试都是在现存基础遭到破坏的过程中产生的，因此任何秩序都有待商榷。

奥亚坎加斯指出，"对施米特来说，正是秩序开放的那一刻构成了秩序"。① 或者如普罗佐罗夫(Sergei Prozorov)所认为的，位于施米特思想核心的"创基断裂"表明，"所有的创基都是逾越的，但逾越仍然是创基的"。②

如果说施米特的核心概念是通过维持秩序与无序、例外事件与规范秩序之间的张力来运作的，那么，位于"创基断裂"结构中的这些概念总是表示一种斡旋行为(mediating act)。在所有情况下，创基行为在存在论意义上的不确定性场域内发生，该场域依情况而定地建立秩序。例如：对法律秩序的主权决断；人民对宪法的"总体的存在论决断"；对敌对威胁的承认；建立法的秩序的土地占取行为。

此外，为使这些行为发生，[这些核心概念都]预设了一个具有行动能力的主体。当然，在施米特的作品中，这种积极的主体通常与主权者的形象关联。这主要是由于《政治的神学》和《政治的概念》曾是英语世界的读者认识施米特的主要文本，其中最强调的即是主权，阿甘本针对施米特思想在近期引起的反应所做的解读毫无疑问地证实了这一点。

施米特的主权概念被视为不可分的权威源头，在决断上具有排他权力(exclusive power)，伴随这一概念的必然是一种强大且不容否认的"主体形而上学"(metaphysics of the subject)。然而，这并没有穷尽施米特用来与断裂的创基行为关联起来的主体形式，或者秩序与无序之间

---

① Ojakangas, M. *Concrete Life: Carl Schmitt and the Political Thought of Late Modernity*, Bern: Peter Lang, 2006, p.203.

② Prozorov, S. *Foucault, Freedom, Sovereignty*, Aldershot and Burlington, Ashgate, 2007, p.89.

的主体斡旋。在最近翻译过来的《宪法学说》中,施米特借鉴了西耶斯(Sieyes)的制宪权和宪定权的经典术语,描述了使其作品充满活力的张力,即秩序与无序、规范与例外。①

这种区分[制宪权与宪定权]的视角对更广泛地看待施米特的思想大有裨益,因为这种区分明确了制宪权行为在秩序形成中的关键角色,而秩序形成蕴含在他的所有核心概念中。例如,如卡利瓦斯(Andreas Kalyvas)曾经论证,主权者可以被准确地理解为"肩负社会制宪权的人",尽管主权并不是制宪权可以采取的唯一形式(同上,页110)。

此外,制宪权与宪定权的区分使人们构想出政治主体性的形式,这些形式不受施米特作品中的主权权威概念的影响,并且更明显地向激进民主的诠释开放。虽然任何制宪权的表述都可能假定一个由最低限度的统一所界定的主体,以便使行动可以设想,但是,这一主体无需与施米特的主权主体一致,因此无需背负不可分割的形而上学要求。不难设想,我们可以将施米特作品中强调制宪权的这些要素,[153]置于从西耶斯、卢梭到法农(Fanon)、奈格里等思想家的现代共和主义思想传统中。

在我看来,虽然最近出现的对《大地的法》中多极秩序的解读强调了nomos[法]概念中的制度时刻,即宪定权时刻,却罕有人注意施米特所视为创建空间秩序的制宪权行为。毫不奇怪,正是这种片面解读导致墨菲、佩蒂托和佐罗一味强调空间在多极秩序中的基础角色,而忽视了——对空间与政治之关系的——更加民主的阐述可能。因此,重要

---

① Kalyvas, A. "Who's afraid of Carl Schmitt?", *Philosophy Social Criticism*, 25, 1999, p. 96. 在最近出版的《民主与非常态政治》(*Democracy and the Politics of the Extraordinary*, 2008)一书中,卡利瓦斯(Kalyvas)有力地阐明了施米特的《宪法学说》在民主思想中的运用。随着人们对施米特的核心宪法文本的熟悉程度越来越高,在未来几年人们对施米特作品的接受中,这本文集的重要性可能会增加。

的是要根据维持施米特作品中制宪权与宪定权间张力的"创基断裂",来重新审视 nomos[法]的概念。我相信,在施米特运思的基本结构内将"nomos[法]"概念语境化,可能发展出对《大地的法》的另一种与施米特的多极地缘政治模式全然相反的解读。

Nomos[法]

正如施米特的其他核心概念那样,nomos[法]具有"创基断裂"的结构,包含了存在论意义上的不确定性与建构秩序的偶然尝试之间的张力,以及制宪权时刻与宪定权时刻之间的张力。因此,在我看来,施米特提出的 nomos[法]概念包含两个层面,可惜的是,他的拥护多极的读者只借鉴其中一个。

首先,施米特把 nomos[法]设想为秩序与空间的制度关联,既指政治秩序与空间本身的必然关联,或如施米特在书中所写,"秩序与场域"的关联;又指空间秩序的制度,所有后续的秩序形式皆以此为基础。① 施米特说,nomos[法]

> 包括空间上的原初规则以及所有其他具体秩序的法权和渊源。②

因此,在施米特看来,从根本上说,每一种秩序都以某种空间安排为基础。

其次,nomos[法]表示土地占取的根基性行为,占取行为在秩序与空间之间建立起关联,并使秩序变得可能。为了使秩序根植于空间,必须首先通过占取和划分使秩序变得可能。如施米特所言,"不仅在逻

---

① Schmitt, *Nomos of the Earth*, 2003[1950], p. 42. [译注]《大地的法》中文版,页 7。

② Ibid., p. 48. [译注]同上,页 13。

辑意义上,也在历史意义上,占取是建基其上的规则的前提"(同上,页48)。

因此,nomos[法]是一个有明确可区分要素的概念:根基行为与制度结构,制宪权时刻与宪定权时刻。这一概念既能表明植根于空间的制度秩序(institutional order),又能表明产生新的空间秩序形式的根基性行为(foundational acts)。最近对施米特的多极解读尚未涉及的正是nomos[法]的后一种理解,即作为制宪权的根基行为。

因此,在施米特看来,任何大地 nomos[法]都将其基础和规范归于土地占取这一例外行为。在《大地的法》中,土地占取行为将断裂引进现存事态,[154]同时为新的空间秩序奠定基础。这对于如何构想空间与秩序、空间与制宪权之间的关联有重要影响。首先,必须记住,尽管"创基断裂"表明了断裂和基础的共时性,并保持了秩序与无序之间的张力,但是,无序仍然居于本体论的优先地位,甚至在建立秩序之后亦是如此。加利指出:

> 在施米特的思想中,无序,即缺乏实质,是现代政治秩序不可避免的源头,甚至在秩序建立之后,它也会继续存在。①

因此,法秩序(nomic order)在其建立的过程中并没有摆脱无序,而是在结构上一直依存于无法(anomie)。

无法的根基性地位是结构上的,而不单单是起源上的,因此并不为法秩序所克服,而是以"建构性的外部"这一角色继续存在。这种建构性无序在施米特对欧洲公法的描述中展现得淋漓尽致,他认为欧洲公法是第一个全球性的大地 nomos[法],构成了 16 至 19 世纪的欧洲国际法。

---

① Galli, C. "The critic of liberalism: Carl Schmitt's antiliberalism; its theoreticaland historical sources and its philosophical and political meaning", *Cardozo Law Review*, 21, 2000, p.39.

根据施米特的分析,欧洲大陆只有在结构上依赖于"新世界"和公海上的无法空间,才能建立起一个秩序的空间。秩序与无序之间如此关联起来的一个明显结果是,所有的法秩序都是依情况而定的,并且由于其根基在于无法而容易崩溃。①

　　因此,nomos[法]不仅与秩序有必然关联,也与无序有必然关联,施米特的多极读者未能触碰这一事实,以至于他们将自己的论点建立在靠不住的基础上,并且将他们提出的秩序置于不稳定中,而这种不稳定正是他们试图遏制的。然而,我想强调的基本观点是,在施米特的思想中,空间秩序的基础在政治意义上产生,是通过建构性权力(constitutive power)的主体行为,即土地占取。这不仅转变了理解空间与秩序关系的方式,也改变了空间概念本身。

　　如果按照施米特的分析,所有的法秩序都依赖于土地占取这一例外行为,那么可以说,他阐述空间与秩序之关联所根据的是政治行动。

---

① 无序在空间秩序中的结构性作用也引出一个问题:在施米特与他的多极读者所建议的"大空间"划分中,这样的无序空间到底在哪里出现?除非能在秩序内与秩序外之间划出某种新的友好线;鉴于在世界强国与世界最贫穷的人口之间日益扩大的财富差别与政治权力差异,这样的线看似可行,但似乎不太可能提供稳定,而且显然无法在图上标示(相对于明确的"大空间")。事实上,在当今的地球上,重叠的位置、尺度与流动的权力网纵横交错,其空间构成的复杂性使这种多极划分只能是一种幻想。无序空间如果没有位于秩序的"外部",那么就会出现在秩序的"内部",从而从内部危及多极秩序的稳定结构,并消解秩序与无序之间的区别。当然,这将重复单极性所创造的"无空间"(spaceless)境况,这种境况正是施米特与他的多极读者所指责的。如果外部与内部间的所有边界都内在于一个全球大空间秩序,那么施米特的"反内在主义"(anti-immanentism)的一致性就会岌岌可危,他对普遍主义的否定也会变得复杂。针对这个问题此处暂且无暇多论,但要明白,该问题已指出施米特对内在性和普遍主义的批评存在自相矛盾,也指出了施米特将这两个范畴简化为"同一事物"的不同变奏。正是通过对这些范畴作更细致的理解,才有可能让施米特的作品与激进民主政治对话——而不将其局限于论战式的还原主义。

因此，空间本身没有任何内在的东西能够使自己成为秩序基础，相反，是凭借主体的政治行为，即融合空间和秩序于新关系中的建基（grounding）行为，空间和秩序才同时产生。

因此，我相信能从《大地的法》中得出结论，即从根本上讲，空间是在政治意义上产生的。空间不是一个稳定的、客观给定的、外政治的基础——秩序可以附着在这个基础上，而是政治主体在动态的秩序生成过程中使用的可塑性工具。

此外，正是因为空间是在政治意义上产生的，所以空间是一个多元的、依情势而定的、有争议的范畴，可以由不同的主体以多种方式理解。因此，恰当的主体与恰当的地方之间并不存在必然关系，而空间与秩序之间则存在各种有争议的关系，这些关系通过各种政治主体的行动依情势而产生。因此，近期施米特读者的多极地缘政治学中所暗含的空间解读——空间是稳定的、客观的、外政治的秩序基础，[155]受到了从土地占取这一基础行为解读施米特的挑战，后者描述了空间与制宪权之间更为复杂的关系。

空间是通过制宪权行为在政治意义上产生的，根据这一理解，我相信可以从《大地的法》中挖掘出一种激进民主的空间政治理论的雏形。这显然不是施米特的意图，我也绝不是说这本文集里有这一方案。但是，通过联系施米特的制宪权这一激进概念来处理多元主义与空间问题，也许能够产生另一种解读空间政治的方式，以抵制他与他的多极读者提出的极端保守的大空间幻想。

民主的政治主体利用其建构性权力将自己的政治空间秩序化，并抵制由上而下强加的"大空间"秩序——后者会将恰当的政治主体附着于恰当的空间——作这种解读当然说得通。当然，这就需要发展一个民主的制宪权概念，这一概念应不受与施米特的主权者相关的"主体形而上学"的束缚；也需要发展一种对产生空间的根基性的法的行为的解读，这种解读不应一直困在土地占取的领土逻辑中。

即使施米特的作品不能为我们提供发展这种概念的途径，而且实际上我们必须大体上拒绝他的作品,我们仍值得从他的思想中挽救这一重要关系。事实上,在当今全球的多种情况下,思考与空间生产关联的制宪权,可以帮助我们从理论上说明激进民主与正在形成的空间之间的重要联系。

格拉斯哥

墨菲、佩蒂托和佐罗采用的"大空间"视角,其缺陷之一是忽视了在特定情境的斗争中已经起作用的许多创新,在这些斗争中,空间与政治的关联正在更新,以反对主流的地缘政治想象。人民正在通过制宪权的行为创造激进的民主空间形式,以抵制政治权力与空间秩序的主导模式,这样的事例很多。若仅举一个例子说明激进民主的空间政治如何在一个特定的政治斗争场所上演,那么,可以参考格拉斯哥的议会住宅区事件(council estates of Glasgow)。2008年6月《卫报》(*Guardian*)报道,格拉斯哥的国王大道住宅区(Kingswayestate)的居民反对驱逐在该小区的避难者,发起了一场成功的抵抗运动。①

数百名避难者,来自伊拉克、阿富汗、阿尔及利亚和乌干达等地,他们曾被安置在国王大道住宅区的6座15层高的塔楼里,等待对他们申请英国庇护的裁定。右翼媒体将他们看作贱民阶层(pariah status),但当地居民声称他们热情接纳避难者,于是那些新家庭迅速成为社区的一部分。[156]因此,当移民局在黎明时分开始突袭抓捕避难者,要将其驱逐出境时,当地居民感到非常震惊。作为反制,居民们开始在黎明

---

① 《卫报》文章《不归之地》("Land of No Return"),2008年6月13日星期五。关于国王大道住宅区的抵制驱逐行动和格拉斯哥更广泛的运动的进一步信息,见"住房积极行动"(PAIH)、格拉斯哥反种族主义组织、格拉斯哥联合中心和全国反驱逐运动联盟(NCADC)等组织的网站上的文章,以及格拉斯哥出版的免费杂志 *Variant* 的网站。感谢费瑟斯通(David Featherstone)指引我去利用其中的一些资源。

巡逻,以监视并阻挠当局的驱逐搜捕。移民局的人一旦出现,电话系统就开始运作,向避难者发出警告并帮他们逃脱。在《卫报》的报道中,居民讲述了他们如何利用住宅区的建筑躲避当局,并将自己家变成集体的逃生通道。① 数量巨大的人群似乎挫败了当局逮捕避难者的企图,让避难者融进了人群,使驱逐车空载而归。斗争持续两年,直到这一地区的强制驱逐行动完全停止。

与《大地的法》的"大政治学"相比,上面的案例或许显得相当微不足道,但我相信,我们可以从这个社区的行动中看到实践中的激进民主的空间政治。格拉斯哥的国王大道住宅区的居民通过一种制宪权行为,将公寓区转变为平等、好客的庇护空间,从而在既定的空间秩序中引入了断裂。他们的行动对国家层面所理解的空间与政治秩序的关联,即避难者在社区中没有"恰当地方"(proper place),提出了质疑。

这些居民通过对平等的主观投入将他们的公寓转变为一个空间,对一种将恰当主体附着于恰当空间的秩序提出质疑,并建立起一种符合他们对自己和自己的社区空间的概念的秩序。住宅区空间可能在物理意义上没有变化,但该空间与政治秩序的关联由于居民的主观投入和集体行动而转变。公寓变成为社区而存在的空间,社区重新获得其制宪权,在此过程中,社区重新构建起这一理解:谁来决定该社区及其

---

① 如一位接受《卫报》采访的居民所说,"离开公寓的方法不止一个——有两条楼梯和两部电梯,所以如果你知道这些,你就可以跟他们玩下去。如果我们是他们的眼中钉,那就好了"(《不归之地》,2008 年 6 月 13 日星期五)。这场运动最吸引人的一个方面是,将住宅区本身的建筑用作反制工具,以应对国家控制。居民对其日常空间和建筑情况的深入了解,使他们即使在一幢公寓极其有限的空间内也能躲过抓捕。用德勒兹的略带调侃的说法,国王大道住宅区变成了堡垒。这指向一个关键的动态:某个群体向当局要求某个特定地点的自治权,同时向超越"恰当的"身份制度的政治共同体形式开放,而这一"恰当"的身份制度是国家推行庇护政策的依据。

日常生活的空间政治。①

说这是一个案例,我认为并不夸张,就像许多案例一样,这个案例揭示出"人民"与空间之关联的一种民主重构。最重要的是,虽然成为"人民"的主观要求来自特定空间的内部并与之相关,但是,这一要求建立在平等的基础上。此外,平等既不能从同质性的角度理解,也不能从分配"恰当地方"的角度理解,而要在一种与差异和接纳(hospitality)的开放关系中理解。因此,我们看到一种普遍主义政治(universalist politics)在这一背景中上演,并以特定的场所为基础。

虽然这样的案例往往是孤立的,未能与其他地点和其他规模的类似团体建立起战略联系,但这绝不是一个定则。事实上,国王大道社区的反驱逐活动是更广泛的全国运动的一部分,英国各地的各种团体都卷入了这一运动。② 然而,从这个例子中可以得出的要点是,激进民主的空间政治形式在一些情境中——融合民主的制宪权行为与空间生产——已经起着作用。在我看来,也许令人惊讶的是,从施米特的作品中可以提取一些核心的概念构件,以此去理解这种案例的性质与意义。

---

① 许多居民和活动家都在发言中指出,参与反驱逐斗争的当地社区如何界定自己与寻求庇护者的关系并反对移民当局。如国王大道的一位活动家在谈到寻求庇护者时所说,"他们就是当地社区"(见住房积极行动的网站:http://paihnews. wordpress. com/category/against-dawn-raids/page/22/)。另一位活动家参与了格拉斯哥更广泛的反对驱逐行动的抗议活动,他也有同感:"他们都属于格拉斯哥。"(见 *Variant* 的网站:www. variant. org. uk/25texts/brand25. html)这当然不是说寻求庇护者受到社区所有成员的欢迎,也不是说居民之间没有种族紧张关系。上述文章报道了这些分歧,但有时有数百人参与抗议活动,这种规模表明大多数居民普遍认为寻求庇护者是他们社区的重要部分。抗议者抵制政府强行驱逐寻求庇护者的企图,不仅因为这是不人道的程序,而且因为他们认为寻求庇护者也属于社区的一部分。

② 至于这类活动家群体如何战略性地发展成强有力的政治运动,富有启发的分析见 David Featherstone, *Resistance, Space and Political Identities* (2008)。

结 论

[157]最后,我认为,施米特的拥护多极秩序的读者从《大地的法》中采纳的"大空间"地缘政治学,是基于空间是秩序的"基础"这一极其保守的理解。虽然这些思想家声称支持基于"政治事物的回归"的多元主义政治,但是,在我看来,他们实际上寻求建立一种去政治化的秩序,这种秩序将一定数量的"恰当"主体固着于一定数量的"恰当"空间,从而反倒限制了多元主义。然而,我又认为,他们的论点是基于对《大地的法》的片面解读,这一解读忽略了贯穿施米特整体思想的基本张力。

在我看来,施米特的核心概念是围绕"创基断裂"构建的,这种断裂维持着制宪权和宪定权之间的张力。施米特的拥护多极秩序的读者强调空间与制度秩序之间的关联,却忽视了同样重要的空间与制宪权的关联,在《大地的法》对土地占取的描绘中,施米特把后一关联放于核心位置。我认为,从制宪权与空间的关系中可能发展出一种激进民主的空间政治理论,以反对这种倒退的地缘政治想象——它包含在施米特等人对新大地 nomos[法]的呼吁中。此外,人们可以将这种民主的空间政治理论当作分析工具,以此理解当今的一系列政治运动,例如在格拉斯哥的国王大道住宅区发生的抵制驱逐避难者的运动,并将其中的逻辑应用到更广泛的运动中。

当然,试图以这种方式运用施米特的思想,存在几个棘手的挑战。迪恩理由充分地警告我们,采用施米特思想中的"神话诗学"(mythopoetics)有危险;也警告我们,强调制宪权行为的解读容易受施米特作品中固有危险的影响,借鉴其思想中的规范制度要素,亦如出一辙。① 此

---

① Dean, M. "Nomos: word and myth", in Odysseos, L. and Petito, F. (eds) *The International Political Thought of Carl Schmitt: Terror, Liberal War and the Crisis of Global Order*, London: Routledge, 2007, p. 242.

外,在欢庆一个强有力的、积极的政治主体回归时,这种解读有可能落入克里奇利所说的"决断的英雄主义",即一种悲剧的、(潜在)暴力性的匆忙决断,这与巴迪欧的研究相关。①

更具体而言,尝试以土地占取为视角构建一种民主的空间生产,这样的解读显然问题重重,并且可能陷入一种领土征服逻辑而无法自拔。当然,有必要将民主的空间生产与施米特理解的土地占取区分开来,也就是说,后者与充满暴力的帝国历史相关,对此他仍然令人反感地引以为豪。

还有一个困难是,在施米特的政治的概念——基本上围绕对抗性的差异而构建——的基础上,如何能够发展出一种对主体性的民主理解,同时带有一种对平等的伦理-政治的承诺。然而,若论想象这种与对抗逻辑相联系的普遍主义政治,巴迪欧、拉克劳(Ernesto Laclau)、朗西埃等人的作品中也有资源。事实上,对于研究这些与空间政治关联的政治的概念,可以说,施米特开辟的考察路径是对激进民主思想的宝贵贡献。

最后,当然还有规模的问题,以及在不同的地区与规模中如何发展可行的民主政治以面对非常真实的挑战,这些挑战确实有待一种有效的全球政治学来处理。这里没有篇幅来讨论这些紧迫的问题,但我相信,断然否认《大地的法》能够为激进民主的空间政治提供有用的概念工具,将愚蠢至极。毫无疑问,我们必须极其谨慎地对待施米特晚期的杰作,并保持批判的距离,但在我看来,这一杰作并非完全"无法挽救"(beyond salvage)。②

问题不在于我们对《大地的法》究竟应该整体接受还是全盘否定,

---

① Critchley, S. *Infinitely Demanding: Ethics of Commitment, Politics of Resistance*, Verso, 2008, p. 48.

② Hallward, P. "Beyond salvage", *South Atlantic Quarterly*, 104, 2005, pp. 237-244.

而在于书中哪些概念值得利用以及如何利用。施米特洞察到制宪权中无序的空间秩序基础,我相信,运用他的洞察,从这一值得庆幸的无基础的基础(groundless ground)开始,建立一种激进民主的空间政治,是可能的。然而,最近施米特的一些拥护多极秩序的读者敦促我们"'超越施米特',寻找新的大地 nomos[法]",而我认为不仅要"超越施米特",还要超越对新 nomos[法]的寻找。① 当一种基于空间的最终秩序的幻想遭到淘汰时,施米特的担心就成了机会:"这就是新的大地 nomos[法]:不再有 nomos[法]。"②

参考文献

Agamben, G. (1998) *Homo Sacer*, Stanford, CA: Stanford University Press.
Agamben, G. (2005) *The Time That Remains: A Commentary on the Letter to the Romans*, Stanford, CA: Stanford University Press.
Arrighi, G. (2005) 'Hegemony unravelling 2', *New Left Review*, 33: 83–116.
Badiou, A. (2005) *Being and Event*, London: Continuum.
Berman, R.A. and Marder, M. (eds) (2009) 'Introduction', *Telos*, 147: 3–13.
Critchley, S. (2008) *Infinitely Demanding: Ethics of Commitment, Politics of Resistance*, London: Verso.
Dean, M. (2007) '*Nomos*: word and myth', in Odysseos, L. and Petito, F. (eds) *The International Political Thought of Carl Schmitt: Terror, Liberal War and the Crisis of Global Order*, London: Routledge.
de Benoist, A. (2007) 'Global terrorism and the state of permanent exception: the significance of Carl Schmitt's thought today', Odysseos, L. and Petito, F. (eds) *The International Political Thought of Carl Schmitt: Terror, Liberal War and the Crisis of Global Order*, London: Routledge.
Deleuze, G. (1988) *Foucault*, Minneapolis: University of Minnesota Press.
Featherstone, D. (2008) *Resistance, Space and Political Identities*, Chichester, West Sussex: Wiley-Blackwell.
Galli, C. (2000) 'The critic of liberalism: Carl Schmitt's antiliberalism; its theoretical and historical sources and its philosophical and political meaning', *Cardozo Law Review*, 21: 1597–617.

---

① Odysseos, L. and Petito, F. (eds) *The International Political Thought of Carl Schmitt: Terror, Liberal War and the Crisis of Global Order*, Routledg, 2007, p. 15.

② Schmitt, quoted in Berman, R. A. and Marder, M. (eds) "Introduction", *Telos*, 147, 2009, p. 3.

Gowan, P. (1999) *The Global Gamble: Washington's Faustian Bid for Global Dominance*, London: Verso.
Grant, H. and Stevenson, R. (2008) 'Land of no return' in *The Guardian* (Friday 13 June).
Hallward, P. (2005) 'Beyond salvage', *South Atlantic Quarterly*, 104, 2: 237–44.
Harvey, D. (2005) *The New Imperialism*, Oxford: Oxford University Press.
Heller-Roazen, D. (2009) *The Enemy of All: Piracy & The Law of Nations*, New York: Zone Books.
Hooker, W. (2009) *Carl Schmitt's International Thought: Order and Orientation*, Cambridge: Cambridge University Press.
Ingram, A. (2001) 'Alexander Dugin: geopolitics and neo-fascism in post-Soviet Russia', *Political Geography*, 20, 8: 1029–51.
Kalyvas, A. (1999) 'Who's afraid of Carl Schmitt?' *Philosophy Social Criticism*, 25: 87–111.
Kalyvas, A. (2008) *Democracy and the Politics of the Extraordinary: Max Weber, Carl Schmitt, and Hannah Arendt*, Cambridge: Cambridge University Press.
Kervégan, J.-F. (1999) 'Carl Schmitt and "world unity"' in Mouffe, C. (ed) *The Challenge of Carl Schmitt*, London: Verso.
Koskenniemi, M. (2001) *The Gentle Civilizer of Nations: The Rise and Fall of International Law, 1870–1960*, Cambridge: Cambridge University Press.
Luoma-aho, M. (2007) 'Geopolitics and *gross*politics: from Carl Schmitt to E.H. Carr and James Burnham', in Odysseos, L. and Petito, F. (eds) *The International Political Thought of Carl Schmitt: Terror, Liberal War and the Crisis of Global Order*, London: Routledge.
Meier, H. (1995) *The Lesson of Carl Schmitt: Four Chapters on the Distinction Between Political Theology and Political Philosophy*, Chicago: Chicago University Press.
Mouffe, C. (1993) *The Return of the Political*, London: Verso.
Mouffe, C. (ed) (1999) *The Challenge of Carl Schmitt*, London: Verso.
Mouffe, C. (2005) *On the Political*, London: Routledge.
Mouffe, C. (2007) 'Carl Schmitt's warning on the dangers of a unipolar world', in Odysseos, L. and Petito, F. (eds) *The International Political Thought of Carl Schmitt: Terror, Liberal War and the Crisis of Global Order*, London: Routledge.
Müller, J.W. (2003) *A Dangerous Mind: Carl Schmitt in Post-War European Thought*, New Haven, CT: Yale University Press.
Ó Tuathail, G. (1996) *Critical Geopolitics: The Politics of Writing Global Space*, London: Routledge.
Odysseos, L. and Petito, F. (2007) 'Introduction: the international political thought of Carl Schmitt', in Odysseos, L. and Petito, F. (eds) *The International Political Thought of Carl Schmitt: Terror, Liberal War and the Crisis of Global Order*, London: Routledge.
Ojakangas, M. (2006) *Concrete Life: Carl Schmitt and the Political Thought of Late Modernity*, Bern: Peter Lang.
Petito, P. (2007) 'Against world unity: Carl Schmitt and the western-centric and liberal global order', in Odysseos, L. and Petito, F. (eds) *The International Political*

Thought of Carl Schmitt: Terror, Liberal War and the Crisis of Global Order, London: Routledge.
Prozorov, S. (2007) *Foucault, Freedom, Sovereignty*, Aldershot and Burlington, VT: Ashgate.
Prozorov, S. (2009) 'The appropriation of abandonment: Giorgio Agamben on the state of nature and the political', *Continental Philosophy Review*, 42, 3: 327–53.
Rasch, W. (2004) *Sovereignty & Its Discontents*, London: Birkbeck University Press.
Rasch, W. (2005) 'Lines in the sand: enmity as a structuring principle', *South Atlantic Quarterly*, 104, 2: 253–62.
Ranciere, J. (1999) *Disagreement: Politics & Philosophy*, Minneapolis: University of Minnesota Press.
Schmitt, C. (1996) *The Concept of the Political*, Chicago: University of Chicago Press.
Schmitt, C. (2001) *Land and Sea*, Corvallis, OR: Plutarch Press.
Schmitt, C. (2003 [1950]) *The Nomos of the Earth*, New York: Telos Press.
Schmitt, C. (2005) *Political Theology: Four Chapters on the Concept of Sovereignty*, Chicago: University of Chicago Press.
Schmitt, C. (2007) *The Theory of the Partisan*, New York: Telos Press.
Schmitt, C. (2008) *Constitutional Theory*, Durham, NC: Duke University Press.
Taubes, J. (2004) *The Political Theology of Paul*, Stanford, CA: Stanford University Press.
Wallenstein, I. (2003) *The Decline of American Power: The US in a Chaotic World*, New York: New Press.
Zarmanian, T. (2006) 'Carl Schmitt and the problem of legal order: from domestic to international', *Leiden Journal of International Law*, 19, 1: 41–67.
Zolo, D. (2007) 'The re-emerging notion of empire and the influence of Carl Schmitt's thought', in Odysseos, L. and Petito, F. (eds) *The International Political Thought of Carl Schmitt: Terror, Liberal War and the Crisis of Global Order*, London: Routledge.

七 施米特与空间存在论问题

明卡(Claudio Minca)

所有存在论的判断都来源于土地。①

重新发现施米特

[163]卡瓦莱蒂的新书《生命政治的城市》(*La cità biopolitica*)以施米特的著名论断开篇:"既不存在无空间的政治理念,也不存在无政治理念的空间或无政治理念的空间原则。"②这一做法并非巧合,因为卡瓦莱蒂的作品深入研究了施米特与空间存在论(spatial ontology)问题的关联,而且可能是最具深度的研究。"空间存在论"概念本身具有很大争议。有些学者肯定一种独特的施米特式空间存在论,并对其作了批判分析(参本文集第六篇),另一些学者则似乎否认这一理论的可行性。③ 本文不会直接参与这一争论,而是要反思施米特如何将空间

---

① Schmitt, *Nomos of the Earth*, 2003[1950], p.45.[译注]参照《大地的法》中文版,页10:"所有根据本源性的法权与属地性的正义而做出的判断也都来源于土地。"

② Cavalletti, A. *La cità biopolitica*, Mondadori, 2005, p.1.《生命政治的城市》是讨论空间与生命政治学间关系的开创性文献。尤其是,卡瓦莱蒂在这里以非常令人信服的方式展示了施米特的政治空间化蕴含着极强的"生命政治"性。西方政治思想中"空间-人口"概念的谱系和轨迹,是作者论证的核心。遗憾的是,该书仅有意大利文版。

③ 见Elden, S. "Reading Schmitt Geopolitically: Nomos, Territory and Großraum", *Radical Philosophy*, 2010, pp.18-26;以及本文集中他的文章。

问题提炼到"存在论"层面,以及这种对空间的解读如何与地理学相关。

在卡瓦莱蒂看来,对"政治事物"的基本主张,即空间与政治之间存在着共涉关系(co-implication),似乎是推测施米特的空间思考的出发点,也是反思生命政治的性质的必要起点。在这位意大利哲学家看来,这一主张不仅展现了政治哲学中的某种空间推理,还揭示了一种理论的不同寻常的政治哲学论调,这种理论公然地采用预定与中立的空间概念。① 对大多数地理学家来说,这类空间概念并不罕见。

然而,这一准则代表着施米特理论大厦的关键入口,它不只标志着对(与政治相关的)空间范畴的重要性的承认。由于这一内涵由施米特以绝对的措辞带出,在卡瓦莱蒂看来,它暗示了与政治脱钩的空间是根本无法想象的,因此,在讨论空间和政治这两个术语的任何限定条件及[164]其关联之前,我们必须先考察空间-权力不可分割的关系——福柯的《规训与惩罚》及后来众多学者的作品已经讨论过这一更深的共涉关系(同上,页2)。

仅仅这一事实就可以解释,政治理论、国际关系学②以及近来英语世界的人文地理学(见本文集第四篇)领域为何突然对施米特产生兴趣。施米特为什么以及如何成了英语世界的学术新偶像?(可以将施米特认定为"新的"吗?)但这并不是本文要讨论的主题。尽管如此,讨

---

① Cavalletti, A. *La città biopolitica*, Mondadori, 2005, p. 1.
② 见 Balakrishnan G. *The Enemy: An Intellectual Portrait of Carl Schmitt*, Verso:London, 2000; Hooker W. *Carl Schmitt's International Thought: Order and Orientation*,Cambridge: Cambridge University Press, 2009; Kalyvas A. *Democracy and the Politics of the Extraordinary: Max Weber, Carl Schmitt, and Hannah Arendt*, Cambridge: Cambridge University Press, 2008; Müller J. W. *A Dangerous Mind: Carl Schmitt in Post-War European Thought*,New Haven, CT: Yale University Press,2003; Shapiro K. *Carl Schmitt and the Intensification of Politics*, Lanham, MD:Rowman & Littlefield,2008.

论他的概念体系时,人们应始终牢记他独特而跌宕起伏的人生历程,尤其他与纳粹政治的纠葛(见本文集导言)。

现在人们普遍认为,对施米特的重新关注可能缘于一系列相伴而生的事件。首先是,阿甘本对生命政治的开创性研究,在很大程度上依赖于(尽管后来脱离了)施米特的主权例外理论和 nomos[法]概念。①第二个因素是,许多后基础(post-foundational)政治理论家对施米特理解的"政治事物"的兴趣日渐浓厚,这一兴趣也内在地汇入了当代政治哲学的主流讨论。② 第三,在更大众化(若非民粹主义)的层面上,施米特的术语与明显易懂的提法吸引了许多拥趸,他们通常矛盾地叙述当代全球(无)秩序的本质,着迷于应对恐怖战争及其(可能是)去领土化的地理学的可能,但他们使用的是一系列(可能是)施米特式的宏大主张:从华盛顿智囊的新保守主义的地缘政治预测,到反自由主义的反叙事(counter-narratives),后者是在施米特对全球自由主义的深入批判中发现的现成又过度简化的(媒体因此而喜闻乐见)框架。③

最近,埃尔登批判了人们对施米特的空间理论的肤浅而矛盾的处理,他强调:

> 随着 2003 年《大地的法》英译本的出版,对英语国家的读者来说,施米特一系列相当不同的思想已变得易懂。他早期的作

---

① Agamben, G. *Homo Sacer: Sovereign Power and Bare Life*, Stanford University Press, 1998; *Il Regno e la Gloria*, Neri Pozza, 2007.

② Marchart, O. *Post-foundational Political Thought: Political Difference in Nancy, Lefort, Badiou and Laclau*, Edinburgh University Press, 2007; Mouffe, C. (ed.) *The Challenge of Carl Schmitt*, Verso, 1999; *On the Political*, London: Routledge, 2005; Ojakangas, M. *Concrete Life: Carl Schmitt and the Political Thought of Late*, Modernity, Bern: Peter Lang, 2006.

③ 例如,见 Neocleous, M. "Friend or Enemy? Reading Schmitt Politically", *Radical Philosophy*, 79, 1996, pp. 13-23;也见本文集导言。

品已经影响了关于政治、政治事物、敌友划分、民主问题和主权决断的争论,而现在,他的国际政治思想也变得可以利用了。(见本文集第三篇)

迄今为止,这仍然是地理学家发表的为数不多的看法。埃尔登随后谴责了国际关系学界对《大地的法》同样肤浅的接受,并提到[165]人们最近把施米特描述为"20世纪最深刻、最多产的国际秩序理论家之一",以及人们可能会保证《大地的法》在"国际关系学的必读经典"中占有一席之地。① 然而,就本文的核心论点而言,更重要的是埃尔登所驳斥的霍克的观点,即施米特"对空间概念在塑造政治秩序的可能性方面所起的重要作用的大胆设想",使他有资格成为一名地理学家(见前,页196)。

能否认为施米特(也)是伪装的地理学家,或者如迪恩所说,是"地理神话学家"(geomythographer)?② 像这样关注施米特空间思想中的学科移用有意义吗?答案或许是否定的,尤其是,如果这仍然只是学术资源的生产与流通问题,那么,在这种情况下,归因(attributions)以及有意或无意为之的隶属关系的确是关键所在。但如果我们要思考"空间本体论问题",那么,考察地理学传统与施米特作品的关系或许更有意义。

既然如此,在这个简短的介绍性迂回之后,请允许我重新开始。本文开篇直接提到卡瓦莱蒂的作品,原因有两方面。首先与以下事实有关:施米特的作品至今已经在意大利流传几十年(《大地的法》在1991年才首次翻译成意大利语,但仍然比英译本早了12年),不仅政治理论

---

① Hooker, W. *Carl Schmitt's International Thought: Order and Orientation*, Cambridge University Press, 2009, p. 3.

② Dean, M. "Nomos: Word and Myth", in L. Odysseos and F. Petito (eds), *The International Political Thought of Carl Schmitt*, London: Routledge, 2007, p. 249.

家和城市理论家都把施米特视为关键人物,一些地理学家也同样如此。① 到目前为止,"关于施米特"的综合文献已彻底"消化"了他关于空间与政治事物的关键想法,并已成为政治理论界中某种"成熟"争论的一部分。②

更重要的是,在战后时期,施米特继续与意大利保持着直接的学术联系,甚至与意大利知识分子私交甚笃,譬如说,意大利语的《政治的概念》③再版时,他专门撰写了导言。这并不奇怪,因为战后时期保守派和进步派的意大利知识分子都充分参与了所谓的德国保守主义革命,④这表现为荣格和斯宾格勒的作品被翻译为意大利语,尤其斯宾格

---

① 例如,见 Farinelli, *Geografia*, 2003; Galluccio, "Della delimitazione e dello Stato: per una lettura geografica di Carl Schmitt", *Rivista Geografica Italiana*, 2002; "L'Impero e le sue scale", *Rivista Geografica Italiana*, 2006; Minca, "Giorgio Agamben and the New Biopolitical Nomos", *Geografiska Annaler B*, 2006。

② 见 Galli, C. *Lo Sguardo di Giano. Saggi su Carl Schmitt*, Bologna: il Mulino, 2008;也见 Miglio, G. "Presentazione", in C. Schmitt, *Le Categorie del 'politico'*, Bologna: il Mulino, 1972; Petito, P. "Against World Unity: Carl Schmitt and the Western-centric and Liberal Global Order", in L. Odysseos and F. Petito (eds) *The International Political Thought of Carl Schmitt*, London: Routledge, 2007; Ruschi, F. "Leviathan e Behemoth. Modelli egemonici e spazi coloniali in Carl Schmitt", *Jura Gentium*, 2007. Online. Available at www.juragentium.unifi.it/it/surveys/thil/ruschi.htm (accessed 3 July 2010), "Space, Law and Power in Carl Schmitt", *Jura Gentium*, 2008 Online. Available at www.juragentium.unifi.it/en/surveys/thil/nomos.htm (accessed 5 July 2010); Volpi, F. "Potere degli elementi", in C. Schmitt, *Terra e Mare*, Milan: Adelphi, 2002; Zolo, D. "The Re-emerging Notion of Empire and the Influence of Carl Schmitt's Thought", in L. Odysseos and F. Petito (eds) *The International Political Thought of Carl Schmitt*, London: Routledge, 2007。

③ Schmitt, *Le Categorie del 'politico'*, 1972; "Premessa all'edizione italiana", in C. Schmitt, *Le Categorie del 'politico'*, Bologna: il Mulino, 1972.

④ Herf, J. *Reactionary Modernism*, Cambridge University Press, 1986; Müller, J. W. *A Dangerous Mind*, Yale University Press, 2003.

勒的著作由埃沃拉(Julius Evola)这样的思想家编辑,①并由进步的犹太历史学家杰西(Furio Jesi)为其撰写评论。我这样说,并非宣称自己对解读施米特"关于空间"的作品有任何特权,而是要解释为什么我认为将下文的思考建立在卡瓦莱蒂讨论过的那场成熟争论上是有益的,另外,我相信卡瓦莱蒂的作品对那场争论是非常重要的贡献。

第二个原因与第一个原因只有部分关系:卡瓦莱蒂的书将施米特的作品视为理解现代生命政治的本体论基础的里程碑。同时,卡瓦莱蒂也非常明确地将施米特的空间框架与拉采尔的作品联系起来,更一般地说,与现代地理学及其对人类"生命"(bio)的理解联系起来。

[166]罗文(本文集第六篇)研究了空间本体论的问题,他着眼于建构施米特整体思想的张力,

> 一方面,施米特反复将不确定性呈现为一个存在论条件;另一方面,他又不断尝试把秩序建立在某种形式的真实合法性上,以结束这种不确定性。

但是,我将在此尝试另外一种路径。事实上,我试图让讨论脱离"空间崇拜"(spatial fetishism),这也是埃尔登强烈谴责的当代讨论施米特的方式,而把讨论置于关于生命政治的空间本质的长期讨论中,尤其是由卡瓦莱蒂与阿甘本通过不同的途径发展出来的生命政治。他们都是意大利某一政治及哲学思想分支的继承者与创新者。

那么,我将由此开始,即简要地指出施米特如何以他自己独特的方式,提出了关于空间与空间理论的宏大断言,同时讨论了"空间事物"

---

① [译注]埃沃拉,1898年5月19日出生在西西里岛,哲学家、神秘主义者、政治作家,他是传统主义哲学的重要代表,这种哲学呼吁包括自然选择在内的永恒秩序,以此取代个人或集体的动机。由于主张将宗教、政治、哲学和文化统一起来,为社会提供一种"上升"或不断改善的前景,埃沃拉的哲学至今仍有争议。

和"政治事物"。为了实现这一点,我将强调其中一些断言如何在话语最老套的意义上成为基础性的;这些断言以他的直觉、他对世界奥秘的看法以及对历史的千禧年愿景为基础,因而内在地是本体论的。如果不牢记这一层面,我认为就很难理解他设想的"人"(Man)与大地之关联,也很难理解空间与政治之关联。这种关联也与他非常保守与突出的天主教式的文化和社会解读有关,也与秩序问题有关。

本文的最后一部分将反思施米特如何将空间作为本体论问题提出,尽管在其他情况下,他将空间视为思考并管理世界的途径,或视为描述我们的"现实"的具体框架。这只是施米特作品中一个站不住脚的抵牾呢,还是说,"存在论"是一个与他的相当规范的(但也奥秘的)政治事物范畴相交的领域呢?既然施米特将陆地与海洋视为人类生活的基本要素,那么,我就要研究这些"空间事物"的概念如何进入与《陆地与海洋》①的复杂思想对话,从而进一步探究如下问题:《大地的法》中的 nomos[法]思想是否内在地与空间本体论相关联?施米特的 nomos[法]是否仅仅试图限定一种(他的?)空间本体论?最后,施米特提出的空间本体论问题,是不是一个明显属于地理学的问题?

空间

如果施米特宣称的对"土地的符号化与占取"(居住?)这一根基行为的信念,如我认为的那样,是一种"本体论的姿态",那么,研究这一姿态的普遍性(如《大地的法》中提出的),就必须在其与施米特的"具体"空间思想的复杂而有点矛盾的关系中进行。②

---

① Schmitt, *Land and Sea*, Plutarch Press, 1997[1954]; orig. *Land und Meer*, 1942.

② 参见 Ojakangas, M. *Concrete Life: Carl Schmitt and the Political Thought of Late Modernity*, Peter Lang, 2006。

[167]事实上,在施米特想象的政治地理学中,空间(space)和地方(place)处于一种紧张关系中。对施米特来说,空间同时是世界的基本尺度与世界之外的某物;政治性的潜在领域以特定的、历史意义上确定的(空间)秩序化为基础:

> 每个定居的民族、每个政体和每个帝国的历史开端,无不以某种形式存在着占取这一建制过程,每个历史纪元的开端亦是如此。占取对于建基其上的规则是理所当然的历史性前提。它包括了空间上的原初规则以及所有其他具体秩序和法权的渊源。①

此处,土地占取表现为所有人类联合体的创基行为与基础行为,所有秩序与秩序化形式的来源,所有用来描述世界的范畴的渊源。在施米特看来,这些范畴明显属于空间-政治类:

> 所有由权力所派生出的书面或非书面的规章制度,其权力则来自内在于建构具体空间秩序之初始行为的措施,这种初始行为就是法……法是关于空间分配的基本进程,在每一个历史时期都非常重要,对于共同生活在这个业已被现代科学测量过的地球上的人民来说,它意味着实现了秩序与场域的结构导向性汇合。在此意义上,我们称之为"大地的法"。对于共存于地球上的人民、帝国与国家来说,对于所有类型的掌权者和权力机构来说,每一个新的时代和新的纪元,都要以一种新的空间分配、新的圈围和新的大地空间秩序为基础。②

此处构想的 nomos[法]就是卡瓦莱蒂定义的原初空间化(original-

---

① Schmitt, *Nomos of the Earth*, 2003[1950], p. 48. [译注]《大地的法》中文版,页13。

② Schmitt, *Nomos of the Earth*, 2003[1950], pp. 78-79. [译注]《大地的法》中文版,页46。

spatialisation),是秩序(Ordnung)与场域(Ortung)之间的(创基的与必要的)纽带,也可能是一种空间本体论。根据加利的说法,①凭借这一"举动",施米特试图通过这一基本的本体论行为的空间化,将自然转化为政治。在此视角下,nomos[法]是基本的地理行为(geographical act),这一行为不仅相当于土地占取,也相当于土地划分、命名、划界和测量。同时,空间在此处是一种原初的尺度,一种理论,一种将现实的或假定的陆地关系理论化的方式,一套理念和实践,一段秩序化的进程——但也是一种在外面等待被秩序化的事物。

这种假定的(空间)本体论由此立即富有表现力(performative)。行为和意义,场域和秩序,汇合到一起,成为同一事物。[168]如果没有"原初空间化",就不可能有秩序和政治。根据施米特的说法,没有适用于混乱的规范。为了获得法理的政治秩序,首先必须创造一种"规范的"形势。然而,如果没有领土基础以及由这种基础赋予的(空间政治)含义,任何这种秩序都无意义。因此,人们可以将土地的占取与命名看作一种空间本体论的姿态,"所有的权利都来自于此",在这种姿态下,空间与权利、秩序与场域结合起来。②

因此,所有的权利与法律只适用于特定的"领土形势",而且鉴于这种特定的"形势",它们只能由主权的例外[状态]悬置。因此,施米特的例外理论的前提是,承认大地的——空间理论的——某种基本的空间"尺度"的必要性,自此,秩序和悬置秩序都获得了意义。③

不用说,这是一种明显属于"地理学"的关注:寻找大地的某种空

---

① Galli, C. *Lo Sguardo di Giano. Saggi su Carl Schmitt*, Bologna: il Mulino, 2008.

② 此处施米特想到的尤其是来源于"具体空间"、(德国)土地"现实"的"权利"。

③ Schmitt, *Nomos of the Earth*, 2003[1950], p. 46;参见 Minca, C. "Giorgio Agamben and the New Biopolitical Nomos", *Geografiska Annaler B*, 88(4), 2006, pp. 387-403。

间"尺度",这一尺度在某一特定时间点被称为"地理空间"。① 界定某种领土秩序的尝试也是如此。在这个意义上,卡瓦莱蒂的说法是正确的,即施米特的空间思考在许多方面反映了拉采尔方案的本体论,并且在某种程度上反映了所有现代地理学的本体论。的确有某种地理学传统与施米特对 nomos[法]的理论化紧密地交织在一起,如下面两段引文所强调的:

> 大地,此前从未真正以球体(Globus)的形态(Gestalt)登场过,它不只是被神秘化了,它也很少成为科学研究的事实对象和施以实际测量的空间。然而,全新的、此前不可想象的问题出现了:在新的国际法空间秩序之下,整个地球(Erdenballes)即将以全新的形态呈现。新的地球空间形态(globale Raumbild)要求有新的地球空间秩序。这个局面的出现与 15、16 世纪伊始的环球航行以及新大陆的发现休戚相关。
>
> ……随着历史与科学意识的提升,人类可以从制图学和统计学角度实现对地球的全面掌握,因此,从政治实践层面来看,重要的不是地球表面的区域划分,而是地球空间秩序的实际内容。②

然而,埃尔登公开批评施米特似乎在他的空间观念与领土概念之间、在空间理论与其产生及实施的具体(即基于地方的)性质之间建立的关联。埃尔登认为,在建立"秩序与场域之间的原初关系"时,施米特采用了一种过于静态的、似乎非历史的领土理解。他认为,对施米特来说,

> 领土……仍然是某个群体控制下的一个有边界的空间,一个

---

① See Farinelli, F. *Geografia*, Torino: Einaudi, 2003.

② Schmitt, *Nomos of the Earth*, 2003[1950], p. 86. [译注]《大地的法》中文版,页56。

准韦伯式的定义,可以提供分析的术语,[169]但本身几乎不是一种理论。①

埃尔登大力表明,施米特对领土概念的使用通常是模糊的,有时甚至与其他术语和概念混为一谈,如陆地(land)、土地(soil)甚至空间(同上,页22)。德国理论家援引大空间这个概念时,情况尤其如此。② 我在这里没有篇幅展开谈这一点。然而,重要的是指出,专注于施米特所谓的空间本体论的性质,这也是罗文自己的批评的核心,他批评的正是主流文献接受施米特的空间概念化的方式。罗文主张,施米特的

> nomos[法]具有"创基断裂"的结构,包含存在论意义上的不确定性与建构秩序的偶然尝试之间的张力,制宪权时刻与宪定权时刻之间的张力。(本文集第六篇)

在他看来,施米特提出了 nomos[法]概念的两个面相。第一种解释,nomos[法]是"包括空间上的原初规则以及所有其他具体秩序的法权和渊源"。③ 第二种解释,nomos[法]表示土地占取的根基行为,土地占取建立了秩序与空间的这种关联,并使秩序变得可能。因此,nomos[法]概念有明确可区分的要素:根基行为与制度结构,以及制宪权时刻与宪定权时刻。由此,在施米特看来,

---

① Elden, S. "Reading Schmitt Geopolitically: Nomos, Territory and Großraum", *Radical Philosophy*, 161, 2010, p. 23.

② Schmitt, *Theodor Daublers 'Nordlicht'*, 1991; *Staat, Großraum, Nomos: Arbeiten aus den Jahren 1916–1969*, 1995;另见 Elden, S. "Reading Schmitt Geopolitically: Nomos, Territory and Großraum", *Radical Philosophy*, 161, 2010; Ruschi, "Leviathan e Behemoth. Modelli egemonici e spazi coloniali in Carl Schmitt", *Jura Gentium*, 2007.

③ Schmitt, *Nomos of the Earth*, 2003[1950], p. 48. [译注]《大地的法》中文版,页13。

任何大地 nomos[法]都将其基础和规范归于土地占取这一例外行为。在《大地的法》中,土地占取行为将断裂引进现存事态,同时为新的空间秩序奠定基础。(本文集第六篇)

罗文正确地指出,空间没有任何内在属性使自身能够成为秩序的基础;相反,通过主体的政治行为,也就是说,通过将空间和秩序融合在新型关系中的奠基行为,空间和秩序才同时产生。因此,最近对施米特的一些地缘政治解读,暗含着空间是稳定的、客观的以及外政治的秩序基础这一理解,这是对一种更复杂关系的粗劣演绎——施米特将空间与制宪权的这种关系追溯到土地占取这一根基行为(本文集第六篇)。这是一个要点。

然而,由于陆地的 nomos[法]不是普遍的,加利意图探究我们如何能将重叠、区别、共存的空间本体论的可能性,与施米特的地缘政治关注的核心——全球秩序问题——结合起来构想。① 也许,人们应当(或可以)从不同的角度来处理空间本体论问题。

迪恩曾经指出,在对 nomos[法]概念的最新讨论中,阿甘本加入了 nativity[诞生],作为民族国家的现代 nomos[法]的第三个视角。该词的词源与 nation[民族]有亲缘关系:

> 在阿甘本看来,正是沿着出生、公民身份和生命的轴线,民族国家于今陷入危机。根据[170]他的论述,其结果是,集中营(camp)作为纳入性排除(inclusive exclusion)赤裸生命的场所,是

---

① Galli, C. *Lo Sguardo di Giano*, *Saggi su Carl Schmitt*, Bologna: il Mulino, 2008. 另见 Mouffe, C. (ed.) *The Challenge of Carl Schmitt*, Verso, 1999; "Schmitt's Vision of a Multipolar World", *South Atlantic Quarterly*; Petito, P. "Against World Unity: Carl Schmitt and the Western-centric and Liberal Global Order", in L. Odysseos and F. Petito (eds) *The International Political Thought of Carl Schmitt*, Routledge, 2007。

这个星球上的新的生命政治 nomos［法］。①

迪恩认为，由于阿甘本集中论述的是剥夺公民权利的空间显现——公民权利遭到剥夺是领土国家主权衰退的条件——他忽略了 nomos［法］的陆地特性所处的整体基本框架。迪恩得出结论，阿甘本由此将例外状态与土地占取的领土性联系起来：

> 虽然这是一种引人注目的批判姿态，但其代价是将 nomos［法］封闭在集中营内，使这个星球其他部分的斗争和国际法变得几乎无法理解。（同上，页248）

我仅部分地同意这些考察。然而，本文的关键论点在于，我们能够以一种"原初空间化"的形式，即空间本体论的形式，看待施米特与阿甘本在主权例外的概念化方面的关联。在分析主权例外的建构时，阿甘本确实在很大程度上（尽管是批判性地）依赖于施米特，并坚持把例外的空间化看作主权主体的根本条件。然而，最重要的是，这种"原初空间化"产生了自身的例外（越轨）。这是一个真实的"例外空间"，由土地占取与划界的主权行为通过纳入性排除的策略而产生。②

如果这一关联是理解施米特的空间本体论问题的有效路径，那么有两个问题值得进一步研究：第一，施米特的呼吁，即以存在主义（和本质主义）的方式重新将陆地和海洋作为人类（和政治）生活的基本要素；第二，由于与大地的 nomos［法］有假定的本体论关联，民族国家的危机在政治事物的核心处暴露的"空虚"（void）问题得以剥离出来。

---

① Dean, M. "Nomos: Word and Myth", in L. Odysseos and F. Petito (eds) *The International Political Thought of Carl Schmitt*, Routledge, 2007, p. 248.

② Agamben, G. *Homo Sacer: Sovereign Power and Bare Life*, Stanford University Press, 1998.

陆地(和海洋)

在《陆地与海洋》中,施米特明确地指出,所有形式的文明乃至人类生活的基础都是陆地。

> 人是一种陆地生物,一种脚踩着陆地的动物。他在坚实的陆地上直立、行走、运动。那是他的立足点和根基,他由此获得了自己的视角,而这也决定了他观察世界所得的印象和观察方式。作为一种在大地上诞生并在大地上运动的生物,他不仅因此获得了自己的视野,也由此获得了行走和运动的各种方式。①

在施米特看来,这可解释在许多神话和传说中陆地为何都以伟大母亲(Great Mother)的形象出现。但他更进一步断言,"人的存在与人的本质[171]在根本上是属土的并且仅仅与土相关";②他还特别问道:"什么是我们的元素? 我们是陆地的子孙还是海洋的子孙?"③

因此,在我看来,考察施米特思想的关键问题在于,他是否将人与大地(land/Earth)(以及延伸到海洋)之间的关系,确确实实地设想为本体论问题。首先,施米特并不像同时代的其他哲学家,他不总是明确区分大地(Earth)与陆地(land),甚至大地(Earth)与世界(world)。其次,就大地的概念本身,他提出一种相当简化的解读,这种解读没有充分地涉及大地与人类历史的关系谱系,如海德格尔所为,④或者如法里

---

① Schmitt, *Terra e Mare*, Adelphi, 1942/2002, p. 11. [译注]中译参卡尔·施米特,《陆地与海洋:世界史的考察》,林国基译,上海:上海三联书店,2018,页5。

② Ibid., p. 12. [译注]同上,页6。

③ Ibid., p. 14. [译注]同上,页7。

④ Heidegger, M. *Holzwege*, Klostermann, 1950. 更流行的方式,见 Rosenzweig, F. *Globus*, Milan: Marietti, 2007, orig. 1984。

内利(Franco Farinelli)在他的作品《发明地球》(*L' invenzione della Terra*, 2007)中所为。

在施米特看来,在人的第一个基本空间行为之前,似乎只有纯粹的自然——no physis ante nomos[法之前没有自然]。然而,在阿甘本看来,世界与大地虽然在根本的冲突中互相对立,但两者从来都不可分离,如海德格尔所论证的:

> 大地是永远自行封闭者和如此这般的庇护者的无所促迫的涌现。世界和大地在本质上大相径庭,但二者从未分开过。世界让自己根植于大地,而大地贯穿于世界。①

这不仅是一个关键的哲学问题,也是所有的原始政治冲突的源头。这种冲突跨越并决定(定义)了人的人性与动物性的界限:

> 海德格尔或许是最后一个仍然相信良善信仰的哲学家,即他相信城邦……仍然是可以实现的,他认为对人来说,对一个民族来说……仍然可能找到自己独特的历史命运。也即是说,他是最后一个还相信人类机制仍然可以生产一个民族的历史和命运的哲学家……这种人类机制,在每一个时代都会决定和重组人与动物之间、敞开与非敞开之间的冲突。②

虽然施米特对宏大关怀与千禧年关怀表现出强烈倾向,但他从未真正把这两个术语[世界与大地]的区别当作问题,他以不同的方式使用它们,但同时经常混淆。也许这是因为,他从相当不同的来源(而且可能针对不同读者)获取灵感,来思考人类空间史与大地概念。因此,

---

① Heidegger, M. *Holzwege*, Klostermann, 1950, pp. 33-34; cited in Agamben, *The Open*, Stanford University Press, 2004, p. 72. [译注]中译参阿甘本,《论敞开》,蓝江译,南京:南京大学出版社,2019,页88。

② Agamben, *The Open*, 2004, p. 74. [译注]《论敞开》中译本,页91。

他有意地放弃了对这些术语隐含的谱系作任何批判性分析(某种意义上,对"nomos"[法]的再发明[172]代表着一种语言学的捷径)。

事实上,如果说施米特在《陆地与海洋》中采用相当流行的(民粹主义的?)论证与行话,重新发现了人类历史起源处的基本的(地球的)元素,那么,他同时也通过此书暗中显露出了自己对这些元素的神话诗学力量的兴趣(本文集第十六篇)。例如,他曾从特里雅斯特(Triestine)诗人多伯勒(Theodor Daubler)的作品中获得神秘启示。① 根据沃尔皮(Franco Volpi)的说法,②在施米特笔下,基本的和奥秘的在含混的权力领域中重叠,他所有的空间思考似乎都由这一双重维度驱动。可以说,困扰着施米特的,除了利维坦和比希莫特(Behemoth)之外,还有第三种巨兽。在与云格尔(Ernst Junger)的私人通信中,他明确地如此提道:怪鸟齐兹(Ziz),所有有翼生灵的王。齐兹是新全球空间的主权者,已在天空王国开始一场新的行星革命……飞机则是末世之蝗虫。③

此外,如果"历史"正朝着形成超越国家领土的更大空间的方向发展,那么,施米特面临的一个关键问题是,在新的"形势"下,哪种政治和法律秩序能够确保和平。施米特对欧洲公法的崩溃感到不安,对全球政治中"虚空"(empty)空间的开放也似乎感到恐惧,他认为这是一种本体论意义上的空虚。正是在这一点上,他把注意力转向"元素"的力量(如在《陆地与海洋》中所表达的),因为在他的千禧年历史观中,这些元素代表着权力与正当性的基本来源。这也是某种空间本体论。他随后对大空间、帝国以及 nomos[法]等空间概念的所有沉思,某种意

---

① Schmitt, *Theodor Daublers 'Nordlicht'*, Berlin: Duncker & Humblot, 1991.

② Volpi, F. "Potere degli elementi", in C. Schmitt, *Terra e Mare*, Adelphi, 2002, p. 121.

③ See Junger, E. and C. Schmitt, *Briefe 1930–1983*, H. Kiesel (ed.), Stuttgart, Klett-Cotta, 1999;Volpi, F. "Potere degli elementi", in C. Schmitt, *Terra e Mare*, Adelphi, 2002, p. 122;也见本文集第十四篇。

义上都衍生于这种向生命基本"元素"的本体论转向。① 另外,也应该从这一角度来解读《大地的法》中对土地占取与分配这一根基行为的开篇阐述。我将简要地反思这种"原初的地理学"(即原初的空间化)如何被转变为空间理论及生命政治,随后在结束语中我将重新回到施米特作品中的这一神秘元素。

原初的空间化

我想再次回到施米特开篇的那句话:"既不存在无空间的政治理念,也不存在无政治理念的空间或无政治理念的空间原则。"卡瓦莱蒂在思考这句话时提出,如果所有的空间概念都是政治概念,那么,某种"原初暂时性"(original temporality)的概念也应理解为权力的某种特定(具体)"形势"。但问题在于,施米特在此试图处理的是一种特定的具体"形势",还是任一"形势"与权力之间的关联(联系)。如果是后者,那么,至关重要的就不是这种关联的具体特征,而是关联本身:关联本身"本体论地"(ontologically)定位了[173]任一与所有"形势"。②

卡瓦莱蒂坚持认为,只有通过设想一种同时也是权力史的空间史,任一能够超越这种政治-空间关联的政治视角才会变得容易理解。但这显然不是施米特本人致力论述的,因为他的空间概念化总是包含一种本体论的立场(要素),更重要的是,他认为这种[超越政治-空间关联的政治]视角既不可能,也不可取。相反,施米特主要关心的是,能够根据现代民族国家在其核心处打开的缺口思考"政治事物",他认为这个核心是危险而空虚的,他迫不及待地试图用一种独特的基督教本体论填满这一核心。

---

① Volpi, F. "Potere degli elementi", in C. Schmitt, *Terra e Mare*, Adelphi, 2002, p. 131.

② Cavalletti, A. *La città biopolitica*, Mondadori, 2005, p. 8.

此外,根据卡瓦莱蒂的说法,如果每个空间概念都必然是政治的,且反之亦然,那么从18世纪开始发展起来的人口概念,也是一个空间-政治(spatio-political)概念,并且可以设想为某种足以划出一条特殊友好线的正"强度"(intensity)(同上,页51)。对我考察空间本体论问题而言,这是一个重要考量。在卡瓦莱蒂看来,在施米特会完全采纳的这一新人口概念中,只有伴随着人类的"原初"空间化,人口与环境之间的任一与所有关联才成为可能(同上,页79)。

事实上,这种原初空间化产生了一种对属人事物的理解。这种理解直接就是政治的,因为它基于一个计算性的人口概念,这一概念通过确定正确、公正或必要的人口形态,在政治体中界定了一系列无尽的休止符(caesurae)(同上)。换言之,人口只要作为一个科学概念出现,就已经将人类划分为必要部分和非必要部分,以便于国家的(空间化的)人口生产与繁衍(同上,页80)。20世纪初,拉采尔的生物地理学,尤其是他的生存空间思想非常重要,它将这种人口概念转化成了一种强有力的地理学理论,这种地理学理论会直接或间接地影响随后几十年的许多政治理论家(与空间人口学家)。① 卡瓦莱蒂坚定地认为存在这种影响:

> 从这一刻起,人口与领土之间的任何关联都失去了传统的地理学意义,成为一种地缘生物政治学:以一种强化的方式,空间变得至关重要,而生命成为空间性的……生命密度是表示生命与生命间斗争的概念……密度旨在作为一种初级的(原初的?)空间化,渗透到所有的空间政治机体中。②

卡瓦莱蒂认为,空间-人口和空间-密度是某种世界视野中的关键

---

① Ratzel, F. *Politische geographie oder die geographie der staaten, des verkehrsund des krieges*, Oldenburg, 1897.

② Cavalletti, A. *La città biopolitica*, Mondadori, 2005, p. 202, p. 206.

概念,施米特在几十年后会大量地借用或采纳这些概念。尤其是,施米特[174]将通过意大利法西斯伪人口学家瓦利(Luigi Valli)的著作接受这些思想。施米特读了瓦利的书《人口与土地的关系》,①并在1939年发表的以国家社会主义的方式阐释门罗主义大空间的作品中有所引用。②

因此,在一个政治神学遭到剥夺的美丽新世界中,施米特针对敌友关系——作为原初空间化的一种形式——的概念化,提出对"政治事物"的关切,在卡瓦莱蒂看来,其结果是将人口学转化成了基本的空间化政治即生命政治。③ 当时,如施米特所设想的,德国人民的团结被构想为能够扩张与收缩,同时保持着相同的人口学"强度"的空间有机体。这个方案的关键目标,是在一个统一的、不断完善的生命政治空间中,人民与人口完美地重叠。④

"他者",即本体论上的敌人,不属于这一空间,居住(或被迫居住)在这一空间-人口政治体之外。⑤ 朋友与敌人之间的本质关系因此是一种空间本体论的关系,因为朋友与敌人的关系乃是基于一种假定的

---

① Valli, L. *Il diritto dei popoli alla terra*, Milan: Alpes, 1926.
② Schmitt, *Völkerrechtliche Großraumordnung*, 1992; *Staat, Großraum, Nomos*, 1995;Cavalletti, A. *La città biopolitica*, Mondadori, 2005, p. 210.
③ Cavalletti, A. *La città biopolitica*, Mondadori, 2005, p. 212.
④ Giaccaria P. and C. Minca, "Nazi Geopolitics and the Dark Geographies of the Selva", *Journal of Genocide Research*, forthcoming.
⑤ Schmitt, *The Concept of the Political*, [1932] 1996. 敌人的概念化有两个最直接的"地理学"影响:从根本上解读文化和空间或空间中的文化(如民族国家的有机性质所表达的),以及对假定的敌人采取渐进的强制隔离(Ghettoisation)措施(无论其形式是什么)。这种对敌人的存在论立场被纳粹政权转化为政治事物的空间时,便成为"极端保守的现代主义"文化的一个关键表达,这一文化为第三帝国的实现提供了一种基本的意识形态和科学支持。见Herf, J. *Reactionary Modernism*, Cambridge University Press, 1986;根据赫夫(Herf)的说法,在他描述的极端保守的现代主义运动中,施米特是一位有影响力的学术"官员"(此外还有荣格、桑巴特和当时的许多其他保守派思想家)。

原初空间化,这种空间化一劳永逸地界定了德意志民族(Volk)形成中的(in fieri)真正的政治体(以及人类的本质,明确的去动物化)。① 政治事物作为生命与空间共涉的结果,因此是这种空间化的本体论性质最明显地出现的地方。施米特从生命政治的角度,通过直接暗示到生命与死亡,来界定"朋友"(而不仅仅是敌人),这并非偶然:"如果需要,政治统一体必须要求牺牲生命。"②

在施米特看来,处于朋友-敌人关系源头的原初空间化,因此是一种自然的人类境况,是任何文明与政治生活形式的前奏,是人类(或某些人类)的人类化的根基行为。这可解释为什么施米特设想的任何政治理论也是一种人类学。

事实上,他看到两种基本的人类-政治学景象,所有其他的政治理论都应当源于此:一种相信人类天生是善的,另一种则认为人类本质上是恶的,并倾向于暴力。③ 申明这样一种根本的区别,不过是试图建立一种哲学与政治的人类学,这种学说能够将敌友关系限定为"人的本质构成"——一种绝对霍布斯式的理解人类(政治?)本质的方式。

在这一点上,阿甘本对"人类起源"性质的反思有一定的意义:"人类起源由人与动物之间的断裂和关联所造成。这个断裂首先发生在人之内。"④20世纪20年代,当施米特忙着写《政治的概念》时,人们已经清楚地看到,随着第一次世界大战结束,欧洲民族国家不再有能力履行

---

① Giaccaria P. and C. Minca,"Nazi Geopolitics and the Dark Geographies of the Selva",*Journal of Genocide Research*,即出。

② Schmitt, *The Concept of the Political*,[1932] 1996, p.71;关于这个问题,参见 Axtmann, "Humanity or Enmity? Carl Schmitt on International Politics", 2007; Botwinick, "Same/Other versus Friend/Enemy: Levinas contra Schmitt", 2005; Rasch, "Lines in the Sand: Enmity as a Structuring Principle", 2005; Slomp, *Carl Schmitt and the Politics of Hostility*, *Violence and Terror*, 2009。

③ Cavalletti, A. *La città biopolitica*, Mondadori, 2005, p.243。

④ Agamben, *The Open*, 2004, p.79.[译注]《论敞开》中译本,页95。

其[175]"历史使命",而且民族和国家注定要消亡。按照阿甘本的说法,在这一意义上,风险变得跟以前不同且更高,因为,问题成了把人口的生存作为任务承担起来,"承负起生物性生命的重担——以及对生物性生命的'总体管理'——亦即承负起人的动物性的重担"(同上,页76、77):

> 存在论或第一哲学,并不是一个无足轻重的学科,在任何意义上它都是一种基本运作,在其中人类得以起源,从生物变成人类。从一开始,形而上学就采用了这个策略:它所关心的正是在人类历史的方向上克服动物身体(physis)并保持对动物身体的超越(meta)。这种克服不是一次性完成的事件,而是一个始终在发生着的事件,每一次在每个个体那里,它都在人与动物之间、自然与历史之间、生与死之间抉择。①

对阿甘本来说,如果决定性的政治冲突(它决定其他所有的冲突)是人的动物性与人性之间的冲突,并且如果人类学机器是人的历史生成的引擎,那么,在大战之后,宣布哲学的终结与存在(Being)的任何时代命运(目标)的完成,就意味着民族国家机器开始围绕一个空洞的核心打转,而且一直转到今天(同上,页82)。

施米特意识到这个政治机器核心处的空洞,他由此寻求一种新的空间政治神学:这是一种具有本体论立场的神学,在这种神学中,空间理论与奥秘的宗教信仰融合,成为一种千禧年史观与一种对新形成的空间秩序(化)分析的难以维持的混合。

对虚空的恐惧

按照施米特的说法,由于不同的生活形式对应不同的空间,人对自

---

① Ibid., p. 79. [译注]《论敞开》中译本,页95。

己的空间有一种特定的意识。空间观念逐步差异化,而且随着现代科学的发展,情况尤其如此,仅举几例:几何学、物理学、心理学、生物学,都产生各种不同空间概念。① 然而,根据 20 世纪 40 年代早期施米特的写作,统一的空间概念是缺失的。这种缺失使大量对空间的毫不相干的解读(或误解)同时上演,施米特对此深感不安。甚至哲学和知识论(gneosology)也无法为空间问题提供综合而简单的答案(另见本文集第十六篇)。这正是随着启蒙运动和现代文化霸权而产生的巨大的政治、经济和文化变革的本质。② 特别在牛顿之后,[176]整个欧洲出现一种新的空间观,人类第一次能够想象一个虚空的空间,这在以前是不可想象的:"想象一下这样一个实实在在的虚空吧……你只能想到一个绝对的虚无……"③

自由主义思想家嘲笑这种对虚空的恐惧(horror vacui),但在施米特看来,这种恐惧是可以理解的,特别鉴于这一事实:人第一次发现自身正面对着"虚无主义所产生的死亡真空"。对施米特来说,无限虚空的出现,由此而产生的令人震惊的革命,不能仅仅解释为对以前未知土地的发现;如果说有什么的话,这些发现只是某种更加实质的蜕变的后果。

因此,下面的说法毫不夸张:所有生活领域,所有的存在方式,人类的各种创造力……都参与了这个新的空间概念的塑造。地理学意义上的地球图景的巨变只是某种深层变革的先兆,这种变革已经隐含在比如"空间革命"这一意义深远的语汇中。④

---

① Schmitt, *Terra e Mare*, 2002, p. 57.
② Schmitt, *Terra e Mare*, 2002, p. 59。
③ Schmitt, *Terra e Mare*, 2002, p. 68.
④ Schmitt, *Terra e Mare*, 2002, p. 71. [译注]《陆地与海洋》中文版,页44。

从这一段话中可以看出,施米特非常关注这种新的空间概念造成的整体影响,在他看来,新的空间概念是另一种真空的反映,即由自由主义以及否定欧洲公法而创造的政治制度真空,这些政治制度并没有"植根"于民族文化的文化特性,也没有"植根"于任何"具体形势"(concrete situation)——而这些政治制度本应该在其中运作的。①

阿甘本对 nomos[法]的最新解释,与施米特作品中的这一元素有密切的联系。在《无目的的手段》(Means Without End)中,他断言,虽然衰落的民族国家无处不在地仍然保持着其空壳,变为一个纯粹的统治结构,但像施米特这样的主权政治理论家们从这一事件中看到的,却是政治终结的明显迹象。②

施米特确实着迷于政治"秩序"问题,他的空间理论也应当被看作这种关注(着迷)的反映,以及对存在某种原初的人类起源秩序的深切信念的反映。在他看来,这种秩序应该反映在每个社会和国家中。然而,在《王国与荣耀》中,阿甘本认为,秩序是一个同样虚空的概念,或者更确切地说,它本身不是一个概念,而是他所说的"签名"(signatura):某种倾向于超越秩序的符号或概念,它唤起一种特定的解释,或者将秩序完全移入一种不同的"形势",以便创造新的意义——同时从未离开符号学的领域。阿甘本认为,"秩序"这个签名表示的概念是真正的本体论概念:"秩序"这个签名因此产生"一种本体论的转移,从实质范畴到关系和实践的范畴——这也许是中世纪思想对本体论最重要的贡献"。③

施米特对社会和政治秩序概念的解读也是如此,他打算将社会与

---

① See Dyzenhaus, D. (ed.) *Law as Politics*: *Carl Schmitt's Critique of Liberalism*, Duke University Press, 1998.

② Agamben, G. *Means Without End*, University of Minnesota Press 2000, p. 112.

③ Agamben, G. *Il Regno e la Gloria*, Neri Pozza, 2007, p. 102;亦见 Agamben, G. *Signatura Rerum*, Torino: Bollati Boringhieri, 2008。

政治秩序当作人类"原初"空间化的可欲的最终目标。[177]正是在这个框架内,某种程度上可以将施米特的整体方案视为由一种空间本体论所驱动,只有对照施米特自己的宏大历史观,这种半理性半神秘的本体论才会获得全部意义。阿甘本再次详细地反思了这一历史观。在《在自己面前的法学家》(*Un giurista davanti a se stesso*)中,[1]他认为施米特的这一理解是围绕一系列基督教范式而构建的。第一个范式与基督教末世论解释20世纪的方式有关,特别是时间(历史)终结的观念,即时间即将走到尽头的观念。

在基督教对历史的理解中,这种现代的末世论瘫痪,与保罗在《帖撒罗尼迦后书》中提出的拦阻者(katechon)形象相对:也就是说,一种延迟并推迟时间(历史)终结(la fine del tempo)的力量的观念。在阿甘本看来,在《大地的法》中,这一观念是施米特理解的基督教帝国的核心:

> 我难以想象,对于一个原初的基督教理念,除了"拦阻者"这样的意象,还有什么其他历史意象可以作为其标志。拦阻者的存在抑制着世界末日的来临,是当时一个普遍的信仰。这是当时能从末世论的阴影中走出的唯一道路,以通向宏伟强大的基督教帝国下的德意志王国。[2]

这种千禧年图景与施米特对自然的基本元素的"重新发现"直接相关。他在[1942年出版的]《陆地与海洋》中多次提到,人本质上是一种陆地生物,几千年来,陆地一直代表着人的"自然空间",可以用来占领和殖民。在这一语境下,通过应用于分析新兴的全球力量——美国,施米特首次召回了拦阻者(katechon)概念,尽管是在相当简约的意义

---

[1] Agamben, G. *Schmitt. Un giurista davanti a se stesso*, Neri Pozza, p. 14.
[2] Schmitt, *Nomos of the Earth*, 2003[1950], p. 60. [译注]《大地的法》中文版,页25。

上,而不是(像他在战后所做的那样)在其完整的政治神学意义上。①事实上,施米特认为,美国进入"历史领域",一劳永逸地改变了世界的"拦阻者们"(restrainers)。在他看来,美国代表了一种非自愿的、不自觉的历史加速器,很像一艘无舵的大船,翻滚着进入历史的大漩涡。②

我在这里想说的是,阅读施米特阐释 nomos[法]和空间本体论问题的作品,必须(首先)根据他以前的著作,特别要根据他对回归"基本元素"的民粹主义呼吁。根据沃尔皮的观点,《陆地与海洋》是"历史解释和政治理论、神话学和神学、哲学和隐微论的耐人寻味的大熔炉",③我赞同他的这一观点。施米特描述的历史意识是一种隐微的知识形式,只有他一个人,或者可能再加上极少数其他"入门者"(initiates),才能够完全领会。施米特认为,他自己作为"入门的"个体,是历史深层秘密的守护者,这也可解释他为什么经常[178]采用"奥秘"(arcanum)一词。④

在历史解释上,犹太教与天主教间假定了潜在的(以及千禧年的)冲突,这是困扰施米特的另一个主要问题。对施米特来说,现代性就是这种决定性冲突的领域。以犹太人为首的普遍主义,与世界性资本主义以及英国对海洋的统治相结合,使这种冲突更加戏剧性,而且在他看来,这种冲突与世界末日的情景纠缠在一起(见本文集第十六篇)。事实上,施米特的精神分裂的历史终结图景,其特点是迫不及待地要揭开犹太人对付利维坦的秘密艺术,并揭示犹太人真正的 Arcanum imperii

---

① Volpi, F. "Potere degli elementi", C. Schmitt, *Terra e Mare*, Adelphi, 2002, p. 133.

② Volpi, F. "Potere degli elementi", C. Schmitt, *Terra e Mare*, Adelphi, 2002;另见 Ulmen, G. "American Imperialism and International Law: Carl Schmitt on the US in World Affairs", *Telos*, 72, 1987, pp. 43-73.

③ Volpi, F. "Potere degli elementi", C. Schmitt, *Terra e Mare*, Adelphi, 2002, p. 137.

④ Schmitt, *Terra e Mare*, 2002, p. 137.

[统治奥秘]。①

因此,解读施米特的空间理论,也需要根据这一隐秘的背景。在这种背景下,千禧年的力量正在打一场决定性的战斗:施米特以他对(基督教)世界末日的强烈偏执设想了这场战斗。旨在作为基本的"大地(陆地)尺度"的空间概念,与"具体"(施米特著作偏爱的一个术语)且由历史决定的空间概念——代表人类生活与国家及民族生活的"实际"阶段,这两者之间的张力不仅是人们通常所认为的论证问题,因此不能(也不可能)在认识论的基础上得到解决。阿甘本正确地指出,对施米特来说,构成"大地的 nomos[法]"的秩序和场域之间的关联包含着

> 一种根本性的含混,即一个无法实现的无区分地带或例外地带,而这个地带归根结底必然会同它作为其无限错位的一项原则背道而行。②

事实上,施米特通常将空间问题(以及随之而来的秩序问题)作为一个本体论问题提出,因为在他看来,空间问题建立在一种地理学奥秘之上,是一种灵知学(gnosological)方案,由一种隐微的基督教人类历史观驱动。因此,人们必须把施米特的"空间奥秘"准确地解读为一种(完全政治的)尝试,即把一种理性的大地空间理论以及当前的一种相关的地缘政治解释,与一种千禧年的、世界末日的历史图景相匹配。正是在这一图景中,施米特找到了他的宏大方案的存在理由(raison d'être)和指导力量,但也找到了一种"空间"信条,并在与土地这一"基本"元素的关联中,确立了"人"(human)的根源。在这个意义上,他提

---

① Volpi, F. "Potere degli elementi", C. Schmitt, *Terra e Mare*, Adelphi, 2002, p. 140.

② Agamben, G. *Homo Sacer: Sovereign Power and Bare Life*, Stanford University Press, 1998, pp. 19-20. [译注]中译参见阿甘本,《神圣人:至高权力与赤裸生命》,吴冠军译,北京:中央编译出版社,2016,页 28。

出的方案是一个真正民粹主义的、极端保守主义的(以及生命政治的)方案。

施米特在《大地的法》开篇提出的宣言至今仍很有名:在土地占取中确定一切文明(和人类?)事物的开端。这句宣言不能简单地归结为施米特倾向于按地理学的方式思考,或为某种空间理论提供替代的认识论基础。人们需要在空间神秘性中重新定位这一姿态,施米特在这种空间神秘性中将他的整体历史图景与他自己的方案并置,旨在将世界(或者最好说是欧洲文明,也许只是德国文明)从现代(自由主义和非神学)方案的本体论虚空产生的漩涡中拯救出来。

探索施米特的空间与地缘政治思想的当代人,绝不应该忘记,[179]这位德国法学家的空间(地理)奥秘如何建基于难以维持的妥协之上:一面是解释拉采尔的生命地理学遗产,一面是隐微地信仰一种对人性的特定(基督教)理解,后者把人理解为一种极其"空间的"、去动物化的陆地生物。

参考文献

Agamben, G. (1998) *Homo Sacer: Sovereign Power and Bare Life*, Stanford, CA: Stanford University Press.
—— (2000) *Means Without End*, Minneapolis: University of Minnesota Press.
—— (2004) *The Open*, Stanford, CA: Stanford University Press.
—— (2005) *Schmitt. Un giurista davanti a se stesso*, Vicenza: Neri Pozza.
—— (2007) *Il Regno e la Gloria*, Vicenza: Neri Pozza.
—— (2008) *Signatura Rerum*, Torino: Bollati Boringhieri.
Axtmann, R. (2007) 'Humanity or Enmity? Carl Schmitt on International Politics', *International Politics*, 44: 531–51.
Balakrishnan, G. (2000) *The Enemy: An Intellectual Portrait of Carl Schmitt*, Verso: London.
Botwinick, A. (2005) 'Same/Other versus Friend/Enemy: Levinas contra Schmitt', *Telos*, 132(Fall): 46–63.
Cavalletti, A. (2005) *La città biopolitica*, Milan: Mondadori.
Dean, M. (2007) '*Nomos*: Word and Myth', in L. Odysseos and F. Petito (eds) *The International Political Thought of Carl Schmitt*, London: Routledge.
Dyzenhaus, D. (ed.) (1998) *Law as Politics: Carl Schmitt's Critique of Liberalism*, Durham: Duke University Press.

Elden, S. (2010) 'Reading Schmitt Geopolitically: Nomos, Territory and Großraum', *Radical Philosophy*, 161: 18–26.
Farinelli, F. (2003) *Geografia*, Torino: Einaudi.
—— (2007) *L'invenzione della terra*, Palermo: Sellerio.
Galli, C. (2008) *Lo Sguardo di Giano. Saggi su Carl Schmitt*, Bologna: il Mulino.
Galluccio, F. (2002) 'Della delimitazione e dello Stato: per una lettura geografica di Carl Schmitt', *Rivista Geografica Italiana*, 109: 255–80.
—— (2006) 'L'Impero e le sue scale', *Rivista Geografica Italiana*, 113: 27–45.
Giaccaria P. and C. Minca (forthcoming) 'Nazi Geopolitics and the Dark Geographies of the *Selva*'. *Journal of Genocide Research*.
Heidegger, M. (1950) *Holzwege*, Frankfurt: Klostermann.
Herf, J. (1986) *Reactionary Modernism*. Cambridge: Cambridge University Press.
Hooker, W. (2009) *Carl Schmitt's International Thought: Order and Orientation*, Cambridge: Cambridge University Press.
Junger, E. and C. Schmitt (1999) *Briefe 1930–1983*, H. Kiesel (ed.), Stuttgart: Klett-Cotta.
Kalyvas, A. (2008) *Democracy and the Politics of the Extraordinary: Max Weber, Carl Schmitt, and Hannah Arendt*, Cambridge: Cambridge University Press.
Marchart, O. (2007) *Post-foundational Political Thought: Political Difference in Nancy, Lefort, Badiou and Laclau*, Edinburgh: Edinburgh University Press.
Miglio, G. (1972) 'Presentazione', in C. Schmitt, *Le Categorie del 'politico'*, Bologna: il Mulino.
Minca, C. (2006) 'Giorgio Agamben and the New Biopolitical Nomos', *Geografiska Annaler B*, 88(4): 387–403.
Mouffe, C. (ed.) (1999) *The Challenge of Carl Schmitt*, London: Verso.
—— (2005a) *On the Political*, London: Routledge.
—— (2005b) 'Schmitt's Vision of a Multipolar World', *South Atlantic Quarterly*, 104(2): 245–51.
Müller, J.W. (2003) *A Dangerous Mind: Carl Schmitt in Post-War European Thought*, New Haven, CT: Yale University Press.
Neocleous, M. (1996) 'Friend or Enemy? Reading Schmitt Politically', *Radical Philosophy*, 79(Sept/Oct): 13–23.
Ojakangas, M. (2006) *Concrete Life: Carl Schmitt and the Political Thought of Late Modernity*, Bern: Peter Lang.
Petito, P. (2007) 'Against World Unity: Carl Schmitt and the Western-centric and Liberal Global Order', in L. Odysseos and F. Petito (eds) *The International Political Thought of Carl Schmitt*, London: Routledge.
Rasch, W. (2005) 'Lines in the Sand: Enmity as a Structuring Principle', *South Atlantic Quarterly*, 104(2): 253–62.
Ratzel, F. (1897) *Politische geographie oder die geographie der staaten, des verkehrs und des krieges*, Berlin: Oldenburg.
Rosenzweig, F. (2007) (orig. 1984) *Globus*, Milan: Marietti.
Ruschi, F. (2008) 'Space, Law and Power in Carl Schmitt', *Jura Gentium*. Online. Available at www.juragentium.unifi.it/en/surveys/thil/nomos.htm (accessed 5 July 2010).

—— (2007) 'Leviathan e Behemoth. Modelli egemonici e spazi coloniali in Carl Schmitt', *Jura Gentium*. Online. Available at www.juragentium.unifi.it/it/surveys/thil/ruschi.htm (accessed 3 July 2010).
Schmitt, C. (1932) 'Forms of modern imperialism in international law', in S. Legg (ed.) (2011) *Geographies of the Nomos*, London: Routledge.
—— (1939) '*Großraum* versus Universalism: the International Legal Struggle over the Monroe Doctrine', in S. Legg (ed.) (2011) *Geographies of the* Nomos, London: Routledge.
—— (1942) *Land und Meer: Eine weltgeschichtliche Betrachtung*, Leipzig: Philipp Reclam.
—— (1972a) *Le Categorie del 'politico'*, Bologna: il Mulino.
—— (1972b) 'Premessa all'edizione italiana', in C. Schmitt, *Le Categorie del 'politico'*, Bologna: il Mulino.
—— (1991) *Theodor Daublers 'Nordlicht'*, Berlin: Duncker & Humblot.
—— (1992) *Völkerrechtliche Großraumordnung mit Interventionsverbot für raumfremde Mächte: Ein Beitrag zum Reichsbegriff im Völkerrecht*, Berlin: Duncker & Humblot.
—— (1995) *Staat, Großraum, Nomos: Arbeiten aus den Jahren 1916–1969*, G. Maschke (ed.), Berlin: Duncker & Humblot.
—— (1996 [1932]) *The Concept of the Political*. Chicago: University of Chicago Press.
—— (1997 [1954]) *Land and Sea*, Washington, DC: Plutarch Press.
—— (2002) *Terra e Mare*, Milan: Adelphi.
—— (2003 [1950]) *The* Nomos *of the Earth in the International Law of the* Jus Publicum Europaeum. New York: Telos Press.
—— (2003) *The* Nomos *of the Earth*, New York: Telos Press.
—— (2005) *Political Theology: Four Chapters on the Concept of Sovereignty*, Chicago: University of Chicago Press.
Shapiro, K. (2008) *Carl Schmitt and the Intensification of Politics*, Lanham, MD: Rowman & Littlefield.
Slomp, G. (2009) *Carl Schmitt and the Politics of Hostility, Violence and Terror*, Basingstoke: Palgrave Macmillan.
Ulmen, G. (1987) 'American Imperialism and International Law: Carl Schmitt on the US in World Affairs', *Telos*, 72(Summer): 43–73.
Valli, L. (1926) *Il diritto dei popoli alla terra*, Milan: Alpes.
Volpi, F. (2002) 'Potere degli elementi', in C. Schmitt, *Terra e Mare*, Milan: Adelphi.
Zolo, D. (2007) 'The Re-emerging Notion of Empire and the Influence of Carl Schmitt's Thought', in L. Odysseos and F. Petito (eds) *The International Political Thought of Carl Schmitt*, London: Routledge.

八 在法与日常生活之间
——确保福柯和施米特的空间秩序

罗杰斯（Peter Rogers）

导论

[182]本文最初让人觉得是沿着秩序、领土及安全等主题对福柯与施米特的"另类解读"。本文由此发展而来，无意逐点探讨施米特作品与福柯作品之间的潜在关联或区别。① 我也不打算详尽无遗地重述和描绘两人的原初理论；这项任务将留待本文集的众位作者及其他学者。在此，针对施米特和福柯共同论述过的安全、秩序和领土主题，我打算提供另一种解读；通过这样做，我的目标是为重新思考如何理解（这里使用的）"日常生活"（everyday life）的空间秩序提供一个起点，从广义上讲，就是阐明我们如何理解为日常活动的行为建立秩序的规范关系。

施米特的反自由主义政治批判，与福柯对新自由主义政治的批判形成鲜明对比：施米特批判缺乏决断、普通而脆弱的政治，福柯则批判在技术上精通于改善日常时空中主体人口之秩序的政治。

---

① 一些更加详细的讨论，参考 Prozorov, S. "Three Theses on 'Governance' and the Political", 2004，他描绘了福柯、施米特和昆德拉（Kundera）在伦理决断主义方面的联系；莱文森相对关注福柯、施米特和鲍德里亚（Baudrillard）在作为双垄断（duopolies）的权力关系方面的主题趋同，参 Levinson, B. "The Coming Nomos; or, the Decline of Other Orders in Schmitt", 2005；以及汉娜（在本文集第十二篇中）对牧领权力的更深入讨论。

施米特和福柯都为理解国家——作为一种创造社会秩序的体系而出现——的形成过程提供了独特的视角。另外,针对空间冲突或空间支配体系如何建立,以及这一调节行为如何影响社会秩序,他们也提供了独特的见解。两人都为系统的秩序化所包含的诸多内在问题提供了独特视角,这些内在问题包括空间与空间中的人。更重要的是,两人都提供了使国家和主权去本质化(de-essentialising)的独特方式,但通过对国家与主权的批判,两人也都就两者的重要性提供了与众不同的重估。就第一种重估而言,人们可以将其看作把对例外的主权决断聚焦为自上而下下达命令的权力的形成;就第二种重估而言,人们可以将其看作把权力更加细微地解释为是通过治理的机械化技术而建构起来的。本文特别感兴趣的是,用安全、领土和人口作为关键的分析因素来解释空间秩序这些概念时,出自这些概念的规范秩序化的特定关联的"可能性条件"。

我将论证,[183]使用第一种重估中施米特论述安全与领土的路径,然后再加上福柯对人口的解读,可以使人更深入地思考应该将下述哪些看作最有影响力的变量:(1)创造一种"日常的"常态化的秩序感;(2)这种秩序如何在日常生活的治理中表现出来;(3)了解空间在创造秩序中的作用是多么重要,无论对于民族国家的领土还是某人自己的身体。

施米特的nomos[法]概念指出某一共同体的具体空间秩序,在将我对这一概念的解读与尝试应用于广泛理解"日常生活"建立主题关联的过程中,我希望这种对安全、领土与人口之间相互作用的反思,能够有助于阐明空间秩序的理论论述与经验研究之间的一些基础联系。

施米特:空间秩序的法的基础

施米特的《大地的法》关切历史中出现的秩序,其中民族国家间关系的法律秩序化是重要主题。这与他关注主权、决断形式(权威由此看起来是正当的)以及创造主权统治的正当例外有重要关联。在此简单介绍的一种解读《大地的法》的方式表明,施米特认为,主权统治的正当性是一种秩序变量,这种变量最初表现为统治主体的权威,这一统治主体凌驾于与特定领土相关的所有权关系之上。

对"领土"的一种简单解释,在最广泛的意义上,最初是陆地(作为生产性的土地)所有权的法典化,法律的原则与实践作为规范关系和调节关系从中产生,指导着个人和集体之间的互动。随着时间的推移,这种关系发展成与"政治敌意"的总体化概念相一致的"具体秩序"。这种"政治敌意"的概念允许不同人群区分自己的"所有权"(right to own)——一个在领土意义上界定的概念,区别于自由主义的"人权"——与其他人的"所有权",施米特将后者视为可能挑战这类"权利"的敌人。因此,法律关系的法典化为个人与群体之间的规范互动创造了"可能性条件",此法典由负责管理特定领土"空间"的治理主体加以编纂和执行。

因此,某一共同体的空间秩序首先是在生产性土地(soil)上建构所有权的过程,也就是说,作为领土的陆地(land)属于那些能够从中获取资源的人。确保本土空间秩序化的正当形式因此是《大地的法》的核心,而且事实上构成了阐述 nomos[法]这一核心概念的开场白,尤其施米特的五篇引论的开篇探讨中提供的法和正义的三重根源中的第二重与第三重。① 三重根源中的第二重强调[184]通过开垦和耕种活动的界线印记对陆地使用进行划分,第三重强调隐含在"篱笆、围场、界碑、高墙、房屋等建筑"中的所有权的明确划分(同上,页42)。

在这一基本层面,领土的秩序化是通过产权划分将所有权嵌入个体。陆地的秩序化是为了特定的目的,也就是说为了满足人类需求的基本条件(食物、住所、衣服等)而生产资源,将空间在象征和实际意义上分割成占有部分。在最基本的层面上,领土占取与土地本身(即作

---

① Schmitt, *Nomos of the Earth*, 2003[1950], pp. 42—84.

为生产资料的陆地)的所有权相联系。因此,作为有界空间(即陆地)的土地的秩序化,与所有权及财产关系——其中财产包括陆地,也包括在生产性土地的耕种过程中获取的资源——的内部(internal)秩序化有关。

简言之,这表明内部秩序必然既包括个人对特定地点(location)的所有权,也包括集体对领土的最高所有权,即由谁创设就由谁维持nomos[法]。如果我们认为这是解决法和权的"实际化"问题的尝试,那么,在最广泛的意义上,所有权的法律规则必须被视为产生自土地占取。这就为内部和外部关系的秩序化创造了可能性条件。展开来说,施米特认为,为了避免内部冲突并维持内部秩序,还必须意识到生存论意义上不同、对立或另外的群体,并提及某种外部秩序。

施米特在其他作品中提出的敌友划分对此处的分析非常有用。①由法典化的关系所建立的内部空间秩序,确立了主权权威指导民众以特定方式行事的正当性;为了维持这种秩序并规范共同体成员之间的互动,就需要意识到作为非共同体成员的他者。群体,比如某一共同体或"国家"的内部空间秩序依赖于此一群体与(由"他者"组成的)另一群体的区分,群体内部的人对同一种秩序达成共识,"他者"通过他们的外部秩序可以挑战这一共识的正当性。

群体之间的区分依赖于不同群体之间可能由此产生的利益冲突,这种冲突不仅强调我们作为"朋友"与他们作为"敌人"之间的区分,而且强调不同群体的秩序化的正当性——浸透在每一群体的产权要求的施行规则中——之间的区分。这种"最终区分"为作为一种"法律体系"的"规则"创造了可能性条件,使之作为一种主权权威得以确立并获得正当性,但这一区分与群体(或共同体)承认所有权所遭遇的外部

---

① 鉴于我们在此关注的是施米特的具体空间方面的问题,我们对此不作深入探讨,但更多的细节请参考 Schmitt, *The Concept of the Political*, 1996, pp. 26-34。

挑战相伴而生,因此,主权权威指导行动的权力来自规范这些群体之间的互动所要求的法。

由于主权者对经验现实的决断,法权秩序得以成形,①但空间秩序不仅仅是严格意义上的法权决策,还包含决断、[185]占取行为和对他者的区分。这个复杂的框架铸就了空间秩序的具体形式。空间秩序是一种手段,特定共同体通过这一手段使对特定领土的占领变得正当,但也是对其进行管理的方式,因此也是有序的。由此,空间秩序包括了领土与生产性陆地的安全、陆地的资源、资源的交换等;确保有序行为与有序交换关系的调节实践,是理解 nomos[法]的重要性的关键所在。空间秩序、领土和安全必将成为讨论 nomos[法]的核心主题。

变化中的领土秩序与安全

迄今的讨论着重于《大地的法》中的领土与安全,但上述对领土的解读,充其量只是粗浅地将国家解读为调节生产性陆地与资源的法权架构,解读为特定人口的保障。我们如何从这一宽泛理论转向对具体空间秩序的审视?为了理解约束日常活动的治理权威的体系是如何产生的,我们需要更深入地研究具体的空间秩序,如不同变量的"相互作用"。这些变量,如上文中施米特的作品所指出的,首先是空间秩序,但是,人们必须通过领土和安全的补充视角来理解这种秩序,以凸显这种相互作用的复杂性。

这些不是静态的具体事物,也不是显然有别的对象,而是随时间而变化的流动变量,每个变量都会影响、提醒从而改变他者对某一部分人口的日常生活的冲击。这就要求我们理解以下几点:(1)施米特如何

---

① Zarmanian, T. "Carl Schmitt and the Problem of Legal Order: From Domesticto International", *Leiden Journal of International Law*, 19, 2006, p.50.

将某种具体的空间秩序,与对敌对群体因争夺领土而发生冲突及战争的某种理解相关联;(2)(使秩序变得具体的)某种空间秩序的稳定性,如何与该秩序所反映的那个共同体内部显示的权威形式相关联,共同体表现为诸如基督教国家,以及本应有的教会权威,即属灵的权力(potestas spiritualis);[1](3)对施米特而言,这些形式处于变化中,并且在本质上是时代性的。

由于没有任何秩序与领土是静止不变的,通过理解战争和冲突规则中所体现的这一划时代变化,历史的幽灵浮现出来。在历史上,族群权威的正当性特别容易受到变幻无常的人类阴谋的影响,因此,空间秩序的安全几乎不可能完全得到确保。在施米特看来,现代国家法律秩序的出现,表明对国家空间秩序的传统理解已然消解,单极全球领土秩序已然形成。[2] 基于施米特,我们可以认为,冲突与战争的性质、行为及规则的这类改变,通过改变领土安全以及由改变法律的作用来确保秩序的手段,对日常生活的规则有一定影响。

[186]因此,合法战争的概念:(1)是一种强制接受的手段,即让"他者的集体"(即民族国家)接受某一土地占取是正当的;(2)可用来证明战争的某一暴力行为是正当的,这往往是由于其结果改变了显示在特定领土中的占取类型和随后的所有权关系(即赋予无序的领土以公认的秩序);(3)作为一种手段,将暴力限制在民族国家间的军事关系上,从而保护了既定的秩序(也就是说,土地占取的外部秩序化,有助于维护已被承认的国家内部秩序)。民族国家在新领土上展开资源与财富竞争,由此创造的"可能性条件",不仅是公民与(或)统治者间的个体层面的协商,也是不同类型的集体"他者"间的协商。

---

[1] Schmitt, *Nomos of the Earth*, 2003[1950], p. 120.
[2] Mouffe, C. "Carl Schmitt's Warning of a Unipolar World", in Odysseos, L. & Petito, F. (eds) *The International Political Thought of Carl Schmitt: Terror, Liberal War and the Crisis of Global Order*, London, Routledge, 2007, pp. 148-153.

在《大地的法》中,施米特细述了这一划时代的转变:通过将行政权威集中在国家元首(magni hominus)身上,作为具体空间秩序的基督教国家转变成了欧洲公法。国家元首使民族国家作为人格化的实体可以声索特定的领土,推行一种内部占取秩序,这一秩序满足内部占取的需要并形成了基于国家的新的权威形式——脱离了属灵正当而转向共同体的集体权利,这种权威形式只要在主权统治者的意志中显现出来就具备正当性。因此,从旧 nomos[法]到新 nomos[法]的转变,与土地占取的神学的和行政的秩序化相关联,①极大影响了正当权威的形式与在此期间的日常生活行为。

由于国际间对土地与资源的竞争,领土统治者的行政权威本身也需重新调整。随后的土地占取必然需要一种领土观念——远远超出地区化的农场、宅地、牧场或具有相似信仰的集体的兄弟关系。除此之外,也要求一种集体的领土意识——作为利益的集合并建立一种集体的优越感,以对抗领土层面的外部"他者"。在施米特看来,中世纪土地占取的国际秩序,奠定了所有其他占取与规范(即法权)的基础,因为这些占取依据的权威建立在主权国家基础上。

当统治权与新世界(特别是美洲)土地占取的回报相关联时,就需要重新思考界定敌人的手段与方法。② 这使占取新世界所得回报的溢价,地位上高于作为欧洲统治者联盟的基督教国家之间的任何精神或神学上的一致。面临巩固新领土并对其强加一种使所有权的经济回报最大化的秩序的压力,这一转变加剧了国家间的竞争,并有效地具体化了从承认神学权威到承认主权国家的转变。为了民族国家的主权利

---

① 这不应该混同于建立全球线性思维与建立新国际法之间的联系,后者的建立是通过友好线的争论——源自 1492 年后出现的新全球思维;这与 16、17 世纪从教宗权威到区域化的君主国权威的转变直接相关,君主国凭自身的权利成为道德和行政的秩序。

② 在某种程度上,这也可以看作将敌人定义为"他者"的程度,尽管这种区分绝不简单(见本文集第四篇)。

益,主要的司法权威从属灵的、神话的和神学的领域,被转移到行政管理的、现实主义的和实用主义的治理领域,[187]从而使发生在新世界的土地占取达到利益最大化。这促成了贵族权利和贵族政治的一系列转变,重新调整了对新型领土的权威统治方式,以便能够处理"我们"与"他们"间的冲突:

> 这不仅意味着所有基督教国家赖以为基础的空间秩序概念体系被打破,而且基督教"战争限制"的理念也被消解。同时,还意味着中世纪专制理论,即教宗与君王的干涉权能的告终。由此,古老的神圣和平,同复仇与反抗的权利一道走进了历史。①

这种从属灵的权力(postestas spiritualis)向政治体(civitates)的更加世俗的属世权力的转变,与理性主义及科学思维的兴起同步。价值观的互相影响带来更广泛的变化,促成了重大的伦理转变,神学的、神话的与属灵的权威进而淹没在现代实证主义的科学思维方式的伦理理性主义之中。这些变化包括:君主与法院合并管理地产的手段,世袭治理,普鲁士的专制主义模式,以及最终崛起的(与日益世俗化的民族主义相关联的)行政宪政主义。②

"他们"与"我们"的区分,不再以宗教共同体为基础(比如以教宗权威为基础),而是以世俗化的混合民族主义为基础。由此出现了一种不同的标准,以便将冲突正当化为正义的(just)。也就是说,在法国人、西班牙人、英国人、德国人的敌对中,各方往往[各自都]暗示"上帝与我们同在",以确定任何冲突的正当理由。

正是在这里,通过土地占取与土地侵占的本构冲突(constitutive

---

① Schmitt, *Nomos of the Earth*, 2003[1950], p. 128[译注]《大地的法》中文版,页102。

② Poggi, G. *The State: Its Nature, Development and Prospects*, Stanford, CA, Stanford University Press, 1990, pp. 42-62.

conflict），政治事物获得了一致性。在某一领土范围内，对某一集体人口的规范性权威的形式，并不仅仅通过区分内部需求与外部需求——这是我们的土地，而且土地上的东西属于我们而非你们——才获得意义，而是通过国家领土的明确边界的建立，君主或统治体的行政与司法权威下的官僚机构的集中化，以及把土地占取中的冲突绑定到与民族认同一致的宗教的正当战争理由（just causa belli）上。施米特引用 cujus regio, cujus religio[谁的地盘，谁的宗教]这一原始格言，表明他承认这一点，该格言以民族国家的统治者而非皇帝或教宗为中心。

在施米特的历史解读中，从基督教国家到欧洲公法的划时代之变，只表明了空间秩序上的一次转变，另外一次转变发生在整个19世纪末到20世纪。《大地的法》的主要目标是揭露后一次变化的可疑之处。他特别强调的是，美洲与亚洲的国际利益[188]对欧洲国家间关系的法律架构的影响与日俱增，形成了向超越欧洲大陆利益的、全球化的国际法转变的趋势。这也是向新的和更现代的"大地法"转变的核心部分。

施米特认为，欧洲公法的空间秩序变得不稳定，是由于以下因素：在承认发展中国家的国家地位时，宪法秩序的最低要求混淆不清；法律思维在公共领域与私人领域间迷失了方向（模糊了国内的内部规范与国家间的外部规范）；国家-公共领域与财产、贸易及经济的私人领域在法律层面的分离（例如，自由贸易学说的发展）；凌驾于土地占取法权之上的经济交换法权缺乏具体的空间秩序。

在新兴的全球国际法中，这些因素极大地破坏了作为主权民族国家的正当行动的"限制战争"（bracketing of war），并标志着向一种新的不稳定的法的（nomic）形式的时代转变，而这一形式缺乏任何具体的空间秩序意识。虽然施米特强调这些变化在法理学方面产生的影响，但这些变化也广泛地影响着社会、文化、政治的交流。假定一个集体的所有成员在维护现有内部秩序方面具有整体与一致的利益，会限制对划时代之变的意识。

人们可以用人类考古学来审视这些主题,在合法占取与"国家战争"即冲突的准则之外,更深入地展示集体成员间规范性互动行动的"可能性条件"。一些更宽泛的条件确保了特定的空间秩序,我们正在描述的,主要是这些条件的变化中的法律要素;这为我们奠定了基础,使我们可以更批判地将法律事物引入我们对国家的经济、政治和地理的讨论,但对于揭示现代空间秩序中的生活经验,这一描述的适用性有限。通过重新评价施米特,这些已经重新引入的线索对于在本文集其他地方讨论的紧急情况、恐怖主义与日常生活的新安全,也许大为有用。为了达到我们的目标,即为日常活动的有序引导提供另一种阐述,我们需要审视国家代表其人口保障日常生活的不同方法。

从施米特到福柯:人口的秩序和安全

福柯论述的主题和重点与施米特截然不同,虽然福柯也阐明了秩序乃随着时间的推移而产生,但阐释的方式与目的却极为不同。例如,"一战"之后,欧洲处于动荡的重建过程中,施米特此时撰写了许多关于"政治事物"的作品,并以《大地的法》一书扩展性地批判了战后的自由民主、国家间关系及法律重建。[189]反观福柯,他的写作正处于战后法国的政治和思想斗争中,在这一背景下,新兴的欧洲联盟重新调整,以适应全球化资本主义以及非传统的生活方式与意识形态崛起的挑战。[时代的]焦点转向意识形态冲突、性别解放与性自由主义的泛滥、共产主义与资本主义价值观的冲突、自由主义与新自由主义的政治增长,以及战后资本主义对共产主义的优势,从而开始更多地将公民的精神和身体,尤其是与政治经济结构的关系中的公民的精神和身体,置于当前讨论的核心。

对福柯之类的思想家来说,这排除了施米特及其他法学理论家的关切,即关注民族国家与国际法对领土的影响,他们认为应集中关注人口、公民和正当的国家权威在日常生活中的作用。因此，福柯较少关注土地和"生产性土地"的占取，因为大部分领土已经由20世纪初的战争所（错误地）界定。斗争的重点已经从地缘-法律国家的形成与其中的国际关系，转移到确保日常生活秩序的内部空间规训。

于是，对秩序和安全的讨论，往往不再是从大地本身的角度对领土空间控制的讨论。现在的讨论是，通过将规训植入人口以确保秩序本身。① 虽然土地占取建构了共同体，也建构了区分"我们与他们""朋友与敌人"的规范秩序以及由这些决断产生的法律秩序，但是，土地占取这一形式变得不那么重要了。这里的空间秩序的定义是，通过权力的规训形式对空间的隔离与划分；由于作为一种生命政治的监管形式而运作，这种权力机制能够不受限制地充分起作用。生命政治是这一进路的关键层面，形成一个视角，既包括具体的技术方法，也包括创造一个易受这一统治形式影响的集体的建构过程。②

我们看到，福柯的生命政治学越来越强调各种变量的相互作用，如知识的管理、法律的理性化、规训和安全的机制，他强调的与施米特精微地讨论土地占取相似，但他以一种更为优雅的方式，通过将政治经济学与规划城市环境的规训空间作为日常生活秩序的建构要素，来展示土地-谷物的相互作用。他的讨论必须强调网络化的相互作用，规训机制与技术凭借这种作用重构日常生活的进程。这种基于安全的强调与施米特的法学进路不同，在1978年法兰西学院（Collège de France）的讲座中，福柯明确地指出了这一差异：

---

① Foucault, M. Security, Territory, Population: Lectures at the Collège du France 1977-1978, London, Palgrave, trans. G. Burchill, 2004[1997].

② Deuber-Manowski, A. "Nothing is Political, Everything can be Politicised: On the Concept of the Political in Michel Foucault and Carl Schmitt", Telos, 142, 2008, p.135.

换言之,法律禁止,纪律规定,而安全的基本功能既不禁止也不规定,尽管它[190]可能利用一些规定和禁止的工具。安全的基本功能是要对现实作出回应,且这种回应会取消它所回应的现实——使现实无效,或限制、检查、规训现实。①

安全装置的这种监管重在寻求稳定,并确保特定现状以所谓的"有序"方式持续下去,同时凭借施米特大致忽略的秩序机制(如治安),来补充和(有时)扬弃更加严格的法律功能。对福柯来说,特别有趣的变量因此是:个人和集体人口的治理,机制、装置与程序规训秩序的方式,主权权威对个人身体的规范影响,以及受规训身体的出现——作为治理机制和程序的功能结果。

这些变量可以看作构成要素,通过这些要素,一个特定时代的更加广泛的知识(episteme)得以发展,从而使人在国家内部的关系和人与国家的关系秩序化,而非使作为民族国家的集体人口之间的关系秩序化。

福柯对主权国家的评价与施米特不同。福柯强调主权国家向"治理化"(governmentalised)国家的转变,而施米特强调的是作为全球秩序机制的主权国家的解体。福柯认为,与其在国家间关系或权威构成方面讨论管理转变的法律含义(福柯认为这是一种还原),不如将讨论重点放在审视作为人口权威的三角结构的主权、规训和政府管理的相互作用上,并把安全装置用作秩序化的首要机制。② 更简单的表述方式是,我们在这里不讨论国家的建构与形式,而讨论一种对日常生活秩序进行干预的治理状态——就像排练合唱或调整舞步。

---

① Foucault, M. *Society Must be Defended*: *Lectures at the Collège du France 1975-1976*, London, Palgrave, trans. D. Masey, 2003, p. 47.

② Foucault, M. *Society Must be Defended*: *Lectures at the Collège du France 1975-1976*, London, Palgrave, trans. D. Masey, 2003, pp. 107-109.

变化中的日常生活的秩序及安全

通过强调福柯与施米特对时代变化的不同解读,我们可以深化这些区分,并表明不同时代的特殊秩序形式或类型。特别是,福柯于1975年至1979年在法兰西学院的讲座,经常提到《大地的法》中讨论的中世纪、文艺复兴和启蒙时期之间的同一种转变。① 这将我们的注意力引向熟悉的要素,即确保空间秩序的要素,例如:战争、权力与法律之间的关联;主权理论;权力的法律与经济概念;权威的重点从权威主权的牧权(教权)向治权转变。然而,我们需要理解一些关键的差异,以框定福柯与施米特论述主权和空间的不同路径。

[191]在此展开讨论时,我们首先要注意的是施米特与福柯之间的惊人相似,前者主张划分敌友,后者宣称"我们都不可避免的是某人的对手"。② 然而,也要注意两者的关键差异。施米特在《大地的法》中对权威的态度表明,敌友之间的区别与政治权力的法律框架息息相关,这些框架支撑着国家间战争的法权理由的转变。③ 然而,福柯明确地将重点从权利、法律和主权的法学领域转移到政治领域,试图分析一场——针对强大的统治与征服力量——长久的煽动性战争。就其本质而言,福柯研究的是日常生活中的行动自由与某种秩序化的日常生活的规训治理之间的战略斗争。

---

① 虽然施米特和福柯都没有使用这些明确的时代术语——比如施米特提到中世纪、文艺复兴和规范时期,而福柯强调古典时期和启蒙时期——但为了简洁和一致,这里还是使用这些时代术语。

② Foucault, M. *Society Must be Defended*: *Lectures at the Collège du France 1975-1976*, London, Palgrave, trans. D. Masey, 2003, p. 51.

③ 具体而言这正是中世纪框架向欧洲公法转变的理由,而该理由对出现新的大地 nomos[法]不再那么具有核心意义,这正是施米特强烈批判之处。

虽然在此处看来，敌友区分依靠人类主体不可避免的对抗本质，但是，这一区分的目标不是得出统一的哲学真理，而是要阐明用来使集体（部落、民族国家等）参与暴力冲突的权利正当化的观点。在这种情况下，发生的冲突主要是为了占取土地或消灭土地的争夺者。此处，对抗性差异的解读表明，这些二元的武力关系是有缺陷、视角化、不对称、不平衡的。因此，任何对真实与正当权利的要求都是虚假的，会导致一场永恒的战争，这场战争永久地扎根在法学思维的历史领域中（因此难以被取代），然而在政治上又从认知主体（the knowing subject）的日常生活中分散开来。对福柯来说，我们必须超越这些权威与权力的法律表征，进入一个更细致的谱系——秩序如何出现，治理与人口之间的"安全契约"如何达成。

第二，这种讨论的表述与其说是历史学-法学的话语，不如说是历史学-政治学的话语，这一点引人注目，并且这种讨论就安全、秩序和领土的解释给出了非常不同的强调。这种不同之处的一个例子是，打着战争幌子的冲突的作用。战争是理解现代社会秩序构成的核心问题，对此福柯和施米特都有讨论，但可以说，施米特通过讨论主权领土国家的形成提供的是"权力的何地（where）"，福柯则试图探究"权力的如何（how）"。[福柯]通过改变问题的焦点，重点从法理学上强调统一的主权权威的法典化进程，进一步转向研究主权权力得以实施的机制与进程，从统治者的统一权威，转向用于统治的多重循环的权力关系：

> 统治权理论指出，或者说试图指出，权力的建构如何能够不依据法律，而是根据某种深刻的正当性，它比一切法律还要根本，是所有法律的总的法律，使其他各种法律作为法律来运转成为可能。换一种说法，统治权理论是从主体到臣民的循环，单数权力和复数权力的循环，[192]合法性和法律的循环……统治权理论预设了三重"原始性"：要受奴役的臣民，要建立的权力统一体和要遵守

的正当性……①

这里强调的是超越法律在微观层面上对主体的理解,主体不仅是个体公民,而且是人口中的一员,而人口正是政府通过法律-法学规范、规训机制和安全装置(dispositifs)进行干预的特定对象。这就从关注主权国家之间的国际关系,转变到关注国家内部个人之间的日常关系,从交往的外部秩序化转向经验的内部秩序化。历史-法律意义上的外部战争——在他者之间发生且是秩序化社会的先决条件,转变为历史-政治意义上的内部战争——为了维护社会秩序以应对"由其自身产生的内部威胁"(同上,页216)。

因此,国家是仲裁者,使暴力关系以战争的形式正当化,而且这可以由人格化的民族国家(外部规范)承担。这种民族国家也是法律的监管人以及惩罚的监管人,这种惩罚是规范日常生活的众多机制的一个例子(内部规范)。福柯主要将战争视为日常关系的一种历史-政治话语(同上,页49),这使内部战争成为"制度和秩序背后的动力"(同上,页50),因此对于理解确保人口中的"常态"日常行为的方法至关重要。

第三,研究我们在比较讨论施米特与福柯的方法时所设定的主题,即可发现这些主题的组合是微妙的。我们开始概述施米特的秩序-领土-安全主题时,已经在福柯对安全-领土-人口的使用中转向对[施米特]这些概念的重构。然而,福柯自己指出,这并不完全是他论证的重点,他一方面强调安全-人口-治理的系列[概念](同上,页88),另一方面进一步强调了更广泛的"治理性"(govermentality)概念(同上,页108)。

治理本身的含义并不是法律上的,必须超越——主权权威领导下

---

① Foucault, M. *Society Must be Defended*: *Lectures at the Collège du France 1975-1976*, London, Palgrave, trans. D. Masey, 2003, p. 44. [译注]中译参福柯,《必须保卫社会》,钱翰译,上海:上海人民出版社,1999,页39。

的——人的权利的有限意义。这更多是一种对战略机制的审视,这种战略机制能够用来确保日常生活中的有序循环,也就是说,一种通过分析"治理术"定向影响下的规训主体的规训行为来呈现的秩序谱系,①一种对施米特论证的创基原则的关键否定。这是一种思维的转变,从国家间关系角度的领土的外部秩序化,转向确保事物有效且有序地流动,[193]无论这些事物是资源、人还是生存的必需品——例如瘟疫肆虐的城镇上空的空气。

在福柯的思想中,这种领土重新调整的比较恰当的例子,或许是他对治安的讨论。福柯借鉴多玛斯(Domas)的作品,认为治安与城市的现代意识同步兴起,这一兴起不仅受到城市空间中军事形式的规训影响,还由于有典型的城市问题需要监管,其中许多问题是伴随着城镇市场中商业的繁荣、人口的聚集以及欧洲国家之间商业国际关系的兴起而产生的(同上,页333-340)。我认为,借助福柯可以重新调整我们对秩序、安全和领土的理解,以助于我们更细致地解读nomos[法]。

通过这种解读,空间的法的秩序比严格的法律意义嵌入得更深,也与日常空间的组织、秩序的制度组织、秩序的机制与实践相关联,并将规训嵌入特定场所的日常,甚至更进一步地嵌入支撑着共同体的集体意识的那种道德与伦理解释。

nomos[法]与日常生活?

显然,在施米特看来,重新思考例如秩序和领土等主题时,对秩序的解读必然与法权联系在一起,但他的有限愿望与具体目标是强调法

---

① Foucault, M. *Security, Territory, Population*: Lectures at the Collège du France 1977-1978, London, Palgrave, trans. G. Burchill, 2004[1997], p. 79, pp. 100-105.

理学的变革、缺乏具体空间秩序或法的秩序的世界存在的危险,以及更广泛地批评市场全球化的自由主义方案。① 在应用作为广义规范的法律意识的过程中,法律形成法典化的法理框架,这一框架源自使共同体的具体空间秩序正当化的他性(otherness)的占取与区分。施米特解读"政治事物"的路径的核心是,内在者(insider)与他者之间、(事实上)"我们"与"他们"之间的秩序调解。对这些群体中的任一个所行使的权力,由体现在法律上的法的秩序施加。

政治事物与法的事物达成一致,成为建构与确保"我们"(由与"他们"的对立来界定)的安全的一种手段。因此,我们需要对安全有更加清楚的认识。这为我们讨论三个关键主题[秩序-领土-安全]提出了若干问题,例如:共同体是否一定是领土性的? 不同的共同体如果由相互反对而界定,那么如何确保共存? 换句话说,不同的"法的秩序"如何跨领土相互作用,以创造一个安全的国际社会? 在此有两点浮现出来:(1)通过研究本身就是空间事物的秩序与安全来回答这些问题是明智的;(2)我们无法将这种秩序感直接或有意义地应用到日常生活中,需要另一种视角去关注法的秩序对人口的日常生活产生的影响。

[194]首先,施米特将法律看作一套适用的关系与条件,它们只有被应用于特别界定的领土时才有意义,这就使讨论变成了赋予空间以秩序的讨论。这种领土秩序的出现是为了增加"安全"——不管是为了国家的安全、身体-政治(body-politic)的安全,还是为了公民的安全、统治的决断者的安全,以及可从中提取资源的生产性土地的安全等。因此,与领土上的人口(即生活在那里的人)相关联的统治目的与治理作用,也是决定任何意义的"秩序"形式的因素,因为正是领土上的人口来决定应确保什么安全,确保谁安全,以及创造和落实安全的正当方

---

① Levinson, B. "The Coming Nomos; or, the Decline of Other Orders in Schmitt", *The South Atlantic Quarterly*, 104 (2):2005, pp. 206-207.

式和手段是什么。① 这代表了解读日常生活的路径,但是领土上的人口大致只限于为敌人间交战的法典化规则提供理由,且往往只是在民族国家地位伪装下的集体。

在对福柯的这种解读中有类似的主题,但出现的问题不同。例如,我在上文指出,施米特的作品非常关注法律的重要性。虽然鉴于他的[法学家]身份,这是理所当然的,但是,可能正是安全意义(作为日常生活的秩序,受限于作为关系的领土框架的空间)的转变,将我们与特定的日常生活(构成此处的核心关切)的"行动方式"联系起来。这[一关切]旨在更加有意义地解读围绕恰当且正当的主权权力(作为决断的一种手段)的斗争或"内部战争"——从而恰当地使用权力以确保国家边界(领土)内的秩序。

但是,福柯作品的核心要点并不是一种法律秩序的规范权力与共同体的安全空间秩序,而是作为众多"技术操作"或"安全装置"之一的法律,决策者用这种法律指导空间内部人口的"日常经验"。特别在福柯看来,与空间相关联的规训与社会秩序主题,可以与以下主题联系起来:民族国家人口中对更广泛自由的讨论;对权威的恰当使用,以保障人民本身以及他们居住的领土;以及由此而来的,强调违反规范与负责发展、维护特定秩序的人的反应间的关联。

这种对领土上人口的关注,最初较少强调领土,而更多地强调权威对确保人口安全与使人口有序的实际影响,两种行为都凭借并在特定类型的空间之中——无论是城镇、集中营还是身体。每种进路都会召唤类似的主题,但在侧重点上有细微的差别,因此形成了研究正当统治的形式与过程的相当不同的进路。

---

① 重要的是,对施米特来说,领土上的人口,尤其个人与个人之间的关系以及个人与集体的关系,是通过他的政治的概念、政治神学以及"朋友"和"敌人"之间的区分来论述的,《大地的法》对这一主题谈论较少,而《大地的法》是他最具空间意义的作品。

本文对概念的重新解读,旨在批判性地思考,施米特从法的角度解读主权和法律,与福柯关注安全、领土和人口的谱系学,其间有何联系和区别。本文希望由此能够描绘出秩序、[195]领土和安全之间的相互作用——这三者不仅是讨论的主题,也是分析的变量——从而促进我们反思社会与空间秩序随着时间推移而面临的挑战。这种时间的转变强调分析的重要性,通过分析两个或多个层面之间的进程,表明变化本身就是变量之间不断的"相互作用";并且正是对这种相互作用的研究,使我们能够从根本上了解——支撑日常生活中建立安全空间秩序的——法的与伦理的原则。

这也有助于以一种(再)构成的方式,"超越"对国家与主权权力的增强及发展的政治现实主义、历史唯物主义甚至辩证唯物主义的传统解读。实际上,我们可以将某种法的秩序的支撑价值看作对可操作的政治行动的补充,这种政治行动类似于治理性的实践。如果我们认为nomos[法]和日常生活相互影响,那么,在某种程度上,两者可以看作是相互创生的,由此成为采取行动以确定特定秩序是合法还是非法、道德还是不道德、正确还是错误的基础。

这就变成了对隐含在日常生活行为中的"内部战争"这一敌对关系的分析,并且,安全也因此变为确保我们的永久战争中的固有秩序,即确保斗争本身的行为。与施米特相比,尽管福柯写作时的政治地缘环境似乎稳定得多,也许阿尔及尔是个例外,但是,他的早期演讲明显地强调敌对关系内在于市民社会与人口之中,因此也内在于日常生活之中的"反抗治理"(counter-conduct)这一更加抽象的理解之中,由此福柯完成了对敌对关系的扬弃。

nomos[法]和日常生活的"反抗治理"概念都以不同的方式唤起一种程序化的、使经验获得秩序的意识;将例外[状态]延伸到法律[领域]之外的解读范例,在对施米特与阿甘本的分析性诠释中开始出现;而且,对例外[状态]的研究在当代施米特复兴中占据更大部分(见本文集第七篇)。与此同时,nomos[法]的历史地理学,使国际关系辩论中的相关主题具有了政治适用性,①但这里尚有作主题评估的空间,我试图在此发展对这些主题的评估,呼唤秩序本身的对抗品质。

对秩序、安全、领土与人口的理论评估构成一个背景,为研究安全、应急计划、灾害管理、自然灾害与生物恐怖主义(bio-terrorism)的紧迫威胁等做出了相关却又截然不同的贡献。虽然我们在这里没有深入研究这些问题,但通过秩序、领土和安全的主题,批判性地考察识别对手的过程中伦理治理的法的秩序、对抗关系的秩序以及日常生活的有序斗争,我们也会收获良多。

在批评施米特的声音中,更多人认为,施米特过分强调法学而忽视了福柯所确认的权力经验。这就引发了一系列问题,[196]人们已经意识到对此的行政区分越来越分散:如何使土地资源的占有、分配和生产变得合法,如何将其置于理解所有社会和经济秩序的中心,如施米特在《大地的法》的结语中所讨论的。② 施米特在论证他的法学重点时,跨越学科偏见,回到创造社会秩序的逻辑结构:

> 与语言学家不同,法学家和历史学家通常把 nomos 译为"法律"(law),或者为了区别于成文法,译为"传统"(tradition)或"习俗"(custom)。我更喜欢最简单的方法,因为我们感兴趣的是,在所有专业学科中,确定各种社会秩序与社会原理的结构,针对所有专业学科的伦理核心与历史视角,找到适当的表述问题的方式。

这是一个有趣的观点,而且表明追问新 nomos[法]问题——施米特在《大地的法》中从未完整回答过——也许是在尝试质疑一种伦理日常生活的衰退,这种伦理日常生活内在于或者处于欧洲公法的具体空间秩序的核心。在确保这种新兴的法空间秩序的过程中,我们可以

---

① Odysseos, L. and Petito, F. (eds) *The International Political Thought of Carl Schmitt: Terror, Liberal War and the Crisis of Global Order*, Routledge, 2007.
② Schmitt, *Nomos of the Earth*, 2003[1950], pp. 324-355.

在国际关系的特定案例中围绕施米特继续展开讨论,但在评估具有更为广泛的现代性的日常生活方面,我们必须像其他人一样从其他地方着眼,即对施米特和福柯进行新的、精炼的重构,以便更全面地分析未来如何确保人口的对抗秩序。

参考文献

Deuber-Manowski, A. (2008) 'Nothing is Political, Everything can be Politicised: On the Concept of the Political in Michel Foucault and Carl Schmitt', *Telos*, 142: 135–62.

Foucault, M. (2003) *Society Must be Defended: Lectures at the Collège du France 1975–1976*, London, Palgrave, trans. D. Masey.

Foucault, M. (2004) *Security, Territory, Population: Lectures at the Collège du France 1977–1978*, London, Palgrave, trans. G. Burchill.

Levinson, B. (2005) 'The Coming Nomos; or, the Decline of Other Orders in Schmitt', *The South Atlantic Quarterly*, 104 (2): 205–15.

Mouffe, C. (2007) 'Carl Schmitt's Warning of a Unipolar World' in Odysseos, L. & Petito, F. (eds) (2007) *The International Political Thought of Carl Schmitt: Terror, Liberal War and the Crisis of Global Order*, London, Routledge: 148–53.

Odysseos, L. and Petito, F. (eds) (2007) *The International Political Thought of Carl Schmitt: Terror, Liberal War and the Crisis of Global Order*, London, Routledge.

Poggi, G. (1990) *The State: Its Nature, Development and Prospects*, Stanford, CA, Stanford University Press.

Prozorov, S. (2004) 'Three Theses on "Governance" and the Political', *Journal of International Relations and Development*, 7 (3): 267–93.

Schmitt, C. (1996 [1932]) *The Concept of the Political*, Chicago, University of Chicago Press, trans. George Schwab.

Schmitt, C (2003 [1950]) *The Nomos of the Earth: In the International Law of the Jus Publicum Europaeum*, New York, Telos, trans. G.L. Ulman.

Zarmanian, T. (2006) 'Carl Schmitt and the Problem of Legal Order: From Domestic to International', *Leiden Journal of International Law*, 19: 41–67.

第三单元

回应大地法

九 回顾纳粹知识分子

阿特金森(David Atkinson)

[201]迪恩明确指出,对许多当代学者来说,解读施米特的一个问题是,纳粹集中营"……困扰着施米特写下的每一个词,无论[那些词可能]多么具有启发性"。① 这里要说的是一位像海德格尔一样,因与纳粹有染而声誉受损的思想家。纳粹带来的长期阴影使他的声誉大打折扣,就像其他曾经依附于该政权的知识分子。事实上,摩西(A. D. Moses)指出,在21世纪的德国,仍然可以看到像哈贝马斯(Jurgen Habermas)和格拉斯(Gunter Grass)②这样的"左倾"思想家,由于年轻时与纳粹略有瓜葛而遭到审问。③

相比之下,尽管施米特在纳粹高层的影响力跌宕起伏,但他仍是纳粹主义的长期支持者,并且在1945年后拒绝去纳粹化。由于他在政治上意义太过重大,因此他也不是某些欧洲知识分子的典型代表,用沃林的话来说,这些知识分子为"非理性的诱惑"、表面的魅力和"法西斯主

---

① Dean, M. "A Political Mythology of World Order: Carl Schmitt's Nomos", *Theory, Culture and Society*, 23, 2006, p. 12.

② [译注]诺贝尔文学奖得主,有"德国良心"之称,于2006年自揭年轻时曾参与过纳粹武装亲卫队(Waffen-SS),在欧洲当地引起轩然大波,也招致许多批评。他当时表示,"我知道那是耻辱,我也把它视为耻辱,六十年来一直如此,但它也定义了我后来作为一名作家与公民的行为方式"。其代表作有《猫与鼠》《狗年月》《剥洋葱》等,1999年获得诺贝尔文学奖。

③ Moses, A. D. *German Intellectuals and the Nazi Past*, Cambridge: Cambridge University Press, 2007.

义知识人的浪漫"所吸引。他在魏玛民国时期担任帕彭(Papen)和施莱歇尔(Schleicher)的顾问,加上后来与戈林(Göring)的关系,以及他为纳粹起草过关键的早期法案,使他的影响远远超过单纯的法西斯支持者,如德曼(Paul de Man)、艾略特(T. S. Eliot)、庞德(Ezra Pound),以及沃林补充的巴塔耶(George Bataille)。①

由于许多批评家对施米特个人及其作品持有大量的(往往是可以理解的)先入之见与保留意见,结果,他的政治事务让他的作品失去了光辉。其中,一些批评家对探索与讲说施米特的思想有所顾虑,另一些人则更直截了当地将施米特视为"德之贼"(moral pollutant)。② 许多关于他的文章似乎在回应谴责施米特的政治行径这一情感需要。事实上,施米特与纳粹的联系是如此令人不安又惹人注目,以至于巴拉克里什南在施米特的传记中开篇就说:

> 在英语世界,[施米特]是 terra incognita [未知之地],他的名字让人联想起纳粹,呈现在我们眼前的[作品]诞生于令人恐慌的处境与时代。③

当时的处境确实令人不安,如朱特(T. Judt)所写,20 世纪的"恐怖独一无二,在许多方面那都是一个真正可怕的时代,也许还是一个有史

---

① Cristi, R. *Carl Schmitt and Authoritarian Liberalism*, Cardiff: University of Wales Press, 1998; Moses, A. D. *German Intellectuals and the Nazi Past*, Cambridge University Press, 2007; Stirk, P. "Carl Schmitt's Völkerrechtliche Grossraumordnung", *History of Political Thought*, 20, 1999; Wolin, R. *The Seduction of Unreason: The Intellectual Romance with Fascism from Nietzsche to Postmodernism*, Princeton University Press, 2004.

② Dean, M. "A Political Mythology of World Order: Carl Schmitt's Nomos", *Theory, Culture and Society*, 23, 2006.

③ Balakrishnan, G. *The Enemy: An Intellectual Portrait of Carl Schmitt*, Verso, 2000, p. 1.

以来无与伦比地残暴且充满苦难的时代"。① 因此,回顾20世纪的法西斯主义,这是一件麻烦且令人担忧的事情,会无情地刺激战后学术界通常不愿去触碰的某些敏感点。[202]而由于该政权犯下的滔天罪行,以及造成的惨烈破坏,回顾纳粹主义就更是难上加难。回顾并探究自愿与纳粹结盟的知识分子,虽然比较次要,但仍然是这些领域中的棘手挑战——特别当这些思想家提出的一些潜在的洞见都已为这些可悲的政治关联所玷污时。

在整个战后时期,一些欧洲的学术争论先是忽略了纳粹主义与德国知识分子的联系,后来又去回溯这些联系,本文将简要概述其大致轮廓(本文也旁敲侧击地提到两次战争之间的其他法西斯主义,尽管1945年之后的评论家将其与纳粹主义混为一谈)。因此,本文有助于结合语境来考察我们曾经如何回顾、我们应该如何回顾施米特这类思想家以及他们可疑的政治观。

战后对纳粹及其知识分子的唾弃

在随后几十年里,"二战"留下的创伤与恐怖使社会震荡不安。在欧洲,这场战争在短期内进一步改变了人们对战争、意识形态、爱国主义和国家的理解。因为现代战争也影响了平民特别是欧洲人的生活,他们往往因占领和压迫而伤痕累累,因不断会面临的流离失所、疾病、贫困及饥荒而遍体鳞伤。

鉴于这些阴郁的近期记忆,以及在日常生活中持续出现的和解与报应问题,在战后初期,战争从未远离公众的记忆。此外,由于在20世纪50年代至60年代,对大屠杀的程度与纳粹犯罪意图的认识逐步渗透到西方人的想象中,这些事件又额外平添了几分

---

① Judt, T. *Reappraisals*: *Reflections on the Forgotten Twentieth Century*, Vintage, 2009, p. 4.

严重性,致使此后的欧洲公民社会长期笼罩着纳粹事件的阴霾。对一些人来说,这个特殊的时代事件似乎永远改变了欧洲文明,如阿多诺(Theodore Adorno)在1949年声称的,"奥斯威辛之后写诗是野蛮的"。①

事实上,由于纳粹事件造成的创伤,人们趋向于贬低甚至妖魔化纳粹主义,并刻意将现代"文明"社会与纳粹主义拉开距离。纳粹犯下的滔天罪行骇人听闻,以至于人们更容易把该政权看作反常现象——即单独的、他异的、可恶的和外来的,甚至将其看作少数犯罪分子把通国引入歧途的个别灾难。② 在(西部)德国,战后的社会民主建立在由羞耻和内疚所催生的自责与忏悔的风气上。③

一些作品表明,某种纳粹"大灾难"已降临德国的压抑却持续的隐喻,反映出德国的公开赎罪。④ 同样,在1959年,阿多诺发表了一篇演讲,题为《接受过去意味着什么?》,指出有各种形式的抹杀、压制和刻意遗忘,普遍存在于众多(西部)德国人的心目当中(同上)。虽然抹杀

---

① Adorno, T. W. "Cultural Criticism and Society", in his *Prisms*, trans. Samuel and Shierry Weber, MIT Press, 1967, p.19; Rothberg, M. *Traumatic Realism: The Demands of Holocaust Representation*, Minneapolis, University of Minnesota Press, 2000.

② Dawidowicz, L. S. *The Holocaust and the Historians*, Harvard University Press, 1991; Eley, G. "Nazism, Politics and the Image of the Past: Thoughts on the West German Historikerstreit 1986-1987", *Past and Present*, 1988, pp.171-208; Gubar, S. *Poetry After Auschwitz: Remembering What One Never Knew*, Indiana University Press, 2003.

③ Moses, A. D. *German Intellectuals and the Nazi Past*, Cambridge University Press, 2007.

④ Lüdtke, A. "Coming to Terms with the Past: Illusion of Remembering, Ways of Forgetting Nazism in West Germany", *Journal of Modern History*, 65, 1993, pp.542-572.

过去让[203]德国人有了一定程度的自尊,①但这些转移策略只是当时的权宜之计而已。②

另一个应对机制——我从此会一直关注——是不承认纳粹炮制、使用甚至颂扬思想、文化、学术与知识这一观念。沃林认为,战后不久,人们乐于将纳粹主义(以及更广泛的法西斯主义)描绘成反智形象,认定其普遍不信任各种思想和独立的思想家。③ 这种看法将法西斯主义限定为(contained)邪恶且野蛮之物,即现代文明的欧洲社会之外的独特事件。这种策略也渗透到学术研究中。④ 在解释纳粹主义现象的众多尝试中,许多学者一直笼统地断定,该政权缺乏思想家、观念和意识形态。这一立场某种程度上长期存在着。

例如,战争期间及20世纪50年代的马克思主义评论家重申,纳粹德国不可能出现正当的思想。他们认为,欧洲法西斯不仅是应对资本主义危机的极端保守的运动,而且是使大众传媒变为暴政工具的计划,旨在吸引没有思想的民众并对其洗脑。⑤ 但是,他们的角度忽略了人选择的可能性以及该政权对大众的吸引,也没有强调法西斯主义可能具有的思想或意识形态,以及这些思想可能赢得的认同。研究法西斯主义的大众心理学理论附从了上述忽略,认为未受过教育(和未被区分)的大众为法西斯政权承诺的秩序所吸引,并为魅力十足的领

---

① Eley, G. "Nazism, Politics and the Image of the Past: Thoughts on the West German Historikerstreit 1986-1987", *Past and Present*, 121, 1988, pp. 171-208; Evans, R. *In Hitler's Shadow: West German Historians and the Attempt to Escape the Nazi Past*, New York: Pantheon, 1989.

② Moses, A. D. *German Intellectuals and the Nazi Past*, Cambridge University Press, 2007.

③ Wolin, R. *The Seduction of Unreason: The Intellectual Romance with Fascism from Nietzsche to Postmodernism*, Princeton University Press, 2004.

④ Hamilton, A. *The Appeal of Fascism: A Study of Intellectuals and Fascism*, 1919-1945, London: Anthony Blond, 1971.

⑤ Paxton, R. *The Anatomy of Fascism*, London: Penguin, 2004.

袖所诱惑。①

尽管戈尔德哈根(Daniel Goldhagen)只是认为德国人民热衷于响应明确的命令和领导,却引起轩然大波。② 但同样,所有的解释传统普遍都认为,在支持或默许纳粹政权议程的决定中,并没有思想在起作用,也缺乏理性而慎重的智识选择。相反,人们通常对法西斯的意识形态嗤之以鼻,并将其视为 ad hoc[临时的]、片面的或根本不存在的。③ 同样,这类解释还将卷入法西斯主义支持者之列的任何思想家、观点或智识内容都边缘化,因为对许多评论家来说,支持法西斯是不可思议的事。

20世纪50年代发展起来的极权主义理论,确实出现了一种人们逐渐接受的观点,即思想和意识形态可以影响法西斯主义。1945年,阿伦特预言,极权主义和邪恶问题将主导欧洲战后的智识讨论。尽管她关注的是平庸之恶、日常之恶的产生,但是,在1951年出版的《极权主义的起源》(The Origins of Totalitarianism)一书中,她认为我们应该处理政权的意识形态。同样,弗里德里希(Friedrich)和布热津斯基(Brzezinski)对极权主义也作了有影响力的分析,他们承认法西斯主义具有"官方意识形态",④尽管这一承认可能是出于冷战需要,即要把具有明确意识形态的苏联标为极权主义。⑤

---

① Nathan, P. *The Psychology of Fascism*, London: Faber & Faber, 1943; Reich, W. *The Mass Psychology of Fascism*, New York: Orgone Institute Press, 1946.

② Goldhagen, D. J. *Hitler's Willing Executioners, Ordinary Germans and the-Holocaust*, New York: Alfred Knopf, 1996.

③ Griffin, R. "Introduction", in R. Griffin (ed.) *International Fascism: Theories, Causes and the New Consensus*, London: Arnold, 1998, p. 6.

④ Gregor, A. J. *Interpretations of Fascism*, Transaction Publishers, 1997 [1974], p. 222.

⑤ Friedrich, C. J. and Z. K. Brzezinski, *Totalitarian Dictatorship and Autocracy*, Harvard University Press, 1956.

[204]同样,后来韦伯(E. Weber)和诺尔特(E. Nolte)①关于法西斯主义的研究也开始更认真地对待法西斯主义意识形态及其谱系,到20世纪70年代中期,格雷戈尔(A. J. Gregor)和斯特恩赫尔(Z. Sternhell)②已经可以更加公开地谈论法西斯主义思想及其世系,尽管他们都承认这在几年前是不可能的。③ 事实上,格雷戈尔声称,甚至在半个世纪之后,关于意大利法西斯主义意识形态的合格的研究作品仍然屈指可数。④ 一些人虽然已经承认法西斯主义思想,却否认法西斯政权中有任何智识内容,这一倾向仍然很顽固。

例如,战后的正统观念认为,由于渴望权力与青睐,许多成功登上纳粹高层的人都是"机会主义者",其中暗含的意思就是,少有人向纳粹政权提供任何学问或哲学。然而,这种将思想和智识人从纳粹主义中排除的看法,似乎只属于学术界,而且只在事后才出现。在那些负责对战败国进行去纳粹化的实际工作者看来,知识分子显然曾为纳粹政权服务过。这几乎不令人意外:许多"机会主义者"都受过良好的教育,尤其考虑到20世纪初的德国也许是欧洲最现代、最高效的国家。⑤

许多受过教育的德国人,要么对纳粹政权的最初目标和修辞抱有

---

① Weber, E. *Varieties of Fascism*, New York: Van Nostrand, 1964; Nolte, E. *Three Faces of Fascism: Action Française, Italian Fascism, National Socialism*, London: Wiedenfield & Nicholson, 1965.

② Gregor, A. J. *Interpretations of Fascism*, Transaction Publishers, 1997 [1974]; Sternhell, Z. "Fascist Ideology", in W. Laqueur (ed.) *Fascism: A Reader's Guide*, London: Wildwood House, 1976, 315-376.

③ Eatwell, R. "Towards a New Model of Generic Fascism", *Journal of Theoretical Politics*, 4, 1992, pp. 174-185; Griffin, R. "Introduction", in R. Griffin (ed.) *International Fascism: Theories, Causes and the New Consensus*, London: Arnold, 1998.

④ Gregor, A. J. *Interpretations of Fascism*, Transaction Publishers, 1997[1974].

⑤ Eley, G. "Nazism, Politics and the Image of the Past: Thoughts on the West German Historikerstreit 1986-1987", *Past and Present*, 1988, pp. 171-208.

好感并赞同纳粹的崛起,要么积极支持纳粹,因此,后来的评论家将意识形态从纳粹主义及其号召力中剔除,这种做法是目光短浅的。① 纳粹在 1933 年获得国家权力后,一些人受到了吸引,更多人则发现(鉴于政治对手的排挤)权宜之计只能是与纳粹合作。

因此,去纳粹化的工作必须处理纳粹思想与文化对德国社会诸多角落的渗透。对德国人的"再教育"包括判定德国人都对纳粹政权的罪行感到内疚,②但社会的某些方面得到了特别关注。比如,与政权交往甚密的大学学者通常遭到审查,其他教育部门和公共部门的人也同样如此。

施米特亦遭到盟军关押和审讯。尽管他曾是纳粹政权的关键法学家,具有较高知名度,且落得遭到驱逐的下场。但是,他拒绝去纳粹化,这使他失去了柏林大学的教职,并被排除在战后的学术生活之外。③ 同样,在其他地方,去纳粹化也不总是按计划取得进展。至少在西部德国,它成为一头官僚主义巨兽,使被归类为[纳粹的]"同路人"(fellow travellers)的德国人中,95%抱有自怜与受害的心态。

此外,在 1948 年至 1951 年,美国政府开始紧急重建当地政府,以应对新出现的冷战威胁,许多在 1945 至 1946 年遭到清洗的人被重新启用。④ 施米特虽然在学术体制内遭到放逐,但仍继续写作,作品仍能出版——包括《大地的法》。因此,就其本身而言,去纳粹化和"再教

---

① Wolin, R. *The Seduction of Unreason*: *The Intellectual Romance with Fascism from Nietzsche to Postmodernism*, Princeton University Press, 2004.

② Marcuse, H. *Legacies of Dachau*: *The Uses and Abuses of a Concentration-Camp*, 1933-2001, Cambridge University Press, 2001.

③ Bendersky, J. W. *Carl Schmitt*: *Theorist for the Reich*, NJ: Princeton University Press, 1983;Preuss, U. "Political Order and Democracy: Carl Schmitt and His Influence", in C. Mouffe, *The Challenge of Carl Schmitt*, London: Verso, 1999,pp. 155-179.

④ Lüdtke, A. "Coming to Terms with the Past: Illusion of Remembering, Ways of Forgetting Nazism in West Germany", *Journal of Modern History*, 1993, pp. 542-572.

育"未能阻止我们今天讨论施米特。

[205]总而言之,尽管战后为掩盖与处理纳粹历史所做的努力是可以理解的,但将纳粹政权从历史背景中分离出来的各种尝试都矢不中的。摒弃纳粹的文化因素与智识因素的冲动同样是徒劳的。相对于这些简化立场及其背后的结构主义冲动,最近重新评估德国法西斯主义的尝试要更具批判性。此外,沃林认为,我们还可以从一个新的视角来看待

> ……德国学术与纳粹之间的关系。人们曾经认为是例外的智识合作,其实是常规。①

我将在最后一节讨论,为深入研究国家与知识分子的联盟,这些新方法如何开辟了领域。更具体地说,通过探究纳粹政权统治下的学术知识生产,这些新方法如何帮助我们更好地结合历史背景来考察施米特。

重新评价纳粹的学者和国家

随着20世纪下半叶的发展,我们对纳粹政权的认识也在不断加深。例如,尽管还原论的存在论范畴,如"受害者""肇事者"和"旁观者"等,对于最初在学术上尝试理解大屠杀是有用的,并得到广泛采用,但若用来理解两次世界大战间德国的历史,这些范畴就开始显得相当乏力。同样,考虑到围绕纳粹历史而发生的纠缠不清的记忆,以及遭受重创的情感,"内疚"也是一个过于宽松的概念。还有,二元分类(记忆或遗忘,好的或坏的,等等)对于评估这些历史来说也过于粗浅。②

---

① Wolin, R. *The Seduction of Unreason: The Intellectual Romance with Fascism from Nietzsche to Postmodernism*, Princeton University Press, 2004, p. 92.

② Moses, A. D. *German Intellectuals and the Nazi Past*, Cambridge University Press, 2007.

像施米特这样的知识分子,明显对纳粹政权抱有热情,并在战后不愿道歉,这也使简单化的二元区分显得不那么有效,这些二元区分塑造了人们理解纳粹政权及其共识的许多最初尝试。相比之下,最近的研究则使我们能够更有成效地定位学术界与知识分子的角色,以及他们与政权之间的纠葛关联。

如扬策(Szöllösi-Janze)在全面研究纳粹统治下的科学后指出,一直到20世纪70年代,历史学家仍在重复讲说纳粹从根本上是反科学的:纳粹一度陷于"扭曲的伪科学"之中,而业已建立的德国科学却遭到"滥用、严重破坏并最终毁灭",[1]真正的学者也因政治原因遭受迫害或流放。

同样,20世纪50年代的极权主义理论经常将科学看作这些政权使自己正当化的手段,从这个角度来看,科学在政治化的同时也遭到了损害。可以肯定,正式的学术生产受到了一些纳粹战略的限制。例如,1933年4月的第一批种族法驱逐了15%的大学学者(施米特没有对此提出抗议),批评者认为这对科学教育和研究造成了长期损害。[2] 同时,纳粹政权使一些学者陷入"内部流放",即逼得他们退出了学术组织、出版机构及任何其他公共机构。另一些学者,如施米特,则接受了纳粹主义。

[206]施米特自1933年5月加入纳粹党后,日益卷入该政权的体制中,而且更公开地支持纳粹的计划,包括支持反犹主义。[3] 这是公开

---

[1] Szöllösi-Janze, M. "National Socialism and the Sciences: Reflections, Conclusions and Historical Perspectives", in M. Szöllösi-Janze (ed.) *Science in the Third Reich*, Oxford: Berg, 2001, p. 4.

[2] Dawidowicz, L. S. *The Holocaust and the Historians*, Harvard University Press, 1991.

[3] Bendersky, J. W. *Carl Schmitt: Theorist for the Reich*, Princeton, NJ: Princeton University Press, 1983.

且有意识的投入。① 他为纳粹政权的最初法律行动提供了理论基础,同时积极配合纳粹,担任了诸如纳粹法律教授协会会长等职位。由此看来,施米特在纳粹德国的各种利益集团中游刃有余。

到了20世纪80年代,受语境化的社会科学研究的影响,人们可以更细致地解释施米特这样的思想家在历史情境中如何成功(或失败)了。随后的研究探讨了在法西斯主义笼罩之下,政治结构与知识生产之间的相互依存关系。② 这一重新评估将纳粹科学的某些方面置于当时更广泛的国际背景中。例如,"种族卫生学"(Racial hygiene science)可以与国际优生学的讨论联系,而非作为独立学科而单独分开。纳粹国家的功利主义和技术官僚性质——伴随其研究机构和"专家"数量的不断增加——也日益得到承认。③

需要了解,19世纪80年代开始的相对较早的德国社会的科学化,以及随后出现的专家治国论者(尤其是建立社会模型和监督社会的社会科学家的崛起),也是这段历史的一部分。德国知识经济的这一早期发展——在扬策看来,这是一个"科学社会",凭借大规模投资支持科学研究和发展——在魏玛民国时期变得更加军事化,而且在纳粹时期变本加厉。例如,纳粹政权的空间规划者为研究中心赢得了资金支持,并明确将其理论应用于"东方研究"(Ostforschung)中——将东欧规划为一个殖民地区。④

此外,对德国政治霸权的知识论证,纳粹远非其单独的来源,

---

① Stirk, P. *Carl Schmitt, Crown Jurist of the Third Reich, On Preemptive War, Military Occupation, and World Empire*, Edwin Mellen Press, 2005.

② Szöllösi-Janze, M. "National Socialism and the Sciences: Reflections, Conclusions and Historical Perspectives", in M. Szöllösi-Janze (ed.) *Science in the Third Reich*, Oxford: Berg, 2001.

③ Herf, J. *Reactionary Modernism*, Cambridge University Press, 1984.

④ Burleigh, M. *Germany Turns Eastwards: A Study of Ostforschung in the Third Reich*, Cambridge University Press, 1988.

而是由具有民族主义倾向的德国学者广泛传播的,虽然他们在政治上属于不同派别。①

这些积极的学者还跨越了科学领域和人文领域。

我们对纳粹主义在某些方面的印象是,他们信奉非理性的神秘主义和隐秘的种族理论,但事实上,更加世俗的、理性的、自然的和物理的科学在该政权下继续正常运作。许多航空学、医学、工程学和生物学方面的学者,以及相对少些的物理学和化学领域的学者,只要他们能够适应新的工作环境,就会得到纳粹国家的支持。反过来,政权也促进、资助并应用了出现的新知识。②

例如,地理学为勘探和调查(纳粹高层所觊觎的)领土提供了支持,也为发起"东方研究"做出了贡献。一些地理学家向德国年轻人传授关于他们祖国(fatherland)的知识以及国家扩张的需求,而围绕在豪斯霍夫的《地缘政治学月刊》(*Zeitschrift für Geopolitik*)周边的地缘政治理论家,则试图将扩张主义理论传播给更广泛的大众读者。③ 与[207]纳粹德国其他亮相较多的思想一样,地缘政治学随后变得声名狼藉,造

---

① Wolin, R. *The Seduction of Unreason: The Intellectual Romance with Fascism from Nietzsche to Postmodernism*, Princeton University Press, 2004, p. 90.

② Szöllösi-Janze, M. "National Socialism and the Sciences: Reflections, Conclusions and Historical Perspectives", in M. Szöllösi-Janze (ed.) *Science in the Third Reich*, Oxford: Berg, 2001.

③ Fahlbusch, M., M. Rossler and D. Siegrist "Conservatism, Ideology and Geography in Germany 1920 – 1950", *Political Geography Quarterly*, 1989, 8: 353-367; Heske, H. "German Geographical Research in the Nazi Period: A Content Analysis of the Major Geography Journals, 1925-1945", *Political Geography Quarterly*, 1986, 5: 267-281; Ó Tuathail, G. *Critical Geopolitics*, London: Routledge, 1996; Sandner, G. and M. Rossler, "Geography and empire in Germany, 1871-1945", in A. Godlewska and N. Smith (eds) *Geography and Empire*, Oxford: Blackwell, 1994, 115-129.

成了战后政治地理学研究的停滞。①

人文学科的学者不仅要与科学界同仁保持联系,同时还渴求得到政权的关注和青睐。例如,历史学家在筹备东部的殖民化以及帝国的"新德国史研究所"(Institute for the History of the New Germany)中找到了其角色。② 其他一些实际应用性不强的学科也得到生存和发展。在研究边界、移民、就业和边缘群体方面,社会学确立了自己的学科用途,所有这些都被这个扩张主义的国家视为有用的知识。甚至心理学和心理治疗学(曾经遭到清除,因为纳粹将其视为犹太人从事的行业,并认为它受犹太人"影响")也在这一时期出现,并逐渐制度化,成为公认的学术事业。③

最后,由于意识到纳粹国家并不像以前解释的那样是铁板一块与极权主义的,所以,科学与国家的新形象变得更加复杂。主要的纳粹分子与他们领导的部门或组织竞相博取希特勒的关注、支持和赞助;他们还致力一系列意识形态驱动的热门项目(pet projects),其中一些项目渗入了高等教育和研究。因此,上述多方权力中心意味着,知识分子必须在这个时常混乱的多头(polycratic)国家的空间中穿梭游走,以获得影响力和赞助。④

---

① Atkinson, D. and K. Dodds, "Geopolitical Traditions: Critical Histories of a Century of Geopolitical Thought", in K. Dodds and D. Atkinson (eds) *Geopolitical Traditions: A Century of Geopolitical Thought*, London: Routledge, 2000, pp. 1–24.

② Dawidowicz, L. S. *The Holocaust and the Historians*, Cambridge, MA: Harvard University Press, 1991; Wolin, R. *The Seduction of Unreason: The Intellectual Romance with Fascism from Nietzsche to Postmodernism*, Princeton University Press, 2004.

③ Szöllösi-Janze, M. "National Socialism and the Sciences: Reflections, Conclusions and Historical Perspectives", in M. Szöllösi-Janze (ed.) *Science in the Third Reich*, Oxford: Berg, 2001.

④ Mason, T. Nazism, *Fascism and the World Class: Essays by Tim Mason*, edited by J. Caplan, Cambridge: Cambridge University Press, 1995.

不断变化的权力网阻碍了一些思想家,却在不同时期为另一些人提供了机会。例如施米特,他尽管地位显赫且对政权有用,还是遭到断断续续的反对:他曾经收到警告,不要表达希特勒声称属于他自己的观点,①而在1936年,他的作品招来了党卫军成员的负面报道,自此他就再也不能对纳粹主义产生更多的严肃影响了。② 然而,戈林保护施米特,使他能够继续写作以支持纳粹主义及其目的。③

同样,战后初期关于"好科学"和"坏科学"的笼统分类在德国一些地方占据优势,但如此分类并没有反映两次世界大战间德国的复杂性。还有更多的灰色地带有待进一步解释。此外,如扬策所强调的,尽管大学系统有一些明显变化,但学术界的其他要素在纳粹主义统治下仍在继续,实际上,一直延续到战后时期。期刊继续出版,大学继续运作。④由此同样可以看出,纳粹德国不是一个没有知识分子的国家。

总结:定位施米特

以上就是我们对20世纪初的德国的当代解读,它也关系到我们应该如何定位施米特与他的作品。我们可以理解,早期的评论家为何不愿意承认[208]科学、思想和知识分子在纳粹主义和法西斯政权下的作用。我们也可以认识到,为什么将纳粹主义妖魔化为现代欧洲历史

---

① Stirk, P. "Carl Schmitt's Völkerrechtliche Grossraumordnung", *History of Political Thought*, 20, 1999, pp. 357-374.

② Neocleous, M. "Friend or Enemy? Reading Schmitt Politically", *Radical Philosophy*, 79, 1996, pp. 13-23.

③ Stirk, P. *Carl Schmitt, Crown Jurist of the Third Reich, On Preemptive War, Military Occupation, and World Empire*, Edwin Mellen Press, 2005.

④ Szöllösi-Janze, M. "National Socialism and the Sciences: Reflections, Conclusions and Historical Perspectives", in M. Szöllösi-Janze (ed.) *Science in the Third Reich*, Oxford: Berg, 2001.

中冒出的卑鄙的异类对某些人来说充满吸引力,尽管这一立场没有认识到,欧洲的现代性怎样产生与促成了该政权及其恐怖行径。① 尽管如此,魏玛时期与纳粹时期的德国及其采用的知识文化,仍为我们提供了理解施米特的一个背景——无论这令当代学者重估施米特的洞见时有多少不愉快。

我要强调的第二个背景,是不断发展的关于我们如何评论纳粹主义及其思想家的争论。要再次指出,法西斯主义在两次世界大战间吸引了不少思想家,对这一数量我们可能感到不适,但他们的数量也表明我们不能忽视他们,更不能忽视法西斯政权的吸引力。特别是,纳粹的影响仍然在德国社会中萦绕,而且学术界的许多领域正在试探性地挖掘自己在纳粹政权中曾经所起的作用。随着更多 21 世纪的学者将施米特的思想用于一系列不同的场景,关于应当如何评论他与他的同类,我们也需要继续关注各种各样的争论。

参考文献

Adorno, T.W. (1967) Cultural Criticism and Society, in his *Prisms* (trans. Samuel and Shierry Weber), Cambridge, MA: MIT Press.
Arendt, H. (1951) *The Origins of Totalitarianism*, New York: Harcourt.
Atkinson, D. and K. Dodds (2000) Geopolitical Traditions: Critical Histories of a Century of Geopolitical Thought, in K. Dodds and D. Atkinson (eds) *Geopolitical Traditions: A Century of Geopolitical Thought*, London: Routledge, 1–24.
Balakrishnan, G. (2000) *The Enemy: An Intellectual Portrait of Carl Schmitt*, London: Verso.
Bauman, Z. (1989) *Modernity and the Holocaust*, Cambridge: Polity Press.
Bendersky, J.W. (1983) *Carl Schmitt: Theorist for the Reich*, Princeton, NJ: Princeton University Press.
Burleigh, M. (1988) *Germany Turns Eastwards: A Study of Ostforschung in the Third Reich*, Cambridge: Cambridge University Press.
Cristi, R. (1998) *Carl Schmitt and Authoritarian Liberalism*, Cardiff: University of Wales Press.
Dawidowicz, L.S. (1991) *The Holocaust and the Historians*, Cambridge, MA: Harvard University Press.

---

① Bauman, Z. *Modernity and the Holocaust*, Cambridge: Polity Press, 1989.

Dean, M. (2006) A Political Mythology of World Order: Carl Schmitt's Nomos, *Theory, Culture and Society*, 23: 1–22.
Eatwell, R. (1992) Towards a New Model of Generic Fascism, *Journal of Theoretical Politics*, 4: 174–85.
Eley, G. (1988) Nazism, Politics and the Image of the Past: Thoughts on the West German Historikerstreit 1986–1987, *Past and Present*, 121: 171–208.
Evans, R. (1989) *In Hitler's Shadow: West German Historians and the Attempt to Escape the Nazi Past*, New York: Pantheon.
Fahlbusch, M., M. Rossler and D. Siegrist (1989) Conservatism, Ideology and Geography in Germany 1920–1950, *Political Geography Quarterly*, 8: 353–67.
Friedrich, C.J. and Z.K. Brzezinski (1956) *Totalitarian Dictatorship and Autocracy*, Cambridge, MA: Harvard University Press.
Goldhagen, D.J. (1996) *Hitler's Willing Executioners. Ordinary Germans and the Holocaust*, New York: Alfred Knopf.
Gregor, A.J. (1997; 1st edn. 1974) *Interpretations of Fascism*, London: Transaction Publishers.
Griffin, R. (1998) 'Introduction', in R. Griffin (ed.) *International Fascism: Theories, Causes and the New Consensus*, London: Arnold, 1–20.
Gubar, S. (2003) *Poetry After Auschwitz: Remembering What One Never Knew*, Bloomington: Indiana University Press.
Hamilton, A. (1971) *The Appeal of Fascism: A Study of Intellectuals and Fascism, 1919–1945*, London: Anthony Blond.
Herf, J. (1984) *Reactionary Modernism*, Cambridge: Cambridge University Press.
Heske, H. (1986) German Geographical Research in the Nazi Period: A Content Analysis of the Major Geography Journals, 1925–1945, *Political Geography Quarterly*, 5: 267–81.
Hilberg, R. (1961) *The Destruction of the European Jews*, New York: Holmes & Meier.
Judt, T. (2009) *Reappraisals: Reflections on the Forgotten Twentieth Century*, London: Vintage.
Kalyvas, A. (2008) *Democracy and the Politics of the Extraordinary. Max Weber, Carl Schmitt, and Hannah Arendt*, Cambridge: Cambridge University Press.
Lüdtke, A. (1993) 'Coming to Terms with the Past': Illusion of Remembering, Ways of Forgetting Nazism in West Germany', *Journal of Modern History*, 65: 542–72.
Marcuse, H. (2001) *Legacies of Dachau: The Uses and Abuses of a Concentration Camp, 1933–2001*, Cambridge: Cambridge University Press.
Mason, T. (1995) *Nazism, Fascism and the World Class: Essays by Tim Mason*, edited by J. Caplan, Cambridge: Cambridge University Press.
Moses, A.D. (2007) *German Intellectuals and the Nazi Past*, Cambridge: Cambridge University Press.
Nathan, P. (1943) *The Psychology of Fascism*, London: Faber & Faber.
Neocleous, M. (1996) 'Friend or Enemy? Reading Schmitt Politically', *Radical Philosophy*, 79: 13–23.
Nolte, E. (1965) *Three Faces of Fascism: Action Française, Italian Fascism, National Socialism*, London: Wiedenfield & Nicholson.
Ó Tuathail, G. (1996) *Critical Geopolitics*, London: Routledge.

Paxton, R. (2004) *The Anatomy of Fascism*, London: Penguin.
Preuss, U. (1999) Political Order and Democracy: Carl Schmitt and His Influence, in C. Mouffe, *The Challenge of Carl Schmitt*, London: Verso, 155–79.
Reich, W. (1946) *The Mass Psychology of Fascism*, New York: Orgone Institute Press.
Rothberg, M. (2000) *Traumatic Realism: The Demands of Holocaust Representation*, Minneapolis: University of Minnesota Press.
Sandner, G. and M. Rossler (1994) 'Geography and empire in Germany, 1871–1945', in A. Godlewska and N. Smith (eds) *Geography and Empire*, Oxford: Blackwell, 115–29.
Sternhell, Z. (1976) 'Fascist Ideology', in W. Laqueur (ed.) *Fascism: A Reader's Guide*, London: Wildwood House, 315–76.
Stirk, P. (1999) 'Carl Schmitt's *Völkerrechtliche Grossraumordnung*', *History of Political Thought*, 20: 357–74.
Stirk, P. (2005) *Carl Schmitt, Crown Jurist of the Third Reich. On Preemptive War, Military Occupation, and World Empire*, Lampeter: Edwin Mellen Press.
Szöllösi-Janze, M. (2001) 'National Socialism and the Sciences: Reflections, Conclusions and Historical Perspectives', in M. Szöllösi-Janze (ed.) *Science in the Third Reich*, Oxford: Berg, 1–35.
Weber, E. (1964) *Varieties of Fascism*, New York: Van Nostrand.
Wolin, R. (2004) *The Seduction of Unreason: The Intellectual Romance with Fascism from Nietzsche to Postmodernism*, Oxford: Princeton University Press.

十　游击队空间

克莱顿(Daniel Clayton)

引言

　　[211]施米特的威权主义与存在主义政治思想植根于敌友之分，并赋予土地、领土、空间秩序和地理划分等以概念和具体意义。法权与国家中的敌友划分基础，是其1932年出版的《政治的概念》的核心。这种划分在施米特于1950年出版的《大地的法》的大部分篇幅中也很醒目，但色调更加柔和，并更直接地与空间的占取、分配和生产联系在一起。

　　我想在此简单评述，在1963年的《游击队理论》中，施米特如何重新阐述了"空间"与"政治事物"。这本小册子源自他1962年春天在佛朗哥的西班牙的潘普洛纳(Pamplona)和萨拉戈萨(Zaragoza)大学做的两次演讲，我还将评述施米特如何利用[《游击队理论》]这部作品，以弥补先前——试图将 nomos[法]概念与敌友问题关联——的一些缺陷，以及施米特如何尝试从他讲述的(以欧洲为中心、带有强烈普鲁士色彩的)游击队历史中构建出一种游击队的理论(一种带有新的大地 nomos[法]色彩的理论)，且这一尝试如何与20世纪50年代和60年代的游击战(主要发生在马来西亚、肯尼亚、古巴和越南)相吻合。因为其中许多游击战都发生在热带地区，因此人们将其称为冷战和去殖民化中的"热战"(hot wars)。

"政治事物"与"大地法"的张力

施米特在《政治的概念》中指出,"一战"之后,从危机四伏的魏玛德国的角度来看,现代国家似乎已逐渐无法承担霍布斯认定的首要职能和存在理由(raison d'etre):保护其人民免受暴力和冲突,划定战争与和平的界限,以换取人民对国家规范的顺从。施米特后来[在《大地的法》中]描述的第二种"大地法"和"秩序与场域"(Ordnung und Ortung)原则——欧洲公法,他称之为"以欧洲为中心的空间秩序",可以追溯到地理大发现(16世纪),[212]并建基在欧洲国家间体系的"有限战争"(限制敌意)与"双重平衡"(陆权与海权之间,以及诸陆权之间)之上——正在衰落,一种更虚空的政治生活初见端倪。①

施米特《大地的法》的大部分内容涉及欧洲公法(即这种"限度"与"欧洲意识的空间秩序"的基石)如何围绕世界的划分而运转。这一划分主要通过文明和野蛮的二元对立:有序的欧洲法权空间范围与欧洲以外"非文明的"民族及空间相接,"界限之外"的构成性外部被认为可以自由殖民,变成"欧洲人之间血腥斗争的舞台"。② 施米特一直试图将政治思想与具体的历史经验及变化(他通常简单地称之为"现实")重新关联,他在《政治的概念》中提出下述著名论点:由于欧洲国家间体系从19世纪末开始变得支离破碎,并且(他在《大地的法》中所说的)一种新的"无空间普世主义"开始取而代之,因此,内战与全球战争的威胁也在增加。

所有政治活动和政治动机所能归结成的具体政治性划分便是朋友与敌人……[朋友与敌人的划分而非自由与压迫的划分]表

---

① Schmitt, *Nomos of the Earth*, 2003[1950], pp. 140-143, 351-355.
② Ibid., pp. 82-88; p. 219.

现了最高强度的统一与分化、联合或分裂。①

施米特写作《大地的法》的一个目的,是进一步将这种政治的概念历史化,并指出缺乏(在他看来)新的大地 nomos[法]来取代欧洲公法所造成的危险。评论家指出,他的 nomos[法]和"政治事物"思想由某种神学信念支持:由于原罪的存在,如果没有敌意和战争的可能,也就不可能有友谊与和平。②(对他来说,)法的思想与历史旨在解释拦阻者(katechon)的运作,以表明,虽然敌意是人类境况的固有特质,但在历史上的一些时期,敌意曾得到纾解。

然而,施米特将 nomos[法]与敌友原则相结合,造成了多层次的张力。莫雷拉斯(Alberto Moreiras)认为,一种核心的政治本体论张力围绕着大地的 nomos[法]是否"统治着政治"(统治着造就政治"主权者"的敌友划分)而转,作为"政治权力与政治失败的最终的……组织者和分配者"而运作,③并且如施米特似乎在《大地的法》中所主张的,"法的对立"既"产生"又"高于"敌友划分及其具体阵营;抑或,是否(尤其在法的秩序似乎紧张的时期)应当将 nomos[法]认定为"仅仅是政治的表现形式",从而从属于敌友划分。

如果前者成立,那么,如莫雷拉斯和其他人所要求的,[213]我们就需要认识到,"nomos[法]掩盖自己的敌意"是凭借友谊,而从那些"界限之外"的人(可以说是"没有 nomos[法]"的非欧洲人)的角度来

---

① Schmitt, *The Concept of the Political*, 1996, p. 26;[译注]《政治的概念》中文版,页 30-31。

② Hooker, W. *Carl Schmitt's International Thought*, Cambridge University Press, 2009, p. 158; Schmitt, *The Concept of the Political*, 1996, p. 65; Slomp, G. *Carl Schmitt and the Politics of Hostility*, *Violence and Terror*, London: Palgrave Macmillan, 2009, pp. 17-19.

③ Moreiras, A. "Beyond the Line: On Infinite Decolonization", *American Literary History* 17, 2005, p. 578.

看,因为 nomos[法]"总是已经规范与囊括了其外部",①所以从根本上说其空间性是殖民性的。外部(或制造敌人)既是由法的秩序产生的,也是假定存在的法的秩序不可或缺的一部分。莫雷拉斯总结说,最终恰恰总是朋友"分裂了友谊秩序而进行歧视性战争",并且朋友只能使位于"界线之外"的人成为"潜在敌人……由此也是潜在朋友"。②

另一方面,如果划分敌友的原则是主权性的,并且独立于法的对立而运作,如施米特似乎在《政治的概念》中提出的,③那么 nomos[法]的普遍性就会断裂,随之,我们就会遇到一个问题,即是否承认法的权威的存在或正当性。针对施米特在《大地的法》中恼火地讨论的康德的"非正义敌人"概念,④莫雷拉斯指出:

> 如果正义敌人的概念不成立——也就是说,如果敌人由于其本身的正义,始终是朋友——那么所有的敌人,要成为敌人,就必须是非正义的。如果所有的敌人都是非正义的,那么所有的敌人都处于 nomos[法]的管辖权之外。如此,nomos[法]就只对朋友有实际上的管辖权,就失去了普遍性。⑤

更重要的是,如果所有的敌人都是非正义敌人,并因此削弱了作为一个稳定或可信的政治概念的 nomos[法],那么,"战争就没有尽头,没

---

① Hooker, W. *Carl Schmitt's International Thought*, Cambridge University Press, 2009, pp. 106–108; Thompson, R. *Defeating Communist Insurgency: The Lessons of Malaya and Vietnam*, New York: F. A. Praeger, 1966, p. 419.

② Moreiras, A. "Beyond the Line: On Infinite Decolonization", *American Literary History* 17, 2005, pp. 583–585.

③ Schmitt, *The Concept of the Political*, 1996, p. 39;[译注]《政治的概念》中文版,页 47。

④ Schmitt, *Nomos of the Earth*, 2003[1950], pp. 168–171.

⑤ Moreiras, A. "Beyond the Line: On Infinite Decolonization", *American Literary History* 17, 2005, pp. 583–584.

有限制";战争就变成总体战争,对朋友和敌人都一样。

敌意、大地法和《游击队理论》

施米特在论述游击队的作品中探讨的问题,正是这种"政治事物"与"大地法"之间的不相容性——或者说,如莫雷拉斯(同上,页584)和其他人①所认为的,两者之间存在"不能理论化的空间"。斯隆普指出,施米特在1963年再版了《政治的概念》,并在新的序言中解释说,对他作品的一些误解,可能是由于他没有像处理友谊那样认真从理论上处理敌意。② 施米特认为,《游击队理论》在一定程度上是为了填补这一空白,他给这部作品添加了副标题"'政治的概念'附识"(Commentary/Remark on the Concept of the Political),并赋予游击队以史学与本体论的双重意义。正如米勒所言:

> 游击队员的形象,使施米特能重申作为现代欧洲国家和国际法体系的欧洲公法已经终结,同时[214]将政治事物的可能性重新嵌入[1945年后]科耶夫所说的普遍同质国家。③

"普遍同质国家"是一种虚无主义的"世界秩序",这一秩序由冷战

---

① Hooker, W. *Carl Schmitt's International Thought*, Cambridge University Press, 2009; Knüfer, A. "Mobilité et caractère tellurique: l'espace des partisans et le nouveau, 'nomos de la terre'", Lampe-Tempête 1, 2007. Online. www.lampe-tempete.fr/Mobilite.html (accessed 15 May 2010); Scheuerman, W. "Carl Schmitt and the Road to Abu Ghraib", *Constellations* 13, 2006; Toscano, A. "Carl Schmitt in Beijing: Partisanship, Geopolitics and the Demolition of the Eurocentric World", *Postcolonial Studies* 11, 2008.

② Slomp, G. *Carl Schmitt and the Politics of Hostility*, *Violence and Terror*, London: Palgrave Macmillan, 2009, pp. 79-81.

③ Müller, J.-W. *A Dangerous Mind: Carl Schmitt in Post-War European Thought*, Yale University Press, 2003, p. 144.

的敌对与类似机器的(machine-like)官僚主义国家所塑造。

施米特从西班牙反对拿破仑军队的游击战(1808—1813年,主要由农民发动)开始了对游击队的历史叙述,如斯隆普和霍克所强调的,①这样做是为了论证游击队员的身份与政治地位所依赖的三个标准:首先也是最重要的,即"非正规性";第二,"非正规性"如何取决于对立的"正规性"领域;第三,从历史上看,直到随着拿破仑、现代国家、正规军的发展,以及随着可能涉及整个国家领土和人口的大规模战争的出现(从而超越了中世纪的决斗模式),游击队员才作为一个典型的现代形象出现。

施米特也认为,在西班牙、蒂罗尔(Tyrol)和俄罗斯与拿破仑作战的游击队员具有深远的传统与防御形象,他们依托大地(telluric)和土生土长(autochthonous)的优势,致力于保护家园、土地和生活世界。然而,他指出,在此意义上(或从这个"场域"讲),游击队员同时也是现代的,因为他们是欧洲公法受到侵蚀的象征。简言之,在衡量国家间常态的、合法的以及正当的交往与战斗方面,以及在空间的秩序和均衡方面,游击队式的时间与空间导致了nomos[法]的内部断裂。

对施米特来说,正是在空间的秩序与均衡方面,游击队员开启了他们的生涯,尽管是短暂的,但作为一个本体论的形象,他们是"大地上坚守最后岗位的人"。② 他以此意指,在欧洲国家间缺乏统一的立场(或敌意宣言)时,针对拿破仑的扩张主义和普世主义野心,游击队员成了"政治事物"的真正承担者。

同时,施米特很关注维也纳会议(1814—1815年),在他看来,维也

---

① Slomp, G. *Carl Schmitt and the Politics of Hostility*, *Violence and Terror*, London: Palgrave Macmillan, 2009, pp. 79-83; Hooker, W. *Carl Schmitt's International Thought*, Cambridge University Press, 2009, pp. 158-161.

② Schmitt, "The Theory of the Partisan: A Commentary/Remark on the Concept of the Political", trans. A. C. Goodson, *The New Centennial Review* 4, 2004, p. 13. [译注]《政治的概念》中文版,页157-159。

纳会议将"正规国家军队之间的战争……国家对国家的战争"①法典化,使之成为法律规范,重新巩固了欧洲公法,同时将游击队罪刑化,并模糊了内战与殖民战争的法律状态(legal status)。他在拿破仑及游击队对占领军的反应中看到一种方法,可用它越过某种恼人的法秩序,看向 20 世纪更加放纵的世界。

他在游击队的历史中发现,"受遏制与限制的战争的传统敌对性"转向了"另一种实际的敌对性领域,这种实际的敌对性通过恐怖和反恐怖活动上升为灭绝行动",这种敌对形式模糊了战争与和平、战斗人员与非战斗人员、正当敌人与罪犯、外国敌人与国内敌人、合法冲突与非法冲突之间的区别。②

施米特认为,"实际的敌对性"是一个本能的(或自发的)领域,在这里朋友和敌人的宣称撇开了国家——这个领域抵制"规范性的监管"。该领域若把朋友和敌人纳入自己的不规则与不连续的领地(施米特认为[215]是以一种"传染"的方式),并且没有陷入莫雷拉斯界定的友谊的法悖论,它就可能成为一种与众不同的"政治事物"的先驱。另外,在现代民族国家指定谁是敌人的这一垄断权受到威胁的时代,游击队斗争(以及游击队团体成长为军队、政党甚至国家)恢复了保护与服从之间的关联。③ 这个从外部运作的政治领域或许会免于施米特所关注的、由美国主导的 nomos[法]的普世主义。

然而,施米特非常关注游击队品质如何加速变成"绝对的敌对关系",即由"道德强制"(moralcompulsion)驱动的领域,④这种关系消除了敌对层面的空间束缚(从而违背了大地法的理念)。他将此从拿破仑追踪到布尔什维克的全球阶级敌人,以至于萨兰(Raoul Salan)的案

---

① Ibid., pp. 7-8. [译注]同上,页 148。
② Ibid., pp. 7-14, pp. 50-52. [译注]同上,页 149-152、207-209。
③ Ibid., pp. 50-52, pp. 63-67. [译注]同上,页 207-209、223-227。
④ Ibid., pp. 63-74. [译注]同上,页 223-228。

例(法国将军,1961年在阿尔及利亚成立"秘密军事组织",恐吓阿尔及利亚人和法国定居者,拒绝接受反殖民主义,试图破坏1962年的《埃维昂和平协议》[Evian Peace Accords]——他因叛国罪受到审判)。①

施米特认为,游击队员的"实际敌对"是对政治的不可判定性(undecidability)的有目的的回应,这种不可判定性已经潜入莫尔斯(Susan Buck-Morss)所捕捉到的法的场域:

> 以某种方式来赋予世界秩序……的权利,是体现并制定正当性的主权权力的要求,这一正当性先于并"滋养"着遵循它的法律。②

然而,从另一个角度看,施米特也是用拿破仑和萨兰以提出这样的担忧:如果"实际的敌对"变成"绝对的敌对",并且只看到敌人而看不到朋友,"政治事物"就会受到损害(他避开不谈希特勒的绝对敌对)。③

在施米特看来,游击队员有四个一般属性,两个主要变量和两种空间(定量)关联形态。游击队员由其"非正规性""灵活性""政治责任感"与"依托土地的品格"界定。④ 游击战由以下因素构成:突然袭击与快速撤退结合,伪装和隐蔽,对事业的热忱奉献,对当地居民的依赖,以及对敌人和战争环境的详细了解。

---

① Toscano, A. "Carl Schmitt in Beijing: Partisanship, Geopolitics and the Demolition of the Eurocentric World", *Postcolonial Studies* 11, 2008, p. 425.

② Buck-Morss, S. "Sovereign Right and the Global Left", *Cultural Critique* 69, 2008, p. 156.

③ Slomp, G. *Carl Schmitt and the Politics of Hostility*, *Violence and Terror*, London: Palgrave Macmillan, 2009, p. 115.

④ Schmitt, "The Theory of the Partisan: A Commentary/Remark on the Concept of the Political", trans. A. C. Goodson, *The New Centennial Review* 4, 2004, pp. 32-53.

施米特在"依托大地"或"土生土长"的游击队与"全球游击队"之间做了一系列区分,前者的敌对是"相对的"(防御的,且空间上有限的),后者的敌对是"绝对的"(或侵略的、无限的)。他还指出,"第三方"(外部或远方的支持者)与技术(19世纪以来战争的彻底机械化)是游击队成功的关键,游击队敌对的范围以及游击队破坏民主进步(对外部性的吸收)假象的方式,都是通过找到并利用忠诚与敌意在其中不断变化的流动空间。

对于这些属性、形式与形态中的任何一个,我们都可以更加详细地解读。施米特指出,这四个属性相互关联并共同提出质疑——质疑的"不仅是军事路线,而且是整个政治和社会秩序的大厦"。① 然而,据他的研究,它们的目的并不完全相同。霍克和斯隆普指出,② [216]前两个属性使施米特的游击队成为破坏欧洲土地上的现代国家与常规战争的内部压力,而后两个属性更多是理论上的提炼,表明施米特试图超越国家作为战争与友谊/敌意的"常规"(尽管在1963年是危机四伏的)中心的想法,并认定依托大地与政治上坚定的游击队员理论上预示着原初的、本能的(尽管仍然是边缘的)政治承载者的出现。

施米特将游击队的现代构成追踪到20世纪60年代,有限度地赞赏依托大地的游击队的"实际敌对",并相应地蔑视空间上不固定的游击队精神,即构建全球敌人并宣扬无限敌意。如斯隆普所猜度的,相对于依托大地的游击队旨在捍卫家庭、家园和土地等亲密关系,全球游击队的"团结或分裂的激烈程度"是一样的,③然而,两者的区别在于他们

---

① Ibid., p. 36.[译注]《政治的概念》中文版,页189。

② Hooker, W. *Carl Schmitt's International Thought*, Cambridge University Press, 2009, pp. 161-168;Slomp, G. *Carl Schmitt and the Politics of Hostility, Violence and Terror*, London: Palgrave Macmillan, 2009, pp. 86-93.

③ Slomp, G. *Carl Schmitt and the Politics of Hostility, Violence and Terror*, London: Palgrave Macmillan, 2009, pp. 91-93.

的敌对目标不同。施米特倾向于将游击队特质简化为有限敌对与无限敌对(以及均衡敌对与失衡敌对)间的二元关系。

依托大地的游击队(寻求在国家层面确立自己的位置)对法秩序提出挑战,而全球游击队则宣布无限敌对,从而将自己与法秩序本身对立起来。斯隆普认为,施米特虽然"同情无视欧洲公法的依托大地的游击队",并将"实际敌对"视为20世纪反殖民主义和革命战争的存在条件,但这种同情以空间限制为条件。即以游击队在实际敌对领域中"依托大地的品格"为条件。另外,他对依托大地的游击队的同情也是节制的,这种节制源于他对"实际敌对"滋生"绝对敌对"的担忧(同上,页92)。简言之,在一个法已解体的不安时代,游击队是"大地法"与"政治事物"的"分与合"的概念密码。

战后的游击队与非正规战争

《游击队理论》独特而有章可循,但如果不熟悉施米特以前的作品,就难以摸透。施米特并不打算详尽讲述游击队斗争的全球史,也没有试图提供系统的游击队理论。一直到20世纪70年代,他的论点在德国和欧洲其他地区的激进左派与激进右派那里都留下了深刻的印象。① 近期,鉴于所谓的"反恐战争",人们开始重新解读他的游击队作品,因为这部作品讲了"既存的战争规则与现代恐怖主义的政治现实之间存在不匹配"——在这个空间里,"非正规战斗人员的法律规范构成一个法律黑洞,其中行政裁量权必然处于最高地位。"②

---

① Müller, J.-W. *A Dangerous Mind: Carl Schmitt in Post-War European Thought*, Yale University Press, 2003, pp. 152-155; Schickel, J. *Guerilleros, Partisanen: Theorie und Praxis*, Munich: Hanser, 1970.

② Scheuerman, W. "Carl Schmitt and the Road to Abu Ghraib", *Constellations* 13, 2006, pp. 120-121.

但是，让我以抱有后殖民主义情怀的评论家的抱怨结束这篇文章：也就是说，施米特的研究非常坚决地在欧洲土地上展开，而且过于轻率地跳过了20世纪60年代的反殖民主义"场域"，这正是产生游击队与内战的场域。

[217]施米特钦佩卡斯特罗的古巴革命以及与美国人作战的越南游击队（称为"越共"），并详述了中国人对依托大地的和全球的游击队特性的独特融合，如何暗示着一个新的大空间体系。① 然而，托斯卡诺（Alberto Toscano）确实正确地指出，在《大地的法》中，施米特用"冷酷"且无情的语言描述了全球秩序中的非欧洲地区，这一全球秩序正是凭借他赞赏的 nomos[法]而建立的，他将它的消亡（在第二次世界大战后加速）"描述为一个或多或少内生的[西方]过程——而非由外部抵抗造成的过程"。②

《游击队理论》的出现，正处于游击战历史的重要时期，也处于游击战理论[发展]的突出阶段，却受到欧洲中心主义的影响。格瓦拉和贾普（Vo Nguyen Giap）③写了关于"游击战"和"人民战争"的著名手册，塔伯（Bob Taber）和汤普森（Robert Thompson）④写了关于东南亚叛乱与西方反叛乱的重要作品，这些作品都在施米特作品的前后几年出

---

① Schmitt, "The Theory of the Partisan: A Commentary/Remark on the Concept of the Political", trans. A. C. Goodson, *The New Centennial Review* 4, 2004, p. 41. [译注]《政治的概念》中文版，页195。

② Toscano, A. "Carl Schmitt in Beijing: Partisanship, Geopolitics and the Demolition of the Eurocentric World", *Postcolonial Studies* 11, 2008, p. 426.

③ Guevara, E. *Guerrilla Warfare*, [orig. pub. 1961 as *La Guerra de Guerrillas*], University of Nebraska Press, 1985; Giap, V. *People's War, People's Army*, Praeger, 1962.

④ Taber, R. *The War of the Flea: A Study of Guerrilla Warfare Theory and Practice*, New York: The Citadel Press, 1965; Thompson, R. *Defeating Communist Insurgency: The Lessons of Malaya and Vietnam*, New York: F. A. Praeger, 1966.

现;到1961年,美国分析家就已经开始写"非正规战争"的作品。① 然而,从这一时期到德布雷(Regis Debray)70年代的《武器批判》(*A Critique of Arms*),有关游击战的文献都很少注意到施米特,而施米特也没有详细地翻阅这些文献。然而,两者之间有明显的亲缘关系,在很大程度上值得深入探索。②

尽管施米特以轻蔑的口吻评述去殖民化(decolonisation)的力量,但是,他也帮助我们更好地理解了游击队反殖民模式中的理论与实践,以及游击队的某些弱点。格瓦拉和贾普都强调他们的"非正规"事业(没用这一术语)中"依托大地的品质",③如施米特所言,"与土地、乡土居民和国家地理特点——山脉、森林、热带雨林或沙漠——的联系",④是游击队员推翻美帝国侵略的强烈责任感——或塔伯所说的"人民意志"⑤——的基础。格瓦拉著名的"中心"(foco)游击战模式,以及贾普的"持久战"和"综合战略"(仿照毛泽东的三阶段革命战略),⑥都集中阐述了战术上如何利用环境条件,以加强机动性和非正规性。

---

① Garder, L. "Irregular Warfare: A Selected Bibliography", US Army War College. 2009. Online.

② Harkavy, R. and Neuman, S. *Warfare in the Third World*, Palgrave Macmillan, 2001.

③ Guevara, E. *Guerrilla Warfare* [orig. pub. 1961 as *La Guerra de Guerrillas*], University of Nebraska Press, 1985, pp. 12–24, p. 52; Giap, V. *People's War, People's Army*, Praeger, 1962, pp. 13–26, p. 42.

④ Schmitt, "The Theory of the Partisan: A Commentary/Remark on the Concept ofthe Political", trans. A. C. Goodson, *The New Centennial Review* 4, 2004, pp. 13–15.

⑤ Taber, R. *The War of the Flea: A Study of Guerrilla Warfare Theory and Practice*, New York: The Citadel Press, 1965, p. 22.

⑥ Duiker, W. "Ho Chi Minh and the Strategy of People's War", in M. Lawrence and F. Logevall (eds), *The First Vietnam War: Colonial Conflict and Cold War Crisis*, Cambridge, MA: Harvard University Press, 2007, pp. 152–174.

越南战争及其所处的丛林环境,打破了"常态"——规范或传统——的战争观念。常态的交战方式是在温带地区,最好是在一马平川的平原上,利于大量部署军事物资和常规战斗人员。① 美国的军事领导及部队则难以从敌人当中区分出越南友军,越南共产党的军队高明地使用了伪装,使韦斯特莫兰(William Westmorland)将军1966年在《时代》杂志上的豪言壮语成为笑柄——美国人"比游击队更擅长游击战,比伏击队更擅长打伏击"。②

美国人在越南没有找到一个"正规"敌人,[218]也没有找到一种"传统"的战争地形。施米特让我们看到,越南的共产党军队"把自己的敌人逼到另一个空间……将炫示的军服置于死地的纵深空间",③从而成功地保卫了家园。格瓦拉说过类似的话,"让敌人离开其[熟悉的]自然环境,迫使他们在生活习惯不适应的地区作战",这对塑造"新的价值尺度"至关重要。④ 菲茨杰拉德(Francis FitzGerald)也挖苦说,在执行"搜寻和摧毁"任务时,美国海军陆战队为"将敌人赶出去"而简单地轰炸越南村庄,却没有发现敌人在村庄下面开掘了迷宫般的隧道,美国海军陆战队可真地地道道地"走在越南革命的政治与经济布局之上"。⑤

同时,如果读过施米特的书,就会发现一个严厉警告,即游击队不

---

① Krepenivich, A. *The Army in Vietnam*, Baltimore and London: The Johns Hopkins University Press 1986, pp. 4-5, 75-80, 165-168.

② 引自 Hamilton, D. *The Art of Insurgency: American Military Policy and the Failureof Strategy in Southeast Asia*, Praeger, 1998, p. 5。

③ Schmitt, "The Theory of the Partisan: A Commentary/Remark on the Concept ofthe Political", trans. A. C. Goodson, *The New Centennial Review* 4, 2004, p. 49.

④ Guevara, E. *Guerrilla Warfare* [orig. pub. 1961 as *La Guerra de Guerrillas*], University of Nebraska Press, 1985, p. 208.

⑤ Fitz Gerald, F. *Fire in the Lake: The Vietnamese and the Americans in Vietnam*, Vintage Books, 1972, p. 178.

能轻视与土地的关系(斯隆普曾提示我,施米特把游击队员视为深沉的男性形象)。施米特讴歌依托大地的游击队员是出于"政治的"理由,德布雷后来则声称,1967年在玻利维亚的游击战失败,源于其试图建立三个大陆的游击战计划,导致它与"人民"和"土地"失去了联系。德布雷评论说,那场计划"描绘了一幅[针对美国的、敌对的]画卷,其范围之广与局势的变幻莫测相比,可笑地不相称"。① 这种游击队的过度扩张,激活了关于"非正规战争"与"敌对规模"间关系的讨论,这种讨论一直持续到今天。

参考文献

Buck-Morss, S. (2008) 'Sovereign Right and the Global Left' *Cultural Critique* 69: 145–71.
Debray, R. (1977) *A Critique of Arms* Vol. 1, trans. R. Sheed, Baltimore, MD and Harmondsworth: Penguin.
Duiker, W. (2007) 'Ho Chi Minh and the Strategy of People's War', in M. Lawrence and F. Logevall (eds), *The First Vietnam War: Colonial Conflict and Cold War Crisis*, Cambridge, MA: Harvard University Press, 152–74.
Garder, L. (2009) 'Irregular Warfare: A Selected Bibliography' US Army War College. Online. Available at www.scribd.com/doc/23393666/Irregular-Warfare (accessed 17 November 2009).
Giap, V. (1962) *People's War, People's Army*, New York: Praeger.
Guevara, E. (1985) *Guerrilla Warfare* [orig. pub. 1961 as *La Guerra de Guerrillas*], Lincoln: University of Nebraska Press.
FitzGerald, F. (1972) *Fire in the Lake: The Vietnamese and the Americans in Vietnam*, New York: Vintage Books.
Hamilton, D. (1998) *The Art of Insurgency: American Military Policy and the Failure of Strategy in Southeast Asia*, Westport, CN: Praeger.
Harkavy, R. and Neuman, S. (2001) *Warfare in the Third World*, New York: Palgrave Macmillan.
Hooker, W. (2009) *Carl Schmitt's International Thought*, Cambridge: Cambridge University Press.

---

① Debray, R. *A Critique of Arms*, Vol. 1, trans. R. Sheed, Baltimore, MD and Harmondsworth: Penguin, 1977, p. 223.

Knüfer, A. (2007) 'Mobilité et caractère tellurique: l'espace des partisans et le nouveau, 'nomos de la terre', Lampe-Tempête 1. Online. www.lampe-tempete.fr/Mobilite.html (accessed 15 May 2010).

Krepinevich, A. (1986) *The Army in Vietnam*, Baltimore and London: The Johns Hopkins University Press.

Moreiras, A. (2005) 'Beyond the Line: On Infinite Decolonization' *American Literary History* 17: 575–94.

Müller, J.-W. (2003) *A Dangerous Mind: Carl Schmitt in Post-War European Thought*, New Haven and London: Yale University Press.

Scheuerman, W. (2006) 'Carl Schmitt and the Road to Abu Ghraib' *Constellations* 13: 108–24.

Schickel, J. (1970) *Guerilleros, Partisanen: Theorie und Praxis*, Munich: Hanser.

Schmitt, C. (1996) *The Concept of the Political*, trans. G. Schwab, Chicago: University of Chicago Press.

—— (2003 [1950]) *The* Nomos *of the Earth in the International Law of the* Jus Publicum Europaeum, trans. G. L. Ulmen, New York: Telos Press Publishing.

—— (2004) 'The Theory of the Partisan: A Commentary/Remark on the Concept of the Political', trans. A.C. Goodson. *CR: The New Centennial Review* 4: 1–78.

Slomp, G. (2009) *Carl Schmitt and the Politics of Hostility, Violence and Terror*, London: Palgrave Macmillan.

Taber, R. (1965) *The War of the Flea: A Study of Guerrilla Warfare Theory and Practice*, New York: The Citadel Press.

Thompson, R. (1966) *Defeating Communist Insurgency: The Lessons of Malaya and Vietnam*, New York: F.A. Praeger.

Toscano, A. (2008) 'Carl Schmitt in Beijing: Partisanship, Geopolitics and the Demolition of the Eurocentric World', *Postcolonial Studies* 11: 417–33.

十一 潜在的法?[*]

德布里克斯(François Debrix)

[220]施米特的《大地的法》因其大量的形而下文字(physical inscriptions)、大地隐喻以及源自人类生存的自然物质根基这一观念的意象与术语而享有盛名。施米特关于秩序与人的思想,已被描述为具有"依托大地性"(telluric)。[①] 对施米特来说,希腊语的 nomos[法]一词,首先指"大地表面的具体圈围的场域(Ortung)"。有评论家写道:"施米特一再强调,真正的法权与土地(Boden)及陆地(Land)有密切关联,总是与大地(Erde)相联系。"[②]

具体秩序刻入大地,而人的法权衍生于土地,划分(delineation)与占取(appropriation)由此成为两个关键概念。前者指地域、领土与田地的划分,或者说施米特所认为的测绘学(topography)的真实含义;后者指未开垦的土地、国家与资源的占取,或者说施米特所认为的政治地理学的应有内涵。在《大地的法》中,施米特确认:

被人类开垦和耕种的土地呈现出固定的界线,各种特定的划

---

[*] [译注]"潜在"(virtual)是德勒兹重视的概念,也被译作"虚拟",从法文直译过来,该词有尚未显像存在但实际发生作用之义,译作"潜在"比较贴合原意。

① Dean, Mitchell. "Nomos: Word and Myth", in L. Odysseos and F. Petito (eds), *The International Political Thought of Carl Schmitt*, London: Routledge, 2007, p.246.

② Ojakangas, Mika. "Carl Schmitt and the Sacred Origins of Law", *Telos*, 157, 2009, p.35.

分通过这些界线变得清晰可见。①

他补充说：

> 占取对于建基其上的规则是理所当然的历史性前提。它包括了空间上的原初规则以及所有其他具体秩序和法权的渊源。②

这样看来，毫无疑问，施米特想要坚持法权秩序与政治组织的根基性的地理物理学(geophysical)特质。凭借奥亚坎加斯的支持，所谓地缘政治"原初主义"(primevalism)的施米特模式决定了任一对象、任何可能性条件、任何生活[方式]与随之而来的意义，或者说为它们奠定基础或设下了界限。

但是，如果施米特的nomos[法]被解读为一种为了潜在事物(the virtual)的理论化而设计的模型，或者更恰当地说，被称为潜在领地化(virtual territorialisation)的模型，那么会怎样？换言之，如果施米特的nomos[法]为一种地缘政治思想打开了可能，这种地缘政治思想接受(也许需要)潜在空间和地区的存在，那么又会怎样？尽管施米特的思想表面上是地缘政治的"原初主义"，他真的会被认为是那些(地缘)政治中的潜在事物的理论与理论家的先驱吗？如迪恩所提出的，如果说施米特描述人类事务秩序的著作与"大地的神话"紧密相关，③那么，我们如何能(或敢)说施米特的nomos[法]为潜在领土性的某种概念化打

---

① Schmitt, *Nomos of the Earth*, 2006, p.42;[译注]《大地的法》中文版，页7。

② Schmitt, *Nomos of the Earth*, 2006, p.48;[译注]《大地的法》中文版，页13。

③ Dean, Mitchell. "Nomos: Word and Myth", in L. Odysseos and F. Petito (eds), *The International Political Thought of Carl Schmitt*, London: Routledge, 2007.

开了大门？

[221]我想在本文中论证,施米特的文本确实提供了一些开放性,它有时将他(及我们,即他的批判性地缘政治评论家)带离看似矛盾的(foreclosed)地理物理学的"原初主义"。我想说的是,潜在事物(或潜在的领土性,或潜在的 nomos[法])的可能性条件在施米特的《大地的法》中出现,特别在某些段落中,由于这些段落论及系于大地的(Earth-bound)秩序与空间框架,如果快速阅读,可能看起来只是对主要概念的补充、增加或澄清。在本文中,我将考察两个关键段落,它们表明以(或通过)潜在性(virtuality)来理解空间的方式。

在《大地的法》正文中,这两个段落已经有所暗示,但更关键的是,在补充文章《法、占取、命名》中,①潜在性的空间解读成为施米特专门思考的对象。其中一个关键段落涉及游牧主义及其与土地的关系问题。施米特坚持认为,游牧者有他们自己的 nomos[法],有他们划定并占取开放土地与开放空间的方式,但至少比起欧洲公法下的现代国家间的法律秩序,这种方式相当原始或不完整。

本文仔细研究的第二个关键段落讨论 Ausland 即"外部空间"概念,对施米特力图抵御任何形式的大地、空间和政治秩序的普遍化或同一化来说,这个概念至关重要。这种普遍化和同一化的意识形态,以及倡导这种意识形态的政治力量都宣称,希望结束所有战争,并解决朋友与敌人、自我与他人、内部人与外部人之间的冲突。

接下来,我将首先转向游牧者问题。施米特认为,游牧者不能自由地在大地上无边无际地漫游,也不能逃离土地的物质条件。游牧者占据一个空间,并将他们的秩序刻入一块领地,即他们所穿越的地区。同时,施米特认识到,游牧者并不耕种土地。游牧者就像牧羊人(nomeus,拉丁文术语,施米特将其译为"牧羊人"),他们负责"看管"或

---

① Schmitt, Carl. "Nomos-Nahme-Name", in C. Schmitt, *The Nomos of the Earth*, New York: Telos Press, 2006, pp. 336-350.

"照顾"。① 更为重要的是,游牧者的空间不断地转移。如迪恩所言,施米特的游牧者"在寻找牧场的过程中不断迁移"。② 由此,施米特指出,游牧者的土地占取是"不断地临时占取和划分"。③

当游牧者移动并穿越大地时,游牧者所"标记"的领土界限也在扩张。施米特所谈到的游牧民族的 nomos[法],显然仅是过渡性的,或者说是现代领土性的"前奏"。④ 限制和定位、扎根和固定是游牧生活的大忌。相比之下,穿越、移动和迁徙不仅是游牧者生存的可能条件,也是游牧者在这种流动与变化的空间中存续的可能条件。如德勒兹和瓜塔里(Felix Guattari)曾经提出的著名观点:游牧主义是指通过某人的行动和移动对"平面空间"的利用与扩散。⑤ 游牧主义并不是指把自己固定在静态且"有擦痕的"(striated)法权空间和集中化的权力之中。

显然,施米特想承认,游牧者有一种 nomos[法],也许还有无限广阔的大地领土可以占领或夺取。⑥ 但是,[222]我们不清楚的是,

---

① Schmitt, Carl. "Nomos-Nahme-Name", in C. Schmitt, *The Nomos of the Earth*, New York: Telos Press, 2006, p. 340.

② Dean, Mitchell. "Nomos: Word and Myth", in L. Odysseos and F. Petito (eds), *The International Political Thought of Carl Schmitt*, London: Routledge, 2007, p. 244.

③ Schmitt, Carl. "Nomos-Nahme-Name", in C. Schmitt, *The Nomos of the Earth*, New York: Telos Press, 2006, p. 341.

④ Dean, Mitchell. "Nomos: Word and Myth", in L. Odysseos and F. Petito (eds), *The International Political Thought of Carl Schmitt*, London: Routledge, 2007, p. 244.

⑤ Deleuze, Gilles and Felix Guattari, *A Thousand Plateaus: Capitalism and Schizophrenia*, Minneapolis: University of Minnesota Press, 1987, p. 380.

⑥ 这样一来,施米特描述的游牧者[的特质],似乎截然不同于无根性和不依附于空间的特征,施米特认为这一特征属于大流散的犹太人。如卡蒂所指出,根据施米特的说法,"没有任何'与土地的自然关系',这是犹太人生存的一个特征"。见 Carty, Anthony. "Carl Schmitt's Critique of Liberal International Order between 1933 and 1945", *Leiden Journal of International Law*, 14, 2001, p. 36.

这种土地或空间的占取方式，在多大程度上等同于基于土地的空间与活动的定居式占取类型。施米特认为，这种定居式占取是欧洲现代地缘政治nomos[法]的主要基础。施米特被迫承认，由于耕种需要固定性，所以游牧者的占领或占取并不以耕种为基础。此外，游牧者的nomos[法]划定的范围也不明确。那么，游牧者的迁移所绘出的界线是什么样子？这些界线能清楚地得到确立、享有尊重并加以捍卫吗？

也许，如德勒兹和瓜塔里所言，我们应该把游牧者在大地上漫游的痕迹看作"块茎状的"（rhizomatic），而非树枝状的。① 游牧者的界线不是现代早期西班牙与葡萄牙的拉亚线，也不是现代欧洲国家的边界线——施米特在《大地的法》中强调了这些界线。游牧者的界线可以算作拉亚线和边界线出现的前兆，甚至这也不是显而易见的。更准确地说，游牧者的界线是标记或足迹，既随游牧者的运动和位移而出现，又在其之前，没有明显的开始或结束的点，不容易划分出这里与那里、内部与外部。②

我认为，就施米特的游牧者确实有nomos[法]而言，这是一种潜在的nomos[法]，这种nomos[法]的前提是潜在领土的可能性。然而，施米特确认，对所有恰当的陆地-法权秩序和属人共同体的组织而言，地

---

① Deleuze, Gilles and Felix Guattari, *A Thousand Plateaus: Capitalism and Schizophrenia*, Minneapolis: University of Minnesota Press, 1987, p. 8.

② 这里可能与另一个形象存在有趣的对比，即非土生土长的政治游击队员，这一形象在施米特后期的作品中出现（感谢莱格向我指出这一点）。如施米特所肯定的，"灵活、迅捷、从攻击到撤退的迅速转换，一言以蔽之，即高度机动性，至今仍是游击队的特点"（Schmitt, *Theory of the Partisan*, 2007, p. 16）。有趣的是，两种"游牧的"形象，以与空间或土地的潜在联系为特征，似乎支撑着现代欧洲公法的nomos。使游击队与空间、土地或政治秩序之间（潜在）移动的灵活联系成为可能的关键因素在于技术，或者施米特在《游击队员理论》中所说的"技术化"。这种从技术角度理解空间的方式出现在施米特的一些著作中，我将在下文讨论。

面界线是必要的基础,在游牧者的例子中,这些界线并不是虚构出来的。这些界线存在,但不同。像施米特那样称之为"临时的"可能还不够(仿佛那些游牧者的标记是虚线,而现代早期的拉亚线与主权边界线随后会把这些虚线描实)。事实上,这些界线是轨迹,这种轨迹可能会、也可能不会顺利地与游牧生活的日常迁徙相关。这些界线不仅是标记在大地表面上的土地界线,还是过去迁徙的记忆(与叙述),同时是对未来迁徙的预测,可能会、也可能不会划定未来的领地。这些踪迹,或者说足迹,伴随或先于游牧者及其不断的迁移而出现,是使空间变得可视与潜在的界线,从而构建起游牧生活的空间。

然而,这些界线缺乏传统意义上那种系于大地的参照点或代表性标记,但是,至少根据现代的空间理解,这些参照点或标记通常(和在规范上)划定了地缘政治领土。① 只有在尚属潜在的情况下(已经穿过而尚未到达),游牧者的领地才得以发现。也许更重要的是,只有随着时间流逝或经由迁徙和移动,界线与占取才说得上对所谓的游牧 nomos[法]具有意义。

但是,比起与空间的关联,游牧的界线及占取与时间(季节、自然周期等)的关联更为密切,并且相对于施米特偏爱的现代欧洲地缘政治 nomos[法]——据说它使确切的主权民族国家得以存在——规范下系于大地的领土而言,游牧的界线及占取总是处于一种潜在境况中。

施米特的 nomos[法]概念的另一个层面,似乎支持潜在领土性的可能,即 Ausland 或者说[223]"外部空间"(space of the outside)的思想。奥亚坎加斯曾提出,施米特的"占取"概念作为创造所有具体地缘政治秩序的基础,实际上取决于施米特在补充文章《法、

---

① 对现代空间概念化的批判性解读,见 Soja, Edward. *Postmodern Geographies*: *The Reassertion of Space in Critical Social Theory*, Verso, 1989; Agnew, John. *Geopolitics*: *Re-visioning World Politics*, London: Routledge, 1998。

占取、命名》中再次提到的"外部空间"(space of the outside, exterior space)。①

Ausland[外部空间]不仅是一种必须始终与内部(国家、民族)保持分离的空间,也许更为关键的是,如施米特所说,它还是一种必须保持"开放而流动"或"固定但不僵化"的空间。② 因此,Ausland[外部空间]不仅仅是一块"外部的领土"(与内部领土相对,或者与固定边界内包含之物相对)。更准确地说,这种"外部空间"是任何内部与外部划分的唯一可能条件。它是一个空间,或者更准确地说,是一种空间的潜在可能性,这一潜在可能性使任何内部与外部的对立都有地缘政治意义。

根据施米特的说法,对 Ausland[外部空间]的需要,与他担忧的 20 世纪初现代欧洲 nomos[法]的危机密切相关,特别与他为之焦虑的世界统一为单一主导的宗教、意识形态或政治体系的危险密切相关。③ 现代 nomos[法]的地缘政治多元主义(多个主权国家有自己的领土并受到边界保护),可能会让位于以一种新的、不接地的和普遍化的方式来设想国际政治空间,此前景确实极其恐怖。如施米特在《政治的概念》中所述,"政治世界乃多元的世界,而非统一的世界。"④由主

---

① Schmitt, Carl. *Glossarium – Aufziechnunger des Jahre* 1947-1951, Duncker & Humblot, 1988, p. 37;Ojakangas, Mika. "A Terrifying World without an Exterior", in L. Odysseosand F. Petito (eds), *The International Political Thought of Carl Schmitt*, London, 2007, p. 206.

② Schmitt, Carl. "Nomos-Nahme-Name", in C. Schmitt, *The Nomos of the Earth*, New York: Telos Press, 2006, p. 78.

③ 关于这个话题,见 Odysseos, Louiza. "Crossing the Line? Carl Schmitt on the 'Spaceless Universalism' of Cosmopolitanism and the War on Terror", in L. Odysseos and F. Petito (eds), The International Political Thought of Carl Schmitt, Routledge, 2007, pp. 124-143。

④ Schmitt, *The Concept of the Political*, University of ChicagoPress, 1996, p. 53.

权国家组成的多元世界,转变为由一种人类观点所支配的普遍秩序,这种转变很可能导致世界主义或自由主义政治在全球范围内被神圣化。

但是,在施米特看来,也可以肯定,无休止的战争将以捍卫人类的名义而发动。而颇具讽刺意味的是,这种不惜一切代价来统一且捍卫人类的愿望将导致非人道。施米特有一个著名的论点:从这一强加的普世主义(或至少可以说,在这种普世性表象背后,往往隐藏着霸权主义或帝国主义国家在政治、经济和文化上的野心)与这种强加的去领土化的新 nomos[法]中,将会产生两个重大后果。第一,现代欧洲公法的特质是对战争的限制——战争发生在主权国家之间,以有限的和规范的方式进行,或者在国家间体系的外部进行(例如殖民战争);而现在,它则让位于对战争的总体禁止,让位于全世界的和平化。① 宣布战争为非法,将战争排除在 nomos[法]之外,实际上将促成无休止的、非人性的"结束所有战争的战争",从而使人类更加不安全。第二,作为具体公敌的敌人概念消失,转而变成绝对敌人形象,即一个完全恐怖化的违法者,其存在成为非人道甚至邪恶本身的标志。② 因此,"正当敌人"的承认原则遭到损毁,转向要求为了捍卫并维护自由的与所谓民主的全球秩序而进行"正义战争"(从正当敌人[justus hostis]转向了正义战争[bellum justum])。

[224]施米特担心,最终,土地占取(Landnahme)概念将完全被排除在新的普世 nomos[法]所呈现的内容之外。如果世界被统一,而法权的目的变成维护全球政治秩序的统一体系(例如,设计一个集体安全的国际系统,如全球机构和国际法院,企图超越个体与自私的行动,谴责个别国家以战争来解决争端的做法),那么,还有什么土地是可以

---

① Schmitt, *Nomos of the Earth*, 2006[1950], p. 246, p. 270.
② Schmitt, Carl. Theory of the Partisan, New York: Telos Press, 2007, p. 321.

占取、可以耕种、可以标记的？或者说，还有什么属于自己？①

根据施米特的说法，排除土地占取是建立普遍秩序的前提条件。因此，如奥亚坎加斯进一步指出的，对施米特来说，如果大地 nomos[法]要保持多元性（或还原为一个多元世界），就必须重新发现"占取的真正可能"。② 不惜一切代价，维持由多个以土地为基础的政治实体（最好是民族国家）组成的占取体系，是防范所强加的普世秩序之风险的唯一保障。于是，为了保持开放或恢复占取的可能，就必须保留或重新创造一个"外部空间"。换言之，在政治体的任何划定与占有之外，必须总是有一个未知区域（甚至超越内部与外部之划分，如上所述）。否则，一个完全饱和的空间，一个世界统一体，将接管一切。

但是，在 20 世纪初，施米特面临的关键问题正是重新发现或重新创造 Ausland[外部空间]，在所有土地都遭到殖民和占领的时候（并因此可能发现自己在一种全球秩序的统治之下），确保领土和土地向占取保持开放。我认为，正是在这一意义上，潜在领土性再次救了施米特的 nomos[法]理论。在《法、占取、命名》一文中，施米特写道：

> 据称，不会再有任何占取了……美国一所著名大学的重要的政治学代表最近写信给我说："土地占取已经结束。"我回答说，随着空间的占取，[土地占取]问题变得更加严重。今天，在西方与东方广为谈论的世界史，就是将占取对象、手段与形式的发展看作进步的历史，因此，我们没有权利对占取问题闭目塞听，拒绝再思考任何相关问题。这种发展从游牧时代和封建农耕时代的**土地占取**，进展到 16 世纪到 19 世纪的**海洋占取**，再到工业技术时代的工

---

① 此处，我们想起施米特对国际联盟的批判性解读，Schmitt, *Nomos of the Earth*, 2006[1950], pp. 240–258。

② Ojakangas, Mika. "A Terrifying World without an Exterior", in L. Odysseosand F. Petito (eds), *The International Political Thought of Carl Schmitt*, London: Routledge, 2007, p. 215.

业占取……最后,到现在的天空占取和太空占取。①

令人意想不到的是,土地占取在施米特笔下骤然扩展乃至包括了其他看似等同的占取形式。这些新的[225]占取形式尽管应当是基于陆地的人类占有土地(大地)的模式的延伸,却已令人惊讶地不接地,与"大地母亲"相脱离,不依托大地了。事实上,施米特现在不仅可接受海洋占取与天空占取,甚至他所说的"工业占取"和"外太空占取"也可以算作有效的领土占取与空间划分的模式。

在一个普世的大地秩序即将盛行的时代(如果不是已经盛行的话),这些非陆地的空间必须被紧急补充进来。否则,由存在 Ausland[外部空间]所保证的"自由行动空间"②将永远消失。但是,这个如今因工业占取甚至天空占取而变得可见且有意义的 Ausland[外部空间],只能潜在地与旧的陆地 nomos[法]的 Ausland[外部空间]相比较。

或许更为核心的是,就施米特的 nomos[法]理论而言,我们不得不重新考虑,施米特的"外部空间"概念是否总是打算超出土地,即超出物理的领土性与潜在的依托大地性。在施米特的作品中,保证领土占取的无限可能的 Ausland[外部空间],可能总是作为潜在结构而发挥作用,不管是否还有任何未被占领、开放或自由的陆地与土地有待发现,这种地理结构都将潜在地使人类的占取与划分一直继续下去。

如我在本文中所表明的,可以毫不夸张地说,与前文讨论的施米特的游牧者概念类似,Ausland[外部空间]总是有可能通过占取的方式扩

---

① Schmitt, Carl. "Nomos-Nahme-Name", in C. Schmitt, *The Nomos of the Earth*, New York: Telos Press, 2006, p. 347. 强调为施米特本人所加。

② Ojakangas, Mika. "A Terrifying World without an Exterior", in L. Odysseosand F. Petito (eds), *The International Political Thought of Carl Schmitt*, London: Routledge, 2007, p. 215.

展。占取作为明显去领土化的人类活动的结果,产生出一种潜在的 nomos[法],一种秩序化的空间与组织化的人类社会,并在概念上转向潜在领土性的模式与形式,以便保持具体性。事实上,面对大地和政治秩序不可阻挡的普遍化趋势,剩下唯一能构成挑战的,可能就是这种潜在而具体的空间与人的秩序化了。

如施米特所说:"一个不再有外部(Ausland)而只有家园(Inland)的世界令人恐怖。"①因此,对施米特来说,空间的潜在性是抵御这一概念上和政治上的可怕前景的重要方式。潜在可供占取的领土,遵循已经由游牧迁徙开启的空间占取或划定模式,确保了旧的或新的大地 nomos[法]不断地再领土化。

参考文献

Agnew, John. (1998) *Geopolitics: Re-visioning World Politics*, London: Routledge.
Carty, Anthony. (2001) 'Carl Schmitt's Critique of Liberal International Order between 1933 and 1945', *Leiden Journal of International Law*, 14: 25–76.
Dean, Mitchell. (2007) '*Nomos*: Word and Myth', in L. Odysseos and F. Petito (eds), *The International Political Thought of Carl Schmitt*, London: Routledge, 242–58.
Deleuze, Gilles and Felix Guattari. (1987) *A Thousand Plateaus: Capitalism and Schizophrenia*, Minneapolis: University of Minnesota Press.
Odysseos, Louiza. (2007) 'Crossing the Line? Carl Schmitt on the "Spaceless Universalism" of Cosmopolitanism and the War on Terror', in L. Odysseos and F. Petito (eds), *The International Political Thought of Carl Schmitt*, London: Routledge, 124–43.
Ojakangas, Mika. (2007) 'A Terrifying World without an Exterior', in L. Odysseos and F. Petito (eds), *The International Political Thought of Carl Schmitt*, London: Routledge, 205–21.
Ojakangas, Mika. (2009) 'Carl Schmitt and the Sacred Origins of Law', *Telos*, 157: 34–54.
Schmitt, Carl. (1988) *Glossarium – Aufziechnunger des Jahre 1947–1951*, Berlin: Duncker & Humblot.

---

① Schmitt, Carl. *Glossarium – Aufziechnunger des Jahre* 1947–1951, Duncker & Humblot, 1988, p. 37.

Schmitt, Carl. (1996) *The Concept of the Political*, Chicago: University of Chicago Press.
Schmitt, Carl. (2006a) *The* Nomos *of the Earth in the International Law of the* Jus Publicum Europaeum, New York: Telos Press.
Schmitt, Carl. (2006b) 'Nomos–*Nahme*–Name', in C. Schmitt, *The* Nomos *of the Earth*, New York: Telos Press, 336–50.
Schmitt, Carl. (2007) *Theory of the Partisan*, New York: Telos Press.
Soja, Edward. (1989) *Postmodern Geographies: The Reassertion of Space in Critical Social Theory*, London: Verso.

十二　牧领权力

汉纳(Matthew Hannah)

[227]施米特1950年的艰深作品呈现出来的主题,与福柯提出的生命权力概念以及其他人对这一概念的不同延伸,看起来有千丝万缕的联系。由于没有多余篇幅对这些亲缘关系作任何形式的全面评估,我将简略指出一些段落,它们看起来能够提供富有成效的讨论。这些段落涉及施米特和福柯各自如何论及"牧领权力"(pastoral power)、"经济"与现代政治秩序起源的关联。我将指出,尽管施米特对政治秩序含义的分析与福柯大相径庭,但是他已认识到政治秩序的准生命政治维度。

然而,这些分歧和交集可以帮助我们更清楚地看到,广义上的福柯式路径并没有解决生命权力的一些问题。鉴于本文的"回应"篇幅有限,我们有必要简单概括其中非常重要的问题,即生命政治问题的福柯式路径和施米特式路径之间的任何潜在关联的"实体化"(materialization)或"具体化"(concretization)。尤其是,政治关联的"规模"(scale)问题不可避免地由如下基本事实引发:施米特关注全球秩序,而福柯主要关注"国家"(national)层面的生命权力。然而,为了做这种有点老式的文本段落的概念比较,我们在此被迫将"规模"问题置于一边。如果概念上的论点站得住脚,那么就值得进一步探讨诸如"规模"之类的问题。

牧领权力,nomos[法],生命权力

施米特以认可的态度评价欧洲公法(即构成其书首要主题的 nomos[法]),①从广义上讲,这些评价已经有了准生命政治的端倪。从16世纪到19世纪末,欧洲诸国可通过法律话语和实践,将欧洲内部的战争当作"某种程度上类似于决斗"的活动,②施米特称赞这是一项伟大的进步。他写道:

> 当战争成为纯粹的国家间的斗争时,那些非国家的因素就不会遭到干扰——特别是经济、商业和整个[228]公民社会的领域。③

这当然是纲领性说明,而不是经验性陈述,但无论如何,在施米特看来,nomos[法]和生命支持(support of life)显然有所关联。为了更详细地了解这一关联所包含的意义,了解其与福柯生命权力概念的一致或至少交集的程度,值得更深入地探讨施米特通过 nomos[法]要表达的含义。如本文集其他文章所表明的,nomos[法]是一个复杂的、多层次的概念,可与当前政治理论中的一些讨论产生共鸣。在众多定义中,施米特将 nomos[法]描述为:

> 一个民族社会和政治规则在空间上变得可见的直接形式——对牧场的初次丈量和划分,也就是占取和紧随其后的具体定位……法是将大地的地基和地面以特定方式加以划分和定位的标准,以及由此产生的政治、经济和宗教秩序的基本架构。标准、规

---

① Schmitt, *Nomos of the Earth*, 2003, p.140.[译注]《大地的法》中文版,页118。
② Ibid., p.141.[译注]同上,页119。
③ Ibid., p.203.[译注]同上,页183。

则和建构在此构成了一个空间上的具体统一体。①

在此,nomos[法]在实质上似乎包含主权和生命权力在领土层面的具体表达,是一种空间兼社会的秩序,但也具有发展的维度,以及广义上的计算话语("标准")的面相。

在此处及其他地方对牧场的引用,还将这一秩序与"供给"关联,由此表明了与福柯讨论的牧领权力的关联。但是,我们从这段引文中已经看出两人的重要分歧。在施米特看来,放牧永远无法与"占取"或"认领"土地的奠基时刻分开,在那之后,才能把土地提供给兽群或畜群作为牧场。统观全书,施米特着重强调占取时刻,这可能是其书最重要的特征。在我看来,其书可以为我们将生命权力与主权更紧密地联系起来,为我们批判新自由主义、全球化资本主义和财产关系提供分析工具。施米特的批判与哈维(D. Harvey)、布洛姆利(N. Blomley)或克莱因(N. Klein)②的批判接近,与哈特、奈格里③提出的"网状"(spongier)去中心的观点相去较远。

"圈围"和"通过剥夺来占有"④的过程仍然是(再)创造全球秩序的核心,并再次关涉强制。在他关于牧领权力的演讲中,福柯谨慎地避

---

① Ibid., p.70.[译注]同上,页37。

② Harvey, D., *The New Imperialism*, Oxford University Press, 2003; Blomley, N., "Remember property?", *Progress in Human Geography* 29(2), 2005; Blomley, N., "Making private property: enclosure, common right, and the work of hedges", *Rural History* 18(1), 2007; Klein, N., *The Shock Doctrine*, Penguin, 2007.

③ Hardt, M. and Negri, A. *Empire*, Cambridge, MA: Harvard University Press, 2000; *Multitude: War and Democracy in the Age of Empire*, New York: Penguin, 2004.

④ Harvey, D., *The New Imperialism*, Oxford University Press, 2003, pp.137-182; Blomley, N., "Making private property: enclosure, common right, and the workof hedges", *Rural History* 18(1), 2007.

免确定任何独立的、领土性的权威源头——在此基础上牧场能够被提供给畜群;并因此,除了潜在的自我牺牲式的关切,福柯能够避免将任何潜藏动机归于牧者。① 这主要是由于福柯乐于将牧领权力尽可能鲜明地与人们更熟悉的、从领土意义上解读的主权形式区别开来。但从根本上说,福柯的描述是对牧领权力的断章取义。虽然我必须悬搁这一论断,但重要的是,[229]通过承认作为"供给"的可能条件的"占有""获取"或"认领"的内在性,补足我们对生命权力所涉及内容的认识。

对于 nomos[法]与生命权力之间可能存在的联系,施米特作品中最具暗示性的段落,可以在分别出版于 1953 年、1957 年和 1955 年的三个简短的附录中找到,它们作为"推论"附在《大地的法》尾部。② 第一篇是《占有、分配、生产:从 nomos 来正确提出每一社会和经济秩序之根本问题的尝试》。施米特在其中探讨 nomos 的词源,该词来自希腊文动词 nemein,同时意味着获得或占取、划分或分配,以及 weiden。后面这个德语词狭义上可界定为"放牧"(to pasture),但在广义上,施米特将其解释为"通常伴有所有权发生的生产性工作"。③ 因此,希腊语 nemein 在第三层意义上是"放牧、经营家庭、使用、生产"(同上,页 327)。

基于这一界定以及 1953 年的词源学探讨,nomos[法]与放牧的隐含联系由三篇附录中的第二篇得到增强,即那篇题为《法、占取、命名》

---

① Foucault, M. *Security, Territory, Population: Lectures at the Collège de-France*, 1977–1978, trans. G. Burchell. Basingstoke: Palgrave Macmillan, 2007, pp. 125–132, pp. 163–190.

② 施米特与福柯的另一个重要区别当然是在方法领域。施米特对词源学分析的偏爱在这三个附录中得到充分体现,与福柯的谱系学方法(词源学——话语构型——非话语权力关系)相比,这至少相差了两个主要步骤。不过,为了探讨概念上的一致与分歧,这里就将方法上的差异搁置一旁。

③ Schmitt, *Nomos of the Earth*, 2003, pp. 326–327.

的短文。在此,尽管施米特仍认为"牧养"(pasturage)是到目前为止所有 nomoi[法]的语义要素(semantic element),但在本义上作为一种统治技术的牧领权力,已被丢进历史的垃圾堆,由"经济"取代。与之相反,福柯认为,在古代与现代早期之间,牧领关切与经济作为主题已经分入不同的制度设置,在此开始了再形成的进程,这一进程是更广泛的"国家治理术"进程的一部分。①

这两种截然不同的历史判断,可能缘于他们对柏拉图晚期作品《治邦者》(Statesman)的不同讨论,其中柏拉图否定了作为一种治邦者样式的牧者形象。② 福柯将柏拉图的牧者统治与治邦者统治的对比作为例证,来说明这并不是因为牧者统治已经过时,而是因为关于牧者-畜群统治模式的讨论只在古希腊政治哲学中一闪而现,然后主要在与基督教牧领有关的话语和实践中继续发展了许多个世纪。然而,施米特更关注统治的空间层面,并且比福柯更仔细地关注国家统治的形式,他认为柏拉图对牧者统治的否定是更广泛的时代转变的征兆,这种转变使牧领权力在历史上变得过时:

> 在《治邦者》中,柏拉图将牧者从治邦者中区分出来:牧者的 nemein[获取、划分、放牧]关注的是他所牧畜群的 trophe[喂养],相对于他牧养的动物,牧者就像是神。相比之下,治邦者的地位并不像牧者高于他的畜群那样高到位于他统治的人民之上……治邦者并不喂养,他只保护、照顾、指导、诊治。③

---

① Foucault, M. *Security, Territory, Population*: *Lectures at the Collège de-France*, 1977–1978, trans. G. Burchell. Basingstoke: Palgrave Macmillan, 2007, p. 109.

② Schmitt, *Nomos of the Earth*, 2003, p. 340; Foucault, M. *Security, Territory, Population*: *Lectures at the Collège deFrance*, 1977–1978, trans. G. Burchell. Basingstoke: Palgrave Macmillan, 2007, pp. 140–147.

③ Schmitt, *Nomos of the Earth*, 2003, p. 340.

[230]最重要的时期是从游牧时代转变到固定的居家时代,也就是 oikos[家]的时代。这种转变以土地占取为前提。不同于游牧民族长期的临时占取和划分,这种土地占取永久有效。(同上,页341)

由第一段可见,施米特和福柯都注意到,尽管牧领权力看起来是善意的,但相对于其他的统治形式,牧领权力要求受其支配的人更绝对的服从或"纯粹的服从"。[1] 最耐人寻味的是,施米特引入了"喂养"(nourishment)和"关切"的区别,而福柯没有明确提出这一区别。在福柯看来,

> 牧者就是那个手把手喂养的人,或者至少把羊群带领到丰美的牧场,保证羊群正常吃好的人。牧领权力是一种关切的权力。(同上,页127)

福柯在这里完全不关心"手把手喂养"与"保证羊群吃好"间的区别,但可以说,这是自由主义思想中的一个重要区别。无论如何,相比于福柯,施米特强调这种区别,似乎他更好地预见到后福利国家新自由主义的修辞。

施米特在这些附录中使用的词源学处理方式,使他能够进一步注意到当代人的兴趣点。希腊语中带有后缀"-archy"和"-cracy"的权力术语(如 monarchy[君主制]、democracy[民主制]),指的是权力的肩负者或权力形式,然而,施米特观察到,后缀"-nomy"最常从统治对象或统治内容方面来刻画权力。像福柯一样,施米特把"经济"当作权力史上特别具有创造力的概念,并指出在经济方面,"nomos[法]与我们今天

---

[1] Foucault, M. *Security, Territory, Population*: *Lectures at the Collège de France*, 1977–1978, trans. G. Burchell. Basingstoke:Palgrave Macmillan, 2007, p. 174;[译注]中译参见福柯,《安全、领土与人口》,钱翰、陈晓径译,上海:上海人民出版社,2018,页166。

所说的 Daseinsvorsorge[从摇篮到坟墓的社会福利]之间存在一种特殊关系"。① 接着是一个非常有趣的段落:

> nomy……明显更属于 oikos[家]而非 polis[城邦]。在后来的发展中,当空间和尺度都扩展时,oikos[家]仍保留下来,真是奇怪。18 世纪末,一门新的学科在欧洲出现,即一种经济科学,人们将其称为"国民经济学"(national economy)或"政治经济学"(political economy)。多么不寻常的是,nomos[法]在从家庭(house)到 polis[城邦]的扩展中,保留了与旧有"家庭"(house)的语言联系——人们并不将其称为国家学(national-nomy)或城邦学(polito-nomy),而称其为经济学(eco-nomy)。②

在 1978 年 2 月 1 日的演讲中,福柯提出了治理艺术在家庭、个人与公国(principality)之间的可转移性这一著名问题。在这次具有分水岭意义的演讲中,他改变了他的生命权力谱系中的思路,即从描述"安全装置"转向[231]叙述"治理术"技术发展的更久远的历史。③ 在他看来,家居模式并不是现代统治的存续准则,而是必须克服的"障碍",这一障碍横亘在现代人承认"人口"是生命政治统治的适当对象的道路上(同上,页 105)。

为了了解这种承认如何出现,在接下来的几场演讲中,福柯重点讨论牧领权力,他从现代早期回溯古希伯来、古希腊和基督教传统中理解的牧者对羊群的权力。对牧领权力的回顾,揭示了关切一群个体作为一种权力形式的基本逻辑。在福柯看来,经漫长的基督教会的制度史

---

① Schmitt, *Nomos of the Earth*, 2003, p. 339.
② Schmitt, *Nomos of the Earth*, 2003, p. 339.
③ Foucault, M. *Security, Territory, Population*: *Lectures at the Collège de-France*, 1977-1978, trans. G. Burchell. Basingstoke: Palgrave Macmillan, 2007, p. 94.

而来的牧领权力,是最终会在现代"生命关切"中产生的技术的"萌芽点"。①

福柯写道:

> 事实上,牧领权力,其形态,其组织,其运转模式,牧领权力作为一种权力的运行,我们并没有真正跨越这一切。(同上,页165)

在随后的演讲中,他转向讨论现代早期的"国家理性",并仔细说明了家庭模式在这一阶段如何得到克服——部分是通过欧洲16、17世纪统治的"去个人化"而实现的。② 但重要的是要记住,与施米特不同,对福柯来说,牧领权力的某些特征(最明显的特征是对治理对象的关切和善意)仍然与家庭治理的某些方面完全兼容,因为两者后来都被扬弃(aufgehoben)为现代生命政治的理性。

在施米特与福柯的众多关联点中,还值得注意的是,两人都强调伴随现代国家体系而出现的"均衡"概念。然而,福柯将"均衡"主题作为某种意义上的旁注,实际上是承认了16、17世纪关于国家理由的著作中"某种类似政治技术的东西",他那种结晶化的叙述不会令人信服,除非认识到这种[政治]技术作为"可理解性原则"所服务的"历史现实"。③ 这一历史现实就是新生的威斯特伐利亚体系,如果没有这个体系,抽象的、类似的、去神学化的称为"国家"的统一体,就不容易被赋予一般"理性"。因此,在1978年3月22日的演讲中,福柯致力于勾勒国家间竞争关系的历史框架,这一框架会使经营(husbanding)与增强国家"力量"成为一项理性事业。但奠定这个基本框架之后,福柯在他的讲座课程的其余部分又回到了治理艺术的谱系。

---

① Ibid., p. 148. [译注]中译参福柯,《安全、领土与人口》,前揭,页193。
② Ibid., p. 294-295. [译注]同上,页389-391。
③ Ibid., p. 290. [译注]同上,页384-385。

相反,在施米特看来,对第一个现代 nomos[法]即欧洲公法来说,国家间的均衡至关重要,以后的任何可行的欧洲公法也必须保持这种均衡。① 令施米特最感兴趣的还是提供一个稳定的、内在的空间政治框架,作为支持各民族生活的条件。这个关系框架[232]首先是空间性的,在广义上被接受与解读为谁可以在何处做什么的秩序。社会与经济生活由于不可避免地由特定地点的特定活动组成,在这个广为接受的空间秩序下将更顺利地运转。因此,人们可以有效地将施米特的 nomos[法],或者更准确地说是 19、20 世纪的现代 nomoi[法],设想成与福柯 1977 至 1978 年课程前三次讲座中讨论的"安全装置"[概念]的粗略类比。②

这使我们不可避免地从 nomos[法]与生命权力之间的语义上或概念上的亲缘和紧张关系,转向政治尺度(political scale)的具体的历史建构。虽然福柯鲜有论及他的生命权力观点与国际关系的可能关联,但是,诸如阿甘本、哈特和内格里等学者已经完成这一转移。③

20 世纪 50 年代中期,施米特已经在思考冷战后大地 nomos[法]的一系列不同的潜在结构。在《大地的法》英文版的最后一篇附录中,施米特强调指出,冷战时期"东方"与"西方"的划分(如施米特所指出的,这是纵向的任意划分),仍然以作为规划并维护权力的媒介的陆海间

---

① Schmitt, *Nomos of the Earth*, 2003, p. 140, p. 145, p. 161, pp. 354 – 345.

② Foucault, M. *Security, Territory, Population: Lectures at the Collège de-France*, 1977 – 1978, trans. G. Burchell. Basingstoke: Palgrave Macmillan, 2007, p. 1–86.

③ Agamben, G., *Homo Sacer: Sovereign Power and Bare Life*, trans. D. Heller Roazen, Princeton University Press, 1998; *State of Exception*, trans. K. Attell University of Chicago Press, 2005; Hardt, M. and Negri, A., *Empire*, Harvard University Press, 2000; Hardt, M. and Negri, A., *Multitude: War and Democracy in the Age of Empire*, New York: Penguin, 2004.

的性质差异为前提。随着空中力量的兴起与加强,施米特认为,这种划分的稳定基础受到了侵蚀。在新的不确定的结构中,他考虑了新出现的 nomos[法]可能采取的三种形式。第一,冷战中的一方取得完全胜利(他明确假定是美国),随之全球单极统治在技术统治(technocracy)的标志下得到强化。第二,在一种新的、重新划定的均衡中,美国接替英国,扮演加强版的英国角色,用海上力量和空中力量保证全球地缘政治的均衡。第三,"若干独立的大空间或集团的组合",这也是一个均衡问题,却没有了单一霸权。1955年,施米特认为,在这三种可能性中,第二种最有可能,但第三种是"合理的"。①

哈特和奈格里的"帝国"建构将构成第四种可能,这种可能超越了仍旧占据施米特思想核心的全球空间的"集装箱"(container)模式,从集合体和网络的角度构想全球的权力关系。② 但是,如上所述,施米特对主权权力的持续强调,会使他更强烈地坚持那些继续加强帝国的做法与制度。施米特当然意识到,在20世纪50年代,网络超越国家边界的趋势方兴未艾,例如从他的下述观察中我们便可窥见一斑:

> 今天,许多人认为,整个世界,我们的星球,现在只是一个着陆场或机场,一个原材料仓库,一艘太空旅行的母船。③

着陆场与机场是新的安全装置的节点。但是,这些节点维护谁的安全?维护哪些"生活"?为了维护安全及生活,必须与哪些正在进行的占取共谋?

---

① Schmitt, *Nomos of the Earth*, 2003, pp. 354-355.
② Hardt, M. and Negri, A., *Empire*, Harvard University Press, 2000.
③ Schmitt, *Nomos of the Earth*, 2003, p. 354.

参考文献

Agamben, G. (1998), Homo Sacer: *Sovereign Power and Bare Life*, trans. D. Heller-Roazen. Princeton, NJ: Princeton University Press.
Agamben, G. (2005), *State of Exception*, trans. K. Attell. Chicago: University of Chicago Press.
Blomley, N. (2005), 'Remember property?', *Progress in Human Geography* 29(2): 125–7.
Blomley, N. (2007), 'Making private property: enclosure, common right, and the work of hedges', *Rural History* 18(1): 1–21.
Foucault, M. (2007), *Security, Territory, Population: Lectures at the Collège de France, 1977–1978*, trans. G. Burchell. Basingstoke: Palgrave Macmillan.
Klein, N. (2007), *The Shock Doctrine*. London: Penguin.
Hardt, M. and Negri, A. (2000), *Empire*. Cambridge, MA: Harvard University Press.
Hardt, M. and Negri, A. (2004), *Multitude: War and Democracy in the Age of Empire*. New York: Penguin.
Harvey, D. (2003), *The New Imperialism*. Oxford: Oxford University Press.
Schmitt, C. (2003), *The Nomos of the Earth in the International Law of the Jus Publicum Europaeum*, trans. G. Ulmen. New York: Telos Press.

十三 绘制施米特

赫弗南(Michael Heffernan)

[234]最近施米特的思想引发了广泛讨论,这表明人们已对自由民主制失望,至少在那些法哲学家、政治学家和国际关系学者中是如此,他们一直是重新评估施米特思想的急先锋。在某种意义上,他们的焦虑无可厚非。在21世纪初平面式的全球化世界中,战争和冲突本应更容易得到控制,然而,施米特强烈谴责的"国际社会",显然未能解决先前由于冷战的残酷分裂而导致的政治和经济问题。

同时,从表面上看,民主国家的行径与19世纪的帝国完全一样,它们为伊拉克、阿富汗及其他地区的灾难性军事干预辩护,并以所谓的普世人道主义价值为由,而后者正是施米特最喜欢的另一靶子。在这些混乱而悲惨的情况下,有人热衷于谈论像施米特这样反自由、反民主的思想家,有什么奇怪的呢?尽管他的政治观点并不讨人喜欢,但他提出的意见却极富预见性与洞察力,直指困扰后冷战世界,尤其自"9·11"以来的反讽和困境。

然而,对施米特的平反(因为这正是本文的关键所在)令人不安。他的复杂著作不符合简单的左右意识形态分类,或者说,他的观点在他的一生中经历了有重大变化。尽管这两种说法都有一定的道理,但是,人们的忧虑感并没有因此而轻易缓解。

在两次世界大战之间,这位血气方刚、慷慨激昂的作家无疑是不太吸引人的角色,他抨击凡尔赛和约的不公正、魏玛民国的失败,并攻击犹太人,同时倡导一种基于宗教与世俗融合的深度保守的"政治神学"。他以不可否认的才华,在下面一系列著作中探讨了这些主题:

《政治的神学：主权学说四论》(Political Theology: Four Chapters on the Concept of Sovereignty, 1922年)、《议会民主制的危机》(1923年)、《代表权的理念》(The Idea of Representation, 1923年)、《罗马天主教与政治的形式》(Roman Catholicism and Political Form, 1923年)和《政治的概念》(1927年)。这些都是他个人征程的里程碑，这一征程以他在1933年加入纳粹党，并为希特勒政权进行激烈的法律辩护而中止。①

战后成熟的施米特呈现出相当不同的形象，[235]在《大地的法》(1950年)、《陆地与海洋》(1954年)②和《游击队理论》(1963年)中，他以一种耐人寻味的空间话语来书写世界政治秩序的历史，少了些许激情，却多了些许老辣。最近绝大多数既有批评也有同情的评论由施米特的早期作品引起，除了这一事实，我们对施米特进行阶段区分也是完全合理的。然而，仔细阅读他后期的"地理学"作品，我们就会发现年轻作家与年长作家之间的连续性而非差异性。

同样有问题的是某些人的这类说法：直到十多年之前，施米特的作品在英语世界基本上还没有引起注意，因此，摆脱战后初期的审查限制而重新解读他的时机已经成熟，当时他的纳粹经历影响了人们对他的适当评估。1985年施米特去世之前，其德文原著几乎没有得到迻译，诚然，战后的德国学者不愿意考察这位颇有争议的人物，这可以理解，但他在德裔移民知识分子中影响颇大，尽管人们最近才开始探讨这种联系。这一群体中的批评者有同为保守派的人，他们在多年以前就在著名的英文文章里表达对施米特的反对。

德裔犹太历史学家康托洛维茨(Ernst Kantorowicz)的作品就是一个典型例子，尤其他的经典著作《国王的两个身体：中世纪政治神学

---

① David Bates, "Political theology and the Nazi state: Carl Schmitt's concept of the institution", *Modern Intellectual History* 3, 2006, pp. 415–442.

② [译注]《陆地与海洋》德文版首次出版是在1942年，1954年重印出版。

研究》。①　这本非同寻常之作追溯了国王主权理念的起源,国王既是肉体的、人的存在,同时亦是更广泛的王国政治共同体的化身。最初,历史学家认为此书是作者对施米特的致敬,不仅由于康托罗维茨在其副标题中用了"政治神学"一词,而且因为这位年轻历史学家的政治价值观与年轻的施米特相同,且他只比施米特小 7 岁。康托罗维茨在"一战"前和"一战"期间是一个保守的民族主义者,他在 1919 年与柏林的斯巴达克斯主义者(Spartacists)和慕尼黑的社会主义者作斗争,然后在 20 世纪 20 年代加入极右翼精英主义圈子,这一圈子与海德堡的格奥尔格(Stefan George)有关,由年轻的神秘主义者组成。在康托罗维茨的第一本文集《弗里德里希二世传》(*Emperor Frederick II*, Ruehl, 1977)中,这些影响明显地体现出来,可以说,《弗里德里希二世传》是一本为绝对主义辩护的难读的作品,以圣徒传式的、神话化的方式叙述了皇帝弗里德里希二世的一生。

康托罗维茨深层的保守主义本能从未动摇,这在下一代研究中世纪的历史学家中引发了广泛争议。②　但在完成第一本文集的 30 多年之后,他已经逃离纳粹的统治,他先在伯克利大学找到教职(在麦卡锡清洗的高峰期,他坚持原则,拒绝签署强加给所有教职员工的效忠誓言,被迫离开伯克利),后安居普林斯顿[高等研究院],并最终完成了他的皇皇巨著《国王的两个身体》。

这一作品探讨中世纪和现代早期国家形成过程中宗教价值与世俗价值的交织与混杂。最近,《国王的两个身体》由于对福柯的影响以及与施米特的明显联系,激起了人们的解读兴趣。人们由此发现,这部极其博学的作品实际上是在微妙而严厉地批判施米特的观点,反对施米

---

①　Kantorowicz, Ernst H. *The King's Two Bodies: A Study in Mediaeval Political Theology*, Princeton University Press, 1997[1957].

②　Cantor, Norman F. *Inventing the Middle Ages: The Lives, Works and Ideasof the Great Medievalists of the Twentieth Century*, New York: William Morrow& Co, 1991, pp. 79–117.

特等欧陆法律学者专横的理论化,并为英国式演化的宪法主义辩护。[236]《国王的两个身体》警告所有将政治转变为准宗教情感的尝试,康托罗维茨认为,20世纪的极权主义、法西斯主义和布尔什维克主义都采用了这种策略。[1]

我在此要强调的一点是,我们不能把施米特看作先前遭到忽视但现在恰逢其时的原创思想家。他一直与我们同在,而且在大多数情况下,他为捍卫自由民主理想充当着某种适当的陪衬,这种捍卫甚至来自保守派右翼学者,如康托罗维茨,他的个人经历意味着他比大多数人更了解施米特思想中令人不安的含义。

例如,海德格尔的纳粹党员身份也引起了广泛讨论。与哲学学者研究海德格尔一样,我们当然可以说,我们也应该不带偏见地研究施米特。但与海德格尔不同,施米特是一位公共政治学者,是一贯支持权威信念的法哲学家,这种权威信念甚至与纳粹所形成的信念大体一致。正是出于这一原因,施米特的论点才是重要的,但是不应脱离其历史语境去看这些论点,然而当我们试图审视施米特的持久现实意义时,这正是我们面临的风险。

将处于魏玛德国和纳粹德国思想潮流中的一位学者转化为超凡的大师,也就是说,单纯挑选出他的观点而不考虑这些观点一直牵连的众多因素——时期、地点、个人政治关系,这种行为不可避免地会有风险。你不必非得是马克思主义者才能注意到此处令人费解的反讽。我们似乎生活在这样一种政治和思想氛围中:对于当今马克思的解读(只要他被解读),人们认定其著作受其所处时代的影响,但是对于施米特的

---

[1] Richard Halpern, "The King's two buckets: Kantorowicz, Richard II, and fiscal Trauerspeil", *Representations* 106, 2009, pp. 67–76; Victoria Kahn, "Political theology and fiction in The King's Two Bodies", *Representations* 106, pp. 77–101, 2009; Boureau, Alain, *Kantorowicz: Stories of a Historian*, Johns Hopkins University Press, 2001[1990]; Landauer, "Carl Ernst Kantorowicz and the sacralization of the past", *Central European History* 27, 1: 1-25, 1994.

解读,人们认为施米特的著作直接与当前问题相关,是先知的声音,因此值得深入而认真的考察。

那么,对施米特作新的地理学解读,会带来什么益处呢? 鉴于施米特一贯使用地理学话语与空间语言,尤其是在后期作品《大地的法》和《陆地与海洋》中,地理学家对他有兴趣当然不足为奇。但是必须再提醒一下,不要把施米特看作原创的、深刻的或富有想象力的地理学评论家甚至隐蔽的地理学家(crypto-geographer)。① 尽管在《大地的法》中,施米特详细地论述了地缘政治形态的"空间秩序"和"空间革命",从中世纪的"基督教国家"到早期现代的"欧洲公法",再到 20 世纪的新 nomos[法],但这些空间措辞本质上是以修辞方式展开的,而且往往惊人地缺乏地理学的或其他的内容。

施米特的地理学话语固然耐人寻味,但其写作方式仍然主要是关注法律、政治和哲学的基本问题,这些基本问题是他详细讨论的核心。当然,施米特的地理学话语是重要的,但这只是他作品的一个方面:[237]虽然关于《大地的法》中的"陆地"和"领土"概念,以及关于《陆地与海洋》中讨论的[土水]两个元素范畴之间的关系,他无疑道出了一些有趣之论,但他几乎未曾涉及对这些范畴的评价。尤其对"土地占取"的讨论,他直接借鉴了洛克,而划线的空间性主题,则大量借鉴了世所周知的法律辩论,这些辩论发生在 1884 年采用格林威治本初子午线的国际协议前后。此外,他的[论述]方法本质上是历史的而非地理的,《大地的法》大体上按时间顺序组织,描述了众多的历史人物和早期法学家,从本质上说,这些人形塑了全球法律史的不同阶段。

施米特的地理学之所以只具有修辞性、抽象性,至少有两个原因。首先,他对世界的自然环境罕有论及,因此,他无法评论环境与人类群

---

① Hooker, W. *Carl Schmitt's International Thought*, Cambridge University Press, 2009, pp. 196.

体之间客观存在的关系。但是,这种关系不仅是整个 19、20 世纪专业地理学家的核心关切,也是其他全球理论家的核心关切,而施米特可能更乐意与后者为伍,特别是斯宾格勒和汤因比。施米特不愿受限于自然环境的影响,这反映了他对地理决定论推理的怀疑。但与之相应的必然结果是,他对自然环境的理解缺乏深度,他的地理学也因此失去了实质内容,并且令人诧异地举棋不定。

其次,施米特全然以文字来表达所讨论的空间,而非以地图或视觉手段来表现。虽然他反复讨论如何测量与绘制全球空间,但他没有提供任何视觉内容来具体呈现他的地理学想象及理解,他认为这些地理学想象及理解是在测量与绘制地球的过程中产生的。《大地的法》中包含的唯一视觉图像不是地图,而是抽象的欧洲公法的"全球图景",① 这一点给人以启发,但不是以施米特预料的方式。

这些缺失是刻意之举而非无心之失,这强化了下述理解:施米特的优先考虑本质上是法律与政治,而他的地理学本质上是修辞性的。这一点得到充分说明是在于,施米特间接并偶然地提到 19 世纪末和 20 世纪初较早一代的专业地理学家,特别是拉采尔,拉采尔所主张的有机的、达尔文式的国家理论,《大地的法》提及并给予了否定。② 也许更出乎意料的是,施米特提到了历史地理学家和技术史学家卡普(Ernst Kapp),卡普对海上航行的观察,引发了《陆地与海洋》中关于罗盘的

---

① Schmitt, *Nomos of the Earth*, 2003[1950], p. 184.

② Schmitt, *Nomos of the Earth*, 2003[1950], p. 88, p. 283. [译注]《大地的法》中文版,页 57、265。施米特在《大地的法》一书中共两次提到拉采尔,相关处分别是:"全球划界思维……比拉采尔提议的全息的或星球的等表述方式都来得更加直观,更富有历史意义,因为其他词语都未能表达出将地球整体作为自我财产来划分的含义。""正如拉采尔所言,'空间'已经伸展进纯粹的海洋领域……一旦空气空间也加入进来作为一个维度的话,就形成了一个全新的空间结构。"

"精神性"意义的有趣探讨。①

施米特最直截了当地评论地理学是在《大地的法》的前言,他在其中表达了对麦金德的感激之情。但这一评论立即由另一段话(本文集"导论"有所引用)所限定,对施米特感兴趣的地理学家[238]最好能注意这段话:

> ……法学的思维方式与地理学大不相同。法学家并没有从地理学家那里学到他们关于物质和土地、现实和领土的科学。海洋占取概念带有法学家的印记,而不是地缘政治家的印记。②

自称法学家的施米特,对作为正式学科的地理学没有兴趣,更没有兴趣参加地缘政治学运动——这场运动在两次世界大战之间是更广泛的德国地理学计划的重要组成部分。这并非因为他拒绝豪斯霍夫与他的地缘政治学同伴提出的论点,因为后者并没有一致且连贯的观点可以反对。豪斯霍夫主编的《地缘政治学月刊》包含一系列备受关注的见解,包括英国地理学家斯坦普(Dudley Stamp)等安逸的自由主义者所撰写的文章。③

与之相反,无论将地理学科作为启发式的、解释式的工具,还是作为说服和宣传的技巧,施米特都认为自己没有必要关注地理学科,包括地缘政治学运动。他反对其论证形式与论述风格,特别是传统地理学关注人类-环境的关联并依赖地图,这些都带着地理学家而非法学家的学科"印记"。

---

① Schmitt, *Land and Sea*, 1997[1954], p. 11. [译注]《陆地与海洋》中文版,页15:"正如卡普所说的,由于罗盘的使用,'某种精神性的东西被灌注到船上,因此人与船建立起了一种共同体并形成了一种亲和关系'。"

② Schmitt, *Nomos of the Earth*, 2003[1950], p. 37. [译注]《大地的法》中文版,页1。

③ Leslie Hepple, "Dudley Stamp and the *Zeitschrift für Geopolitik*", *Geopolitics* 13, 2, 2008, pp. 386–395.

然而,这是意义重大的遗漏,德国地理学的历史既挑战又支持施米特论点的核心部分——他坚持认为,普世主义通过剥夺其他世界观在全球范围内运作的资格,特别是剥夺德国文化中发展起来的那些世界观的资格,为英美资本主义的政治利益与经济利益服务。地理学对施米特形成挑战是因为,从 18 世纪末一直到 19 世纪的最初几十年,民族与国际之间的关系是德国地理学著作中的一个重要(可以说是最重要)的推动力,这在很大程度上是受康德观念论所启发,可以说康德观念论是世界性普世主义的主要源头。① 当然,施米特很清楚这一点,但是,例如《大地的法》中对康德的批评,他完全集中在与"非正当敌人"(unjust enemy)这一概念相关的晦涩的法学问题上,而非康德的地理学意识与他对普世事物的解读之间的关系上。② 施米特对作为科学学科的地理学漠不关心,这也意味着他觉得没有必要去思考诸如洪堡(Alexander von Humboldt)③等人的影响。相比于任何其他 19 世纪的科学家,洪堡的学术生涯及作品更能体现出现代德国的理念如何反映了民族与国际的融合,而这种融合恰恰是施米特所反对的。

然而,施米特的论点也至少部分获益于德国地理学在第一次世界大战前后几年的发展。证明这一点,可通过参考当时德国最杰出的一项地理学计划——根据强调自然景观特征而非政治划分的统一公约,计划为整个地球构建一幅比例为 1∶1,000,000 的国际地图;这是施米特无比鄙视的空间普世主义的一个完美例证。[239]国际世界地图

---

① Tang Chenxi, *The Geographic Imagination of Modernity: Geography, Literatureand Philosophy in German Romanticism*, Stanford University Press, 2008.

② 亦见 David Harvey, *Cosmopolitanism and the Geographies of Freedom*, Columbia University Press, 2009。

③ [译注]亚历山大·冯·洪堡(Alexander von Humboldt,1769—1859),德国科学家,现代地理学的主要创建人。在世时就已被看作世界最伟大的研究者和发现者之一。他的哥哥是柏林洪堡大学创立者威廉·冯·洪堡。

(Weltkarte)的最早倡导者是彭克(Albrecht Penck),他是一位地貌学家与海洋学家,开创性地研究了沿海和冰川。他最初在维也纳大学工作,后来到柏林大学,在第一次世界大战期间,他接替普朗克(Max Planck)担任了柏林大学的校长。为了向 1891 年伯尔尼国际地理学大会(Berne International Geographical Congress)上聚集的地理学家提出挑战,彭克提出了他的最初主张,他使用的论据预示了英美"封闭空间"(closed space)理论家如特纳(Frederick Jackson Turner)和麦金德随后提出的那些论点。① 彭克认为,对全球的探索、测绘与划定已大致完成,最后剩下的未测绘空间,即不断减少的无主地块(terra nullius),将很快被纳入已测定的世界。这个过程产生于相互竞争的欧洲国家间充满活力的民族竞争,但这也意味着原有的地图档案由于反映了不同国家和帝国的风格、惯例以及地理上的优先事项,因此复杂得令人捉摸不透,实际上也无法使用。地球是一个完整的整体,是所有地球居民都可以平等使用的全球共有物,如果仍然使用原有的地图和地图册,人们就无法系统性地将地球概念化并加以分析。

在一张常见的不列颠世界地图上,显示在墨卡托投影(Mercator projection)上的[英]帝国以红色骄傲地标识出来。彭克暗示,这不是世界的形象,而是代表不列颠对世界的统治,法国、美国或德国的地图与地图集也可以提出同样的声张。②

---

① Gerry Kearns, *Geopolitics and Empire: The Legacy of Halford Mackinder*, Oxford University Press, 2009.

② Pippa Biltcliffe, "Walter Crane and The Imperial Federation Map Showing the Extent of the British Empire", *Imago Mundi* 52, 2005; Felix Driver, "In search of the imperial map: Walter Crane and the image of empire", *History Workshop Journal* 69, 1: 146-157, 2010; Michael Heffernan, "The cartography of the Fourth Estate: mapping the new imperialism in British and French newspapers, 1875-1925", in James Akerman ed., *The Imperial Map: Cartography and the Mastery of Empire*, Chicago: University of Chicago Press, 2009, pp. 261-300.

彭克认为,迫切需要一幅更加科学、理性的世界图景,以教育下一代人去了解地球的潜力。简言之,全球化的20世纪需要完全不同的空间处理方法,一张合作的、国际性的全球地图,既体现了注定要塑造新时代的价值观,又是标志着新世纪开端的合适的地理学纪念碑。彭克推论,这一世界地图可以根据现有的各国地图容易地绘制出来,但需要到更加偏远、尚未测绘的地区进行新的调查。1∶1,000,000的比例尺巧妙地适应了单位米(metre),米是来自地球本身构造的标准而普遍的长度单元,是从极点到赤道距离的千万分之一。①

为了涵盖整个地球,彭克建议用由大约2700张地图组成一个编号网格,每张地图不考虑政治边界,覆盖经度为6度、纬度为4度的区域。一张地图可以容易地放在普通大小的桌子上,而整个大陆则可以在普通的学校操场上展示。国际协议规定经过格林威治天文台的经线为本初子午线,但这张地图将使用简单的多圆锥投影(polyconic projection),该投影由瑞士裔美国测量师哈斯勒(Ferdinand Rudolph Hassler)于19世纪20年代设计,优于过时的、无法改进的帝国主义式的墨卡托投影。当然,原有的国家制图机构将开展这项工作,各自负责测量自己的国家和帝国领土,但每张地图将使用相同的符号、颜色[240]及其他惯例,其目的是用主要语言制作不同版本。

若用这些术语来表达,彭克的世界地图着暗示激进左派乌托邦式与和平主义的普世主义,无政府主义者如雷克吕(Elisée Reclus)和克鲁泡特金(Petr Kropotkin)是这种普世主义在地理学科中的代表。但彭克并没有满怀憧憬地倡导普遍和平与和谐。恰恰相反,他是一位有爱国情怀的德国现实主义者,尽管他明确表示,在他的传统民族主义信念与他在科学工作中热情支持的国际主义之间,他没发现有什么矛盾。在

---

① [译注]"米"的定义起源于法国。1米的最初定义为通过巴黎的子午线上从地球赤道到北极点的距离的千万分之一,随后确定了国际米原器。随着人们对计量学认识的加深,米的长度定义几经修改。

彭克看来,国际科学是德国文化的价值观自然会取胜的舞台。他详细地了解了德国科学家在物理学这一划时代学科中成功取得的领导权,而上述观点无疑正是在此基础之上形成的。

通过淡化原有的地缘政治划分并强调自然景观特征,彭克打算让这一世界地图免受"非自然的"政治划分与边界的影响,并要它比以往任何地图都更清楚地揭示世界的"诸自然区域"。"自然区域"的观念是19世纪末地理学的"圣杯"(Holy Grail),是一个基本的、内在的空间单元,在一些地理学著作中具有近乎神秘的意义。与德国内外的许多其他地理学家一样,彭克认为"自然区域"应该是新的、更合理的世界地缘政治秩序的组成部分。因此,彭克的世界地图所蕴含的"一个世界主义"(one-worldism)只是第一步,是一种代表性策略,这一策略强调需要新的空间秩序,同时除去旧的空间秩序。

英国、法国和美国一些批评彭克提案的人并没有忽视这一内涵,他们正是从地缘政治的角度来解释这一世界地图的,并认为彭克提案是德国的阴谋,旨在加强德国在地图和地图集制作领域的国际技术霸权,同时创造一幅国际性的地球图景,由此暗示地球的"封闭"空间仍然"能够争夺"并应当重新分配。这一地球图景或许是基于新出现的泛区域格局,如美洲出现的情况,即美国只是表面上的非帝国主义(non-imperialist),通过排除竞争势力成功地在拉丁美洲划出了自己的大空间。

在德国其他一流地理学家的支持下,彭克孜孜不倦地推广这一世界地图,并最终说服了起初持怀疑态度的国际地理学界。1909年在伦敦、1913年在巴黎分别开了两次国际会议,以确定主要制图机构之间的法律安排,并推进[国际制图]计划。后一次会议除其他事项之外,还为当时的国际世界地图(IMW)建立了一个官方总部,总部没有设在该计划的精神家乡德国,而设在英国地形测量局(British Ordnance Survey)的办公室。然而,需要注意的是,巴黎会议前夕,美国正式退出了该计划,使美国一些主流地理学家深感沮丧。

[241]第一次世界大战戏剧性地改变了国际世界地图计划的性质,实际上破坏了最初激励彭克的自由国际主义。战争期间,英国和法国的制图机构提出了各自的百万比例尺地图版本。1918年后,国际世界地图计划在国联的有限支持下得以恢复,但起初的德国推动力已然瓦解。彭克曾经在伦敦获得英国皇家地理学会的金质奖章,而战争爆发时,他却在伦敦遭到英国人的羞辱,随后,英国人将他看作敌国侨民而迅速逮捕了他。① 后来,他变得越来越愤愤不平,在两次世界大战间的大部分时间里,他执着于抨击那些人种学地图——这些地图在巴黎和会上被用来证明肢解奥匈帝国与建立波兰是正当的。

在整个魏玛与纳粹时期,德国制图机构继续制作世界不同地区的比例为1∶1,000,000的系列地图,包括一些明确属于国际世界地图计划的地图片。但这些方案背后的动机往往是咄咄逼人的民族主义和帝国主义,特别是德国国防军在1939年至1941年间编制的1∶1,000,000系列地图,这些地图涵盖了欧洲、中亚、中东和非洲。纽约的美国地理学会在国际世界地图计划之外运作,但尊重后者的惯例,也在20世纪20年代和30年代以1∶1,000,000的比例尺编制出了令人叹为观止的《拉丁美洲地图》(Map of Hispanic America)。它也许是20世纪早期百万比例尺地图的关键遗产,而且对于19世纪末的理想主义和国际主义如何转化为20世纪的帝国主义,它是最具说服力的解释。②

1945年后,国际世界地图计划陷于停滞,50年代由联合国纳入其科技计划,最后在70年代逐渐消失,成为20世纪众多技术变革的牺牲品,尤其空中侦察的兴起,早已使这种费力编制的巨大规模的地图变得

---

① Michael Heffernan, "Professor Penck's bluff: geography, espionage and hysteriain World War I", *Scottish Geographical Journal* 116, 4: 267-282, 2000.

② Michael Heffernanand Alastair Pearson, "The American Geographical Society's Map of Hispanic America: million scale mapping between the wars", *Imago Mundi* 6, 2: 1-29, 2009.

毫无意义。①

彭克的世界地图的故事,使施米特关于普世主义性质的空间推理变得复杂。彭克的原初提议表明,在第一次世界大战之前,他以及那些支持他计划的人做出的估计,恰恰与施米特相反,即他们认为自由的、科学的国际主义与既定的地缘政治秩序相左,而且[彭克的计划]有利于诸如德国这样不安分的新大国在一个彻底重新想象的世界中获得最大利益。就此而言,这是对施米特论点的挑战。

另外,彭克的计划在某种程度上有益于施米特的观点,后者认为,第一次世界大战,这场德国为实现全球野心而发动的战争,最终将普世主义和国际主义转化成了一种更具防御性甚至保守性的修辞,而这种修辞有助于保护与维护协约国 1919 年在巴黎(重新)建立的地缘政治秩序。这样一来,这种早得多的、典型的地理学和世界性的国际主义——植根于 18、19 世纪德国的文化和科学成就并以康德和洪堡等人为代表——伴随着["一战"]对整个世界造成的灾难性后果,至少在一代人的时间里遭到铲除。②

[242]甚至在自己的国际法领域,施米特的影响力也不如麦金德等更通俗易懂、更少费脑筋的全球理论家,其中有许多显而易见的原因。③ 他的重要著作尚没有得到批判性解读——毫无疑问值得这么做——但这一事实并不意味着这些著作具有超凡的政治价值或思想价值。他后来的作品,特别是《大地的法》,具有一贯的地理学"风

---

① Alastair Pearson, D. R. Taylor, K. D. Kline, and Michael Heffernan, "Cartographic ideals and geopolitical realities: international maps of the world from the 1890s to the present", *Canadian Geographer*, 2006.

② 对 20 世纪 20 年代德国世界主义的崩溃的出色分析,见 David R. Lipton, *Ernst Cassirer: The Dilemma of a Liberal Intellectual in Germany*, 1914-1933, Toronto: University of Toronto Press, 1978。

③ Gerry Kearns, *Geopolitics and Empire: The Legacy of Halford Mackinder*, Oxford University Press, 2009.

味",但是,我怀疑这些作品是否有更多内容可提供,而不仅仅是德国地缘政治写作从两战间到战后阶段的延续,尽管这些延续是有趣的,而且偶尔令人眼花缭乱。至少,施米特更为明显的地理学文本加强了深入研究如下问题的必要,即 20 世纪中叶德国地理学的政治倾向及其与政治的纠葛。

参考文献

Bates, David (2006) Political theology and the Nazi state: Carl Schmitt's concept of the institution, *Modern Intellectual History* 3: 415–42.
Biltcliffe, Pippa (2005) Walter Crane and The Imperial Federation Map Showing the Extent of the British Empire, *Imago Mundi* 52, 1: 63–9.
Boureau, Alain (2001 [1990]) *Kantorowicz: Stories of a Historian* (Baltimore, MD: Johns Hopkins University Press).
Cantor, Norman F. (1991) *Inventing the Middle Ages: The Lives, Works and Ideas of the Great Medievalists of the Twentieth Century* (New York: William Morrow & Co.).
Driver, Felix (2010) In search of the imperial map: Walter Crane and the image of empire, *History Workshop Journal* 69, 1: 146–57.
Halpern, Richard (2009) The King's two buckets: Kantorowicz, Richard II, and fiscal *Trauerspeil*, *Representations* 106: 67–76.
Harvey, David (2000) Cosmopolitanism and the banality of geographical evil, *Public Culture* 12, 2: 529–64.
Harvey, David (2009) *Cosmopolitanism and the Geographies of Freedom* (New York: Columbia University Press).
Heffernan, Michael (2000) Professor Penck's bluff: geography, espionage and hysteria in World War I, *Scottish Geographical Journal* 116, 4: 267–82.
Heffernan, Michael (2009) The cartography of the Fourth Estate: mapping the new imperialism in British and French newspapers, 1875–1925, in Akerman, James (ed.) *The Imperial Map: Cartography and the Mastery of Empire* (Chicago: University of Chicago Press) 261–300.
Heffernan, Michael and Pearson, Alastair (2009) The American Geographical Society's Map of Hispanic America: million scale mapping between the wars, *Imago Mundi* 6, 2: 1–29.
Hepple, Leslie (2008) Dudley Stamp and the Zeitschrift für Geopolitik, *Geopolitics* 13, 2: 386–95.
Hooker, William (2009) *Carl Schmitt's International Thought: Order and Orientation* (Cambridge: Cambridge University Press).

Kahn, Victoria (2009) Political theology and fiction in *The King's Two Bodies*, *Representations* 106: 77–101.

Kantorowicz, Ernst H. (1997 [1957]) *The King's Two Bodies: A Study in Mediaeval Political Theology* (Princeton, NJ: Princeton University Press).

Kearns, Gerry (2009) *Geopolitics and Empire: The Legacy of Halford Mackinder* (Oxford: Oxford University Press).

Landauer, Carl (1994) Ernst Kantorowicz and the sacralization of the past, *Central European History* 27, 1: 1–25.

Lipton, David R. (1978) *Ernst Cassirer: The Dilemma of a Liberal Intellectual in Germany, 1914–1933* (Toronto: University of Toronto Press).

Pearson, Alastair, Taylor, D. R., Kline, K. D. and Heffernan, Michael (2006) Cartographic ideals and geopolitical realities: international maps of the world from the 1890s to the present, *Canadian Geographer* 50, 2: 149–76.

Ruehl, Martin (2000) 'In this time without emperors': the politics of Ernst Kantorowicz's *Kaiser Friedrich des Zweite* reconsidered, *Journal of the Warburg and Courtauld Institutes* 63: 187–242.

Schmitt, Carl (1997 [1954]) *Land and Sea* (trans. S. Draghici; first edition 1942) (Washington, DC: Plutarch Press).

Schmitt, Carl (2003 [1950]) *The Nomos of the Earth in the International Law of the Jus Publicum Europaeum* (New York: Telos Press).

Tang, Chenxi (2008) *The Geographic Imagination of Modernity: Geography, Literature and Philosophy in German Romanticism* (Stanford, CA: Stanford University Press).

十四　空中力量

侯赛因（Nasser Hussain）

[244]《大地的法》是一部极其广博且充满预见的著作,将施米特对法权秩序的独特理解,与一个具有法律、地理及历史意义的全球焦点熔为一炉。这本文集也勉强算作一曲怀旧挽歌。出版于1950年的《大地的法》,既是对逝去的欧洲公法的哀叹,也是对欧洲公法运作的记录。在施米特看来,从17至20世纪,一种独特的欧洲公法不仅规范了欧洲主权国家之间的战争与和平,还规范了欧洲与新世界及殖民地的"自由"空间之间的关系(即使只是通过消极排斥的方式)。欧洲公法以欧洲的具体空间秩序为基础,并以欧洲为中心组织世界:

> 欧洲大陆的国际法即欧洲公法,就其核心内容来说,起源于16世纪以来欧洲主权国家之间发展出来的国家间法律,并以欧洲为核心,决定了地球其他区域的秩序。①

欧洲公法将战争视为相互平等的主权国家之间的利益冲突——相对于叛乱分子或罪犯而言,主权国家即是正当敌人——并因此产生了对战争的关键限定,由此可能不再视战俘为复仇对象或人质,不再视私

---

① Schmitt, *Nomos of the Earth*, 2006, pp. 126-127;[译注]中文版页101。

人财产为战利品。①

在施米特看来,从17世纪至20世纪初,欧洲范围内发生的有限战争,都要求遵守某些基本规则。但矛盾的是,这种基于规则的战争的出现,并不是因为战争被引入法律领域,而恰恰是因为战争被从正义的神学与法学观念中抽离出来,牢牢地置于主权[国家]间的政治冲突领域:

> 确定战争正义与否的标准不再是国际法中的教会权威,而是平等的国家主权,国家间的国际法不再基于正当理由(justa-causa),而是基于正当敌人(justus hostis)。②

因此,在施米特看来,nomos[法]的核心和决定要素既是对战争的界定,也是欧洲国家间具体的政治秩序和空间秩序。事实上,他所说的限制只适用于欧洲大陆国家间的战争,而不适用于非欧洲国家或其土地上的战争。从17至20世纪,向西通过新大陆的发现,同时向东通过大型贸易公司的冒险,欧洲扩大了其殖民掠夺的范围。

[245]这种显而易见的扩张战争,既在相互竞争的欧洲大国之间发生,也在这些大国与他们遇到的原住民之间发生,但都明显地发生在欧洲公法之外。事实上,这些战争以位于"界限之外"的方式建构了作

---

① Schmitt, *Nomos of the Earth*, 2006, pp. 308–309;[译注]中文版页292-293:"18和19世纪处在国家间时代的欧洲国际法战争,成功地划定了一个框架……正当敌人……仅在欧洲大陆战争中得以全面应用,内战和殖民战争仍在此框架之外。当时只有欧洲大陆的战争是在国家组织的武装力量之间进行的战斗。这才是针对敌人的战争,而不是针对叛军、罪犯或海盗的战争,因此大量的法律制度得以建立。特别是,那时已有可能不再将战争囚犯或被征服者视为惩罚或复仇的客体或人质,或者不再将私人财产视为直接的战利品……"

② Schmitt, *Nomos of the Earth*, 2006, p. 121;[译注]参照中文版有所改动,页94。

为整体的大地 nomos［法］。施米特明确指出，"界限之外"不仅是概念上的区分，也是自然上的区分，在葡萄牙与西班牙、英国与法国之间的秘密协议中，这种区分沿着经线标记。施米特反复利用"界限之外"的观念，以解释欧洲内部战争与线外战争的区别：

> 由此可以产生一个普遍的设想，即此线彼岸发生的一切，都不能用迄今在欧洲已获承认的法律、政治和道德标准去评价。①

然而，到了20世纪，首先是1919年的《巴黎条约》与国联，后来是空中力量的决定性进入，使这种非常具体而有界限的空间秩序让位于"无边界的普世主义"，②且由于缺少一个中心（在施米特看来是以欧洲为中心）场域而永远无法恢复。

正是空中力量的介入，将某一历史时刻的全球 nomos［法］中特定的空间转变，与武器技术的变化结合起来。施米特坚定有力地指出，空袭不能纳入适合《大地的法》的既有战争概念。这首先是因为，所有空战都颠覆了战争的领土划分意义，例如它将广袤的陆地与开阔的海洋全都变成了战场。

其次，空袭的目标既不是夺取，也不是占领，甚至不是封锁，而只是破坏。当然，施米特也承认，陆战也可能基于既作为进攻手段又作为防御手段的破坏原则，如焦土政策，但破坏并不是陆战唯一而直接的目的。陆战往往涉及占领，哪怕暂时占领也要求秩序与效用。相比之下，如施米特一再主张的，"空袭的唯一目的和意义就是破坏"（同上，页316）。因此，如施米特精准预测的，为了将破坏限制在"军事需要"这一目标而制定的规则，已经变成"只能是一种有疑问的表述，而不是明确的规则"。

但是，由于某些遗漏与不准确，施米特对空中力量的描述也不够全

---

① Ibid., p. 94；［译注］同上，页64。
② Ibid., p. 192；［译注］同上，页172。

面。例如,他坚持认为空中力量是"纯粹破坏的",因而忽略了战略轰炸的整个理论和实践,这种战略轰炸乃是为了施加政治压力而有选择地瞄准关键节点。正如施米特对所有轰炸的看法,这种战略轰炸无疑是破坏性的,但这里重要的是对所要摧毁之物的选择,这种轰炸理论通过强调战略轰炸的选择性与精确度来影响权力的行使。

两次世界大战之间,无论在欧洲还是在殖民国家的空中控制方案中,正是这种士气轰炸(morale bombing)从一开始就影响了空中力量方案。例如在伊拉克,空中力量取代地面部队担负了占领并维持该托管地的任务。与施米特的看法相反,不管形式多么扭曲,[246]士气轰炸都是用来维持占领的。此外,虽然施米特无疑是正确的,即认为限制轰炸"军事需要"目标的规则(《日内瓦第四公约》第147条)是出了名的含糊不清,但是,他有时采取还原主义的做法来应对规则运作的复杂性。

自施米特以来,禁止无差别地轰炸平民的空泛理论越来越具有全球性和规范性。然而,这并不妨碍各国利用所谓战争法的双重例外(dual exception)——如果攻击的目的是军事需要,这种双重例外允许附带民用对象作为目标。因此,一方面,禁止攻击民用目标这一原则已经由现代民主国家的空军吸收;另一方面,无论法律还是道德上的约束,都无法遏制轰炸对平民的毁灭性影响。事实上,规则本身有助于这种轰炸行动,双重例外加上据称不断提高的技术精确度,可为此提供强有力的正当理据。从两次世界大战之间的殖民地空中管制方案,到最近的科索沃空战,这类宣称无论在实践中多么勉强,都对空中力量的概念化投射(conceptual project)有重要启发。

任何转向 nomos[法]的空中力量的当代理论化,都必须适应施米特对上述原则及其他宣称的忽视。事实上,鉴于空中力量的角色在施米特论述 nomos[法]的消逝的过程中举足轻重,施米特就这种力量的内涵提供的细节如此之少有些令人吃惊。他的论述不仅缺乏对轰炸行动的详细解释,更重要的是缺乏对重要的现代主义空战理论家的考察,如意大利人杜赫特(Giulio Douhet)或英国人特伦查德(Hugh Trenchard)。

杜赫特1921年的作品《制空》(*Il Domino dell Aria*)对整个欧洲的军事思想有深远影响,但是,杜赫特没有出现在范围极广的《大地的法》的"人名索引"中,这一点尤其令人费解。① 在施米特之前,杜赫特也认为,空中力量已经改变了战争空间,有效地取消了前线与内陆、士兵与平民之间的任何区别。但与施米特不同,在杜赫特看来这并不成问题:空中力量能够而且应该用来攻击敌人的"致命核心",从而有效地使任何冲突快速而利落地结束。后来的理论家,如富勒(J. F. C. Fuller)、哈特(Liddell Hart)和特伦查德,修正了杜赫特关于攻击人口中心的主张,认为轰炸应更多集中在能够产生巨大"混乱"的目标上,而非导致彻底破坏的目标上——这一想法将成为殖民地空中治安的基石。② 但是,甚至这些更"人道"的轰炸理论家也赞同杜赫特的核心观点,即空袭"轰炸的心理影响比物理影响更明显"。③

那么,为了充分阐释施米特关于空中力量的观点,解析他的遗漏和他经久不衰的见解,我建议人们思考一个问题,哪怕非常简略地思考:人们应该对整个《大地的法》采取什么样的批评姿态?苏林(Kenneth Surin)指出,产生混乱的部分原因在于,[247]施米特极其依赖韦伯的

---

① Douhet, G. *The Command of the Air*, trans. Dino Ferrari, DC: USAF, 1983.

② Lindqvist, S. *A History of Bombing*, trans. Linda Haverty Rugg, The New Press, 2001, pp. 43-44; Meilinger, P. S. "Trenchard and 'Morale Bombing': The Evolution of Royal Air Force Doctrine Before World War II", *The Journal of Military History* 60, 1996; Salmond, J. "Statement by Air Marshall Sir John Salmond of his views uponthe principles governing the use of Air Power in Iraq", *Air Staff Memo*, no. 16, 1922, p. 7, National Archives, London: AIR 5/338.

③ Meilinger, P. S. "The Historiography of Air Power: Theory and Doctrine", *The Journal of Military History* 64(2), 2000, p. 472.

理想类型(ideal types)①(在某种意义上《大地的法》当然如此),但仍然赋予《大地的法》一种"本体论的稳固性",以至于不清楚此书在什么时候是"伪装成真实类型的理想类型"。② 这导致了历史学上的困难,因为如苏林也指出的,"施米特始终是一位哲学上的法理学者,尽管他学识渊博,却并不是历史社会学的专家"。

然而,苏林坚持认为,而且我也同意,这里正确的回应不是罗列一些"简单直接"的历史事实,而是分析施米特那些并非任何单个细节可以遮蔽的基本见解。就分析其笔下的空中力量而言,我认为这样一种进路可以略过任何单一的声明或遗漏,使我们回到施米特眼中公法的核心组织主题:将敌人定义为与罪犯相对的正当敌人,并将战争界定为类似于决斗。

施米特清楚地认识到,空战不仅会造成"破坏性技术手段的升级"和"空间的场域迷失",而且这些因素本身反过来又会加剧双方的不平等问题,从而加速把敌人定义为罪犯的进程。人们当然可以把空战想象成势均力敌的国家之间在空中如狗咬狗那般的战争,但施米特明白,空中力量也同样有可能,甚至更有可能创造一个世界,在这个世界中,控制天空的人可以治理和惩罚没有能力控制天空的人。在施米特看来,这种扩大的差距既是战争法制化的原因,也是战争法制化的结果,是转而将战争概念化为针对罪犯的治安行动。这里值得全文引用施米特关于空中力量的观点:

> 战争正当性问题又有两个层面,一是区别于罪犯和非人的所谓正当敌人问题;二是所谓正当理由问题。这两个层面在关于武

---

① [译注]这是韦伯提出的一个概念工具,旨在克服德国人文主义和历史学派过度个体化和特殊化的倾向,目的是使我们对个别和特殊现象的研究能够上升到一般和普遍的高度。

② Surin, K. "World Ordering", *The South Atlantic Quarterly* 104, 2005, p. 189.

器之本质的问题上产生具体的联系。如果武器明显地不平等,那么在相互平等基础上建构起来的战争概念就没什么意义了。这两个层面都服务于一个目的:降低胜利的可能性。若非如此,战争中的对手就只不过是强制措施的对象而已。战争双方的对抗性在不断升级。在权力与正义两分的情势下,被征服者被置于内战的空间秩序中。征服者将其在武器上的优势当作自己正当理由的证明,将敌人宣布为罪犯,因为已经不可能将正当敌人的概念现实化了。①

在此,对于什么构成正当敌人这一问题,施米特给了我们不同的解读路径,虽然只是初步一瞥。我在前文强调过,对施米特来说,《大地的法》中的正当敌人,是圈围在一个合理有序的中心内部的欧洲主权国家。中心之外都是自由空间,在那里,行动不受欧洲公法内的战争规则约束,简言之,那里是"界限之外"。那么,是什么使这些土地、民族和政府无法获得欧洲国家享有的正当敌人地位?[248]在书中其他地方,施米特为我们提供了相当标准的解释,这些解释强调了非欧洲人的文化和政治"缺陷"。这些人没有也不可能具有理性与商业文明,他们的政府是游牧的或专制的,所以不配拥有完全的主权。②

到目前为止,这是标准的殖民主义修辞,但关于为什么不能赋予非欧洲人以正当敌人的地位,施米特还为我们提供了另一个更耐人寻味的理由。这一理由与技术能力有关,或者说,非欧洲人缺乏技术能力去进行一场双方大致相当的战争。对那些没有机会以牙还牙的人的空中轰炸,从定义上讲不是一场战争,而是一场不平等的较量——非对称冲突是目前流行的术语。就其本质而言,这促使战争成为维持治安的行

---

① Schmitt, *Nomos of the Earth*, 2006, pp. 320-321;[译注]中文版,页304-305。

② Schmitt, *Nomos of the Earth*, 2006, p. 216。

动,并使对手成为罪犯或仅仅暴力报复的对象。施米特在上述引文中明确指出,这种治安行动既是对敌人定罪的开始,也是对敌人定罪的结果。因此,对于有效地分析空中力量的当前运用,从科索沃的"人道主义"空战到美国反恐战争中的无人机袭击,施米特为我们提供了一个概念框架。

1999年3月,北约在科索沃对米洛舍维奇(Milošević)政权的战争,纯粹是一场空战,北约从一开始就公开宣称不打算调用地面部队。最初打算为期两天的空袭,却持续了78天。其情况复杂,直到今天,人们对于引发战争的关键问题仍有分歧。这场战争是为了应对初露端倪的人道主义危机,还是为了加强北约的主导地位而采取的地缘战略行动?鉴于北约的要求,朗布依埃(Rambouillet)外交①的失败是否可以预见?就算这场战争是真正的人道主义干预,在追求人权的过程中,又该如何决定何时以及是否应该使用武力?②

特别是最后一个问题,作为冷战后世界的新问题提出来,引起了人们的极大兴趣,几乎使战争形式本身的问题黯然失色。尽管科索沃战争宣告了其技术实力和全球人道主义,或者,按照施米特的逻辑,正是因为这些宣称,科索沃战争也许更接近殖民主义的空中控制与空中治安的逻辑及结构。早在1993年,科索沃战争之前,克林顿政府就探讨过在波斯尼亚(Bosnia)使用空袭(并不调动地面部队)的类似计划。帕森斯(David Parsons)指出:

---

① [译注]1999年2月,在前南问题国际小组安排下,塞尔维亚和科索沃代表在法国巴黎南部的朗布依埃讨论了美国提出的和平协议草案。北约最初对南联盟发动空袭的主要目标,是迫使南联盟总统米洛舍维奇同意在西方大国提出的朗布依埃和平协议上签字。朗布依埃协议的核心内容可以概括为两点,一是科索沃阿族实现高度自治,二是以北约为主的多国维和部队进驻科索沃实施和平协议。

② Ignatieff, M. *Virtual War: Kosovo and Beyond*, New York: Henry Holt, 2000.

这些空袭几乎没有可能摧毁所有的塞尔维亚炮兵阵地,而且不能与任何地面行动相协调,因此只不过是惩罚性的攻击。空中控制的本质是,以单独一场冲突的外围为基地使用飞机,在适当的时间及地点施加惩罚以实现和平。①

[249]在科索沃,如果我们遵循施米特的概念框架,我们就能看到,一旦《大地的法》中的正当敌人之间的战争被代之以全球内战(bellum intestinum)中针对罪犯的空中治安行动,关于米洛舍维奇犯有反人类罪的主张(这种主张不管是否完全正确,显然在某种程度上是真的),人道主义干预的主张,与包括重要的民用基础设施在内的轰炸目标范围的扩大,就并非相互矛盾,而是完全一致。

同样,随着非武装飞行器(更普遍地被称为无人机)的使用越来越多,施米特关于空中力量如何破坏战争定义的论点,即它将战争转化成了针对罪犯的治安和惩罚行动,更加具有持久的现实意义。当然,反恐战争是一场不同的、史无前例的战争,这一观点已经成为不争的事实。从齐泽克(Slavoj Zizek)到小布什本人都这样说过。② 人们将这场战争描述为全球的、不对称的、混合的、永久的战争。回头来看,虽然布什确实非常准确地描述了这场战争的混合性及其独特的时间性,但他也许夸大了它的不可预见性。事实上,更准确的说法是,反恐战争使几十年来出现的冲突趋势明确化与全球化了。

在远离伊拉克和阿富汗常规战场的索马里、也门和巴基斯坦的部

---

① Parsons, D. W. "British Air Control: A Model for the Application of Air Power in Low-Intensity Conflict?", *Air Power Journal* (Summer), 1997, p. 7.

② Bush, G. W. Address to a Joint Session of Congress, 20 September, 2001. Available at: http://archives.cnn.com/2001/US/09/20/gen.bush.transcript/ (accessed 22 June 2010). Zizek, S. *Welcome to the Desert of the Real*, London: Verso, 2002.

落地区,使用无人机定点清除恐怖嫌疑人,就是这些说法的明证。① 一旦我们摆脱对远程完成引航这些飞行器的天真着迷,就会清楚看到,尽管有投送过程中的技术变革,无人机仍明显处于空中轰炸和空中控制的想象之中。按照施米特的论点,我们可以把这种状况描述为在全球内战中对罪犯的暴力报复。这种状况既可能由固有的战争定义所促成,本身又加剧了任何固有的战争定义的解体。据说,利用无人机定点清除对象的合法性基于如下事实,即这是正在进行的"武装冲突"的一部分,也就是说是战争的一部分。②

然而,作为一项针对分散在世界各地的潜在恐怖分子的全球"治安"计划,无人机计划越扩展,人们就越难将其纳入既有战争法中的"武装冲突"范畴。因此,无人机攻击在法律依据中的矛盾,实际上反映了这项行动本身的混合性。

显然,这样的例子还有更多,就像施米特的书所涵盖的比我的简短概述更多一样。但在本文的讨论中,我已尽力涵盖施米特在《大地的法》中分析空中力量时的一些局限与可能。由此,我们看到,尽管施米特在描述空中力量的理论和实践时缺乏细节,但是,对于分析当代的形式而言,施米特提出的核心论点仍然具有深刻的概念意义,这证明《大地的法》的确具有非凡的预见性。

---

① Bergen, P. and Tiedermann, K. "Revenge of the Drones, An Analysis of Drone Strikes in Pakistan", *New America Foundation*, 2009, p. 2; Dworkin, A. "The Yemen Strike: The War On Terrorism Goes Global", *Crimes of War Project*, 2002; Mayer, J. "The Predator War", *The New Yorker* (26 October), 2009; Moore, M. S. "What Are Those Warships Doing Off Somalia", Miller-McCune (18 November), 2009.

② Koh, H. Legal Adviser, Department of State, "The Obama Administration and International Law", Keynote Address at the Annual Meeting of the American Society of International Law (25 March), 2010. Available at: www.state.gov/s/l/releases/remarks/139119.htm (accessed 22 June 2010).

参考文献

Bergen, P. and Tiedermann, K. (2009) 'Revenge of the Drones. An Analysis of Drone Strikes in Pakistan', New America Foundation (19 October). Available at: www.newamerica.net/publications/policy/revenge_of_the_drones (accessed 22 June 2010).

Bush, G.W. (2001) Address to a Joint Session of Congress, 20 September. Available at: http://archives.cnn.com/2001/US/09/20/gen.bush.transcript/ (accessed 22 June 2010).

Douhet, G. (1983) *The Command of the Air*, trans. Dino Ferrari, Washington, DC: USAF.

Dworkin, A. (2002) 'The Yemen Strike: The War On Terrorism Goes Global', Crimes of War Project (14 November). Available at: www.crimesofwar.org/onnews/news-yemen.html (accessed 22 June 2010).

Ignatieff, M. (2000) *Virtual War: Kosovo and Beyond*, New York: Henry Holt.

Koh, H. (2010) Legal Adviser, Department of State, 'The Obama Administration and International Law', Keynote Address at the Annual Meeting of the American Society of International Law (25 March). Available at: www.state.gov/s/l/releases/remarks/139119.htm (accessed 22 June 2010).

Lindqvist, S. (2001) *A History of Bombing*, trans. Linda Haverty Rugg, New York: The New Press.

Mayer, J. (2009) 'The Predator War', *The New Yorker* (26 October).

Meilinger, P.S. (1996) 'Trenchard and "Morale Bombing": The Evolution of Royal Air Force Doctrine Before World War II', *The Journal of Military History* 60.

Meilinger, P.S. (2000) 'The Historiography of Air Power: Theory and Doctrine', *The Journal of Military History* 64(2): 467–501.

Moore, M.S. (2009) 'What Are Those Warships Doing Off Somalia' *Miller-McCune* (18 November). Available at: www.miller-mccune.com/politics/what-are-those-warships-doing-off-somalia-5046/ (accessed 22 June 2010).

Parsons, D.W. (1994) 'British Air Control: A Model for the Application of Air Power in Low-Intensity Conflict?' *Air Power Journal* (Summer). Available at: www.Airpower.maxwell.af.mil/airchronicles/apj/apj94/sum94 (accessed 22 June 2010).

Salmond, J. (1922) 'Statement by Air Marshall Sir John Salmond of his views upon the principles governing the use of Air Power in Iraq', Air Staff Memo no. 16, p. 7. National Archives, London: AIR 5/338.

Schmitt, C. (2006) *The Nomos of the Earth in the International Law of the* Jus Publicum Europaeum, trans. G.L. Ulmen, New York: Telos.

Surin, K. (2005) 'World Ordering', *The South Atlantic Quarterly* 104: 2.

Zizek, S. (2002) *Welcome to the Desert of the Real*, London: Verso.

十五　后殖民主义

洛索(Julia Lossau)

[251]下文对《大地的法》的回应，是从后殖民主义角度来探究施米特的这本文集。本文从政治地理学家的个人视角出发。身为一位政治地理学家，第一次读到这本文集的德语版本时，我就忍不住将这一版本作为[思考的]出发点。在此背景下，语言问题将不可避免地在这一回应中发挥作用。然而，我不会从原创的角度来考究翻译问题，而会借鉴后殖民主义的转移或流通思想，讨论作为一种理论旅行(travelling theory)①的《大地的法》的具体品质。

此外，我的这篇回应将批判性地处理施米特在《大地的法》中阐释的一些论点与历史解读。考虑到这一回应的后殖民主义基本原理，我将重点关注《大地的法》的第二部分，其标题为"占取新世界"。

最后，施米特作品对空间术语的特殊使用，极大地吸引了我。在借鉴斯普伦格尔(Rainer Sprengel)关于德国地缘政治学传统的作品的基础上，我将阐述施米特笔下所论的空间性，最后将其与后殖民主义理论家所阐释的空间性进行对比。

我是第一次受邀参加专门讨论施米特某部作品的会议，想到这一点让我感到脊背发凉。对于大多数德语区的社会与文化理论家，施米特仍然是他们避之唯恐不及的学者，这是由于施米特与纳粹思想及政治的牵连，这一污点"引出了我们今天应该如何阅读与引用他的著作

---

① 萨义德提出的概念。

的根本问题"。① 然而,我发现该文集的编者以其批判性的理论立场而著称,另外,整体的"施米特复兴"②在批判理论家中——尤其在英美学界中——也势头强劲,于是我才欣然接受了这一邀请。我想起墨菲在她关于政治事物的反思中突出地强调施米特——当我第一次读她的书时,这一理论选择让我感到困惑。根据墨菲的说法,我们可以从施米特身上学到很多东西,因为,

> 针对自由普遍主义妄称提供了真正且唯一正当的政治制度,施米特提出了非常严厉的批评。他批评自由主义者把[252]"人道"(humanity)概念当作帝国主义扩张的意识形态武器,而且,他认为人道主义伦理是经济帝国主义的工具。③

重读墨菲之后,我参会的兴趣愈加浓厚。究竟是什么使各种不同的批判理论流派,从后结构主义到(批判的)世界主义等,对施米特产生兴趣?尤其是,《大地的法》为后殖民主义的思考方法提供了什么启示?这位声名狼藉的"第三帝国的桂冠法学家"难道不是批判思维的对立面吗?在《大地的法》中,多处文本表达了他对欧洲人优越性的看法,仅举以下段落为例:

> 从被发现者的立场来看,"发现"从来都是非法的……"发现"本身并没有获得被发现者的事先许可。因此,"发现"的法权取决于更高一级的正当性。只有在思想和历史层面上做好足够准备的

---

① Dean, M. "A political mythology of world order, Carl Schmitt's Nomos", *Theory, Culture & Society*, 2006, p. 3.

② Chandler, D. "The revival of Carl Schmitt in International Relations: the last refuge of critical theorists?", *Millennium - Journal of International Studies* 37, 2008, p. 47.

③ Mouffe, C. *On the Political*, London, New York: Routledge, 2005, p. 78. 强调为原文所加。

发现者,才能在知识和意识方面理解被发现者。鲍威尔(Bruno Bauer)曾讲过一句黑格尔式的话:发现者自认为能够比被发现者更好地认识他们自己,而且能够借助教育和知识上的优越性实现对被发现者的征服。①

这类言语再次出现,使我全身颤抖……然而,另一方面,我已经开始批判地看待施米特的作品,并且我已经找到进入《大地的法》中在我看来最具吸引力的内容的"切入口"——施米特所表述的特殊空间性。

诸多对立的空间性

在《地缘政治学批判——1914—1944年的德国话语》中,斯普伦格尔指出,在20世纪90年代地缘政治论争的复兴过程中,施米特和布罗代尔(Fernand Braudel)被重新发现。② 根据斯普伦格尔的说法,这两位思想家标志着他们所处时代的地缘政治讨论的两个极端。施米特关注的是空间事物本身(das Räumliche an und für sich)(同上,页51),而布罗代尔关注的是具体的、实际有形的地球空间,"施米特是作为空间与历史的政治哲学家进行论证,布罗代尔则是作为专门的地缘历史学家"(同上,页51)。

事实上,引人注目的是,对于地球的自然物质性(materiality)——至少在传统的地理意义上——施米特表现出的兴趣很少。尽管他经常提及"依托大地性"(telluric),但是,比起我们从"一战"之前及两次世界大战之间的政治地理学家那里知道的空间和空间性的概念化,施米

---

① Schmitt, *Nomos of the Earth*, 2003[1950], pp. 131-132. [译注]《大地的法》中文版,页106。

② Sprengel, R. *Kritik der Geopolitik. Ein deutscher Diskurs* 1914-1944, Akademie-Verlag, 1996.

特对空间术语的使用极其不同。

传统的政治地理学通常从具体的、非表象的意义上谈论空间,这一意义趋向于确定性,[253]因此社会发展(无论从文化传统、政治边界还是从经济的角度看)被认为在因果链条上取决于物质基底的特质。例如,拉采尔的著作中明显有具体的地球空间的观念,他的人类地理学包含"自然土地"(Länder)的观念,这些"自然土地"反过来又代表(据称)在社会层面同质的实体或民族国家的划定领土。① 拉采尔对国家的界定以"自然土地"的观念为基础,即国家是一个有机整体,在他看来,国家从特定人群与其所占领土的相互作用中发展起来——他的著名表述是 ein Stück Menschheit und ein Stück Boden[一份人与一份地]。②

相比之下,施米特的作品似乎缺乏对物质的与土地的具体空间的描述。在《大地的法》的前言中,施米特与地理学思维拉开距离,并将自己的研究路径确定为法学路径。而另一方面,恰恰是 nomos[法]的思想使施米特成为卓越的空间思想家。施米特将 nomos[法]描述为秩序(Ordnung)与场域(Ortung)的结合或统一,它是一种"边界词汇",③规定领地,划定居所或家园并牧场。nomos[法]依据的是希腊语动词 nemein 的内涵,按照施米特的说法,nemein 不仅具有德语动词 nehmen [占取或取用]的意思,还具有 teilen[分配或划分]与 weiden[放牧]的意思。

在施米特看来,占取依托大地的空间,在人类历史上具有举足轻重的意义,标示着政治以及经济发展的源头。如斯普伦格尔所言:

---

① Lossau, J. "Anthropogeography (After Ratzel)", in R. Kitchen and N. Thrifteds., *The International Encyclopedia of Human Geography*, Amsterdam, London: Elsevier, 2009, pp. 140–147.

② Ratzel, F. *Politische Geographie*. Munich, Berlin: Oldenbourg, 1903, p. 4.

③ Schmitt, *Nomos of the Earth*, 2003[1950], p. 75.

土地占取表达了某个自身(self)的构成,这一自身不同于另一个。分配与划分的过程赋予这一自身以形式(gibt diesem Selbst eine Form),放牧在物质意义上再现了这一自身。①

结果是,由于土地占取,抽象的人道理念面临着具体的、经验上的分殊。众所周知,施米特把诸政治共同体视为相互敌对的实体,他提出的政治事物的基本原理就是对大地有限空间的争夺:

> 政治世界是一个多元世界,而非统一的世界……政治统一体,若就其无法囊括全人类和全世界而言,本质上不可能具有普世性……这样的人类无法发动战争,因为它没有敌人,至少在这个星球上是这样。②

回到空间问题上,或许可以这么说,多元的世界构成某种一般的威胁。威胁源于一个事实,即地球表面上群落的分布没有可确定的原因(assignable cause)。换言之,为什么特定的群落占有特定的空间(而非另一个),以及为什么这个群落会安于这个空间,关于这些问题不存在必然的原因。如斯普伦格尔所言,[254]"怀念原初以及随后的土地占取的任意性,才是威胁"。③ 虽然任意性无法避免,但 nomos[法]中蕴含着相关线索——也就是说,由互相约束的规则组成的政治秩序和法律秩序来协调对外事务。然而,这并不意味着战争和进一步的土地占取不再可能。nomos[法]的意义在于能够"养育"(foster)(在德语中,施米特用的是 hegen[养育、围住],通常被英译为 bracket[框住])与土

---

① Sprengel, R. *Kritik der Geopolitik. Ein deutscher Diskurs 1914—1944*, Berlin: Akademie-Verlag, 1996, p.54.

② Schmitt, C. *Der Begriff des Politischen*, Text von 1932 *mit einem Vorwort und drei Corollarien*, Berlin: Duncker & Humblot, (1963[1932]), p.54.

③ Sprengel, R. *Kritik der Geopolitik. Ein deutscher Diskurs 1914—1944*, Berlin: Akademie-Verlag, 1996, p.55,强调是笔者所加。

地占取有关的武装冲突,乃至赋予冲突以一种形式,并使之合理化。

在这一意义上,《大地的法》对空间术语的理解,与地缘政治学传统之间的差异变得明显起来:地缘政治学传统认为,某个共同体所处的适当空间由地理决定——这是一个非常政治的举措,据称这一举措通过将政治置于自然之下而否定政治事物;然而,施米特则强调占取之地的偶然性和任意性。因此,虽然人们可以认为,施米特依靠一种更加深思熟虑的,当然也更加明确的政治的概念,但问题是,这种极具偶然性色彩的进路——以非自然化的视角理解人类与自然的关系——能否与后殖民主义视角建立有效的关联?

欧洲中心主义与人道辩证法

正如上文所述,nomos[法]代表一种地缘政治秩序,这一秩序尽管建基于占有的进程之上,但又是通过法律框架来实现势力均衡,在这一框架中,具有主权的各政治共同体通过协商解决其利益纠纷。鉴于nomos[法]有"养育战争"的能力,战争的目的不再是消灭对方,而是作为敌人之间的实力较量,使敌人互相接受彼此为同类(同上,页54)。值得注意的是,欧洲公法的 nomos[法]——"在陆地和海洋的平衡中"——不仅包括大陆秩序,也包括海洋秩序,最终涉及"包括海洋在内的整个地球"。但是,由于 nomos[法]只为欧洲"养育战争",因此又是欧洲中心论的。[1]

大陆秩序和海洋秩序有一个对应部分,nomos[法]实际上就建基于这一对应部分,这一事实可解释上述矛盾。这一对应部分就是新世界,"作为自由空间(free space),是可以任由欧洲去征服和扩张的无主

---

[1] Schmitt, *Nomos of the Earth*, 2003[1950], p. 172. [译注]《大地的法》中文版,页152。

土地"。① 托斯卡诺(Alberto Toscano)写道：

> 在施米特看来，欧洲公法下弥漫于欧洲的有序敌对，由冲突受到管控的欧洲[内部]空间与可供征服的欧洲外部空间的根本不对称所促成。②

这种不对称由"全球划线思维"，即由沿着全球线的全球战略划分。在众多的全球线中，施米特首先强调"友好线"：

> [255]16、17世纪划定的友好界线的国际法意义在于，大片的自由疆域，为争夺新世界而开战的疆场被划分出来。其法律上的正当性在于，通过划定自由疆域，界线这边欧洲公法管控下的自由和平的空间获得了释放，不会因为界限那边的情况而遭遇威胁，否则欧洲和平区的稳定也难以维持。换言之，划定争夺新世界的战场，也有助于遏制欧洲内部的战争。这就是其国际法上的意义与合法性所在。③

关于欧洲占领新世界的正当理由，即"大征服(conquista)合法与否"，④施米特剖析了维多利亚著名的《讲义集》(relectiones)。针对亚里士多德认为"土著人"不是人而是野蛮人，"生来就是奴隶"，是合法猎物，维多利亚提出反对，他认为，美洲印第安人"虽然是野蛮人，但终归还是人而不是畜生"。⑤ 不过，大征服的正当理由却是由维多利亚证明的，施米特凭借以下事实来解释这一点：

---

① Ibid., p.87, 强调为原文所加。[译注]同上，页56。

② Toscano, A. "Carl Schmitt in Bejing: partisanship, geopolitics and the demolition of the Eurocentric world", *Postcolonial Studies* 14, 2008, pp.425-426.

③ Schmitt, *Nomos of the Earth*, 2003[1950], pp.97-98. [译注]《大地的法》中文版，页68，有改动。

④ Ibid., p.101. [译注]同上，页72。

⑤ Ibid., p.102. [译注]同上，页74。

维多利亚的思想固然具有客观性、中立性和不预设前提的特征,但并非绝对到实际地忽略基督徒和非基督徒的区别,相反,维多利亚的结论根植于他的基督教信仰,认为宗教传教是基本合法性的来源。对于西班牙修士来说,非基督徒不可能同基督教传教士一样拥有平等传教的权利。①

因此,可以说,正是

> 所有的人,甚至野蛮人,都有的认识真理[即肯定福音的真理]的内在潜力,才使欧洲基督教徒有了不可抗拒、不可颠覆的法律理由。②

针对这一背景,拉什认为,施米特通过挑战维多利亚,指出了基督教世界及现代性中那核心的与不可避免的非对称性:

> 施米特试图抓住现代世界中一些既令人不安又难以捉摸的东西,即下述明显事实:自由主义和人道主义试图建构一个普遍友谊的世界,却仿佛出于内在的必然性产生了新的敌人。③

在我看来,这一解释似乎相当笼统,但在施米特的著作中,批判人道观念的动机是不可否认的。施米特在《大地的法》中说:

> 人文主义者的观念本来就有两面性,是可以令人惊讶地辩证处理的……[256]只有在绝对人文主义的"人"的含义里,人的特殊的新敌人——其对立面"非人"这一概念才得以凸显。区分人和非人在19世纪的人类史上经历了一次更深层次的分化,即区分

---

① Ibid., p. 113. [译注]同上,页86。
② Rasch, W. "Human rights as geopolitics", *Cultural Critique* 54, 2003, p. 132.
③ Ibid., p. 135.

上等人和下等人。正如人与非人的关系一样,上等人与下等人也是一对敌对的双胞胎。①

类似的人道主义批判,是后现代主义或后结构主义论争的特点。虽然人道辩证法也是后殖民主义批判不可或缺的组成部分,但是,此处论点已经进一步发展为对"启蒙运动的普世化全景视角"的批判,在这一视角之下,"人类生活的所有形式都被……纳入普世范围的单一存在秩序"。② 尽管施米特与后殖民主义者有这种选择性上的相似,但施米特几乎不能算后殖民主义思想的担保人。

虽然施米特"迫使我们考虑土地占取、领土扩张、战争和殖民主义的历史",③但是,他似乎崇尚"一种欧洲中心主义,这种欧洲中心主义令人不安地剥夺了牧领的、家长式的(paternalistic)或自由帝国主义的(liberal-imperialist)正当理由"。④ 他毫不客气地将非欧洲空间描述为"无主的、不文明的或仅仅半文明的",从而把殖民地变成了"欧洲法律赖以建立的空间要素"。⑤ 与此同时,他推崇 nomos[法],认为它是"战

---

① Schmitt, *Nomos of the Earth*, 2003[1950], pp. 103-104,强调为原文所加。[译注]《大地的法》中文版,页 75。

② Hall, S. "When was 'the postcolonial'? Thinking at the limit", in I. Chambers and L. Curti eds. , *The Postcolonial Question: Common Skies, Divided Horizons*, Routledge, 1996, p. 252.

③ Dean, M. "A political mythology of world order, Carl Schmitt's Nomos", *Theory, Culture & Society*, 23, 2006, p. 8.

④ Toscano, A. "Carl Schmitt in Bejing: partisanship, geopolitics and the demolition of the Eurocentric world", *Postcolonial Studies* 14, 2008, p. 426.

⑤ Schmitt, C. *Völkerrechtliche Großraumordnung mit Interventionsverbot für raumfremde Mächte. Ein Beitrag zum Reichsbegriff im Völkerrecht*, 4. Ausgabe, Berlin: Duncker & Humblot, 1991[1941];转引自 Toscano, A. "Carl Schmitt in Bejing: partisanship, geopolitics and the demolition of the Eurocentric world", *Postcolonial Studies* 14, 2008, p. 427。

争最大程度的理性化和人道化",①提供了"一种人力可及范围内最高形式的秩序"。②

旅行的《大地的法》

萨义德写道:"就像人和批评流派一样,思想和理论也在旅行,从人到人,从情况到情况,从一个时期到另一个时期。"③虽然萨义德将这种运动描述为"既是生活现实,也是知识活动的有益条件",但是,他敦促我们"具体说明可能的运动类别……以及某个历史时期与民族文化中的理论在另一个时期或情况下是否会变得完全不同"(同上)。

作为一种旅行中的理论,在我看来,《大地的法》是相当典型的例子,因为相对于首次出版并进入人们视野时,某种程度上《大地的法》更适合目前的嵌入语境。就目前的嵌入语境而言,我指的是《大地的法》在(所谓的)国际学术话语中的意义,这一国际学术话语以英语为通用语言(lingua franca),而且与战后不久德国本土化的学术话语及政治话语大不相同。

在《大地的法》首次出版时,关于其模糊性、异端性或矛盾性的研究并不多,[257]而在今天,《大地的法》却因这些品质而备受赞誉。例如,欧迪瑟乌斯和佩蒂托赞扬"《大地的法》的多义性"和"施米特的异质国际思想",由于其模糊性和不容易归类的特质,"在目前国际秩序遭遇危机与国际社会规范结构发生划时代变化的境况下,在国际关系

---

① Schmitt, *Nomos of the Earth*, 2003[1950], p. 142. [译注]《大地的法》中文版,页119。
② Ibid., p. 187. [译注]同上,页166。
③ Said, E. *The World, the Text, and the Critic*, MA: Harvard University Press, 1983, p. 226.

学界引发了人们的关注,并具有特殊意义"。① 不妨再说一句,在战后德国,相对于严厉批评自由主义或理性主义,大胆讨论国际秩序绝不更受欢迎。

也许,这种不愿讨论国际秩序的遗风可以从另外的角度解释德国学界为什么对施米特仍然欲说还休,而英语世界却积极提及他。本文开头提到的墨菲将施米特描述为"最杰出与最顽固的反自由主义者之一"。② 在她看来,

> 施米特的核心见解之一是,政治同一性在于某种类型的"我们与他们"的关系中,即朋友与敌人的关系,这种关系可以从各种形式的社会关系中出现。他通过凸显政治同一性的关系本质,预示了后结构主义等几种当今思潮,这些思潮随后将强调所有同一性的关系特质。(同上,页 14-15)

事实上,墨菲对自己的决定——"在施米特这样一个备受争议的思想家的掩护下"(同上,页 4)进行论证——提出了质疑。然而同时,她又认为,"当我们决定是否需要与理论家的作品建立对话时,决定性的标准应该是他们的智识力量,而不是他们的道德品质"(同上,页 4-5)。

我并不完全信服这一论点,尽管我明白,将理论与政治或道德混为一谈的过程中或许会产生危险。然而更重要的是,我想论证,人们并不真的需要借助施米特来思考政治同一性的关系本质。尤其是,学者们几十年来一直在从后殖民主义的角度,理论性地探讨"我们与他们"

---

① Odysseos, L. and Petito, F. "Vagaries of interpretation, A rejoinder to David Chandler's reductionist reading of Carl Schmitt", *Millennium - Journal of International Studies* 37, 2008, p. 466;强调为原文所加。

② Mouffe, C. *On the Political*, London, New York: Routledge, 2005, p. 5.

"相同与不同"或"平等与不平等"等诸多对立关系的影响。不过,后殖民主义者的批判与施米特的作品不同的是,前者将重点放在二元论推理中的固有问题上。

正是通过以不同的方式思考空间,这些问题才有望解决。① 例如,马西(Doreen Massey)认为,空间化视角开启了替代方案存在的可能,因为空间是"不同叙述并置或共存的领域……是充满权力的社会关系的产物"。② 在类似的脉络中,巴哈(Homi K. Bhabha)对作为"第三空间"的杂合(hybridity)感兴趣,"第三空间"使其他立场得以出现。③ [258]同时,霍克斯(Bell Hooks)将边缘(margin)概念化为"一个彻底开放的空间……一个深远的边缘",④它"为我们提供了一个新的场域,我们由此表达我们的世界意识"(同上,页153)。

后殖民主义批判的空间性中包含不同的他性(alterity)和杂合,与此相比,在我看来,《大地的法》的存在论的空间性似乎相当笨拙甚至僵化。在这样的情况下,我有些不愿意与施米特的作品建立更深入的对话,而且,虽然墨菲提议"用施米特思考,反对施米特",⑤但是,归根结底,我更愿意不用施米特来思考。

---

① Lossau, J. "Pitfalls of (third) space: rethinking the ambivalent logic of spatial semantics", in K. Ikas and G. Wagner eds., *Communicating in the Third Space*, NewYork, London: Routledge, 2009, pp. 62-78.

② Massey, D. *Power-Geometries and the Politics of Space-Time*, Department of Geography, University of Heidelberg, 1999, p. 21.

③ Bhabha, H. K. "The Third Space", in J. Rutherford ed., *Identity, Community, Culture, Difference*, Lawrence and Wishart, 1990, p. 211.

④ hooks, b. *Yearnings*, Boston, MA: South End Press, 1990, p. 149.

⑤ Mouffe, C. *On the Political*, London, New York: Routledge, 2005, p. 14.

参考文献

Bhabha, H.K. (1990) 'The Third Space' in J. Rutherford (ed.) *Identity, Community, Culture, Difference*, London: Lawrence and Wishart, 207–221.

Chandler, D. (2008) The revival of Carl Schmitt in International Relations: the last refuge of critical theorists? *Millennium – Journal of International Studies* 37: 27–48.

Dean, M. (2006) A political mythology of world order. Carl Schmitt's *Nomos. Theory, Culture & Society*, 23: 1–22.

Hall, S. (1996) 'When was "the postcolonial"? Thinking at the limit', in I. Chambers and L. Curti (eds) *The Postcolonial Question: Common Skies, Divided Horizons*, London, New York: Routledge, 242–260.

hooks, b. (1990) *Yearnings*, Boston, MA: South End Press.

Lossau, J. (2009a) 'Anthropogeography (After Ratzel)', in R. Kitchen and N. Thrift (eds) *The International Encyclopedia of Human Geography*, Amsterdam, London: Elsevier, 140–147.

Lossau, J. (2009b) 'Pitfalls of (third) space: rethinking the ambivalent logic of spatial semantics', in K. Ikas and G. Wagner (eds) *Communicating in the Third Space*. New York, London: Routledge, 62–78.

Massey, D. (1999) *Power-Geometries and the Politics of Space-Time*, Heidelberg: Department of Geography, University of Heidelberg.

Mouffe, C. (2005) *On the Political*, London, New York: Routledge.

Odysseos, L. and Petito, F. (2008) 'Vagaries of interpretation. A rejoinder to David Chandler's reductionist reading of Carl Schmitt'. *Millennium – Journal of International Studies* 37: 463–475.

Rasch, W. (2003) Human rights as geopolitics. *Cultural Critique* 54: 120–147.

Ratzel, F. (1903) *Politische Geographie*. 2nd edition. Munich, Berlin: Oldenbourg.

Said, E. (1983) *The World, the Text, and the Critic*, Cambridge, MA: Harvard University Press.

Schmitt, C. (1952) Die Einheit der Welt. *Merkur* 6: 1–11.

Schmitt, C. (1963 [1932]) *Der Begriff des Politischen. Text von 1932 mit einem Vorwort und drei Corollarien*, Berlin: Duncker & Humblot.

Schmitt, C. (2003 [1950]) *The Nomos of the Earth in the International Law of the Jus Publicum Europaeum*. Annotated and trans. G.L. Ulmen, New York: Telos Press.

Schmitt, C. (1991 [1941]) *Völkerrechtliche Großraumordnung mit Interventionsverbot für raumfremde Mächte. Ein Beitrag zum Reichsbegriff im Völkerrecht, 4. Ausgabe*, Berlin: Duncker & Humblot.

Sprengel, R. (1996) *Kritik der Geopolitik. Ein deutscher Diskurs 1914–1944*, Berlin: Akademie-Verlag.

Toscano, A. (2008) Carl Schmitt in Bejing: partisanship, geopolitics and the demolition of the Eurocentric world. *Postcolonial Studies* 14: 417–433.

十六 陆地与海洋

门迭塔(Eduardo Mendieta)

[260]施米特的《陆地与海洋:世界史的考察》尚未得到应有的重视。该书写于1942年,当时德国正处于几条战线上,施米特本人也因党卫军的攻击差点丢掉性命,由此退出了公众的视线。① 该书可以看作一种抵抗之举,甚至是对纳粹政权的隐晦批判。② 该书也可以看作记录了施米特本人思维模式的重大变化,证明了桑巴特(Nicolaus Sombart)所说的"知识和道德上的中年危机"。③

至少,我们要将《陆地与海洋》看作《霍布斯国家学说中的利维坦》(1938年)与《大地的法》(1950年)之间的概念桥梁。在《陆地与海洋》中,《大地的法》一书的核心思想虽然没有得到充分展开,但已经有所预示,而且这本文集从《霍布斯国家学说中的利维坦》一书停止的地方,即从"一个政治符号的意义及其失败"开始。在施米特看来,霍布

---

① 关于施米特生命中这一关键时期的信息,我参考的是 Joseph W. Bendersky, *Carl Schmitt: Theorist for the Reich*, 1983; "Carl Schmitt at Nuremberg", *Telos*, 1987, 以及 Nicolaus Sombart, *Jugend in Berlin 1933–1943. Ein Bericht*, Hanser: Munich, 1984。桑巴特在这些特殊的岁月里曾经与施米特一起散步。

② 巴拉克里什南主张,既可以认为施米特在《霍布斯国家学说中的利维坦》中表达了对纳粹政权的失望,也可以认为该书实际上是在间接批判纳粹未能建立一个适当统一的国家(Balakrishnan, G., *The Enemy. An Intellectual Portrait of Carl Schmitt*, Verso: London, 2000)。我同意巴拉克里什南的看法。我想补充的是,在《陆地与海洋》中也可以看出同样的批判态度。

③ Nicolaus Sombart, *Jugend in Berlin 1933–1943. Ein Bericht*, Munich, 1984, p. 251, 强调为原文所加。

斯未能看透并超越他自己所创造的利维坦这一引人回忆的政治符号，可以说，《陆地与海洋》正是施米特对霍布斯这一失败的回答。①

与这两部局限而专业的作品相比，《陆地与海洋》是百科全书式的诗意作品，涉猎范围广，在哲学上极富争议。如果说有一本文集包含施米特的哲学，那正是这本。此外，认真考察这本文集就会发现，施米特的思想在 1938 年至 1942 年经历过一次重大的理论转变。

从非常笼统的意义上说，从 20 世纪 20 年代到 30 年代末，施米特的理论立场跟"政治事物"有关，也跟主权国家与法律之关联有关。这一时期可以称为他思想的"决断主义"阶段，这点体现在这句话上："所以，政治活动和政治动机所能归结成的具体的政治性划分，便是朋友和敌人。"②根据施米特本人的说法，这句话可以用以下方式重新表述：决断谁是朋友、谁是敌人，这是国家主权的基础。因此，"庇护与臣服（protego ergo obligo［保护故约束］）是国家的第一原理（cogito ergo sum［我思故我在］）"。③

[261] 从 1938 年到 1942 年，施米特的关切从国家主权和政治事物，转向了他所说的作为所有法权的基础的空间秩序（Raumordnung）。④ 施

---

① Nowak, P. "Incarnations of Leviathan", in Minkov, S. and Nowak, P. *Man and his Enemies: Essays on Carl Schmitt*, University of Bialystok, 2008, pp. 285-300.

② Schmitt, *The Concept of the Political*. University of Chicago Press：Chicago, 2007[1927], p. 26. [译注]《政治的概念》中文版，页 30。

③ Ibid., p. 52. [译注]译文参照《政治的概念》中文版，页 62。

④ 施米特从 1938 年到 1942 年写了一系列文章，我们也必须参考这些文章来理解这种转变的性质。这些文章现在收录在 *Staat, Großraum, Nomos：Arbeiten aus den Jahren* 1916-1969, 由马施克（Günther Maschke）编辑和注释（Berlin：Duncker & Humblot, 1995）。第三部分题为"大空间与国际法"（Großraum und Völkerrecht），包含相关论文。对施米特思想的这一转变的批判与分析，见 Schmoeckel, M. *Die Großraumtheorie：Ein Beitrag zur Geschichte der Völkerrechtswissenschaft im Dritten Reich, insbesondere der Kreigszeit*. Duncker & Humblot：Berlin, 1994。

米特新思想的核心枢纽体现在这一表述中:"任何一种基本秩序都是一种空间秩序。"①

nomos[法](英语中最近似的翻译是 law),不再被设想为源自主权者的决断,而源自建立新空间秩序的原初"占取、分配、生产"。② 由此,法律开始成为空间意义上的概念。③ 可以说,这一作为植根于法的空间秩序的新的国家的[第一原理]cogito ergo sum[我思故我在],将是 ego conquiro ergo obligo[我占取,故我约束]。④ 因此,当代政治理论家在对施米特的接受与重新发现中只关注《政治的概念》,这既忽略了施米特本人的智识历程,也歪曲了他在解读法律、政治与政治哲学史方面做出的实际贡献。另一方面,我们也必须对施米特在国际法与当代地缘政治学中的作用持批判态度(见本文集第三篇)。

《陆地与海洋》是一本非凡之作,难以给出恰当描述。如其副标题所示,这是一项世界史的考察,但不仅仅是关于世界史意义的反思。该书实际上是神话诗、哲学思辨与政治神话学的结合。⑤ 对于施米特在《陆地与海洋》中所为之事,布鲁门贝格(Hans Blumemberg)⑥的"隐喻学"(metaphorology)是恰当的视角,因为施米特正是在破译西方政治思想史上关键隐喻的合理意涵。

本文集由二十节组成,每节若干页而已。由于书是献给他的女儿

---

① Schmitt, *Land und Meer*: *Eine weltgeschichtliche Betrachtung*, Stuttgart, 2001[1942], p. 71. [译注]《陆地与海洋》中文版,页 45。

② Schmitt, *Nomos of the Earth*, 2003[1950], p. 324.

③ Palaver, W. "Carl Schmitt on Nomos and Space", *Telos*, 1996, pp. 105-127.

④ Dussel, E. *Philosophy of Liberation*. Orbis Books: Maryknoll, NY, 1985, p. 3.

⑤ Dean, M. "A Political Mythology of World Order: Carl Schmitt's Nomos", *Theory*, *Culture & Society*, Vol. 23, No. 5, 2006.

⑥ Blumemberg, H. *Paradigmen zu einer Metaphorologie*, Suhrkamp: Frankfurt am Main, 1997[1960].

阿尼玛(Anima)的,施米特像在讲一连串的寓言故事。事实上,献词上写着:"讲给我的女儿阿尼玛听。"有时,施米特会插话提醒读者,这是写给他女儿的书。我从中总结出至少七个关键主题,这些主题使之成为施米特哲学的纲要,也成为他思考法律的新出发点。

- 首先,本文集是对自然界中基本元素的神话诗学分析。如施米特在第二节中指出的,我们可以把人类历史理解为人类对四种元素的穿越(transit through)与满足:土、水、气和火。每个空间秩序都对应着其中一种元素的控制。世界历史能够诗意地理解为其中一种元素对其他元素的优势。
- 由此,第二个主题已经出现,即每一元素的优势都对应着一种政治象征,而这一政治象征又有其相应的神话学。事实上,施米特发展出一部所谓的政治动物寓言集。因此,利维坦之于水,就像比希莫特之于土,格里芬(griffin)之于气,斯芬克斯(sphinx)之于火。
- 第三,我们还可以提出一种战争哲学,或者说从世界历史的角度分析战争发动的不同方式。[262]如他在第三节中所写,世界历史是"海权国家对抗陆权国家、陆权国家对抗海权国家的斗争史"。① 每种权力形式或控制形式,都采用一种特定的战争类型,并由于与敌人关联的方式不同而具有不同结果。每种权力[形式]也都以不同的基础或利用不同的元素来发动战争。战争的历史就是不同的战争舞台[转换]的历史,也是将各种元素转变成[不同]武器的历史。
- 第四,每种权力形式(陆权、海权、空权等)与法律的关系不同,或者毋宁说,因为与国家的关系不同,不同权力形式的基

---

① Schmitt, *Land und Meer: Eine weltgeschichtliche Betrachtung*, Stuttgart, 2001[1942], p. 16. [译注]《陆地与海洋》中文版,页 10。

本秩序也会不同。某种法权秩序依赖于海权支配还是陆权支配,施米特都作了详细说明。每一种帝国秩序都对应着一种法律制度,一种法律构想方式,一种主权者与被统治者间关系的构想方式。正是由于此,人们应该将《陆地与海洋》解读为法律的谱系。所有的法律,即 nomos[法],都来自赋予空间秩序的土地占取。这种占取显然是战争的结果。因此,法律建基于赋予空间以秩序的战争。如施米特所引的话:"赫拉克利特说过,战争把人聚为一体,正义就是纷争。"① 施米特还意识到,每一种和平都对应着与之适应的空间秩序。事实上,和平必定意味着一种新的空间秩序被开创。如他在 1940 年的一篇文章中所说:

> 每一场并非毫无意义的战争意在和平,这一和平结束战争。我们从日内瓦了解到,和平的本质并不在于大炮停止射击、轰炸机不再投弹、外交官们坐在和平宴会上交谈。因为那样的话,和平就只是非-战(not-war)……在人类的伟大历史上,每一次真正的和平只发生一次。和平,即真正地结束了空间秩序化的战争(Raumordnungskrieg),只能是空间秩序化的和平(Raumordnungfrieden)。②

因此,施米特不仅仅是一位战争哲学家,同时也是一位和平哲学家,他试图了解是什么保障着持久的和平。③ 事实上,在《陆地与海洋》中,施米特还追踪了当一种空间秩序受到另

---

① Ibid., p.75.[译注]同上,页 47。

② Schmitt, *Staat, Großraum, Nomos: Arbeiten aus den Jahren 1916–1969*, edited and annotated by Günther Maschke; Duncker & Humblot; Berlin, 1995, p.389.

③ Schmitt, *Excaptivitate salus. Experiencias de la época 1945–1947*, Minima Trotta, 2010[1950].

一种空间秩序挑战时,战争会如何溢出既有空间秩序控制。

该书第七节是对海盗和捕鲸者角色的沉思,在他们身上,施米特发现了一种无法无天的暴力形式。施米特不仅关注战争如何可能产生新秩序,还关注如何控制战争、如何将战争约束在一定的法律秩序之内。这不同于他在20世纪20年代末所持的立场:

> 战争法权(jus belli),即在特定情况下决定谁是敌人的现实可能性,以及运用来自政治的力量与敌人作战的能力,属于在本质上作为政治统一体的国家。①

在《陆地与海洋》中,施米特认为,战争从外部侵入对国家形成了挑战。

- [263]第五,这是一本讲空间性的哲学的书,空间的产生源自战争以及一种元素对其他元素的征服。该书处处渗透着对空间秩序的反思,同时也在反思每一种帝国形式如何对应于相应的空间范式。因此,可以将该书概括为一个问题:"什么是空间革命?"②事实上,我们可以将《陆地与海洋》与勒菲弗尔(Henri Lefebvre)的《空间的生产》(*The Production of Space*, 1991年)相比较。施米特的空间性哲学的核心,是借鉴海德格尔的空间性观点。事实上,施米特引用了海德格尔的话,只是没有直接提到他的名字:

> 今天,我们第一次有可能思考一些在其他时代不可能思考的东西,一位当代德国哲学家这样表述:世界不在

---

① Schmitt, *The Concept of the Political*, Chicago: University of Chicago Press, 2007[1927], p. 45. [译注]《政治的概念》中文版,页54。

② Schmitt, *Land und Meer: Eine weltgeschichtliche Betrachtung*, Stuttgart, 2001[1942], p. 55. [译注]《陆地与海洋》中文版,页35。

空间中,而是空间在世界中。①

施米特在这里转述了海德格尔在《存在与时间》(*Being and Time*)中的说法:

> 既非空间在主体之内,亦非世界在空间之内。只要对此在具有组建作用的在世展开了空间,那空间倒是在世界"之中"。②

事实上,在施米特看来,世界的空间性总是由占取与分配的创始时刻揭露出来。③

- 第六个主题是技术与空间和法律的关联。在《陆地与海洋》中,关于不同的技术突破会改变我们与空间的关系的评论也随处可见。该书第六节就讨论不同类型的海军舰艇不仅对国家间关系具有革命性影响,而且对作战方式具有影响。战争史是不同的战争舞台的历史,不同的战争舞台有其各自的技术材料类型。这些思考在《大地的法》[第四章]第七节中极为突出,在这一节中,施米特提出一个问题:在新的空战条件

---

① Ibid., p. 106;[译注]同上,页68。

② Heidegger, M. *Being and Time*, trans. Joan Stambaugh, Albany, 1996, p. 105,强调为原文所加。[译注]中译参照陈嘉映、王庆节译本。

③ 见本文集第七篇。事实上,海德格尔、云格尔和施米特三人构成了一个有趣的三角,值得仔细研究和思考。我们知道,海德格尔深受云格尔的《工人》(*Der Arbeiter*)影响,施米特也热衷于阅读云格尔的作品,并经常提到他,尤其在他的《在图圄中获救》(1950)中。施米特和云格尔的通信已经出版(Jünger and Schmitt, *Briefe*, 1930–1983, Stuttgart: Klett-Cotta, 1999)。见Graf von Krockow, C. *Die Entscheidung: Eine Untersuchung über Ernst Jünger, Carl Schmitt, Martin Heidegger*, Ferdinand Enke Verlag, 1958; Mendieta, E. "War the School of Space: The Space of War and the War for Space", *Ethics, Place and Environment*, Vol. 9, No. 2 (June), 2006, pp. 207–229。

下,正义战争理论如何遭到淘汰或变得多余。①
- 最后即第七点,《陆地与海洋》是施米特自己风格的哲学人类学的产物,也就是从哲学层面推测人的基本结构如何导致特定的社会秩序。在施米特看来,正如海德格尔的看法,人是一种空间化的生物,他通过组织或混合基本元素以形塑世界。虽然人是一种陆地生物,而且人的大多数基本隐喻和神话都以大地为基础,但人也是可以跨越所有其他元素的生物。人是外向结构的(exocentric)。虽然他的双脚可能植根于大地,但他也可能依托海洋或住在天空。他可以根据自己的选择创制自己的居所:

> 人如今已是一种无法单纯地被其环境所主宰的生物。他拥有历史地获取其存在(Dasein)[264]和意识的力量。他不仅知晓他的出生,也知晓重生的可能性。在某些困境和危险中,动物和植物如置身于其中就会无助地陷于毁灭,而人却可以凭借其精神,借助精神的观察、推理以及决断将自己拯救出来,并获得某种新的存在。他自身拥有着某种权力和历史权能的游戏空间。他可以选择,在某个历史瞬间,他甚至可以借助自己的行动和业绩对作为其历史存在的总体形式的某种元素做出决断,由此重新调整和组织自己。②

该书以挑衅的评注作结,细心的读者应该把《陆地与海洋》看作施米特尝试阐发黑格尔《法权哲学》(*Philosophy of*

---

① 见本文集第十四篇,以及 Ruschi, F. "Space, Law and Power in Carl Schmitt", in *Jura Gentium: Journal of International Law and Global Politics*, IV, 2008.

② Schmitt, *Land und Meer: Eine weltgeschichtliche Betrachtung*, Stuttgart, 2001[1942], p. 14. [译注]《陆地与海洋》中文版,页9。

Right)的第 247 节,与马克思尝试阐发第 243 至 246 节相并行。第 247 节的内容是:

> 家庭生活的原则是以土地——固定的地基和土壤——为条件,同样,对工业来说,激励它向外发展的自然因素是海。①

这种尝试最终在施米特自己的法权哲学《大地的法》中达到顶峰。

在施米特的柏林岁月,他与德国著名社会学家(维尔纳·桑巴特,Werner Sombart)之子尼古劳斯·桑巴特过从甚密,后者在回忆战争期间的青年时代时指出,《陆地与海洋》是施米特"最漂亮、最重要的书,因为其核心处包含着他的灵知主义历史哲学的精髓"。② 是不是灵知主义的历史哲学并不重要,重要的是此乃熟知施米特的人在这本文集创作期间所作的判断,即这是他最漂亮与最重要的作品。这的确是一本写得漂亮的书,充满闪光的才华和含蓄的假说。然而,从我总结的[七个]主题来看,我打算着重强调四种解释学的读法,它们使该书成为正确解读施米特整体思想不可或缺的参考点。

首先,《陆地与海洋》必须作为政治象征的评论来读。用布鲁门贝格的有用术语来说,该书是一种政治隐喻学(political metaphorology)。如上所述,该书从《霍布斯国家学说中的利维坦》一书停止的地方开始。施米特声称:

---

① Hegel, G. W. F. *Outlines of the Philosophy of Right*, trans. T. M. Knox, Oxford University Press, 2008, p. 222,强调为原文所加。[译注]中译参黑格尔,《法哲学原理》,范扬、张企泰译,北京:商务印书馆,1961(2019 年重印),页 280。

② Nicolaus Sombart, *Jugend in Berlin* 1933–1943. *Ein Bericht*, Munich, 1984, p. 255.

在漫长的政治学说史中,多姿多彩的形象和象征、图像和偶像、范式和幻象、标志和隐喻尤为丰富,而这个利维坦是最强劲的、最有力量的形象。①

一定程度上,政治哲学的历史即是试图破译其中一些关键的符号与寓言之含义的历史。如果我们可以说,西方哲学史是在试图破译柏拉图《理想国》中洞穴隐喻的诸多含义,那么,在施米特看来,政治哲学史的任务就是不断地解密比希莫特与利维坦这两种神话巨兽的含义。他的《政治的浪漫派》中有一段重要论述很能说明问题:

> [265]如果主体缺少真正审美的——换言之,抒情的、音乐的——创造力,则会用历史、哲学、神学或其他科学素材提出一种论证,一种精神方案的精神配乐。这不是神话的非理性。因为政治或历史神话的创造来自政治能动性,来自神话所无法否定的各种理由的编造,这是政治神话的发散。②

《陆地与海洋》第三节和第二十节直接涉及我所说的政治动物寓言。③ 对陆上强国与海上强国间的世界历史斗争,施米特以比希莫特与利维坦之间的斗争为隐喻,现在又多了一只大鸟加入斗争。他在《陆地与海洋》中没有说出它的名字,但在1943年的一篇文章中说它是格里芬。他在写这本文集的几年里与云格尔有通信往来,我们从信中

---

① Schmitt, *The Leviathan in the State Theory of Thomas Hobbes*: *Meaning and Failure of a Political Symbol*, University of Chicago Press, 2008[1938], p. 5. [译注]中译参施米特,《霍布斯国家学说中的利维坦》,应星、朱雁冰译,上海:华东师范大学出版社,2008,页41。

② Schmitt, C. *Political Romanticism*, MIT Press, 1986[1919], p. 160. [译注]中译参施米特,《政治的浪漫派》,冯克利、刘锋译,上海:上海人民出版社,2016,页199。

③ Mendieta, E. "Political Bestiary: On the Uses of Violence", *Insights*, Vol. 3, No. 5, 2010.

得知,他也考虑过不死鸟(phoenix)和龙。

第二十节是本文集的结尾,宣告随着空战以及航空武器的问世,人类历史上的一种新元素似乎将获得霸主地位:气,甚至可能是火。随着这种趋势的发展,"英国对海洋的占有的基础消失,随之消失的还有迄今为止的大地的 nomos[法]"。①

《陆地与海洋》认为有两次伟大的行星空间革命。第一次革命发生在 16 世纪,当时海洋被开辟,出现环地球航行,美洲由欧洲人发现、占领、分割并用于生产。而第二次空间革命正在降临,施米特在柏林蹲在防空洞里听着,如这一时期他给云格尔的信中所说,"比希莫特愤怒地咆哮,因为它在迎接大鸟齐兹"。②

其次,应当认为,这本文集预示了社会理论中的空间转向,这种空间转向将由勒菲弗尔以及后来的哈维、索贾(Edward Soja)等思想家来阐释。从根本上说,每一种社会秩序都是一种空间秩序,与之对应的是不同的视觉方式、象征方式以及生存空间。套用海德格尔的话说,人类通过赋予空间以秩序来创制世界。也就是说,空间本身的产生是通过对世界的占取、划分及分配等暴力行为。对施米特来说,重要的是,在由强加无空间秩序而导致的"中立化"时代,人类自欺地认为我们已经进入一切都只是生产和消费的时代,在这个时代,"人可以不占取而给予"。③

虽然许多人将施米特看作好战的、战争狂式的哲学家,但事实上,施米特更关注战争的"限制"(limitation)与(道德化使战争)"非人性化"之间的相互作用。每一次行星空间革命,都预示着一段时期的海盗战、无法无天的暴力或游击战,这些战争扰乱和破坏了某种既定的空间秩序。[266]通过发展新的法律制度而限制战争,将产生协商的和

---

① Schmitt, *Land und Meer*: *Eine weltgeschichtliche Betrachtung*, Stuttgart, 2001[1942], p. 106. [译注]《陆地与海洋》中文版,页 68。

② Jünger, E. and Schmitt, C. *Briefe*, 1930–1983, Stuttgart: Klett-Cotta, 1999, p. 107.

③ Schmitt, *Nomos of the Earth*, 2003[1950], p. 347,强调为原文所加。

平。自20世纪40年代初以来,施米特关注的正是新nomos[法]的出现与总体战兴起之间的相互影响,后者意味着把敌人罪犯化和妖魔化。因此,这一特殊阶段的第三个主题,同时也是他20世纪40年代大多数作品的主题,就是战争的限度。①

最后,《陆地与海洋》可以当作一则警世寓言来读,这则寓言关乎恰当或不恰当地运用某些元素及其各自的力量。我们可以将第二十节理解为,它在隐晦地批判纳粹未能恰当使用跟这种新型战争相对应的战争武器。至少,可以认为这本文集是在宣告纳粹帝国的灭亡,因为它已经被夹在两头巨兽之间,其中一头正得到第三头巨兽的帮助:那就是空中巨兽。施米特在书中预见,随着欧洲旧nomos[法]的毁灭,一种新nomos[法]开始出现:

> 取而代之的我们地球的新的nomos[法]正在源源不断、不可阻挡地生长起来。人与新旧元素的新关系呼唤着这种新的nomos[法]的诞生,"人的存在"已经变化了的尺度和比例也逼迫着它诞生。很多人从中瞥见了死亡和毁灭。有些人相信自己正在经历世界的毁灭。实际上,我们所经历的只是迄今为止的陆地与海洋关系的终结。②

参考文献

Balakrishnan, G. (2000) *The Enemy. An Intellectual Portrait of Carl Schmitt.* Verso: London.
Bendersky, J.W. (1983) *Carl Schmitt: Theorist for the Reich.* Princeton University Press: Princeton, NJ.

---

① Schmitt, *Excaptivitate salus. Experiencias de la época* 1945–1947, Madrid:Minima Trotta, 2003[1950].

② Schmitt, *Land und Meer: Eine weltgeschichtliche Betrachtung*, Stuttgart, 2001[1942], p. 81. [译注]《陆地与海洋》中文版,页68。

—— (1987) 'Carl Schmitt at Nuremberg' *Telos* 72 (Summer), 91–6.
Blumemberg, H. (1997 [1960]) *Paradigmen zu einer Metaphorologie.* Suhrkamp: Frankfurt am Main.
Dean, M. (2006) 'A Political Mythology of World Order: Carl Schmitt's Nomos' Theory, *Culture & Society*, Vol. 23, No. 5, 1–22.
Dussel, E. (1985) *Philosophy of Liberation.* Orbis Books: Maryknoll, NY.
Graf von Krockow, C. (1958) *Die Entscheidung: Eine Untersuchung über Ernst Jünger, Carl Schmitt, Martin Heidegger.* Stuttgart: Ferdinand Enke Verlag.
Hegel, G.W.F. (2008) *Outlines of the Philosophy of Right*, trans. T.M. Knox. Oxford University Press: Oxford.
Heidegger, M. (1996) *Being and Time*, trans. Joan Stambaugh. SUNY Press: Albany.
Jünger, E. and Schmitt, C. (1999) *Briefe, 1930–1983.* Stuttgart: Klett-Cotta.
Lefebvre, H. (1991) *The Production of Space*, trans. D. Nicholson-Smith. Blackwell: Oxford.
Mendieta, E. (2006) 'War the School of Space: The Space of War and the War for Space' *Ethics, Place and Environment*, Vol. 9, No. 2 (June), 207–29.
—— (2010) 'Political Bestiary: On the Uses of Violence' *Insights* Vol. 3, No. 5. Available online at: www.dur.ac.uk/ias/insights/volume3/article5/. Last accessed 13 January 2011.
Nowak, P. (2008) 'Incarnations of Leviathan,' 285–300, in Minkov, S. and Nowak, P. *Man and his Enemies: Essays on Carl Schmitt.* Bialystok: University of Bialystok.
Palaver, W. (1996) 'Carl Schmitt on Nomos and Space' *Telos* (Winter), 105–27.
Ruschi, F. (2008) 'Space, Law and Power in Carl Schmitt' in *Jura Gentium: Journal of International Law and Global Politics*, IV, available online at: www.juragentium. unifi.it/en/surveys/thil/nomos.htm. Last accessed 12 January 2011.
Schmitt, C. (1986 [1919]) *Political Romanticism.* MIT Press: Cambridge.
—— (1995) *Staat, Großraum, Nomos: Arbeiten aus den Jahren 1916–1969*, edited and annotated by Günther Maschke: Duncker & Humblot: Berlin.
—— (2001 [1942]) *Land und Meer: Eine weltgeschichtliche Betrachtung.* Klett-Cotta: Stuttgart.
—— (2003 [1950]) *The* Nomos *of the Earth in the International Law of the* Jus Publicum Europaeum. Telos Press: New York.
—— (2007 [1927]) *The Concept of the Political.* University of Chicago Press: Chicago.
—— (2008 [1938]) *The Leviathan in the State Theory of Thomas Hobbes: Meaning and Failure of a Political Symbol.* University of Chicago Press: Chicago.
—— (2010 [1950]) *Excaptivitate salus. Experiencias de la época 1945–1947.* Madrid: Minima Trotta.
Schmoeckel, M. (1994) *Die Großraumtheorie: Ein Beitrag zur Geschichte der Völkerrechtswissenschaft im Dritten Reich, insbesondere der Kriegszeit.* Duncker & Humblot: Berlin.
Sombart, N. (1984) *Jugend in Berlin 1933–1943. Ein Bericht.* Hanser: Munich.

十七　自由海洋

斯坦伯格(Philip E. Steinberg)

无地理的空间

[268]在国际法中,几乎没有什么概念比"自由海洋"(free sea)概念更成问题。① 1608 年,格劳秀斯(Hugo Grotius)为尼德兰联省在东南亚扣押一艘葡萄牙船只的权利而辩护,提出 mare liberum[海洋自由]原则。在后来的时代,联合王国利用这一原则为拦截从事奴隶贸易的船只辩护。而今天,人们正利用这一原则惩戒索马里海盗,执行国家当局不愿或不能在陆地上行使的命令。显然,这是一种实施于海洋的非常具体的"自由",而对于处在自封的海洋守护者对面的一方来说,这种自由并不那么"自由"。

由于施米特对所有的法律原则和陈词滥调都持怀疑态度,尤其当其可能被用来支持一种自由主义、普世主义的理想时——这种理想与国家间起支配作用的实际权力关系相脱离——因此施米特对于用"自由海洋"概念指导国家行动持谨慎态度就不足为奇。施米特指出,流行于特定时空中的"自由海洋"说法,与其说是绝对原则的一贯应用,不如说是"不同评价体系和实力消长的自由

---

① 感谢比朔夫(Baerbel Bischof)和卡拉乔利(Mauro Caraccioli)对本文初稿的评论。

游戏"。①

自由海洋原则被用来证明在"自由战利品的自由区域……没有围篱,没有界线,没有圈定的区域,没有神圣的场域,也就不存在法权和财产权",②也曾用来为"消灭彼此的决斗"③辩护。在今天的情境下,恰恰相反,人们正用其来断言,在一个充满"严酷的势力较量"④的"自由"商业空间中,国家权力可以"自由"地镇压那些挑战"自由"贸易既定规则的人。

施米特指出,从历史上看,该原则在其应用过程中充满差异,以至于像所有法律原则一样,它若作为行动的实定指南将徒劳无益。因此,举例来说,似乎可以肯定,施米特难以忍受新威尔逊式的理想主义者,他们建议将 mare liberum[海洋自由]原则当作新世界秩序的典范,在这种新的世界秩序中,可以利用海洋全球公域中对自由的普世渴望去激发一个和平共处的世界。⑤

[269]虽然施米特谨慎地不将自由陈述为超出其在具体历史语境、实质自由(substantive freedoms)或政治议程中应用的压倒性概念,但是,在谈到与自由概念关联的常量空间(constant space)时,施米特的断言则有欠慎重。施米特承认:

---

① Schmitt, *Nomos of the Earth*, 2003[1950], p. 99. [译注]《大地的法》中文版,页70。
② Schmitt, *Nomos of the Earth*, 2003[1950], p. 43. [译注]《大地的法》中文版,页8。
③ Ibid., p. 99;[译注]同上,页70。
④ Ibid.;[译注]同上。
⑤ Borgese, E. M. *The Oceanic Circle: Governing the Seas as a Global Resource*, Tokyo: United Nations University Press, 1998; Borgese, E. M. "Global civil society: lessons from ocean governance", *Futures* 31: 983-991, 1999; Pacem in Maribus, "Ocean governance: a model for global governance in the 21st century?", Background paper prepared for Pacem in Maribus XX, 1-5 November, 1992, Valetta, Malta.

对自由海洋、自由贸易和自由世界经济的设想,同对自由竞争和自由开发的进退空间的设想一道,有着历史上和结构上的关联。①

这种关联一直贯穿于他所说的"工业"时代。这反过来又让人不禁要问:为什么是海洋?尽管自由的实质内涵完全不同,但究竟是什么原因,使海洋对应用自由的法律修辞如此充满吸引力?

施米特直接面对这些问题,他的回答除了细致入微,还表现了他如何思考地球的地缘物理性(geophysicality)与地球的地缘政治秩序体系的关联。一方面,施米特反对环境决定论的解释,后者诉诸陆地和海洋之间的物理差异,为这两个领域中不同程度的政治支配(political control)辩护。这种解释"与国际法主题相去甚远,而侧重于地理-科学意义或原旨-神话学意义的维度"。② 在施米特看来,海洋绝对不是没有历史的地方。

但是,海上的历史与陆上的历史相差甚远。在施米特笔下,土地有三个核心特征,这些特征将土地与法权、秩序和支配关联起来。首先,对某块具体土地的投入产生价值,给某个周期以一贯性,这个周期在具体化过程中将财产概念固定在土地上并随时间延伸。其次,参与土地上这一周期的行为本身,以一种普遍可见的方式改变了土地。因此,财产的空间化呈现出来。第三(与第二点密切相关),土地的物理性又促成进一步的改进(modifications),这些改进呈现了在空间中固定、在时间上连续的边界、划分、所有权和支配。因此,土地上的社会行动者建造了围墙、建筑和街区,它们彰显了等级划分和其他权力关系,划定了界线,产生了领土。

施米特认为,海洋不具备上述这些特性。人们在海洋中的投入以

---

① Schmitt, *Nomos of the Earth*, 2003[1950], p. 99. [译注]《大地的法》中文版,页70。

② Ibid., p. 37;[译注]同上,页1。

及从这些投入中获得的价值,并不固定在空间中,这与诸如耕种具体土地而呈现的空间化形成对比。即使投入确实在海洋空间的具体方位(points)上发生,这些方位呈现的特性也不会改变,仍然不同于耕种土地的情况。此外,即使人们找到投入方式,并将海洋的一部分转化为领土,这一部分也无法具备诸如栅栏与围墙的特性以呈现领土界限。因此,施米特总结道:

> 依照古希腊语 charassein 一词的原初含义,即雕刻、烙印和刻画,海洋是没有"特性"(character)的。海洋是自由的。[1]

这句话与巴特(Roland Barthes)[270]对海洋的描述非常相似,他说海洋是"不带有任何信息的非符号化(non-signifying)领域"。[2] 简言之,在施米特看来,海洋可能不是没有历史的空间,而是一个难以刻画的空间——确切说,是没有地理的空间。[3]

施米特的后海洋论

因此,施米特的观点是"后海洋的"(postoceanic),康纳利(C. L. Connery)用这个词来描述施米特所指的时代,即陆地与海洋间的基本差异已经由技术抹除的时代。[4] 我对"后海洋"的用法虽然与康纳

---

[1] Ibid., pp. 42-43;[译注]同上,页 8。
[2] 转引自 Connery, C. L. "Ideologies of land and sea: Alfred Thayer Mahan, Carl Schmitt, and the shaping of global myth elements", *Boundary 2* 28, 2001, p. 177。
[3] 这里我把地理按字面定义称为"大地写作"(earth writing)或"大地刻画"(earth inscription)。
[4] Connery, C. L. "Ideologies of land and sea: Alfred Thayer Mahan, Carl Schmitt, and the shaping of global myth elements", *Boundary 2* 28, 2001, pp. 177-201.

利部分一致,但仍有些许不同:我认为,在施米特的世界中,不仅陆海之分由于技术发展而遭抹去,而且海洋在根本上并无实质。① 施米特写道:"波涛之上尽是波涛。"②施米特的海洋失去了所有内容,简化为一系列无休止地单调循环的航线。施米特的海洋不仅没有地理,也没有未来。

施米特的"后海洋"视角是有问题的,这有多方面的原因。即使海洋的一些"地方"(places)本身是动态且移动的(如洋流的路径),从地球物理学的角度来看,海洋也绝对不是一个无差别的二维表面。事实上,历史上海洋的社会建构已经包括一系列认识与命名其方位的尝试,这些三维的尝试在时间与空间上各不相同,并且国家权力与海军科学的这一关联一直持续到今天。英国以及后来的美国试图将海洋建构成一个毫无冲突的平面,一个商船和军舰可以自由穿梭的空旷(或"自由")空间,这个空间与陆地上有界且有序的领土截然不同,但这种尝试本身取决于对海洋的"认识"。③

早在1492年罗马教宗颁布的诏书中,欧洲强国就已在海洋中划线,试图构建一个(某些)欧洲列强可以无障碍扩张的世界。由于在导航设备、海军和科学研究方面的投入,维护作为"自由"空间的海洋变

---

① 我对"后海洋"一词的使用,与后殖民理论家对"后殖民"一词的使用方式相似。与后殖民主义理论家一样,我使用"后海洋"一词不是简单地指"海洋"时代之后的一个时代(康纳利就是这样使用这个词的),而是指一个社会文化体系,在这个体系中,海洋主义的规范(就像殖民主义的规范一样)同时由新的"后海洋"关系所肯定、改变和否定。

② Schmitt, *Nomos of the Earth*, 2003[1950], pp. 42-43.[译注]《大地的法》中文版,页8。

③ Hamblin, J. D. *Oceanographers and the Cold War: Disciples of Marine-Science*, Seattle: University of Washington Press, 2005; Reidy, M. S. *Tides of History: Ocean Science and Her Majesty's Navy*, University of Chicago Press, 2008; Rozwadowski, H. M. *Fathoming the Ocean: The Discovery and Exploration of the Deep Sea*, Belknap, 2005.

得更为容易。这些投入都增加了海洋作为具有独特空间与性质的物质实体的价值,因此需要并促成一种海洋的概念化,与将海洋理想化为一个"波涛之上尽是波涛"的地球物理漩涡相比,这种海洋的概念化完全不同。

即使海军强国曾断言,海洋是一个根本上无地方特性的虚空,不受社会力量的影响,它们仍急切地将自己的资源用于了解——并在可能的时候控制——那些无论人的、海洋学的还是气象学的力量,这些力量可以阻碍将海洋理想化为虚空的运动表面。如德勒兹和瓜塔里指出的,要把海洋构建成一个平滑空间,必然需要不断地制造条纹。①

因此,在一定程度上,由于不友好的自然环境相对难以克服,资源调动存在固有的实际问题,国家(和非国家)行动者正在不断努力将海洋建构为一组地点(a set of places)。[271]自由需要治安,移动需要稳定,需要不断地尝试这两种行动,以使理想化的平滑海洋具有纹路。然而,行动者长期以来以自由的名义在海洋中宣扬权力,还有另一个更深层的原因,而且这一原因可以追溯至把海洋理想化为"自由"商业空间这一过程内部的某种辩证关系。

由于海洋是纯粹距离的代表,海洋成了促进商业与领土扩张的有利空间,海洋由此理想化为能够由所谓的自由资本所消灭的空间,这种资本已经摆脱了物质性的束缚。从圣经之前的文本,到黑格尔,一直到19世纪的地图、麦金德、施米特以及21世纪的金融资本幻想,都视理

---

① Deleuze, G. and Guattari, F. *A Thousand Plateaus*: *Capitalism and Schizophrenia*, trans. Brian Massumi, London: Athlone, 1988.

想的海洋为缺席的海洋(absent ocean)。① 如果海洋真的是"波涛之上尽是波涛",那么,这种理想化的海洋的消亡,说不定可以实现;但如果真的实现,危机就会接踵而来。毕竟,海洋的消亡也意味着距离的消亡,这反过来又会使资本失去通过流通实现价值的手段。换言之,"自由"海洋的理想很成问题。真正的"自由"会暴露出系统的抵牾,这可能会引起一种新的渴望,即渴望使海洋空间具有纹路并使距离重新物质化,以便可以通过穿越广袤的海洋或开采其资源而再次产生价值。

施米特没有注意到这两项微妙之处——海洋自由涉及施加权力的实际需要,以及海洋自由理念内部的辩证关系。即使施米特拒绝用简单的环境决定论解释陆地和海洋的差异,但他仍赞同[陆海]两个表面处在单一却不同的历史轨迹上。环境决定论思想中的物理二元论由同样僵化的社会二元论所取代:陆地是领土化的空间,而海洋则是去领土化的空间。把空间划分为固定范畴由此而自然化,这为经典地缘政治思想奠定了基础,无论是马汉的"海权中心论",还是施米特和麦金德的"后海洋论"。

---

① Connery, C. L. "The oceanic feeling and the regional imaginary", in W. Dissanayake and R. Wilson (Eds.), *Global/Local: Cultural Production and the Transnational Imaginary*, Durham, NC: Duke University Press, 1996; "Ideologies of land and sea: Alfred Thayer Mahan, Carl Schmitt, and the shaping of global myth elements", *Boundary 2* 28, 2001, pp. 177-201; "There was no more sea: the supersession of the ocean, from the bible to cyberspace", *Journal of Historical Geography* 32, 2006, pp. 494-511; Steinberg, P. E. "The maritime mystique: sustainable development, capitalmobility, and nostalgia in the world-ocean", *Environment and Planning D: Society & Space* 17, 1999, pp. 403-426; *The Social Construction of the Ocean*, Cambridge: Cambridge University Press, 2001; "Sovereignty, territory, and the mapping of mobility: a view from the outside", *Annals of the Association of American Geographers* 99, 2009, pp. 467-495.

由海洋解放

那么,如何才能超越施米特,来思考历史上将海洋理想化为"自由"空间的复杂方式呢?另外,这种理想化包含着种种矛盾因素,它如何落实到实践中?一种路径是考究自由理想与不同空间和制度-法律框架中的支配的复杂交集,而不以陆地-海洋二元论为起点。本顿(Lauren Benton)的研究在这方面堪称典范,她展示了欧洲帝国如何在陆上与海上构建了一系列具有不同程度的"自由"与可支配性的空间。① 空间的功能划分——施米特论点的关键——由此保存下来,但与其说[272]存在着固定的二元空间范畴,不如说地球表面有着无穷无尽的变化,并以帝国列强不愿意赋予其以固定范畴为特征。

这种研究方法很可能是有效的(事实上对本顿来说正是如此),但我在这里提出一种不同路径。像施米特一样,我以考察海洋的流动地缘物理性开始,但是,与其把海洋理解为没有地理的空间,不如把海洋理解为有不同地理的空间。可以说,施米特的断言"波涛之上尽是波涛"是准确的,但这些波涛本身包含运动与物质、力量与实质。

海洋是一个不断运动的空间,用《海底两万里》②中阿隆纳克斯教授(Professor Aronnax)的话来说,在移动中移动,但这并不意味着海洋没有独特的地点及性质。然而,与在陆地上通常确定的地点与性质相比,海洋截然不同,因为在海洋上没有静态的背景可以"定位"这种流动的地理。由于受到移动力量的影响,海洋不是由稳定地点组成的世界。相反,在海洋中,运动的物质构成地点,具体来说,这些地点是移

---

① Benton, L. *A Search for Sovereignty: Law and Geography in European Empires*, 1400-1900, New York: Cambridge University Press, 2010.

② Verne, J. *20,000 Leagues Under the Sea*, trans. Anthony Bonner, Toronto: Bantam, 1962[1870].

动的。

因此,我们面临的挑战就是发展一种替代的地理学,以解释这种流动状的世界。在这里,我们把注意力从社会理论家和海洋法历史学家那里转向海洋学家的研究是有用的。海洋学家不受重商主义的"自由"(并因此是理想化且非物质的)海洋概念的束缚,但他们承认海洋在本质上是运动空间,并一直在寻求构建这样一种替代的地理学。他们清楚地意识到,海洋尽管"波涛之上尽是波涛",但它也是无法简单解释的复杂系统。

可以肯定,许多海洋地理学研究采用了某种空间本体论——与施米特的空间本体论没有那么不同。许多海洋地理学家的研究从所谓的欧拉(Eulerian)视角出发,在这种视角下,他们通过记录稳定浮标上作用的力,测量并模拟流体动力。使用欧拉视角的研究者会比较不同方位上的力的表现及特点,尝试确定跨越时空的普遍模式。欧拉研究一直在海洋学中占主导地位,也许是因为它模仿了陆地的空间本体论,即点在空间中是固定的,而移动的力是外来的并作用在这些点上;也可能是因为其他方法成本更高,数学上更复杂。①

从欧拉视角来看,像在施米特采用的空间本体论中一样,物质在逻辑上先于运动而存在。在欧拉视角的海洋地理学的世界中,以浮标为代表的地理的固定方位会持续存在,哪怕没有穿过这些方位之间及之外的"自由"空间的运动力量。

另一种方法是采用拉格朗日(Lagrangian)视角,在这种视角下,运动即是地理学,而非地理学的后续。从这个视角出发,海洋学家会追踪在三维空间中移动的"漂浮物"的路径,每个漂浮物代表一个粒子(particle),即拉格朗日流体动力学的基本单元。界定运动的是移动包(mobile packages)内的物质特征在空间中的位移,而不是抽象的力量,

---

① Davis, R. "Lagrangian ocean studies", *Annual Review of Fluid Mechanics* 23, 1991.

[273]这些特征只有通过它们的移动才能呈现。① 换句话说,物体形成于在空间中移动(或展开)之时。反过来说,空间不再是固定的背景,而是展开[或移动]的一部分。世界由移动建构,而不需要参考任何固定的方位或坐标网格。从这一视角来看,运动是地理学的基础。因此,设想地理之外的运动的"自由"(海洋)空间没有基础。

尽管没有特别提到海洋学研究,但德兰达(Manuel DeLanda)阐述了以下两者间的概念关联:一方面是德勒兹的哲学,另一方面是黎曼(Riemannian)的微分几何学,后者构成了拉格朗日流体动力学的数学基础。两者都"没有补充的(更高的)维度强加在某个外部的坐标上,因此也没有从外部定义的统一性"。② 从这个角度看,空间与其说是一种物或一个静止的框架,不如说是一种不断由其动态的、构成性的要素所制造的媒介。像施米特的海洋那样,这种空间并不拒绝刻画;相反,它由对它的刻画和不断重新刻画所建构,由此使经典的地缘政治解读的基础变得多元化——同时消除了领土性的偏见。③

超越"自由"与"秩序"

根据英译者[乌尔曼]的说法,施米特将 nomos[法]定义为"具体

---

① Bennett, A. *Lagrangian Fluid Dynamics*, Cambridge University Press, 2006.

② DeLanda, M. *Intensive Science and Virtual Philosophy*, Continuum, 2002, p. 12.

③ 我求助于拉格朗日思想是为了颠覆一种想法,即空间是与运动和时间相对立的静态概念,这与马西求助于板块构造学的目的非常相似。然而,拉格朗日的比喻更可取,因为在海洋中地点的持续变化更为完整(毕竟板块随着时间的推移保持不变,即使位置会变),也因为海洋是实际体验到当代移动的地点,而地质时间的跨度则远远超出人类的经验。参见 Massey, D. *For Space*, Thousand Oaks: Sage, 2005; Massey, D. "Landscape as a provocation: reflections on moving mountains", *Journal of Material Culture* 11, 2006, pp. 33-48。

的秩序",以区别于从法律中衍生出来的抽象秩序。① 然而,甚至在施米特看来,海洋也是不具体且缺乏秩序的。在特定的背景下,海洋"自由"没有实质内容,作为一个拒绝(可以在空间和时间中确定意义的)刻画的空间,海洋永远不可能贮藏秩序,尽管人们一直渴望将海洋秩序化。

与施米特相对,这一章提出,海洋的力量并不在于作为"自由"空间在现代世界中发挥的功能。如施米特自己承认的,这种"自由"一直以来都是变化不定的,并可能被置于许多不同的目的及应用中。更准确地说,"自由海洋"概念的力量,在于能够使我们以更"自由"的方式思考世界秩序。当我们考虑海洋的物理性时,秩序就变成某种动态的、不断重构的东西,因为运动的力量构建了不稳定的空间,这些空间通过新的移动行为而不断地转变。这也是一种 nomos[法],它与施米特所设想的相去甚远,但对于将要作为后现代的特质的那种 nomos[法]而言,这可能是海洋作出的意义最深远的贡献。

参考文献

Bennett, A. (2006) *Lagrangian Fluid Dynamics*, Cambridge: Cambridge University Press.
Benton, L. (2010) *A Search for Sovereignty: Law and Geography in European Empires, 1400–1900*, New York: Cambridge University Press.
Borgese, E. M. (1998) *The Oceanic Circle: Governing the Seas as a Global Resource*, Tokyo: United Nations University Press.
—— (1999) "Global civil society: lessons from ocean governance," *Futures* 31: 983–991.
Connery, C. L. (1996) "The oceanic feeling and the regional imaginary," in W. Dissanayake and R. Wilson (Eds.), *Global/Local: Cultural Production and the Transnational Imaginary*, Durham, NC: Duke University Press.
—— (2001) "Ideologies of land and sea: Alfred Thayer Mahan, Carl Schmitt, and the shaping of global myth elements," *Boundary 2* 28: 173–201.

---

① Ulmen, G. L. "Translator's introduction", in C. Schmitt, *The Nomos of the Earth in the Jus Publicum Europeaum*, New York: Telos, 2003.

—— (2006) "There was no more sea: the supersession of the ocean, from the bible to cyberspace," *Journal of Historical Geography* 32: 494–511.
Davis, R. (1991) "Lagrangian ocean studies," *Annual Review of Fluid Mechanics* 23: 43–64.
DeLanda, M. (2002) *Intensive Science and Virtual Philosophy*, London: Continuum.
Deleuze, G. and Guattari, F. (1988) *A Thousand Plateaus: Capitalism and Schizophrenia*, trans. Brian Massumi, London: Athlone.
Grotius, H. (1916 [1608]) *The Freedom of the Seas, or the Right Which Belongs to the Dutch to Take Part in the East Indian Trade*, trans. Ralph Van Deman Magoffin, New York: Oxford University Press.
Hamblin, J. D. (2005) *Oceanographers and the Cold War: Disciples of Marine Science*, Seattle: University of Washington Press.
Massey, D. (2005) *For Space*. Thousand Oaks: Sage.
—— (2006) "Landscape as a provocation: reflections on moving mountains," *Journal of Material Culture* 11: 33–48.
Pacem in Maribus (1992) "Ocean governance: a model for global governance in the 21st century?" Background paper prepared for Pacem in Maribus XX, 1–5 November, Valetta, Malta.
Reidy, M. S. (2008) *Tides of History: Ocean Science and Her Majesty's Navy*, Chicago: University of Chicago Press.
Rozwadowski, H. M. (2005) *Fathoming the Ocean: The Discovery and Exploration of the Deep Sea*, Cambridge: Belknap.
Schmitt, C. (2003 [1950/1974]) *The Nomos of the Earth in the International Law of the Jus Publicum Europaeum*, trans. G. L. Ulmen, New York: Telos.
Steinberg, P. E. (1999) "The maritime mystique: sustainable development, capital mobility, and nostalgia in the world-ocean," *Environment and Planning D: Society & Space* 17: 403–426.
—— (2001) *The Social Construction of the Ocean*, Cambridge: Cambridge University Press.
—— (2009) "Sovereignty, territory, and the mapping of mobility: a view from the outside," *Annals of the Association of American Geographers* 99: 467–495.
Ulmen, G. L. (2003) "Translator's introduction," in C. Schmitt, *The Nomos of the Earth in the Jus Publicum Europeaum*, New York: Telos.
Verne, J. (1962 [1870]) *20,000 Leagues Under the Sea*, trans. Anthony Bonner, Toronto: Bantam.

十八　界线之外无和平

斯特克(Peter Stirk)

[276]在《大地的法》中,施米特突出地描述了发现美洲的意义,同时描述了全球范围内的新世界占取与世界划分的情况。在某种程度上,这种描述是对占取一整块大陆的正当性的辩护:占取进程在当时引起了争议,并仍然在继续引发新的解释。① 更重要的是,这本文集描述了这些占取的法律意义,用施米特的小标题来说,就是"论占取作为国际法之建构性因素"。② 施米特认为,这一占取开启了国际法的新纪元,该纪元在施米特本人的有生之年才走到尽头。③ 宣称这些事件的划时代意义之后,施米特立即转向他所谓的"全球划界思维":

大地,此前从未真正以球体的形态登场过,它不只被神秘化,而且很少成为科学研究的事实对象和施以实际测量的空间。然而,全新的、此前不可想象的问题出现了:在新的国际法空间秩序

---

① 例如,见 Francisco de Vitoria, *Vitoria. Political Writings*, Cambridge University Press, 1991; Richard Tuck, *The Rights of War and Peace*, Oxford University Press, 1999; Ken MacMillan, *Sovereignty and Possession in the English New World*, Cambridge University Press, 2006.

② Schmitt, *Nomos of the Earth*, 2003[1950], p. 80. [译注]《大地的法》中文版,页47。

③ 关于施米特的国际法的分期,见 Peter Stirk, "Et l'ére de l'État touché á sa fin", *Revue Études internationals*, 40, 2009, pp. 37-54.

之下,整个地球即将以全新的形态呈现。①

下面的评论将集中讨论"全球划界思维"这一观念的政治内涵。

在《大地的法》中,施米特列举并讨论了与美洲关联的全球划界思维的若干事件。据说,第一个例证是西班牙与葡萄牙划分新世界乃至全球的拉亚线,划线过程从1494年5月4日教宗亚历山大六世的诏书开始,同年西班牙与葡萄牙之间的《托尔德西利亚斯条约》和1526年的《萨拉戈萨条约》又巩固了这一划分(同上,页88-89)。施米特指出,

> 拉亚线本身并不涉及基督教和非基督教地区的界分,它只是两个大肆占取的基督教势力之间在空间秩序框架下的一种内部分界。拉亚线的划分实际是基于占取的国际协定,当时的占地和夺海尚未区分开来。②

[277]第二个例证对施米特后来的论证更为重要,就是友好线,他将这条线的产生追溯到1559年西班牙与法国通过《卡托-康布雷奇和约》达成的秘密协定。除此之外,施米特只提到黎塞留于1634年7月1日为确认友好线而起草的法国宣言,以及1630年11月15日英国与西班牙为否定友好线而签署的协约。他另外参考的只有少数几位法学家和政治理论家。然而,他赋予这些友好线以巨大意义:

> 以此线为界,欧洲结束,新世界开始。以此线为界,欧洲的法

---

① Schmitt, *Nomos of the Earth*, 2003[1950], p. 86. [译注]《大地的法》中文版,页56。

② Schmitt, *Nomos of the Earth*, 2003[1950], p. 92. 教宗诏书是否具有施米特所宣称的意义,令人怀疑。参见 Philip Steinberg, "Lines of Division, Lines of Connection", *Geographical Review*, 89, 1999, pp. 254-264. [译注]《大地的法》中文版,页61-62。

律,尤其是欧洲公法,也失去了效力。因此,从这条线开始,迄今的欧洲国际法所推动的战争禁令也失效了,为占取而发动的争战肆无忌惮。在这条线之外,一个"海外的"区域开始了,这里不存在战争的法律限制,所行的只有弱肉强食的丛林法则。①

第三个例证,即"西半球"[界线],施米特最初只笼统地予以论述,他把它描述为"新世界对旧世界的第一次对抗",但又认为它与先前的诸多界线在概念上是关联的。② 当他回到西半球[界线]的主题时,他明确指出,这条线由1823年的"门罗主义"所昭示。点到为止之后,他讨论了后来的一个变体,即1939年10月3日的《巴拿马宣言》,根据该宣言,美洲国家主张在美洲两侧海岸建立300英里宽的中立安全区。

在早期的著作中,施米特在美国参战前后都给予了西半球更多的重视,③但是,在《大地的法》中,"因为假定的美洲国家的中立性消失了",④所以,施米特对西半球的处理相当粗略。他当时陈述道,门罗主义"是体现所谓西方理性主义影响之下的'全球划线思想'的重要例证"。⑤ 不过,与之前的线非常不同,门罗主义是"自我孤立型",而不是分配的界线(拉亚线)或"争夺"(agonal)的界线(友好线),不过这也是批判的前奏:门罗主义转向了以美国的道德优越感为基础而为干预辩护。

---

① Schmitt, *Nomos of the Earth*, 2003[1950], pp. 93-94. [译注]《大地的法》中文版,页63-64。

② Ibid., p.99;[译注]同上,页70。

③ Schmitt, "Raum und Großraum im Völkerrecht", in Carl Schmitt, *Staat, Großraum, Nomos*, Berlin: Duncker & Humblot, 1995[1940], pp. 256-257; Schmitt, "Die letzte globale Linie", in Carl Schmitt, *Staat, Großraum, Nomos*, Berlin: Duncker & Humblot, 1995[1943], pp. 442-443.

④ Schmitt, *Nomos of the Earth*, 2003[1950], p. 282. [译注]《大地的法》中文版,页264。

⑤ Ibid., p.286;[译注]同上,页268。

施米特论述所具有的潜在吸引力不难识别,特别是他对旧的友好线的看法,以及他对自己所总结的门罗主义思维模式的两难困境的看法。就评论最近事态的发展而言,他的论述提供了一幅图景,可帮助我们区分和平地区与战争地区,或者说,区分冲突受某种正义感制约并受传统战争法约束的地区与缺乏任何适用规则的地区。施米特的区分,与反恐战争的修辞及做法的关联显而易见。

同样,他的论述刻画了一种充满道德优越感的国家形象,但这种国家在两种形象之间徘徊:一方面是倾向于将自己[278]与道德低劣且混乱不堪的外部世界区别开来,另一方面是日益强烈地倾向于以文明使命(civilizing mission)为名义干预外部世界。当人们认为干预缺乏克制并超越了第一种国家形象所构想的界线时,这两种形象就重合了。最近的一篇文章在另一方面批判了施米特对美国的描述,足可见后者的吸引力。文章称:

> [施米特的]全球划界思维……抓住了一种规范框架,这一框架对"文明"国家间的战争施加约束,这些"文明"国家遵从欧洲公法,但当这一群国家与它们之外的"非文明"统一体作战时,却又不受任何约束。①

另一位评论家注意到美国扮演的主要角色,补充道:"在此,我们也可以说一切都始于1492年。"② 还有一位评论家承认,"在今天看来,'划界'的做法已经过时",但他又迅速补充说,"施米特的研究不该归入国际主义理论史的档案"。③ 三人都接受施米特关于"划界思维"的

---

① Jason Ralph, "The Laws of War and the State of the Exception", *Review of International Studies*, 35, 2009, p. 633.

② Gil Anidjar, "Terror Right", *The New Centennial Review*, 4(3), 2004, p. 56.

③ Filippo Ruschi, "Space, Law and Power in Carl Schmitt", Jura Gentium Online, 2008.

论述,包括他对友好线的评价。

他们这么做的确是有原因的。提出关于划界思维的论述时,施米特明确地借鉴了其他学者的研究。他特别关注德国人瑞恩(Adolf Rhein)和美国人达文波特(Frances Gardiner Davenport)的研究成果。他多处提到瑞恩作品的"出色描述",①并坦然承认,在友好线方面,正是达文波特与瑞恩"道出了这些地理界线在殖民史上的重要意义"。② 施米特将友好线的开端追溯到《卡托-康布雷奇和约》,正是引用了达文波特的看法。③ 我们不必依赖于施米特,就能得出与他类似的结论,即他对友好线的重要性与把世界划分为不同法权区域的看法,甚或对后来美国外交政策——尤其以门罗主义的形式与15、16世纪的世界史与国际法有某种延续关联——的看法。

古尔德(Eliga Gould)以"法律区、暴力区"为标题,提到"所谓的友好线"建立了一个"许可暴力的体系",这一体系没有破坏欧洲内部的和平。但是,古尔德并没有谈到施米特。古尔德充分地指出这一体系有其遥远的起源,即《托尔德西里亚斯条约》和《卡托-康布雷奇和约》。④ 然而,古尔德的[理论]资源中最突出的是达文波特,这里达文波特的观点得到美国历史学家萨维尔(Max Savelle)而非德国人瑞恩的支持。萨维尔充分肯定达文波特的作品,称其为"现存的关于该主题

---

① Carl Schmitt, „Raum und Großraum im Völkerrecht", in Carl Schmitt, *Staat, Großraum, Nomos*, Berlin: Duncker & Humblot, 1995 [1940], p. 242; *Völkerrechtliche Grossraumordnung*, in Carl Schmitt, *Staat, Großraum, Nomos*, Berlin: Duncker & Humblot, 1995 [1940], p. 312; *Nomos of the Earth*, 2003 [1950], p. 90.

② Schmitt, *Nomos of the Earth*, 2003 [1950], p. 90. [译注]《大地的法》中文版,页59。

③ Ibid., p. 92. [译注]同上,页62。

④ Eliga Gould, "Zones of Law, Zones of Violence: The Legal Geography of the British Atlantic, circa 1772", *William and Mary Quarterly*, 2003, pp. 479 - 480.

的唯一重要著作"。①

在此值得停顿一下以澄清这些论点的内涵。第一,虽然达文波特、瑞恩、萨维尔与施米特地位突出,但这不是说他们发明了关于所谓友好线的所有论点或口号。例如,[279]"界线之外无和平"一语,可能首先是由斯科特(Walter Scott)明确表述的。②

第二,并非仅有上述几位学者使用过此语。如马丁利(Garrett Mattingly)所言,20世纪第一个十年之后,

> 每个人都借用这句话写作,好像大家都知道这句话似的。在一本关于英国海外活动的薄书中,索引中未出现"界线之外无和平",因为书中任何地方都能找到两三处甚至十几处引用。③

第三,该口号与接受对友好线的论述,包括友好线的起源《卡托-康布雷奇和约》,或者另一个起源如1598年[法国与西班牙签订]的《韦尔万条约》(Treaty of Vervins),可以在相当不同的语境下出现,而不带有瑞恩、施米特和萨维尔赋予两者的关联。④

第四,上述学者在使用材料方面存在相当大的分歧,尽管他们的材料是一致的;其中古尔德最为独特。

第五,尽管有这些分歧,上述学者都同意友好线的存在,认为它们

---

① Max Savelle, *The Origins of American Diplomacy*, Macmillan, 1967, p. xii.

② 转引自 Garrett Mattingly, "No Peace Beyond What Line?", *Transactions of the Royal Historical Society*, 13, 1963, p. 158, 161; Jörg Fisch, *Die europäische Expansion und das Völkerrecht*, Steiner, 1984, p. 144.

③ Garrett Mattingly, "No Peace Beyond What Line?", *Transactions of the Royal Historical Society*, 13, 1963, p. 161.

④ 例如,James A. Williamson, *Hawkins of Plymouth*, Adam & Charles Black, 1949, p. 46; John W. Blake, *West Africa Quest for God and Gold 1454-1578*, London: Curzon, 1977, p. 60.

构成国际法的一项制度,并具有持久的意义。正是这一点,使施米特在《大地的法》中提出的论述如此明显地具有说服力。

不过,也有一些持不同意见的人,他们既质疑历史的准确性,也质疑达文波特、瑞恩与施米特宣称的法律意义,并在不同程度上质疑那些没有参考他们便追随他们或持有类似观点的人。这些异议者当中突出的是美国的现代早期欧洲史学家马丁利(Garrett Mattingly)与当代德国的国际法及国际关系史学家菲什(Jörg Fisch)。马丁利的短文《什么界线外没有和平?》的标题就体现了他的怀疑态度,这种怀疑主要集中在达文波特身上,并没有关注到施米特或瑞恩的论点;而菲什详尽的大部头著作则把施米特与瑞恩当作主要靶子。不过,马丁利与菲什都处理了上文提到的证据和主张。

关于证据问题,马丁利指出,达文波特引用的关于《卡托-康布雷奇和约》的资料寥寥无几,并补充说,西班牙谈判代表格兰维勒(Granvelle)是达文波特的主要资料来源,格兰维勒"向其君主谏言,在他看来,让这么小的问题无限期地延迟双方都希望的和平到来是愚蠢的"。尽管马丁利也承认,有证据表明存在一些协议规定了在哪些地方谨守或者在哪些地方不必谨守和平,但没有明确的证据表明分界线到底是什么。①

尽管如此,马丁利的主要观点是,他找不到英格兰人在1625年之前使用过这类语言的证据(同上,页160)。即使马丁利发现英格兰人说过这类话,也不等于英格兰人承认这些话是国际法,特别是一种准予设立暴力区或界线以外的无法区的法的声明,尽管他没有指出这一点。没有必要采用这种论ద来使英格兰人在加勒比地区对西班牙人的行动正当化。[280]英格兰人的行动能够被正当化,如在西班牙人抗议德雷克(Drake)的掠夺的著名案例中:

---

① Garrett Mattingly, "No Peace Beyond What Line?", *Transactions of the Royal Historical Society*, 13, pp. 146-147.

西班牙人由于对英格兰人的不公正而自食恶果,他们违反了万国法(contra ius gentium),将英格兰人排除在与西印度群岛的贸易之外。①

这种情绪在1664年仍然明显,当时英格兰大使在回应西班牙的抗议时,使用了与界线相关的语言:"我们已经告诉他……如果我们已经在界线之外与西班牙达成和平,那么我们也应该有贸易自由和使用他们港口的自由。"②

菲什更加怀疑与《卡托-康布雷奇和约》有关的断言,他认为在条约主要以书面形式谈判的时代,依赖口头协议非常奇怪。③ 不过,菲什主要关切的是单纯缺少对本应关键的和约内容的提及:除了法国的亨利四世为了证明法国人对西班牙人的报复是正当的——由于西班牙人固执地把法国人当作"界线外的"敌人——而在1604年的一封信中提到1559年的和约,其他人罕有提及。④

西班牙人单方面宣称对加勒比地区的垄断权与治安权,法国人和越来越多的英格兰人则否认这种权利。[法国摄政]玛丽·德·美迪奇(Marie de Medici)于1610年至1611年写给英格兰人两封信,信中声称法国从西班牙获得的战利品是有效的。事实上,菲什认为,在这两封信出现之前,一直没有明确的关于划分共同权利区与法律真空区的主张,甚至这里关于口头协议的暗示也在第二封信中才出现,这封

---

① Edward Cheyney, "International Law under Queen Elizabeth", *The English Historical Review*, 80, 1905, p. 660.

② Richard Fanshaw, *Original Letters of his Excellency Sir Richard Fanshaw*, 1702, p. 112.

③ Jörg Fisch, *Die europäische Expansion und das Völkerrecht*, Steiner, 1984, p. 60.

④ Ibid., p. 115;关于这封信,见 Frances Gardiner Davenport, *European Treaties bearing on the History of the United States and its Dependancies to 1648*, Carnegie, 1917, p. 221.

信与第一封隔了一年。① 马丁利也将这[封信]界定为"我发现的关于'友好线'的第一个法国定义"。② 玛丽·德·美迪奇[在第二封信中]写道：

> 西班牙大使无权收回我儿子的臣民在界线外夺取的财产,因为两国王室的臣民在那些水域从未有任何和平,这一点可以从弗朗西斯一世(Francis I)以来的所有条约中得到证实。而且无论双方的谈判代表会晤多少次,他们从来没有找到解决这一特殊困难的任何办法,除了在口头上相互同意,无论在西面的亚速尔群岛子午线和南面的北回归线以外发生多少敌对行为,都不应该有申诉和索赔的理由,而是谁证明自己更强大,谁就应该被当成主子。③

施米特等人正是在这种薄弱的基础上构建了一个"国际法之建构性因素"。④

剩下的问题是,为什么瑞恩、施米特与萨维尔要抓住如此薄弱的证据。没有什么唯一的答案。[281]欧洲人把新世界的陌生土著随便地视为处于自然状态中的"天生的奴隶",新世界的发现提供了一个容易让人相信这种建构的持久形象。然而,从一开始,这种定性就备受争议。欧洲人对这个新世界所持态度的复杂性与模糊性众所周知。维多利亚是讨论占取新世界[问题]的最为著名的评论家,后世学者对他的

---

① Jörg Fisch, *Die europäische Expansion und das Völkerrecht*, Steiner, 1984, pp. 115–116.

② Garrett, Mattingly, "No Peace Beyond What Line?", *Transactions of the Royal Historical Society*, 13, 1963, p. 148.

③ Ibid., p. 149. 这两封信的内容可见 David Asseline, *Antiquitez et chroniques de la ville de Dieppe*, Marais, 1874.

④ Schmitt, *Nomos of the Earth*, 2003[1950], p. 80. [译注]《大地的法》中文版,页47。

解读大相径庭,由此亦可见欧洲人对新世界的这种态度。① 然而,甚至比较隐晦的评价也会认为,欧洲人宣称自己是这个世界的主人,此乃不义的;倒不是说欧洲人认为这个世界是一个暴力区,在这个区域里,更强者的权利是欧洲人会相互接受的唯一权利。不管怎样,新世界[的存在]这个简单的事实可能起了作用。起作用的还有下述事实,即马丁利在谈到"界线之外无和平"的教条时所说,"每个人都借用这句话写作,好像大家都知道这句话似的"。② 这就引出一个问题,即他们为什么要突然这样做。

至少对瑞恩、施米特与萨维尔来说,围绕美国在世界中所起作用的争论,特别是与门罗主义有关的争论,有一个更确切的答案。显然,两位德国人对此既感兴趣也感不安,因为他们生活在"由盎格鲁-撒克逊所支配的世界霸权……—种 pax anglo-saxonica[盎格鲁-撒克逊治下的和平]"的前景中。③ 反讽的是,美国人在第一次世界大战后又对门罗主义表现出新的热情,尽管当时美国人比以往任何时候都更不需要担心欧洲对美洲的干预——这曾是门罗主义产生的根本原因。④ 事实

---

① Francisco de Vitoria, *Vitoria*, *Political Writing*, Cambridge University Press, 1991; Anthony Pagden, *Lords of all the World*, New Haven, Yale University Press, 1995; Tzvetan Todorov, *The Conquest of America*, Norman: University of Oklahoma Press, 1999.

② Garrett Mattingly, "No Peace Beyond What Line?", *Transactions of the Royal Historical Society*, 13, 1963, p. 161.

③ Friedrich Meinecke, *Machiavellism*, New Brunswick, NJ: Transaction, 1998, pp. 431-432. 虽然可以认为施米特将美国视为他的敌人(Peter Stirk, "Carl Schmitt's Enemy and the Rhetoric of Anti-Interventionism", *The European Legacy*, 8, 2003, pp. 21-36),但值得回顾的是对美国的态度的模糊性,尤其在被视为欧洲国家中最美国化的国家的德国(Peter Berg, *Deutschland und Amerika 1918-1929*, Matthiesen, 1963)。

④ Dexter Perkins, *A History of the Monroe Doctrine*, Boston: Little, Brown & Company, 1967, pp. 314-315.

上,加纳(James Garner)忍不住以"门罗主义的回潮"为题发表了评论。① 加纳在文中讲到,在双边仲裁条约中,美国以前所未有的坚决态度,要求增加"保障"门罗主义的条款,从1928年到他的文章发表之日,共有24项这类条约。但加纳也注意到,美国"显然不希望门罗主义成为一项国际法原则,而且,如果其他国家这么认为,美国可能不会承认"(同上,页249)。当然,这正是施米特在其《现代帝国主义的国际法形式》中感到着迷且恐惧之处。

施米特一边描述世界划分、拉亚线、友好线、最初的"门罗主义"及其变迁,一边从中寻找这种"语法的统治者"的权力根源,并寻找能够制约它的形式。他把自己的恐惧,更把自己的希望与遗憾,投射到现代早期欧洲的历史中,投射到欧洲与新世界的相遇中。在这样做的过程中,他赋予西班牙君主和法国摄政女王在塑造国际法方面一定程度的权威,他们曾非常热切地想要掌握这种权威,却没有实现的希望。同时,他还为一个神话的延续做出了重大贡献。对于这个神话,我们可以理解,但没有义务去认同。

参考文献

Anidjar, Gil (2004), 'Terror Right', *The New Centennial Review*, 4(3): 35–69.
Asseline, David (1874), *Antiquitez et chroniques de la ville de Dieppe*. Dieppe: Marais.
Berg, Peter (1963), *Deutschland und Amerika 1918–1929*. Lübeck: Matthiesen.
Blake, John W. (1977), *West Africa. Quest for God and Gold 1454–1578*. London: Curzon.
Cheyney, Edward (1905), 'International Law under Queen Elizabeth', *The English Historical Review*, 80: 659–72.
Davenport, Frances Gardiner (1917), *European Treaties bearing on the History of the United States and its Dependancies to 1648*. Washington, DC: Carnegie.
Fanshaw, Richard (1702), *Original Letters of his Excellency Sir Richard Fanshaw*. London: n.p.

① James Garner, "The Recrudescence of the Monroe Doctrine", *Political Science Quarterly*, 45, 1930, pp. 231–258.

Fisch, Jörg (1984), *Die europäische Expansion und das Völkerrecht*. Stuttgart: Steiner.
Garner, James (1930), 'The Recrudescence of the Monroe Doctrine', *Political Science Quarterly*, 45: 231–58.
Gould, Eliga (2003), 'Zones of Law, Zones of Violence: The Legal Geography of the British Atlantic, circa 1772', *William and Mary Quarterly*, 40: 471–510.
MacMillan, Ken (2006), *Sovereignty and Possession in the English New World*. Cambridge: Cambridge University Press.
Mattingly, Garrett (1963), 'No Peace Beyond What Line?', *Transactions of the Royal Historical Society*, 13: 145–62.
Meinecke, Friedrich (1998), *Machiavellism*. New Brunswick, NJ: Transaction.
Pagden, Anthony (1995), *Lords of all the World*. New Haven, CT: Yale University Press.
Perkins, Dexter (1967), *A History of the Monroe Doctrine*. Boston: Little, Brown & Company.
Ralph, Jason (2009), 'The Laws of War and the State of the Exception', *Review of International Studies*, 35: 631–49.
Rasch, William (2003), 'Human Rights as Geopolitics', *Cultural Critique*, 54: 120–47.
Ruschi, Filippo (2008), 'Space, Law and Power in Carl Schmitt', *Jura Gentium Online*. Available at: http://juragentium.unifi.it/en/surveys/thil/nomos.htm. Last accessed 1 January 2010.
Savelle, Max (1967), *The Origins of American Diplomacy*. London: Macmillan.
Schmitt, Carl (1995a [1940]), 'Raum und Großraum im Völkerrecht', in Carl Schmitt, *Staat, Großraum, Nomos*. Berlin: Duncker & Humblot.
Schmitt, Carl (1995b [1941]), 'Völkerrechtliche Grossraumordnung', in Carl Schmitt, *Staat, Großraum, Nomos*. Berlin: Duncker & Humblot.
Schmitt, Carl (1995b [1943]), 'Die letzte globale Linie', in Carl Schmitt, *Staat, Großraum, Nomos*. Berlin: Duncker & Humblot.
Schmitt, Carl (2003 [1950]), *The Nomos of the Earth*. New York: Telos Press.
Steinberg, Philip (1999), 'Lines of Division, Lines of Connection', *Geographical Review*, 89: 254–64.
Stirk, Peter (2003), 'Carl Schmitt's Enemy and the Rhetoric of Anti-Interventionism', *The European Legacy*, 8: 21–36.
Stirk, Peter (2009), 'Et l'ére de l'État touché á sa fin', *Revue Études internationals*, 40: 37–54.
Todorov, Tzvetan (1999), *The Conquest of America*. Norman: University of Oklahoma Press.
Tuck, Richard (1999), *The Rights of War and Peace*. Oxford: Oxford University Press.
Vitoria, Francisco de (1991), *Vitoria. Political Writings*. Cambridge: Cambridge University Press.
Williamson, James A. (1949), *Hawkins of Plymouth*. London: Adam & Charles Black.

十九　边界

沃恩·威廉姆斯(Nick Vaughan-Williams)

[284]由人类建造的篱笆，构造了圈围而成的圆环，这就是宗教、法律和政治的集体生活的初始形式。①

这篇简短的回应文章意在尝试从边界的角度解读施米特的《大地的法》。其目的是识别并探究，在施米特描述法权的空间基础的演变轨迹时，边界概念发挥了怎样的作用。施米特没有"界定"这一概念本身，然而，这一概念却以不同方式出现在各个论述节点上。我将论证，nomos[法]的观念本身与边界划定(border-making)的做法紧密关联，而且正是通过这些做法，特定历史时期中秩序与场域之关联的性质才得以体现。

此外，我想说明的是，施米特关于新 nomos[法]存在可能的讨论让人激动，它表明了他本人地缘政治思维的转变，即他已经超越国家及其边界的视域，而在此之前，可以说他一直受国家及其边界视域的束缚。然而，与当今全球化的某些解释不同，施米特并没有预言边界在全球政治中会直接遭到淘汰，而只是提出了边界的移动、变异以及技术改造。

在施米特试图"发现大地的丰富意义"②的过程中，边界的形象至关重要。在《大地的法》开篇，施米特提请读者注意，在开垦与耕种土

---

① Schmitt, *Nomos of the Earth*, 2003[1950], p. 74. [译注]《大地的法》中文版，页41。

② Ibid., p. 39. [译注]同上，页2。

地时,人类如何通过田亩、牧场和森林的划分建立并维持界线。① 事实上,他认为正是通过制造"篱笆、围场、边界、界碑、房屋等建筑",社会生活中秩序与场域间关联的性质才得以彰显。此外,这些边界既构成了大地与法权间本来隐秘的关联,又使其变得可见;按照施米特的表述,大地的划分是彰显秩序与场域的可能性条件。

通过nomos[法]这一核心概念,施米特试图把握的正是大地的划分及其所决定的法-政治(juridical-political)秩序。[285]按照迪恩的说法,如果说福柯试图研究权力的"怎样",那么,施米特的研究就是在探索法律的"何地"。② 如本文集中其他篇目所详述的,nomos[法]概念衍生自意为"获取或占取"的希腊词nemein。③ 希腊词nemein译为德语是nehmen,而nehmen又与德语动词teilen[划分或分配]和weiden[放牧]关联。④ 由此,nomos[法]的观念就包含三个层面[的含义]——土地的占取、划分和耕种,它们是"人类历史的原始过程,原始戏剧的三幕"(同上,页351)。施米特提到作为"边界词汇"(fence-word)的nomos[法]"像城墙,它建立在神圣场域的基础之上",⑤因此nomos[法]具有空间意识的形式。

在施米特看来,虽然秩序与场域间关联的性质因历史文化背景的不同而变化,但是,nomos[法]在人类社会生活中拥有基本的、恒定的结构地位:

> 对于共存于地球上的人民、帝国与国家来说,对于所有类型的

---

① Ibid., p. 42. [译注]同上,页7。

② Mitchell Dean, "A Political Mythology of World Order: Carl Schmitt's Nomos Theory", *Culture and Society*, 23(5), 2006, pp. 1-22.

③ Schmitt, *Nomos of the Earth*, 2003[1950], p. 67. [译注]《大地的法》中文版,页33。

④ Schmitt, *Nomos of the Earth*, 2003[1950], pp. 344-345.

⑤ Ibid., p. 70. [译注]《大地的法》中文版,页37。

掌权者和权力机构来说,每一个新的时代和新的纪元,都要以一种新的空间分配、新的圈围和新的大地空间秩序为基础。①

这样,《大地的法》就通过研究各种类型的边界,呈现了大地空间意识的历史,以及大地与法权的关系。

施米特确定了三个时代,每个时代具有各自不同的 nomos[法],每个时代的 nomos[法]由所谓不同的边界逻辑所塑造。他认为,直到 15 世纪末、16 世纪的"大发现时代",我们今天所认为的地球概念方才形成。在此之前,虽然"天"和"地"的观念已经存在,但作为计量单元的地球概念尚未形成。因此,当时并没有地球的 nomos[法],尽管基督教国家是一种空间秩序,这一秩序依赖于中世纪西方土地、异教徒土地与伊斯兰帝国土地之间的划分。施米特认为,每个民族都认为自己是大地的中心,并将"外部"(outside)视为混乱和野蛮地带:"这就表示,他们可以以善意占领并利用外界,直到遭遇一种边界。"(同上,页 352)

然而,随着环球航行而来的是海洋的开辟、新地图的绘制以及施米特所说的"全球划界思维"的出现。② 1492 年美洲大陆的"发现"为欧洲人在殖民地上进行占取、划分和耕种创造了自由空间。这就进而需要有新的全球空间秩序,于是对新秩序的需求刺激了第二个 nomos[法]的出现:欧洲公法。

第一批"全球线"的例证包括 1494 年教宗亚历山大六世的"教宗子午线"(inter caetera divinae,一条将美洲土地授予西班牙的贯穿两极的线),同年的"海洋分区"(partition del mar Océano,西班牙和葡萄牙之间对大西洋的瓜分),以及后来 1559 年的英法"友好线"。施米特认为,友好线对欧洲国际法的出现具有特别重大的意义。这些边界线意味着欧洲土地的结束与"新世界"的开始。[286]这种划分的结果是遏

---

① Ibid., p. 79.[译注]《大地的法》中文版,页 46。
② Ibid., p. 87.[译注]《大地的法》中文版,页 57。

制或"限制"[欧洲内部的]战争,而在欧洲以外"所行的只有弱肉强食的丛林法则"。①

欧洲公法不仅与欧洲空间-非欧洲空间的关键划分齐头并进,还与某种法-政治秩序相伴而生,这种法-政治秩序以中央集权的、空间上自足的主权国家为基础。这种新的欧洲空间秩序的核心是国家边界的概念,至少在施米特的表述中,这一概念为政治统一、结束内战以及明确划分辖区提供了条件:

> 该 nomos[法]的核心在于欧洲土地被划分为有固定边界的国家领土,因此而得出一个很重要的区分:已被承认的欧洲国家的土地及其国家领土就具有了一种特殊的国际法土地地位。②

这样一来,以混乱、重叠的个人效忠关系为基础的中世纪秩序,就转化为由现代中央集权的主权国家组成的体系,各主权国家通过互相承认平等和其他"实质性和可计算的规范"联系在一起。③

施米特认为,虽然在三个多世纪当中,以欧洲为中心的空间秩序一直保持着支配地位,但在 1890 年至 1918 年期间,这一 nomos[法]陷入了最终的衰落阶段。再一次,正是通过分析变化着的边界性质——大地的空间意识正是通过边界来体现的——他展开了对这些影响深远的变化的描述。

首先且最重要的是,欧洲公法的解体,是由于"文明人""半文明人(蛮夷)"和"野蛮人"的范畴[区分]在法律上越来越无足轻重。④ 施米特认为,虽然这些范畴之前一直带有欧洲与非欧洲区域的法-政治秩序的严格划分,但欧洲母国与海外殖民地[之间的区别]变得越来越模

---

① Ibid., p. 9.[译注]同上,页 64。
② Ibid., p. 148.[译注]同上,页 126。
③ Ibid., p. 201.[译注]同上,页 181。
④ Ibid., p. 234.[译注]同上,页 215。

糊。由于这种模糊,施米特指出,伴随着占支配地位的自由主义经济思想和商业主义、自由贸易和劳动,且由于缺乏一种至关重要的空间感,如今急需一种新的全球普世主义:

> 简言之,所谓的世界经济,即自由的非国家经济空间,以穿透一切的力量,不断扩张弥散在一个表面上是纯粹国家间的政治性的国际法所界定的国家政治边境的上下左右。①

不难看出,施米特对欧洲公法的解体感到惋惜,他认为该法在1918—1919年的巴黎和会期间已坠入低谷。在三十多年后写作《大地的法》时,他的政治偏好已经众所周知,那时他对国联的评价是,国联最终未能提供一个可行的替代方案来取代以前的 nomos[法]。事实上,他批评国联的设计者没有认识到一致的空间秩序的重要性,因此也没有能力实现这一秩序。在施米特看来,主要问题在于,国联的目标是普世的,这意味着它不能再遏制欧洲范围以外的战争:

> 取代战争框架的是由意图不清的形式化妥协与措辞谨慎的规范所织成的网,[287]这些规范的含义取决于所谓纯粹法学的解释。②

因此,随之出现的是影响深远的全球无秩序,而这种无秩序正是由试图克服这些问题的普世主义规范及机构所产生。

同样,施米特认为,两次世界大战间的理想主义是干瘪的、无空间的普世主义,边界问题在他对普世主义的批判中占据核心位置。如欧迪瑟乌斯曾指出,从施米特的角度看,这种普世主义的问题在于,它被

---

① Ibid., p.235.[译注]同上,页216。
② Ibid., p.243.[译注]同上,页224。

认为"无法也不愿划定界限与区分空间"。① 这种[对普世主义的]拒绝,与施米特政治哲学的特点及其对边界重要性的惯有强调,在许多方面形成鲜明对比。

事实上,在施米特的早期作品中,尤其在《政治的概念》(1927年)和《政治的神学:主权学说四论》(1922年)中,施米特根据一系列划线(line-drawing)实践来阐述政治问题。最值得注意的是,这一特点体现在他对政治事物的典范界定中——以划分敌友与主权即是决定例外状态来界定政治。

这些文本的另一个特点是,将有领土边界的现代主权国家作为施米特建构地缘政治想象的隐性基础。② 虽然在主权寓于国家元首个人、政府还是特定的整个政权这一问题上,施米特的答案极其模糊不清,但我们几乎不怀疑他在例如《政治的神学》中对主权的分析——优先将国家当作最高的政治实体。因此,菅波秀正(Hidemi Suganami)写道:

简言之,国家作为主权政治实体发挥作用并成为这种实体时,它在"决断情境中的权威实体"的意义上就是最高权威,就会在判断有必要对其内部或外部的敌人诉诸战争时做出决断。③

这种国家优先原则的结果是,施米特在他早期的作品中将"法-政治秩序"的概念解读为国家的同义词。然而值得注意的是,在《大地的法》结尾,施米特对可能出现新的空间意识的推测,意味着其思想发生

---

① Louiza Odysseos, "Crossing the Line? Carl Schmitt on the 'Spaceless Universalism' of Cosmopolitanism and the War on Terror", in L. Odysseos and F. Petito (eds), *The International Political Thought of Carl Schmitt: Terror, Liberal War, and the Crisis of Global Order*, Abingdon and New York: Routledge, 2007, p. 125.

② Nick Vaughan-Williams, "Borders, Territory, Law", *International Political Sociology*, 2, 2008, pp. 322-338.

③ Hidemi Suganami, "Understanding Sovereignty through Kelson/ Schmitt", *Review of International Studies*, 33(3), 2007, p. 517.

了某种转变。

施米特指出,随着第二次世界大战结束与世界东西方的划分,除了世界经济的增长外,新的全球 nomos[法]即将到来的若干其他征兆也已出现。一种征兆是新的技术-工业时代的到来,这不仅助长了陆上和海上的战争,也助长了作为"人类力量和活动的力场"[1]的天空中的战争。另一个相关的征兆是,美国与日俱增的政治、法律(以及经济)影响力超出了传统意义上的领土划界。[288]虽然施米特承认,"世界上每个真正的帝国都会要求一个超越国家领土范围的空间主权",[2]但他认为,美国在20世纪30年代将安全区扩展到距其海岸300英里,这构成了一个新规模的大空间。

在《政治的概念》和《政治的神学》中,施米特曾假设主权、法律与领土的限制必然是明显一致的,而在《大地的法》结尾处,施米特的分析则质疑了这一出发点。事实上,他暗示,"内部与外部"[3]的逻辑(欧洲公法的整个法-政治大厦建立在此基础上)已不再适用于当代世界的(无)秩序。施米特甚至质疑明确划分主权权力与纯粹容纳并表现秩序和场域的国家边界。

取而代之的是,他引入一种更复杂的"人类能量和工作的磁力场"的拓扑学,以尝试描述新的 nomos[法]。[4] 这种替代性的拓扑学意味着一种类似于中世纪的重叠影响、管辖范围和忠诚对象的"混乱"(messiness),尽管作为替代"内部与外部"框架的方案而出现,但在施

---

[1] Schmitt, *Nomos of the Earth*, 2003[1950], p. 354.

[2] Schmitt, *Nomos of the Earth*, 2003[1950], pp. 281-282. [译注]《大地的法》中文版,页263。

[3] R. B. J. Walker, *Inside/Outside: International Relations as Political Theory*, Cambridge: Cambridge University Press, 1993.

[4] Gary Ulmen, "Translator's Introduction", in Carl Schmitt, *The Nomos of the Earth in the International Law of the Jus Publicum Europaeum*, trans. G. Ulmen, New York: Telos Press, 2003[1950], p. 30.

米特大量的出版作品中,这种拓扑学最终没有得到充分探讨。

一方面,施米特所确定的全球新 nomos[法]的众多征兆,其共同点是抹去民族国家的主权边界,随之,里边与外边、内部与外部、国内与国外等逻辑也失效。事实上,可以初步认定,《大地的法》似乎预示着20世纪90年代许多支持全球化的文献,这些文献意味着威斯特伐利亚主权国家体系的终结,也意味着所谓"无国界"世界的崛起。虽然这种说法现在看来有些老套,但是据此可以看出,伴随24小时全球市场经济发展而来的,是全球治理结构在国家"层面"上下的发展。

然而,另一方面,施米特对新 nomos[法]的处理更为复杂,新 nomos[法]拒绝陷入人们熟悉的零和对立的陷阱,即要么认为国家边界过时,要么认为国家边界在全球政治关系中仍然重要。值得注意的是,施米特警告说,虽然旧的欧洲中心主义秩序无疑已经走到尽头,但这并不自动意味着需要星球划分的基本原则也会消亡:

> 我们星球上的新的 nomos 正在不可抗拒地增长……可以肯定的是,旧的 nomos 已经崩溃,随之而来的是公认的措施、观念和习俗的整个体系。但是,即将到来的……不是敌视 nomos 的无边无界与虚无。①

相反,施米特描绘的新 nomos[法]的可能情景,都具有鲜明的边界逻辑特征。在每一种情况中,边界的形象都不是简单地被抛弃而是被改变。

《大地的法》结尾所预言的第一种未来图景是,一个超级大国的胜利导致一个新的地球主权者成功加冕:"他将占有整个地球——陆地、海洋和空气,[289]并将按照他的计划和想法来划分和管理世界。"②重要的是,这段摘录强调,施米特把冷战胜利者描述为统治着由单方划线

---

① Schmitt, *Nomos of the Earth*, 2003[1950], p. 355.
② Ibid., p. 354.

而形成的有线条的全球空间,而非某种无边界的世界。

施米特想象的第二种未来图景是,胜利者管理和(或)保证先前 nomos[法]的均衡结构,如19世纪不列颠治下的和平(pax Britannica)。施米特在此认为边界尚未遭到抹除,并且预测边界会像能量与势力范围的"磁场"一样运作,以至超越有形的国家领土界线。同样,这在没有消除划界这一基本活动的前提下,质疑了现代国家体系中的"内部与外部"逻辑。

第三,也是施米特提出的最后一个选项,即几个独立的势力集团或大空间的组合建构着未来的世界秩序:国家已经由更大空间所取代,后者在争夺控制地球划分的能力。

不管这些图景的历史效力如何,从这篇回应文章的角度来看,有趣且重要的是,尽管划界活动某些情况下在现代有边界的主权国家的范围内可能不会发生,但是,施米特坚持认为划界作为根基性活动仍然重要。因此,欧迪瑟乌斯在批判地反思当今世界主义与全球反恐战争之间的对立时,谈到了《大地的法》带来的启示,他的看法是中肯的:

> 施米特提醒人们,由普遍人性的政治话语所唤起的对界限的超越,并不是通往无暴力的现代性的可靠途径;恰恰相反,着眼于结束战争,这在历史上并没有导致战争的限制与人性化,反而导致战争日益加剧、出现更多暴力。[1]

总之,对于整个地球从中世纪到欧洲公法,再到冷战的占有、划分与管理这整个历程,施米特的论述是非常值得讨论的宏大叙事。此外,如他对欧洲中心主义的 nomos[法]的哀悼,对国联所象征的自由普世

---

[1] Louiza Odysseos, "Crossing the Line? Carl Schmitt on the 'Spaceless Universalism' of Cosmopolitanism and the War on Terror", in L. Odysseos and F. Petito (eds), *The International Political Thought of Carl Schmitt: Terror, Liberal War, and the Crisis of Global Order*, Abingdon and New York: Routledge, 2007, p. 140.

主义的强烈批判,以及对恢复强大的空间意识的渴望,无不表明《大地的法》毫无疑问充满施米特自己的政治观。

然而,除此之外,《大地的法》还通过评价边界概念在人类政治、社会和经济的组织方式中的核心地位,提出了全球世界(无)秩序的独特历史和未来理论。施米特所论的不寻常之处在于,把"边界"本身的性质和位置作为分析对象,作为大地空间意识中更深层结构变化的征兆,而非作为一种背景噪音。有基于此,《大地的法》无疑是国际关系中"隐藏的经典",①[290]在边界研究的跨学科领域也是一项极具引人兴味但并未得到充分利用的文献。

参考文献

Dean, Mitchell (2006) 'A Political Mythology of World Order: Carl Schmitt's *Nomos* Theory', *Culture and Society*, 23(5): 1–22.
Odysseos, Louiza (2007) 'Crossing the Line? Carl Schmitt on the "Spaceless Universalism" of Cosmopolitanism and the War on Terror', in L. Odysseos and F. Petito (eds) *The International Political Thought of Carl Schmitt: Terror, Liberal War, and the Crisis of Global Order* (Abingdon and New York: Routledge).
Odysseos, Louiza and Fabio Petito (eds) (2007) *The International Political Thought of Carl Schmitt: Terror, Liberal War, and the Crisis of Global Order* (Abingdon and New York: Routledge).
Schmitt, Carl (1996 [1927]) *The Concept of the Political*, trans. G. Schwab (Chicago, IL and London: The University of Chicago Press).
Schmitt, Carl (2003 [1950]) *The* Nomos *of the Earth in the International Law of the* Jus Publicum Europaeum, trans. G. Ulmen (New York: Telos Press).
Schmitt, Carl (2005 [1922]) *Political Theology: Four Chapters on the Concept of Sovereignty*, trans. G. Schwab, 3rd edition (Chicago, IL and London: The University of Chicago Press).
Suganami, Hidemi (2007) 'Understanding Sovereignty through Kelson/Schmitt', *Review of International Studies*, 33(3): 511–30.
Ulmen, Gary (2003) 'Translator's Introduction', in Schmitt, Carl (2003 [1950]) *The* Nomos *of the Earth in the International Law of the* Jus Publicum Europaeum, trans.

---

① Odysseos, Louiza and Fabio Petito (eds), *The International Political Thoughtof Carl Schmitt*:*Terror*,*Liberal War*,*and the Crisis of Global Order*,Abingdonand New York:Routledge, 2007.

G. Ulmen (New York: Telos Press).

Vaughan-Williams, Nick (2008) 'Borders, Territory, Law', *International Political Sociology*, 2: 322–38.

Walker, R.B.J. (1993) *Inside/Outside: International Relations as Political Theory* (Cambridge: Cambridge University Press).

二十　秩序与场域

扎马尼安(Thalin Zarmanian)

[291]在政治科学、政治地理学和国际关系学等有影响力的学科中,一直存在这样的假设:稳定的政治形态(political formations)通过对地球的特定部分宣称或行使有效权威,在领土意义上把自己组织起来。许多这类理论将政治单元视为统一体(universes),即基于某种基本的政治契约或同一性原则的共同体,这一方面将所有成员绑定在一起,防止政治单元解体,另一方面又表征着政治单元的独特性,防止它与其他单元融合。因此,地球被划分成不同单元——内部和平且同一的单元,彼此有序地毗邻共存,也或多或少地产生冲突。

但是,这些领土上组织起来的单元最初如何以及为何出现?地理空间与政治事物之间的关系是什么?在多个个体或社会人类学形态竞相争夺稀缺资源的背景下,单一政治形态如何产生?最重要的是,向心的力量与激励会诱导政治单元的成员利用现有外部资源,或与外部行为者勾结,试图颠覆政治单元内部的平衡与分配,如此,这些政治单元如何能够持存在下去?

主流的政治理论或国际关系研究通常不关注这些问题,也就是说,不能彻底地思考崩溃、政治混乱以及广泛且无组织的暴力,简言之,大都缺乏一种秩序的理论。相比之下,施米特的作品完全专注于且来源于(法律)秩序的概念,他力图界定和解释这一概念。①

---

① T. Zarmanian, "Carl Schmitt and the Problem of Legal Order: From Domesticto International", *Leiden Journal of International Law*, 19, 2006, pp. 41-67.

与主流观念相反,施米特并不认为任何政治秩序的出现——以及最重要的,持存——是必然的或给定的。相反,他认为任何秩序都始终受到多元性的向心力量的影响,这种力量将个人与群体推回到霍布斯式的自然状态,因此,政治单元内部的多元性的结合,更不用说多个这种政治单元的共存——用施米特的话说,就是多样体(pluriverse)和统一体(universe)的稳定共存——是值得解释的例外情况。

[292]在早期的写作中,施米特着重于解释国内层面的秩序。据他所说,如果无序的任何潜在承载者(个人和群体)都有可能实现其Lebensmöglichkeit——既有"生活机遇"(opportunity of life)的含义,也有"生活方式"(way of life)的含义——那么,秩序便能够形成;①而且,无序的潜在承载者因此具有其自己的区域(place),这一区域是土地、地位、规则与自由意义上的。

施米特界定为主权者的实例,未必是个人,也可以是能够产生这类法权秩序的原则、组织或机构。主权者,后来与天主教的拦阻者(katechon)概念一致,因此是指阻止(auf-halten)混乱并防止混乱接管世界者。② 在他后来的著作中,施米特通过确定任何法律秩序中的核心角色,来完善他的法权与政治理论——空间构成,即场域(Ortung),及其与法权的结合方式,即秩序(Ordnung)。③

在《大地的法》中,施米特描述了国内或国际秩序的形成,即由三种根基行动组成的单一进程:占取(nehmen),界定确定的空间为特定的法权-政治原则的行动范围;分配(teilen),通过确定条款与制度而进

---

① H. Schmidt, „Der Nomosbegriff bei Carl Schmitt", *Der Staat*, 1, 1963, p. 81.

② Schmitt, C. *Der Nomos der Erde*, 1950, p. 28.

③ T. Zarmanian, "Carl Schmitt and the Problem of Legal Order: From Domestic to International", *Leiden Journal of International Law*, 19, 2006, pp. 41-67; Odysseos, L. and Petito, F. (eds), *The International Political Thought of Carl Schmitt: Terror, Liberal War and the Crisis of Global Order*, Routledge, 2007.

一步组织空间,以安全地确定公共空间内每个区域的资源与财产(或其他资源分配制度);开发(weiden),界定资源的使用与流通规则。占取、分配和开发是希腊语 nomos 一词的最早含义,因此,施米特用这一希腊词以表达主权与空间之间具体而深刻的共涉关系,并将其扩展到"国际"层面。

施米特在他的书中指出,任何政治秩序都是从空间上界定的,不仅如此,它还必然带有空间指涉:他把 nomos[法]定义为"秩序与场域的结构导向性汇合",①即(理想)法权因素与(地理)物质因素之间具体而复杂的互动的结果。通过界定与描述两者以及两者如何结合起来产生秩序,他构建了一个综合的、跨时代的政治理论,②这一理论既有效地解释了个体单元的形成,也解释了这些个体单元在复杂的"国际"秩序内部如何稳定共存。

形成政治单元的首要先决条件是,两个或多个集团为争夺同一块领土或资源而相互遭遇。只要上文界定的主权者出现并建立起法权秩序,nomos[法]最简单的形式即已形成,这一形式由施米特在早期的"国际主义"著作中用"大空间"这个词指代。他后来因"大空间"这一术语在当时沾染了纳粹含义而弃之不用。

这是通过建立某种基于根基性法权(radical title)的同一性(commonality)而实现的,从这种根基性法权中,大空间的所有成员获得了他们对特定的土地或资源的权利,这种根基性法权因此也包含[293]一种分配和开发的原则。这种同一性的建立会产生一种等级制度还是一种无政府体系,这无关紧要。就前者而言,不同的多个政治单元受制于一个政治单元;就后者而言,拦阻者普遍地发挥作用。

由于大空间理论不足以解释全球层面的秩序,施米特提出了 no-

---

① Schmitt, C. *Der Nomos der Erde*, 1950, p. 48.
② C. Galli, *Genealogia della politica*: *Carl Schmitt e la crisi del pensiero politicomoderno*. Il Mulino, Bologna, 1996, p. 877.

mos[法]理论。根据他的观点,只有当大空间的一些成员获得外部空间和资源时,成熟的 nomos[法]才会形成。施米特将某个新空间的突然可获取性定义为空间革命,包括公海、空域以及后来的外太空等先前未开发的元素的开发可能。因此,根据他的说法,只有在包括大洋与公海在内的新的地球部分成为欧洲人可以具体地占取、分配和开发的地区之后,(整个)地球才出现第一个成熟的 nomos[法]。

这种系统巨变由技术和经济中物质的、具体的变革引起,这充分揭示了统一体与多样体共存的根本问题。首先,它在大空间的成员之间引发冲突,即如何分配和开发新的空间;其次,它为一些人创造了机会,不仅使他们可以利用新资源或与外部行为者勾结来改变大空间的内部分配或开发原则,而且激发他们去尝试颠覆大空间的基础,即同一性及由其衍生的秩序所最终依赖的根基性法权。

为了适应空间革命,有必要实现秩序与场域间更为复杂的组合。创建一种能够容纳这些压力的 nomos[法],不能仅仅将一个特定大空间的秩序(Ordnung)扩展到更广泛的空间。虽然所有秩序的性质和基本特征都是相同的,但一种全球的 nomos[法]需要某一特定类型的场域,这一场域建立在非常复杂的地理思维和空间意识之上。

如前所述,空间革命可能产生的混乱与无区别暴力,实际上只能由此得到克服:在某一特定空间内部有能力发动战争或带来暴力及无序的所有人,他们认为这一空间及其秩序对他们的生活方式(Lebensmöglichkeit)必不可少,因此不让空间遭到破坏,甚至在其[内部]成员或外部行为者试图破坏时积极干预。这意味着,他们把自己看作特定空间和秩序内的相关者(Beteiligte),并且其他人也这样认为。

而这种对特定空间与秩序的忠诚是可能的,只要符合如下三个条件。首先,大空间内部无区分的暴力是受限的,并且能够产生混乱与普遍无序的手段被排除在外。其次,与维护大空间及其内部秩序相比,要求把与占取、分配和开发界线之外的土地及资源相关的问题看作次要的。[294]最后,上述两个条件都意味着,某个大空间的成员并不把彼此看作要消灭的敌人(或要惩罚的罪犯),而是看作其土地或资源的合法所有权的持有者。

因此,在全球的 nomos[法]中,场域(Ortung)首先是一种场所化(localisation),即创建不同空间包括公海(以及后来的天空与外太空)中质的区别(qualitative differentiation),并且把政治单元与一个特定的大空间绑定。其次,场域包含一种定向(orientation),即规定不同空间的相对地位与彼此关联。按照施米特的说法,这是凭借一种建基于全球划界思维(globales Liniendenken)的特定地理学思想而实现的,对多样体与统一体的共存产生的任何可能秩序来说,他所谓的全球划界思维必不可少。① 如施米特所言,全球线并不是"纯粹的地理学概念",② 而是(物质的)地理元素和(理想的)法学元素结合的产物。

在《大地的法》中,施米特讨论了第一个全球 nomos[法]如何兴起和发展,它由欧洲公法规范,以其基本制度即国家为中心,并依赖流行于一系列欧洲危机中的规范概念与欧洲公法时代欧洲社会及经济的深刻特征之间的最终一致性。这一 nomos[法]的最根本特点是以欧洲为中心:由于那些有能力在地球上所有空间发动战争的人全都属于同一个大空间,他们能够单方面地支配整个地球的 nomos[法],并以一个空间为中心构建该法,这个空间即是欧洲土地。由此,欧洲土地与其他空间,即非国家的、欧洲以外的土地和公海相对立,是唯一彻底限制暴力及无序的区域。限制战争包含三个层面:在欧洲土地上,只有国家可以发动战争;国家必须尊重欧洲战争法在时间、空间和手段上的限制;与非欧洲土地相关的所有战争,在欧洲内部遭到禁止,只能在欧洲以外的土地或海上进行。

如上所述,这得以可能,是由于一种特定的现代与欧洲的制度,即国家出现了。施米特认为,这种制度的基本特征是,国家成为欧洲共同

---

① Schmitt, C. *Der Nomos der Erde*, 1950, p. 55.
② Schmitt, C. *Der Nomos der Erde*, 1950, p. 150.

空间内冲突的中立化与去政治化的行为主体。直到19世纪末,现代欧洲国家尚未宣称自己有支配法律的绝对权力,尚不支持(或本不该支持)内部或外部的行为主体尝试将一个政治原则施加于整个欧洲。相反,每个国家在其领土内部都是某种秩序的授予者(grantor),这种秩序为建立在多元性之上的整个欧洲空间所共有。实际上,国家利用其权力授予公共秩序,即一个中立的公共范围,个人和团体可以在其中自由地追求自己的目标。

通过体系内所有成员共同分享的对立——又一种反映全球划界思维的方式——即公共-私人、宗教-世俗、法律-道德以及政治-经济的对立,国家与个人(或团体)各自的行动范围得以明确界定。① [295]正是建基于欧洲国际社会的这一共同法则,以及共用的地理和法律思想体系,最终将欧洲的行为主体束缚在特定空间中,在欧洲内部限制了战争,并使整个地球共用而稳定的 nomos[法]可能出现。

特别是,整个欧洲土地受制于一种包含当地法律与实践的元秩序(meta-Ordnung),这一事实使任一欧洲国家在理论上都可统治欧洲。欧洲的主权者必须尊重并实际上执行当地法律(国内法),这一事实也为该体系提供了必要的灵活性,主权者可以通过交换领土来调整其内部分配,而不会激起民众方面的无序和叛乱。欧洲领土的这一[得失]循环反过来对所有主权者都有价值,并引导主权者不必诉诸无区别的破坏性暴力,而若要推动经济,甚至需要保护暂时占领土地的权利,因为他们从这些土地获得税收与征兵。

而所有这些因素得以可能,又是由于现代欧洲社会与经济的最深刻的特征。国家能够赢得民众的忠诚,首先是由于国家垄断军事力量,从而避免了任何其他行为者在领土内带来混乱和无序,其次是由于建立了高效、非个人的官僚机构。

---

① Schmitt, C. *Über die Drei Arten des rechtswissenschaftlichen Denkens*, Hanseatische Verlagsanstalt, Hamburg, 1934.

《大地的法》的具体秩序,既不是基于纯粹的规范要素的 taxis[完全人为的秩序],也不是必然从物质条件中产生的 kosmos[自然秩序]。

然而,在这本文集中,施米特最终描述了"欧洲公法"这一 nomos[法]的日薄西山,以及随之而再度出现的欧洲内部的绝对战争。根据他的描述,欧洲公法的没落源于众多规范而理想的因素:空间意识丧失,全球划界思维消亡;在"一战"后沿着凯尔森的(Kelsenian)思路发展起来的空洞的规范主义中,欧洲公法解体;国家与国际关系愈演愈烈的政治化(Politisierung),也就是说,国家及其组织参与到社会关系和(或)跨国关系内部愈演愈烈的冲突之中,这在19、20世纪导致了潜在或明确的内战,从而导致了国家中立化角色消失,欧洲公法[成立]所依赖的那些明确区分瓦解。① 施米特只赋予物质因素以次要角色,例如空战导致的空间革命,他呼吁在新全球线的基础上建立新的 nomos[法]和新的战争限制。

当然,自20世纪50年代以来,特别是通过社会与经济层面的深刻变革,世界大变。后福特主义(Post-fordism)、②全球化——广泛的经济、社会和商业网络的出现,以及技术发展,已经打破人口密度、领土扩张、政府收入与政府在整体世界内的行动需求之间的关联。在西方,这些变革的影响不那么剧烈和明显:[296]第二次世界大战后,西方世界得以重新建立起一个共同的经济秩序,尽管规范主义和普世主义盛行,尚能形成一个建立在民主秩序基础上、以空间为导向的安全共同体。③尽管不难看出这种新的西方 nomos[法]的萌芽多么不完美,但西方文明的"长时段"(longue durée),还是使这些划时代变革的后果不至于一

---

① Colombo, A. *La Guerra ineguale*, IlMilano, 2006.

② [译注]后福特主义是指以满足个性化需求为目的,以信息和通信技术为基础,生产过程和劳动关系都具有灵活性(弹性)的生产模式。

③ Colombo, A. *La Disunità del Mondo. Dopo il secolo globale*, Feltrinelli, Milano, 2010.

发不可收拾。

尽管如此,地球上仍然有一些地区没有遵循现代欧洲国家依据的逻辑。特别在那些国家相对年轻的地区,全球化、前工业经济以及自然资源的可获得性互相叠加,产生了所谓的"掠夺经济"(looting economies)。"掠夺经济"的基础是对资源的开采,这种开采既不管劳动力的规模,也不顾政府的行为。与农业社会和工业社会的情况相反,"掠夺经济"的权力和财富与其控制的人口数量成反比,因此更倾向于排斥而非包容,并且对领土内的秩序持有不同的观念。在"掠夺经济"体系中,关键参与者可以通过散布暴力和驱赶"不必要的"人口而获利。在许多情况下,他们只需确保足够数量的人效忠,就可以夺取资源或占领控制他们的政府。因此,在这些地区,社会和政治极其破碎,无法形成能够保证安全的值得信赖的中央政府。由于大规模破坏前所未有地易于实现,又由于易于操作和流通的武器日益普及,能够造成无序和不安全(包括种族灭绝冲动的蔓延)的人数也急剧增加。

相较于陆地上的 nomos[法],这种["掠夺经济"]情况与施米特对海洋和海战的描述更为相似。因此,对一种 21 世纪的 nomos[法]来说,基本问题是地球大部分地区的海洋化(maritimization)是否能持续,新的空间平衡是否可以形成。

无论答案如何,显然,没有任何一种 nomos[法]可以将一套在特定的、具体的历史与地理背景下形成的抽象规则,不加批判地移植到其他地区。特别是,一些势力控制国家时,可能会通过暴力或恐吓改变某个地区内人口数量的平衡,从而赢得"民主选举",而如果当代国际法以有效性的名义,或者更糟糕地以民主的名义,默许这些势力将国家资源当作压迫、恐吓和引发混乱的工具,那么,这种国际法就没有资格被视为秩序。因此,我们面临的挑战是,给予国际法一种真正的场域,为人类互动的底层逻辑创造激励机制,以便产生一种新的限制战争的 nomos[法]。

参考文献

Colombo, A. (2006) *La Guerra ineguale*. Il Mulino, Bologna.
Colombo, A. (2010) *La Disunità del Mondo. Dopo il secolo globale*. Feltrinelli, Milano.
Galli, C. (1996) *Genealogia della politica: Carl Schmitt e la crisi del pensiero politico moderno*. Il Mulino, Bologna.
Galli, C. (2001) *Spazi politici. L'età moderna e l'età globale*. Il Mulino, Bologna.
Odysseos, L. and Petito, F. (eds) (2007) *The International Political Thought of Carl Schmitt: Terror, Liberal War and the Crisis of Global Order*, Routledge, London.
Schmidt, H. (1963) Der Nomosbegriff bei Carl Schmitt. *Der Staat*, 1, 81.
Schmitt, C. (1934) *Über die Drei Arten des rechtswissenschaftlichen Denkens*. Hanseatische Verlagsanstalt, Hamburg.
Schmitt, C. (1940) Über die Zwei Grossen 'Dualismen' des heutigen Rechtssyste. In *Positionen und Begriffe*, Duncker & Humblot, Berlin, p. 261.
Schmitt, C. (1950) *Der Nomos der Erde im Volkerrecht des Jus Publicum Europaeum*. Duncker & Humblot, Berlin.
Schmitt, C. (1963) *Theorie des Partisanen. Zwischenbemerkung zum Begriff des Politischen*. Duncker & Humblot, Berlin.
Zarmanian, T. (2006) Carl Schmitt and the Problem of Legal Order: From Domestic to International. *Leiden Journal of International Law*, 19, 41–67.

索　引

（阿拉伯数字为原书页码，书中以方括号"[ ]"随文标示）

Unless otherwise stated, any listed works are by Carl Schmitt. Spellings and the presentation of terms follow the majority usage. The letters *n* or *nn* in a page reference indicate a note or notes.

Afghanistan 100–1
Africa 69, 110–11, 117, 134
Agamben, Giorgio 11, 13–15, 130–2, 133, 151, 159*n*11, 169–70, 171, 174–5, 176, 177
Age of Leviathan 82, 178
air power 245–9
Americas 28, 32, 35, 39, 41, 47, 69, 113–14; discovery/appropriation of 80–1, 186–7, 276–81, 285–6; *see also* Monroe Doctrine
amity lines 3, 60, 62, 107, 132, 254–5, 277, 278–9, 280, 285–6
anarchism 83
anomie 154
anomos of the Earth 65, 70, 72
anthropogenesis 174–5
Anthropogeographie (Ratzel) 253
anthropological archaeology 188
anthropological machine 171, 175
anthropology: philosophical 263–4; political 147, 174
anti-immanence 159*n*13
anti-liberalism 5–6, 7–8, 17, 77, 82–4, 115, 135–7; *see also* liberalism
anti-Semitism 4–5, 77, 83, 85
anti-universalism 159*n*13, 223–4, 286–7
appropriation *see* land appropriation
'Appropriation/Distribution/Production' 229
Aradau, Claudia 11
arcanum 177–8, 178–9
Arendt, Hannah 95, 203
Asia 48–51, 69

asylum seekers, Glasgow 155–6, 157, 159*n*14, 160*nn*15–16
Ausland 221, 222–5
Austrian/German customs union 37, 46
authoritarianism 76, 84, 86, 129, 133, 236

Balakrishnan, Gopal 76–7, 201
'balance', inter-state 231–2
Benjamin, Walter 2
Benton, Lauren 10, 271–2
'beyond the line' concept 212, 213, 245, 247–8, 255, 277, 278–80
Bible 87
Bielefeldt, Heiner 84
biopolitics 17, 165–6, 173–4, 178, 189–90
biopower 227–32
Blair, Tony 1, 101
Blakeslee, George H. 50
Bolivia/Paraguay conflict 41
bombing 245–9
border concept 16, 284–90; *see also* amity lines
Bosnia 248
bracketing of war 5, 8, 79, 112, 132, 188, 212, 223, 244–5
Braudel, Fernand 252
Britain *see* Great Britain
British Empire 109, 239
Brzezinski, Zbigniew 203–4
Buddhist civilization 69
Bush, George W. 1, 2, 64, 74, 75, 249

capitalism 66–7
Caribbean 279–80

索 引 **421**

Carr, E. H. 120
cartography: Earth as globe 96–7; Huntington 68–9, 72; lack of in Schmitt's work 237; Map of Hispanic America 241; Schmitt's metacartography 130–2; *Weltkarte* 238–41
Cateau-Cambrésis agreement 277–80
Catholicism 2–3, 86, 86–8, 178
Cavalletti, Andrea 163, 165–6, 167, 172–4, 179*n*1
Central America 36–9, 40
Chandler, David 11
China 48, 49–51, 53*n*8
Christianity 30, 86–8, 109, 177, 255; Catholicism 2–3, 86, 86–8, 178
civilizations 145; 'clash of civilizations' thesis 62–4, 69–70, 72; as *Großräume* 67–70, 72; Huntington's cartography 68–9
civilized–uncivilized distinction 30–1, 113, 212, 255–6, 278, 286
civil war 132, 133, 135
'clash of civilizations' thesis 62–4, 69–70, 72
Cold War 11, 68, 129, 211, 232, 289
colonialism 2–3, 10, 107–9, 111
'colonial war' 129, 132–4, 137
colonies 30, 36, 78, 109, 118, 256
colony–protectorate distinction 30
Concept of the Political 5, 7–8, 66, 67, 95, 108, 114, 135, 136, 152, 261, 287–8; *see also* 'political, the'
Congo 110, 134
conquista, justification for 255
constituent and constituted power 150–6, 157, 169; and space 143–4, 150, 155
Constitutional Theory 152
constitutive disorder 154
corruption 67
cosmopolitanism 68, 85, 178, 238, 241–2, 289
'counter-conduct' concept 195
Covenant *see* League of Nations
creditor- versus debtor-peoples 31
Crisis of Parliamentary Democracy 135
Cromwell, Oliver 87
Cuba 36–8, 110
cultural identities 145–6

Davenport, Frances Gardiner 278–9
'Davos Culture' 68
Dean, Mitchell 157, 169–70

death, taking life 84–6
Debrix, François 14
decisionism/decisions 1, 6–7, 8, 11–12, 127, 131, 132–3, 260, 261–2, 287
DeLanda, Manuel 273
de La Pradelle, Albert 51
Deleuze, Gilles 221, 222
delineation *see* land delineation
de Medici, Marie 280
democracy 48, 49, 50, 77, 83–4, 114, 149
democratic politics of space 155–6, 157, 157–8
demography *see* population
de-Nazification 204
depoliticization 66–7, 114–15, 148–9
deterritorialization of geopolitics 128–9, 137, 140–1
dictatorship 131
difference, ontology of 147
disarmament treaties 41–2
disciplinary mechanisms 189–90
discipline 194
'dollar diplomacy' 47, 110, 112
domestic versus international domains 139, 140–1
dominium–imperium distinction 95
Douhet, Giulio 246
drones (Unarmed Aerial Vehicles) 249
Dugin, Alexander 158*n*4
Dyzenhaus, David 85

Earth as globe 96–7
East Asian Monroe Doctrine 48–51
economics 29–30, 66–7, 100, 115, 286
'economy', and power 230
Elden, Stuart 164–5, 168–9
elements, symbols of 261
Empire (Hardt and Negri) 11, 232
empires (*Reiche*) 80, 94, 96, 100, 109, 113, 167, 177, 239, 271
England *see* Great Britain
enmity 60, 62, 127–8, 137, 139, 254–5, 255–6; 'absolute enemy' 223; 'political enmity' 183; *Theory of the Partisan* 92, 129, 211, 213–18; 'unjust enemy' 213; *see also* bracketing of war; friend–enemy distinction
ethics 115
Ethiopia 117
etymology 233*n*1; nomos concept 95, 229, 253, 285, 292; *see also* terminology

Eulerian perspective 272
Eurocentrism 217, 254–6, 294
Europe 3, 10, 11–12, 30–1, 80, 82, 106, 109, 111, 117, 132, 277, 244, 286, 294–5; 'beyond the line' 212, 213, 245, 247–8, 255, 277, 278–80; German-dominated *Mitteleuropa* 93–4; as Old World 61–2; *see also* Germany; *Jus Publicum Europaeum*
exceptionalism/exceptions 1–2, 6–7, 8, 10, 11–12, 13–15, 83, 130–2, 133, 168, 170; England as 'state of exception' 109; '*nomos* of exception' 14; USA as 'state of exception' 58, 59, 60, 64–5

'failed states' 59, 60–1, 65
family household model 230–1
fascism 91, 201, 203–4, 205; *see also* National Socialism
First World War 39–40, 79, 241
Fisch, Jörg 279, 280
force, Schmitt's advocacy of 84–6
'Forms of modern imperialism in international law' 9, 29–45, 78, 113
Foucault, Michel 17, 65, 101, 120–1, 133, 182, 188–90, 190–3, 194, 195, 227–32
'founding rupture 151–2, 153–4, 157, 159*nn*10–11, 169
'fragile states' 59, 65, 66
France, Cateau-Cambrésis agreement 277–80
'free sea' concept 9, 268–73
'free' world market 48
Friedrich, Carl 203–4
friend–enemy distinction 2, 7, 59, 85–6, 147, 174, 179*n*4, 212–13; *amis/ennemis politiques* 139; Foucault versus Schmitt 191; and the League of Nations 114; scriptural authority 87; us–them and self–other 63, 71, 107–8, 184, 187, 193; *see also* 'political, the'

Galli, Carlo 6, 11, 111–12
Garner, James 281
geography 12–13, 206–7; Germany and the *Weltkarte* 238–41; movement as 272–3; Schmitt's indifference 236–8, 252–3; sea as space without geography 269–70
geopolitics 128, 133, 135–7, 220–1; context of Schmitt's writings 76–80, 91–102; deterritorialization of 137, 140–1; multipolar global order 143–4, 144–50, 157; *see also Ortung* und *Ordnung* 97
Germany 5, 31, 33, 44–5, 76, 81, 82, 94, 116, 206–7; denial of state status 112–13; geography and the *Weltkarte* 238–41; *Mitteleuropa* 93–4; post-war guilt/reparation 115, 202–3, 204, 205; right to wage war 78–9; Weimar republic 7, 8, 78, 135; *see also* National Socialism
Giap, Vo Nguyen 217
Gilroy, Paul 10
Glasgow 155–6, 159*n*14, 160*nn*15–16
global economy 286
global identity crisis 71
globalization 66
'global linear thinking' 276–81, 285, 294
'global lines' 2–3
global nomos 287–8, 293, 294
global recession 58–9, 63–4
globe, Earth as 96–7
Glossarium 86
Goldhagen, Daniel 203
Gould, Eliga 278–9
'governmentalized' states 190
governmentalities 5–6, 67, 121, 121–2, 192, 231
governments, recognition by US 39
Great Britain 79, 82, 111, 239; English action in Caribbean 279–80; English sea-based imperialism 9, 12, 80–2, 109
Gregor, A. James 204
Gregory, Derek 14
Großraum concept 8–9, 15–16, 52, 52*n*1, 58, 93, 94, 101–2, 159*n*13, 217, 292–4; civilizations as *Großräume* 67–70, 72; Huntington's groupings 62–3; and multipolar world order 144, 146–9, 157; and 'new world order' 99–101; *Völkerrechtliche Großraumordnung* 16, 92–3, 116
'*Großraum* versus universalism' 9, 46–52, 78, 116
Gross, Raphael 4, 82
Guattari, Felix 221, 222
guerrillas/partisans 213–18, 226*n*2
Guevara, Ernesto 'Che' 217, 218

Habermas, Jürgen 84
Hardt, Michael 11, 232
Haushofer, Karl 238

索引 **423**

Hegel, G. W. F. 81, 264
hegemony 146, 149; United States 35–6, 39, 39–40, 68, 110–11, 144–5, 158*n*3
Heidegger, Martin 97, 171, 263, 266*n*5
Hitler, Adolf 51–2, 79, 85–6, 92, 94
Holocaust 5, 202
Holy Alliance 32
Hooker, William 11, 91
horror vacui 175–9
household government 230–1
human beings, structure 263–4
humanisation 174
humanism 5, 8
humanitarianism 114
humanities, Nazi Germany 207
humanity 174–5, 191, 255–6
Huntington, Samuel 58, 62–4, 67–9, 71, 75

identities: cultural/religious 145–6; global identity crisis 71; 'identity of state and society' 136; national 84–6
ideologies, fascist 203–4
Il Domino dell Aria (Douhet) 246
imperialism 3, 10, 68, 113–14, 109, 117; 'Forms of modern imperialism in international law' 9, 29–45, 78, 113; and the Monroe Doctrine 47, 49; sea-based 9, 12, 80–2, 109; *see also* Great Britain; United States
'independence' concept 37–8
indeterminacy 150–1, 152
India 118
individualism 66, 77, 78, 115
international/domestic domains 139, 140–1
internationalism 6, 110–12, 117, 241–2
international law 97–8, 111, 114, 116–17; and the Monroe Doctrine 34–5; private property as 'sacred' 39; US/Cuban intervention treaty 36–8; *see also Jus Publicum Europaeum*
International Map of the World (IMW) *see Weltkarte*
international relations theorists 11, 101, 127, 138–41
inter-state relations 127–9, 137–40, 188, 231–2
intervention treaties, US 36–9
Iraq war 64, 100–1
Italian theorists 10–11
Italy 165

Japan 53*n*8
Japanese Monroe Doctrine 48–51

Jewish people 77, 78, 82, 83, 85–6, 87, 178; anti-Semitism 4–5, 77, 83, 85
Jünger, Ernst 266*n*5
jus belli (the right to war) 129, 262
Jus Publicum Europaeum ('European Public Law') 15, 81, 110–11, 130, 132, 186, 187–8, 212, 214, 254, 286, 294, 295; *see also* Nomos *of the Earth in the International Law of the Jus Publicum Europaeum, The*
justa causa problem 12
justis hostis 244, 247–8
'just war' concept 87, 134, 187, 223

Kalyvas 159*n*12
Kant, Immanuel 95, 238
Kantorowicz, Ernst 235–6
Kaplan, Robert 74
Kapp, Ernst 127
katechon 7, 87, 109, 148, 158*n*7, 177, 212, 292–3
Kellogg-Briand Pact 38, 41–4
King's Two Bodies, The (Kantorowicz) 235–6
Kingsway estate, Glasgow 155–6, 157, 159*n*14, 160*nn*15–16
Kosovo, air war 248, 249
Kritik der Geopolitik (Sprengel) 252

Land and Sea 9, 82, 109, 170–1, 172, 177, 260–6
land appropriation 153–5, 157, 167–8, 169, 184, 220, 224–5, 253–4; legal war concept 185–6; in the New World 80–1, 186–7, 276–81, 285–6; and the nomad 221–2, 225*n*1; and pasturage 228–30
land characteristics 269
land delineation 220, 221; border concept 16, 284–90; and the nomad 222, 226*n*2
land law 93–4
land power versus sea power 81–2
land–sea distinction 159*n*9, 271, 271–2; 'postoceanism' 270–1, 274*n*3
Langrangian perspective 272–3, 274*n*4
Latin America, Huntington's cartography 69
law 7, 30, 261, 262; Foucault versus Schmitt 193–4; land law 93–4; legal positivism 48, 53*n*7, 133, 139; 'legal war' concept 185–6; 'legal world revolution' 136; threefold roots of 183–5; and violence 131–4, 262;

see also international law; *Jus Publicum Europaeum*
League of Nations 8, 27–8, 30–1, 34–5, 38–9, 40–1, 43, 44, 46, 78–9, 106, 111–12, 286; challenging Schmitt's reading 117–22; Schmitt's loathing for 112–17
League of Nations and the Rule of Law, 1918–1935, The (Zimmern) 119–20
Lebensmöglichkeit 292, 293
Lebensraum 173
Lebensrecht 50
Lefebvre, Henri 101
Legality and Legitimacy 129, 131, 135
legal positivism 48, 53n7, 133, 139
'legal war' concept 185–6
'legal world revolution' 136
legitimacy principle 32, 85, 135
Leviathan, Age of 82, 178
Leviathan in the State Theory of Thomas Hobbes, The 135
Lewis, Bernard 74–5
Leydet, Dominique 84
liberal democracy 48, 49, 50
liberal internationalism 6
liberalism 5, 82–4, 115; liberal geopolitics 135–7; *see also* anti-liberalism
'limited war' 79–1, 265–6, 294
Locke, John 93, 95
London Charter (1945) 100
Long, Johnson 51
'looting economies' 296

Mackinder, Halford 101
maps *see* cartography
mare liberum ('free sea') 268–73
Marxism 10, 83, 203, 236
Mattingly, Garrett 279, 281
Mehring, Reinhard 84
metaphorology 261, 264–5
Mitteleuropa 93–4
modernism, reactionary 179n4
Molotov–Ribbentrop pact 94
Monroe Doctrine 9, 15, 31–6, 44, 46–8, 51–2, 109–11, 114, 146, 277–8, 281; Asian 48–51; and the League of Nations 40, 41, 78–9
Moreiras, Alberto 212–13
Morgenthau, Hans J. 127, 138–41
Mouffe, Chantal 144–50, 153, 155, 251–2, 257
movement as geography 272–3
Müller, Jan-Werner 213–14

multipolar global order 143–50, 157, 159n13

Napoleon 214, 215
national identities 71, 84–6
nationalism 77–8, 187
National Socialism 91, 94–5, 201–2, 202–5, 266; Nazi Just State 85–6; role of academics 4, 205–7, 207–8; Schmitt's association 3–5, 7, 76–7, 80, 92, 129, 201–2, 207, 236; *see also* Hitler, Adolf
nation-states *see* sovereign states
nativity 169–70
NATO, Kosovo 248, 249
'natural regions/lands' 240, 253
naval power *see* sea-based imperialism
naval wars 79
Nazism *see* National Socialism
Negri, Antonio 11, 232
New World 254–5; discovery/appropriation of 80–1, 186–7, 276–81, 285–6; versus Old World 132
'New World Order' 2, 58, 61–2, 99–101; Huntington 69
nomadism 221–2, 225n1, 226n2
nomic orders 154, 193, 195; and enmity/partisanship 213–16
nomos concept 57, 65, 80, 167, 168, 169; and biopower/pastoral power 227–32; and border concept 16, 284–90; and colonialism 107–9; criticism of 18; etymology of 95, 229, 253, 285, 292; as Eurocentric 254–6; and everyday life 193–6; and 'founding rupture' 153–4, 157; global nomos 287–8, 293, 294; and internationalism 110–12; Pope as point of reference 80; as spatial order 183–5; tension with 'the political' 211–13; virtual nomos 221–5; *see also* law; *Nomos of the Earth in the International Law of the* Jus Publicum Europaeum, *The*
'Nomos–*Nahme*–Name' 221, 223, 224, 229
'*nomos* of exception' 14
Nomos of the Earth in the International Law of the Jus Publicum Europaeum, *The* 2, 3, 9–12, 18–19; analytical geographies 130, 133, 143–4, 150–1, 153–5, 157–8, 164–5, 183, 187; historical geographies 57–8, 60, 61,

62, 72, 82, 91, 92–5, 96–8, 99–102, 112, 116–17; responses to 220, 244, 247, 251, 252, 253, 254, 255, 256–8; *see also* Jus Publicum Europaeum; nomos concept
non-intervention principle 32, 36
'no peace beyond the line' 278–80
Notion du 'Politique', La (Morgenthau) 138

Obama, Barack 70–1
Obereigentum/Landesherrschaft distinction 95
oceanographers 272
Odysseos, Louiza 11, 287, 289
oiknomia 11
Ojakangas, Mika 151–2, 159*nn*10–11, 223, 224
Old Diplomacy 119
Old World versus New World 132
ontological indeterminacy 150–1, 152
ontology, spatial 16–17, 163, 167–9, 170, 172–3, 176–8, 178
order–disorder tension 151–2, 154, 159*n*13
order/ordering: nomic orders 154, 193, 195, 213–16; political order 135; of populations 188–90; of the sea 254; and security of everyday life 190–3; *signatura* 'order' 176; social order 182, 191, 192, 194, 196, 228, 263, 265; space as ground for 148–9, 150, 153, 154–5, 169; of territory 193–4; *see also* spatial order
Ordnung und *Ortung* 14, 15, 97, 167, 168–9, 178, 211–12, 291–7
'original spatialisation' 170, 172–5
Ostforschung initiative 206
ownership rights 183–5

Panama/US relations 38–9, 277
Paraguay/Bolivia conflict 41
parliamentarism 83–4
Parsons, David 248
partisans/guerrillas 213–18, 226*n*2
pastoral power 227–32
PATRIOT Act 70, 71
peace 41–2, 43–4, 65, 114, 262, 277
Peace of Westphalia 80
Penck, Albrecht 239–41
people, relation with space 156
performance, spaces of 16
Petito, Fabio 11, 144–50, 153, 155
philosophical anthropology 263–4

Plato 229
Platt Amendment 36
pluralism 145, 147–8, 149
Poland 94
poles *see* multipolar global order
police 193
'political, the' 27, 76, 92, 128, 163, 164, 173, 174, 193, 253; *Concept of the Political* 5, 7–8, 66, 67, 95, 108, 114, 135, 136, 152, 261, 287–8; and E. H. Carr 120; Foucault versus Schmitt 121; Morgenthau's conception 139–41; multipolar readings 147–9, 157; and partisanship 216; tension with the nomos 211–13; *Theory of the Partisan* 92, 129, 211, 213–18; *see also* friend–enemy distinction
political anthropology 147, 174
'political enmity' 183
political metaphorology 261, 264–5
political order 135
Political Romanticism 264–5
political theology 86–8, 97; *katechon* 7, 87, 109, 148, 158*n*7, 177, 212, 292–3
Political Theology 5, 6–7, 83, 96, 129, 135, 152, 287–8
Political Theology II 92
Politics Among Nations (Morgenthau) 139–40
politics 7, 8, 120, 139, 140; biopolitics 17, 165–6, 173–4, 178, 189–90; democratic politics of space 155–6, 157, 157–8; depoliticization 66–7, 114–15, 148–9; domestic versus international domains 139, 140–1; relationship with space 149–50, 155; versus trade 29–30 *see also* geopolitics; 'political, the'
Pope 80, 100
population concept 173; space–population/density 173–4
populations: nomos and everyday life 192, 193–6; order and security of 188–90
Portugal 2, 97, 285; *rayas* 2–3, 276, 281
Positionen und Begriffe 9, 78–9
positivism 48, 53*n*7
postcolonialism 254, 256, 256–8
postmodernism 256
'postoceanism' 270–1, 274*n*3
poststructuralism 256
power 60, 139, 230, 262; air power 245–9; biopower/pastoral power 227–32; constituent and constituted

143–4, 150–6, 157, 169; disciplinary forms of 189–90; Foucault versus Schmitt 191–2; land versus sea 81–2; Morgenthau versus Schmitt 140–1; spiritual/earthly 187
presidential decisionism 131
'primary spatialisation' 172–5
'primevalism', geopolitical 220–1
'proper', logic of the 148–9
protectorates 30, 36, 38, 78, 109
Protestantism 86

quantitative total state 129

Rasch, William 10, 11, 130
Ratzel, Friedrich 101, 173, 237, 253
Raumhoheit 99
Raumordnung see spatial order
Raumordnungskrieg 94
rayas, Spain/Portugal 2–3, 276, 281
reactionary modernism 179n4
realism 127–8, 139
Reiche see empires
religion 86, 100, 177; Christianity/Catholicism 2–3, 30, 86–8, 109, 177, 178, 255; and Huntington's cartography 68–9; *see also* Jewish people; political theology
religious identities 145–6
religious wars, Europe 80
Respublica Christiana 186, 187, 285
Rhein, Adolf 278–9, 280–1
Rhineland territory 113
rights of ownership 183–5
romanticism 83
Roosevelt, Franklin D. 48
Roosevelt, Theodore 47, 48, 49

Said, Edward 107–8, 256
Salan, Raoul 215
Savelle, Max 278–9, 280–1
science, Nazi Germany 205, 206
sea: 'free sea' concept 9, 268–73; *Land and Sea* 9, 82, 109, 170–1, 172, 177, 260–6; land–sea distinction 159n9, 271, 271–2; order of 254; 'postoceanism' 270–1, 274n3
sea-based imperialism 9, 12, 80–2, 109
Second World War 79–80, 94, 202–3
security 193, 194; of everyday life 190–3; of territory/populations 185–90; US responses to (in)security 70–2
self-defence measures 43

self/other distinction 107–8
September 11 (9/11) 2, 13, 75; post 9/11 US anxiety 64–5
Sermon on the Mount 87
shepherd–flock government 229–30, 231
signatura 'order' 176
social order 182, 191, 192, 194, 196, 228, 263, 265
social welfare 230
sociological reality 139
Sombart, Nicolaus 264
'sovereign', conception/definition 6–7, 152, 292
sovereign states 12, 36, 38–9, 78, 100, 169–70, 173, 174–5, 176, 179n4, 185–9, 223, 253; and deterritorialization 128–9, 137; European 244, 286, 294–5; Foucault versus Schmitt 190, 192, 194; and global nomos 288; quantitative total state 129
sovereignty: Foucault versus Schmitt 120–1; order–disorder tension 151–2, 154, 159n13; 'paradox of sovereignty' 13–14; versus liberalism 5; *see also* decisionism/decisions; exceptionalism/exceptions
sovereign violence 131–4, 293
space 166–70; and constituent power 143–4, 150, 155; as ground for order 148–9, 150, 153, 154–5, 169; *horror vacui* 175–9; relation to order 154; relation to people 156; relation to politics 149–50, 155; state control of 99–100; as/through virtuality 221–5; *see also* order/ordering
space–population/density concepts 173–4
spaces of exception *see* exceptionalism/exceptions
spaces of performance 16
Spain 2, 97, 276–80, 285; *rayas* 2–3, 276, 281
Spanish guerrilla war 214
spatialisation, original/primary 172–5
spatial ontology 16–17, 163, 167–9, 170, 172–3, 176–8, 178
spatial order 3, 9–10, 11, 61, 93, 96–7, 183–5, 261, 265; and *Land and Sea* 263; and the League of Nations 116–17, 118; *Raumordnungskrieg* 94; and security of territory 185–90; *see also* order/ordering; *Ordnung* und *Ortung*

索 引 427

'spatial revolution' 109, 176, 263, 265, 293
Sprengel, Rainer 252, 253
state control of space 99–100
state of exception *see* exceptionalism/ exceptions
state/politics dissociation 7
state power 60
states *see* sovereign states
Statesman (Plato) 229
Stimson Doctrine 48, 53*n*8
Strauss, Leo 76
Suganami, Hidemi 287
Surin, Kenneth 246
Szöllösi-Janze, Margit 205, 206

'technical work', League of Nations 118–19, 119
technology 263
telluric partisans 214–18
terminology: Americas/US/Western Hemisphere 28; imperialistic 44–5; suffixes denoting 'power' 230; 'territory' 98; translation of terms 93; *see also* etymology
territorial integrity 100–1, 137
territory 95–9, 101–2; Foucault versus Schmitt 192–3; and 'New World Order' 99–101; ordering 193–4; and 'political enmity' 183; rights of ownership 183–5; security of 185–90; virtual territoriality 221–5
terrorism 59–60, 71, 249; post 9/11 US anxiety 64–5; September 11 (9/11) 2, 13, 75; 'war on terror' 10, 13, 71, 75, 249, 277
theology *see* political theology; religion
'theory of the League' 119, 120
Theory of the Partisan, The 92, 129, 211, 213–18
totalitarianism 203, 205
'total war' 79–80, 82, 134, 202–3
trade versus politics 29–30
travelling theory, Nomos *of the Earth* as 256–8
Treaty of Tordesillas 2, 97, 276
Treaty of Versailles 8, 92, 111, 117

unipolar world order 144–5
United States 1, 3, 10, 28, 61–2, 74–5, 100–1, 109, 177, 248, 287–8; civilizational imperatives 70; and Cold War 68, 232; hegemony 35–6, 39–40, 68, 110–11, 144–5, 158*n*3;

Huntington's cartography 69; imperialism 29–45, 47, 49, 81, 110–11; intervention treaties, Central America 36–9; and the League of Nations 113–14; Panama/US relations 38–9, 277; recognition of 'legal' governments 39; responses to (in)security 70–2; September 11 (9/11) 2, 13, 64–5, 75; as 'state of exception' 58, 59, 60, 64–5; Vietnam war 217–18; *see also* Monroe Doctrine
universalism 6, 78, 111–12, 114, 116, 178, 223–4, 238, 286–7; '*Großraum* versus universalism' 9, 46–52, 78, 116; *Weltkarte* 238–41; of Western values 67–8
'unjust enemy' 213

Valli, Luigi 174
Vaughan-Williams, Nick 14
Vietnam War 217–18
violence 131–4, 262, 293
virtual nomos 221–5
Vitoria, Francisco de 255, 281
vocabulary *see* etymology; terminology
'Völkerrechtliche Formen des modernen Imperialismus' 9, 29–45, 78, 113
Völkerrechtliche Großraumordnung 16, 92–3, 116
von Humboldt, Alexander 238

war 114, 129, 147, 261–2, 263, 265–6; air power 245–9; bracketing of 5, 8, 79, 112, 132, 188, 212, 223, 244–5; civil war 132, 134, 135; 'colonial war' 129, 132–4, 137; as duel 227–8; Foucault versus Schmitt 191–2; 'just war' 87, 134, 187, 223; 'legal war' 185–6; 'limited war' 79–1, 265–6, 294; partisans/guerrillas 213–18, 226*n*2; *Raumordnungskrieg* 94; Schmitt's justification of 78–9; 'total war' 79–80, 82, 134, 202–3; versus 'peaceful occupation' 43–4; violence 131–4, 262; zones of war and peace 277
'war on terror' 10, 13, 71, 75, 249, 277
wars: Bosnia 248; Eurocentric 254–5; First World War 39–40, 79, 241; Iraq 64, 100–1; and the League of Nations 115, 117; religious wars, Europe 80; Second World War 79–80, 94, 202–3; Spanish guerrilla war 214; Vietnam 217–18
Washington Accord 41

Wehberg, Hans 43
Weimar republic 7, 8, 78, 135
Weltkarte 238–41
'The West' and 'The Rest' 62–7, 68, 69; universalism of Western values 67–8
Western Hemisphere 28, 277; *see also* Americas; Monroe Doctrine
Westphalian system 231
Who Are We? (Huntington) 71
Willoughby, Westel W. 49–50
Wilson, Woodrow 40–1, 47–8, 64, 112

Yoo, John 75
Young, C. Walter 50

Zarmanian, Thalin 151–2
Zimmern, Alfred 119–20
Ziz 172
Zolo, Danilo 144–50, 153, 155
zones of clash 62–4, 69–70, 72
'Zones of Law, Zones of Violence' (Gould) 278
zones of war and peace 277

图书在版编目(CIP)数据

大地法的地理学:空间、主权与卡尔·施米特/(英)斯蒂芬·莱格(Stephen Legg)编;张志超译.--北京:华夏出版社有限公司,2023.11

(西方传统:经典与解释)

书名原文:Spatiality, Sovereignty and Carl Schmitt:Geographies of the nomos

ISBN 978-7-5222-0535-9

Ⅰ.①大… Ⅱ.①斯… ②张… Ⅲ.①国际法-研究 Ⅳ.①D99

中国国家版本馆 CIP 数据核字(2023)第 141303 号

All Rights Reserved.
Authorised translation from the English language edition published by Routledge, a member of the Taylor & Francis Group.
Copies of this book sold without a Taylor & Francis sticker on the cover are unauthorized and illegal.

版权所有　翻印必究
北京市版权局著作权合同登记号:图字 01-2022-2735 号

大地法的地理学——空间、主权与卡尔·施米特

编　　者	[英]斯蒂芬·莱格
译　　者	张志超
校　　者	张培均
责任编辑	李安琴
责任印制	刘　洋
出版发行	华夏出版社有限公司
经　　销	新华书店
印　　装	北京汇林印务有限公司
版　　次	2023 年 11 月北京第 1 版 2023 年 11 月北京第 1 次印刷
开　　本	880×1230　1/32
印　　张	14
字　　数	370 千字
定　　价	98.00 元

华夏出版社有限公司 地址:北京市东直门外香河园北里 4 号 邮编:100028
网址:www.hxph.com.cn　电话:(010)64663331(转)
若发现本版图书有印装质量问题,请与我社营销中心联系调换。

西方传统：经典与解释
Classici et Commentarii
HERMES
刘小枫◎主编

古今丛编

欧洲中世纪诗学选译　宋旭红 编译
克尔凯郭尔　[美]江思图 著
货币哲学　[德]西美尔 著
孟德斯鸠的自由主义哲学　[美]潘戈 著
莫尔及其乌托邦　[德]考茨基 著
试论古今革命　[法]夏多布里昂 著
但丁：皈依的诗学　[美]弗里切罗 著
在西方的目光下　[英]康拉德 著
大学与博雅教育　董成龙 编
探究哲学与信仰　[美]郝岚 著
民主的本性　[法]马南 著
梅尔维尔的政治哲学　李小均 编/译
席勒美学的哲学背景　[美]维塞尔 著
果戈里与鬼　[俄]梅列日科夫斯基 著
自传性反思　[美]沃格林 著
黑格尔与普世秩序　[美]希夫克斯 等著
新的方式与制度　[美]曼斯菲尔德 著
科耶夫的新拉丁帝国　[法]科耶夫 等著
《利维坦》附录　[英]霍布斯 著
或此或彼（上、下）　[丹麦]基尔克果 著
海德格尔式的现代神学　刘小枫 选编
双重束缚　[法]基拉尔 著
古今之争中的核心问题　[德]迈尔 著
论永恒的智慧　[德]苏索 著
宗教经验种种　[美]詹姆斯 著
尼采反卢梭　[美]凯斯·安塞尔-皮尔逊 著
舍勒思想评述　[美]弗林斯 著
诗与哲学之争　[美]罗森 著

神圣与世俗　[罗]伊利亚德 著
但丁的圣约书　[美]霍金斯 著

古典学丛编

荷马笔下的诸神与人类德行　[美]阿伦斯多夫 著
赫西俄德的宇宙　[美]珍妮·施特劳斯·克莱 著
论王政　[古罗马]金嘴狄翁 著
论希罗多德　[古罗马]卢里叶 著
探究希腊人的灵魂　[美]戴维斯 著
尤利安文选　马勇 编/译
论月面　[古罗马]普鲁塔克 著
雅典谐剧与逻各斯　[美]奥里根 著
菜园哲人伊壁鸠鲁　罗晓颖 选编
劳作与时日（笺注本）　[古希腊]赫西俄德 著
神谱（笺注本）　[古希腊]赫西俄德 著
赫西俄德：神话之艺　[法]居代·德拉孔波 编
希腊古风时期的真理大师　[法]德蒂安 著
古罗马的教育　[英]葛怀恩 著
古典学与现代性　刘小枫 编
表演文化与雅典民主政制
　[英]戈尔德希尔、奥斯本 等
西方古典文献学发凡　刘小枫 编
古典语文学常谈　[德]克拉夫特 著
古希腊文学常谈　[英]多佛 等著
撒路斯特与政治史学　刘小枫 编
希罗多德的王霸之辨　吴小锋 编/译
第二代智术师　[英]安德森 著
英雄诗系笺释　[古希腊]荷马 著
统治的热望　[美]福特 著
论埃及神学与哲学　[古希腊]普鲁塔克 著
凯撒的剑与笔　李世祥 编/译
伊壁鸠鲁主义的政治哲学　[意]詹姆斯·尼古拉斯 著
修昔底德笔下的人性　[美]欧文 著
修昔底德笔下的演说　[美]斯塔特 著
古希腊政治理论　[美]格雷纳 著

赫拉克勒斯之盾笺释　罗逍然 译笺
《埃涅阿斯纪》章义　王承教 选编
维吉尔的帝国　[美]阿德勒 著
塔西佗的政治史学　曾维术 编

古希腊诗歌丛编
古希腊早期诉歌诗人　[英]鲍勒 著
诗歌与城邦　[美]费拉格、纳吉 主编
阿尔戈英雄纪（上、下）
[古希腊]阿波罗尼俄斯 著
俄耳甫斯教祷歌　吴雅凌 编译
俄耳甫斯教辑语　吴雅凌 编译

古希腊肃剧注疏
欧里庇得斯与智术师　[加]科纳彻 著
欧里庇得斯的现代性　[法]德·罗米伊 著
自由与僭越　罗峰 编译
希腊肃剧与政治哲学　[美]阿伦斯多夫 著

古希腊礼法研究
宙斯的正义　[英]劳埃德-琼斯 著
希腊人的正义观　[英]哈夫洛克 著

廊下派集
剑桥廊下派指南　[加]英伍德 编
廊下派的苏格拉底　程志敏 徐健 选编
廊下派的神和宇宙　[墨]里卡多·萨勒斯 编
廊下派的城邦观　[英]斯科菲尔德 著

希伯莱圣经历代注疏
希腊化世界中的犹太人　[英]威廉逊 著
第一亚当和第二亚当　[德]朋霍费尔 著

新约历代经解
属灵的寓意　[古罗马]俄里根 著

基督教与古典传统
保罗与马克安　[德]文森 著
加尔文与现代政治的基础　[美]汉考克 著
无执之道　[德]文森 著

恐惧与战栗　[丹麦]基尔克果 著
托尔斯泰与陀思妥耶夫斯基
[俄]梅列日科夫斯基 著
论宗教大法官的传说　[俄]罗赞诺夫 著
海德格尔与有限性思想（重订版）
刘小枫 选编
上帝国的信息　[德]拉加茨 著
基督教理论与现代　[德]特洛尔奇 著
亚历山大的克雷芒　[意]塞尔瓦托·利拉 著
中世纪的心灵之旅　[意]圣·波纳文图拉 著

德意志古典传统丛编
黑格尔论自我意识　[美]皮平 著
克劳塞维茨论现代战争　[澳]休·史密斯 著
《浮士德》发微　谷裕 选编
尼伯龙人　[德]黑贝尔 著
论荷尔德林　[德]沃尔夫冈·宾德尔 著
彭忒西勒亚　[德]克莱斯特 著
穆佐书简　[奥]里尔克 著
纪念苏格拉底——哈曼文选　刘新利 选编
夜颂中的革命和宗教　[德]诺瓦利斯 著
大革命与诗化小说　[德]诺瓦利斯 著
黑格尔的观念论　[美]皮平 著
浪漫派风格——施勒格尔批评文集　[德]施勒格尔 著

巴洛克戏剧丛编
克里奥帕特拉　[德]罗恩施坦 著
君士坦丁大帝　[德]阿旺西尼 著
被弑的国王　[德]格吕菲乌斯 著

美国宪政与古典传统
美国1787年宪法讲疏　[美]阿纳斯塔普罗 著

启蒙研究丛编
论古今学问　[英]坦普尔 著
历史主义与民族精神　冯庆 编
浪漫的律令　[美]拜泽尔 著
现实与理性　[法]科维纲 著

论古人的智慧　[英]培根 著
托兰德与激进启蒙　刘小枫 编
图书馆里的古今之战　[英]斯威夫特 著

政治史学丛编
驳马基雅维利　[普鲁士]弗里德里希二世 著
现代欧洲的基础　[英]赖希 著
克服历史主义　[德]特洛尔奇 等著
胡克与英国保守主义　姚啸宇 编
古希腊传记的嬗变　[意]莫米利亚诺 著
伊丽莎白时代的世界图景　[英]蒂利亚德 著
西方古代的天下观　刘小枫 编
从普遍历史到历史主义　刘小枫 编
自然科学史与玫瑰　[法]雷比瑟 著

地缘政治学丛编
地缘政治学的起源与拉采尔　[希腊]斯托杨诺斯 著
施米特的国际政治思想　[英]欧迪瑟乌斯/佩蒂托 编
克劳塞维茨之谜　[英]赫伯格-罗特 著
太平洋地缘政治学　[德]卡尔·豪斯霍弗 著

荷马注疏集
不为人知的奥德修斯　[美]诺特维克 著
模仿荷马　[美]丹尼斯·麦克唐纳 著

品达注疏集
幽暗的诱惑　[美]汉密尔顿 著

阿里斯托芬集
《阿卡奈人》笺释　[古希腊]阿里斯托芬 著

色诺芬注疏集
居鲁士的教育　[古希腊]色诺芬 著
色诺芬的《会饮》　[古希腊]色诺芬 著

柏拉图注疏集
挑战戈尔戈　李致远 选编
论柏拉图《高尔吉亚》的统一性　[美]斯托弗 著
立法与德性——柏拉图《法义》发微　林志猛 编
柏拉图的灵魂学　[加]罗宾逊 著

柏拉图书简　彭磊 译注
克力同章句　程志敏 郑兴凤 撰
哲学的奥德赛——《王制》引论　[美]郝兰 著
爱欲与启蒙的迷醉　[美]贝尔格 著
为哲学的写作技艺一辩　[美]伯格 著
柏拉图式的迷宫——《斐多》义疏　[美]伯格 著
苏格拉底与希琵阿斯　王江涛 编译
理想国　[古希腊]柏拉图 著
谁来教育老师　刘小枫 编
立法者的神学　林志猛 编
柏拉图对话中的神　[法]薇依 著
厄庇诺米斯　[古希腊]柏拉图 著
智慧与幸福　程志敏 选编
论柏拉图对话　[德]施莱尔马赫 著
柏拉图《美诺》疏证　[美]克莱因 著
政治哲学的悖论　[美]郝岚 著
神话诗人柏拉图　张文涛 选编
阿尔喀比亚德　[古希腊]柏拉图 著
叙拉古的雅典异乡人　彭磊 选编
阿威罗伊论《王制》　[阿拉伯]阿威罗伊 著
《王制》要义　刘小枫 选编
柏拉图的《会饮》　[古希腊]柏拉图 等著
苏格拉底的申辩（修订版）　[古希腊]柏拉图 著
苏格拉底与政治共同体　[美]尼柯尔斯 著
政制与美德——柏拉图《法义》疏解　[美]潘戈 著
《法义》导读　[法]卡斯代尔·布舒奇 著
论真理的本质　[德]海德格尔 著
哲人的无知　[德]费勃 著
米诺斯　[古希腊]柏拉图 著
情敌　[古希腊]柏拉图 著

亚里士多德注疏集
《诗术》译笺与通绎　陈明珠 撰
亚里士多德《政治学》中的教诲　[美]潘戈 著
品格的技艺　[美]加佛 著

亚里士多德哲学的基本概念　[德]海德格尔 著
《政治学》疏证　[意]托马斯·阿奎那 著
尼各马可伦理学义疏　[美]伯格 著
哲学之诗　[美]戴维斯 著
对亚里士多德的现象学解释　[德]海德格尔 著
城邦与自然——亚里士多德与现代性　刘小枫 编
论诗术中篇义疏　[阿拉伯]阿威罗伊 著
哲学的政治　[美]戴维斯 著

普鲁塔克集
普鲁塔克的《对比列传》　[英]达夫 著
普鲁塔克的实践伦理学　[比利时]胡芙 著

阿尔法拉比集
政治制度与政治箴言　阿尔法拉比 著

马基雅维利集
解读马基雅维利　[美]麦考米克 著
君主及其战争技艺　娄林 选编

莎士比亚绎读
莎士比亚的罗马　[美]坎托 著
莎士比亚的政治智慧　[美]伯恩斯 著
脱节的时代　[匈]阿格尼斯·赫勒 著
莎士比亚的历史剧　[英]蒂利亚德 著
莎士比亚戏剧与政治哲学　彭磊 选编
莎士比亚的政治盛典　[美]阿鲁里斯/苏利文 编
丹麦王子与马基雅维利　罗峰 选编

洛克集
上帝、洛克与平等　[美]沃尔德伦 著

卢梭集
致博蒙书　[法]卢梭 著
政治制度论　[法]卢梭 著
哲学的自传　[美]戴维斯 著
文学与道德杂篇　[法]卢梭 著
设计论证　[美]吉尔丁 著
卢梭的自然状态　[美]普拉特纳 等著

卢梭的榜样人生　[美]凯利 著

莱辛注疏集
汉堡剧评　[德]莱辛 著
关于悲剧的通信　[德]莱辛 著
智者纳坦（研究版）　[德]莱辛 等著
启蒙运动的内在问题　[美]维塞尔 著
莱辛剧作七种　[德]莱辛 著
历史与启示——莱辛神学文选　[德]莱辛 著
论人类的教育　[德]莱辛 著

尼采注疏集
尼采引论　[德]施特格迈尔 著
尼采与基督教　刘小枫 编
尼采眼中的苏格拉底　[美]丹豪瑟 著
动物与超人之间的绳索　[德]A.彼珀 著

施特劳斯集
苏格拉底与阿里斯托芬
论僭政（重订本）　[美]施特劳斯 [法]科耶夫 著
苏格拉底问题与现代性（第三版）
犹太哲人与启蒙（增订本）
霍布斯的宗教批判
斯宾诺莎的宗教批判
门德尔松与莱辛
哲学与律法——论迈蒙尼德及其先驱
迫害与写作艺术
柏拉图式政治哲学研究
论柏拉图的《会饮》
柏拉图《法义》的论辩与情节
什么是政治哲学
古典政治理性主义的重生（重订本）
回归古典政治哲学——施特劳斯通信集
　　　＊＊＊
追忆施特劳斯　张培均 编
施特劳斯学述　[德]考夫曼 著

论源初遗忘　[美]维克利 著
阅读施特劳斯　[美]斯密什 著
施特劳斯与流亡政治学　[美]谢帕德 著
驯服欲望　[法]科耶夫 等著

施特劳斯讲学录
追求高贵的修辞术
——柏拉图《高尔吉亚》讲疏(1957)
斯宾诺莎的政治哲学

施米特集
宪法专政　[美]罗斯托 著
施米特对自由主义的批判　[美]约翰·麦考米克 著

伯纳德特集
古典诗学之路(第二版)　[美]伯格 编
弓与琴(重订本)　[美]伯纳德特 著
神圣的罪业　[美]伯纳德特 著

布鲁姆集
巨人与侏儒(1960-1990)
人应该如何生活——柏拉图《王制》释义
爱的设计——卢梭与浪漫派
爱的戏剧——莎士比亚与自然
爱的阶梯——柏拉图的《会饮》
伊索克拉底的政治哲学

沃格林集
自传体反思录

朗佩特集
哲学与哲学之诗
尼采与现时代
尼采的使命
哲学如何成为苏格拉底式的
施特劳斯的持久重要性

迈尔集
施米特的教训
何为尼采的扎拉图斯特拉

政治哲学与启示宗教的挑战
隐匿的对话
论哲学生活的幸福

大学素质教育读本
古典诗文绎读 西学卷·古代编(上、下)
古典诗文绎读 西学卷·现代编(上、下)